KB041397

성유식론 강해 1

성유식론 강해(成唯識論 講解)

아뢰야식(阿賴耶識)

성유식론 강해 1

성유식론 강해(成唯識論 講解)

아뢰야식(阿賴耶識)

한자경 지음

서광사

성유식론 강해 1

성유식론 강해(成唯識論 講解)

아뢰야식(阿賴耶識)

한자경 지음

펴낸이 | 이숙
펴낸곳 | 도서출판 서광사
출판등록일 | 1977. 6. 30.
출판등록번호 | 제 406-2006-000010호

(10881) 경기도 파주시 회동길 77-12 (문발동)
대표전화 (031) 955-4331 팩시밀리 (031) 955-4336
E-mail: phil6161@chol.com
http://www.seokwangsa.co.kr | http://www.seokwangsa.kr

제1판 제1쇄 펴낸날 — 2019년 1월 20일
제1판 제3쇄 펴낸날 — 2022년 3월 30일

ISBN 978-89-306-3601-8 94150
ISBN 978-89-306-3600-1 94150 (세트)

『성유식론 강해』에 앞서

내가 불교에 관심을 갖고 불교 서적을 읽기 시작한 것은 철학을 공부하기 시작하던 대학생 때였다. 불교라는 새로운 세계를 알고 난 후 '여시아문(如是我聞)'으로 시작하는 『아함경』에서부터 '뜰 앞의 잣나무'가 나오는 선어록까지 이것저것 마구 읽었지만 그중에서 가장 마음에 깊이 와닿았던 것은 역시 유식(唯識)이었다. 유식을 알게 되면서 나는 철학과 종교, 이론과 수행, 세간과 출세간을 분리하지 않는 동양철학의 매력에 푹 빠졌었다. 철학에서 던지는 물음, 인간이란 무엇인가? 나는 누구인가? 나와 세계는 어떤 관계인가? 세계는 어떤 존재이고, 나는 세계를 어떻게 알 수 있는가? 이런 철학적 물음들을 열반과 해탈을 꿈꾸는 종교인 불교가 해명하고 있다는 것이 가슴 벅차게 느껴졌었다. 유식은 어떤 존재론, 어떤 인식론보다도 더 깊이 있게 현상세계의 존재 및 인식에 대해 해명하고, 어떤 정신분석보다도 더 치밀하게 인간 마음의 심층을 분석하며, 어떤 심리학보다도 더 진지하게 인간 삶의 고통과 그로부터의 벗어남을 논한다는 그런 확신을 갖고 살아왔다.

유식으로 석사와 박사 학위논문을 쓰면서 내가 주 텍스트로 삼았던 책이 바로 『성유식론』이다. 인도의 대승 유식사상이 중국으로 전파된 후 현장과 규기에 의해 '법상종(法相宗)'이 세워졌는데, 법상종의 주된 소의논전이 바로 『성유식론』이다. 우리나라에도 삼국시대 때부터 전파되어 오늘날까지도 널리 수용되고 있는 유식사상을 본격적으로 공부하고자 하면 『성유식론』을 읽지 않을 수 없다. 그렇게 『성유식론』을 읽고 공부하면서 그것에 의거하여 박사학위논문 『유식무경: 유식불교에서의 인식과 존재』를 쓴 것도 꽤 오래전 일이다. 계속 미뤄 오다가 이제야 『성유식론 강해』를 내놓게 된 것은 『성유식론』이란 책의 난해함과 복잡함과 광범위함에 겁먹어 감히 강해를 내겠다는 엄두를 내지 못했기 때문이다. 부분적으로 대학원 수업을 하면서 함께 읽고 분석하고 토론하기도 하였지만, 결코 쉽지 않은 책이었다. 지금 강해를 내지만, 그것도 전체 책의 일부분에 지나지 않고, 그나마 그 내용도 온전히 다 이해하였다고 자신 있게 말하기 어렵다. 더 미루면 결국 끝내 못할 것 같고, 불완전한 해설서라도 없는 것보다는 낫지 않을까 하는 마음에서 내놓기로 마음먹었다.

물론 『성유식론』의 우리말 번역은 이미 몇 권 나와 있다. 첫 번역 책은 동국대역경원에서 나온 김묘주의 『성유식론』(1995)이다. 그 후 김윤수가 규기의 『성유식론술기』를 선택적으로 번역하여 『자은 규기의 술기에 의한 주석 성유식론』(2006)을 내놓았고, 얼마 전 이만이 부분적으로 각주를 달아 『성유식론주해』(2016)을 내놓았다. 그런데 원문과 번역 그리고 주석이나 주해만으로 『성유식론』의 내용을 이해하기는 쉽지 않은 것 같다. 모든 문장이 너무 압축적이고 의미심장해서 각 문장마다의 친절한 설명이 없으면 한 걸음씩 발을 떼기조차 어렵다. 그런데도 우리나라에는 유식에 대한 일반적 설명서는 있지만 『성유식론』의 문장을 하나하나 풀이해 내는 해설서는 아직 없다. 강해에서 나는 내가 각 문장을 어떻게 이해하면서 그 다음 문장으로 나아갔는지, 『성유식론』의 세계 속에서 내가 걷는 걸음을 하나하나 그려 내고자 노력하였다. 물론 그것이 너무 더딘 발걸음이나 비틀거림으로 보일지도 모르겠다. 멋진 비행을 꿈꾸는 자에게는 나의 걸음걸이가 너무 지루한 머뭇거림으로 여겨질 수도 있을 것이다. 평생을 불교 교학 연구와 실참 수행으로 살아가는 자들이 보기에는 많이 부족할지도 모른다. 그러나 꼭 있어야 할 책이라면 아무리 부족하고 허점이 많은 것일지라도 없는 것보다는 낫다는 것이 내 생각이다. 많이 비판받는다고 해도 누군가 바른 이해의 길로 나아가는 징검다리 정도의 역할만이라도 할 수 있다면 그것도 의미 있는 일일 것이라고 생각한다.

나는 한국에서 불교를 알고자 하는 사람뿐 아니라 철학을 공부하는 사람들도 유식에 대해 더 많은 관심을 갖고 더 많은 연구를 수행하기를 희망한다. 유식불교의 이해가 인간의 자기 이해 및 우주 삼라만상의 존재 이해에도 도움이 될 뿐만 아니라 우리나라의 역사를 이끌어 온 긴 정신사를 바르게 정립하기 위해서도 꼭 필요한 것이라고 생각하기 때문이다. 누구나 유식불교의 핵심사상을 원전을 통해 쉽게 확인하고 활용할 수 있기를 바란다.

이 강해는 『성유식론』의 일부분에 해당한다. 『성유식론』은 세친의 『유식30송』을 풀이한 것인데, 여기에서는 제8아뢰야식을 설명한 제4게송까지의 풀이를 강해한 것이다. 그래서 『성유식론 강해 아뢰야식(阿賴耶識)』이라고 제목을 달았다. 나는 이 책에 이어 3권의 강해를 더 내어 『성유식론 강해』를 전체 4권으로 완성하고자 한다.

유식은 세계 존재와 인간 삶의 본질에 대한 유익한 통찰을 담고 있다고 생각한다. 과거 한국의 많은 선조들이 잘 알고 있었을 이 멋진 보물을 현대의 우리도 더 깊이 음미하여 누구나 밝은 깨달음을 얻고 더 활발한 요익중생(饒益衆生)의 길로 나아갈 수 있기를 희망한다.

2018년 12월 광화문에서

한자경

차 례

유식의 세계

1. 『성유식론』은 어떤 책인가?

『성유식론』(현장 역, 659년)은 인도의 세친(世親, Vasubandhu, 400(?)-500(?))이 지은 『유식삼십송』에 대한 주석서이다. 세친은 5세기 초 북인도 간다라국의 수도 푸르샤푸라에서 바라문족으로 태어났으며, 그의 형은 유식의 주요 논서 『섭대승론』을 지은 무착(無着, Asańga)이다. 세친에 대해서는 진제(眞諦) 역 『바수반두법사전』(세친전)과 현장(玄奘) 저 『대당서역기』를 통해 알 수 있지만, 두 문헌에서 세친에 관해 전해 주는 내용은 서로 일치하지 않는다고 한다.[1] 세친은 당시 설일체유부(유부)의 논서 『대비바사론』을 경량부(경부)의 관점에서 논파하는

---

1 후키우라 세이븐(저), 박인성(역), 『유식삼십송 풀이』, 서울: 운주사, 2012, 96쪽 참조. 여기에서 세친은 보살의 41위(位) 중 초지 직전의 4선근 중 난위(煖位)에 도달했다는 설을 소개하고 있다. '세친'은 바슈반두의 신역이며, 구역에서는 '천친(天親)'으로 번역되었다.

600게송 『구사론송』을 짓고, 다시 그것을 해석하는 『아비달마구사론』을 지었다. 유부의 중현(衆賢, Samghabhadra)이 『구사론』을 반박하는 『구사박론』을 지었는데, 세친은 그것이 오히려 구사론을 밝혀 주는 것이 있다고 하여 『아비달마순정리론』이라고 칭하였다. 세친은 처음에는 소승교에 심취하고 대승을 비방하였지만, 이후 형 무착의 권고로 대승을 공부한 후 대승에 귀의하여 유식사상을 체계적으로 설명하는 『유식삼십송』과 『유식이십론』을 지었다.

세친의 『유식삼십송』에 대해 10대 논사가 주석을 달았는데, 친승(親勝, Bandhuśrī), 화변(火辨, Citradhāna), 덕혜(德慧, Guṇamati), 덕혜의 제자 안혜(安慧, Sthiramati, 470-550), 그리고 난타(難陀, Nanda), 정월, 승우, 최승자, 지월, 호법(Dharmapāla, 530-561)이 그들이다. 호법은 10대 논사의 주소(註疏) 100권을 갖고 있다가 현감 거사에게 후학에게 넘기라고 주었다고 한다. 그 후 중국 당나라 현장(玄奘, 602-664)이 인도로 유학 가서 호법의 제자 계현(戒賢, śīlabhadra)에게서 공부하다가 현감 거사를 찾아가 논사들의 주석서를 열람하였는데, 현감 거사가 현장의 인물됨을 알아보고 주석서를 넘겨주어 현장이 그것을 갖고 중국으로 돌아왔다. 현장은 신방, 가상, 보광, 자은과 그 주석서의 번역을 시도하다가 논사들의 다양한 입장 차이로 내용이 너무 번다해짐을 우려하여 결국 자은 규기(窺基, 632-682)와 둘이서 호법을 중심으로 번역하고 다른 아홉 논사의 입장은 소개하는 식으로 정리하여서 659년에 완성 출간하였는데, 그것이 바로 『성유식론』 10권이다. 이 책의 대표적 해설서는 규기의 『성유식론술기』이다.

『성유식론』은 우리나라에 일찍부터 들어와서 고승들이 많이 연구하고 주석서도 남겼다. 신라의 원측(圓測, 613-696)은 중국 서명사(西明寺)에서 『유식론소(唯識論疏)』를 지어 규기의 『성유식론술기』를 비판하고 『성유식론별장(成唯識論別章)』, 『성유식론광초(成唯識論光抄)』, 『해심밀경소(解深密經疏)』, 『이십유식론소(二十唯識論疏)』 등을 저술하였다. 신라의 도증(道證)이 중국에서 원측에게 유식을 배우고 692년 귀국하여 신라에 유식을 전파하였고, 태현(太賢)이 그의 제자로서 신라 유식종의 종조가 되었다. 도증의 『성유식론강요(成唯識論綱要)』는 전해지지 않지만, 태현(太賢)의 『성유식론학기(成唯識論學記)』는 현존한다. 고려 초기 혜덕왕사(慧德王師)는 금산사에 광교원(廣教院)을 건립하고서 유식 관계 문헌 33부 353권을 교정하여 간행하였다. 그렇지만 이후 고려나 조선에서는 『성유식론』에 관한 연구서가 나오지 않았다.[2]

유식의 소의경전은 『해심밀경』, 소의논전은 『유가사지론』(대론)(현장 역, 647년)이다. 대개 경이 먼저 있고 그다음 특정 저자의 논이 출현하는 데 반해, 『유가사지론』은 『해심밀경』이 등장하기 전부터 그 이후까지 수세기에 걸쳐 여러 사람에 의해 쓰여진 글들이 함께 편찬된 것으로 추정된다. 1976년 승려신정(勝呂信靜)의 주장 이후 독일의 불교학자 프라우엔발러, 슈미트하우젠 등이 그런 주장을 하였으며, 아뢰야식에 대한 언급 유무에 따라 그 저술 시기를 대략 다음과 같이 구분한다.[3]

『유가사지론』:

1. 초기 저술(아뢰야식의 언급 없음): 「본지분」 중 「성문지」와 「보살지」, 「섭사분」
   - 종자, 일체종자식, 이숙식 등의 개념은 등장
2. 중기 저술(아뢰야식의 언급 있음): 「본지분」 나머지
   - 「사마히타지」에서 아뢰야식 개념 처음 등장. 멸진정에서 남아 있는 식으

2 한국에서의 유식학 연구에 대해서는 이만, 『한국유식사상사』, 서울: 장경각, 2000, 12쪽 이하 참조.

3 『유가사지론』의 저술 시기 구분에 대해서는 안성두 역주, 『보살지』, 서울: 세창출판사, 2015, 448쪽 이하 참조.

로 논의
3. 후기 저술(아뢰야식에 관한 상세 논의): 「섭결택분」 - 『해심밀경』을 인용
- 「섭결택분」 권51에서 아뢰야식의 존재 증명, 유전과 환멸을 논함

소위 '유식론'으로 불리는 세 논전은 세친의 『유식삼십송』(본송), 세친의 『유식이십론』, 그리고 삼십송의 해설서인 호법 등의 『성유식론』(본론/성론/도론)이다. 그 외 무착의 『섭대승론』, 세친의 『섭대승론석』, 규기의 『성유식론술기』(본소), 『대승법원의림장(大乘法苑義林章)』 등이 유식의 주요 서적이다.

무착, 『섭대승론』
세친, 『섭대승론석』
——, 『유식이십론』
——, 『유식삼십송』(본송) 유식론 3논전
호법 등, 『성유식론』(본론/성론/도론)
규기, 『성유식론술기』(본소)
——, 『대승법원의림장(大乘法苑義林章)』

세친의 저서로는 『변증변론』(현장 역 = 진제 역 『중변분별론』), 『유식이십론』(반야류지 역, 진제 역, 현장 역), 『유식삼십론송』(현장 역), 『성업론』(현장 역 = 비목지선 역 『업성취론』), 『대승오온론』(현장 역), 『대승백법명문론』(현장 역), 『불성론』(진제 역), 『십지경론』(보리류지 역), 『금강반야론』(보리류지 역, 의정 역), 『법화론』(륵나마제·승랑 공역), 『열반론』(달마보리 역), 『섭론석』(진제 역, 현장 역), 『구사론』(진제 역, 현장 역) 등이 있다.

현장의 『유식삼십송』 번역은 648년, 『성유식론』 번역은 659년이다. 『유식삼십송』의 범본이나 서장역에는 게송만 있는데, 한역 대장경에는 게송 이외에 간단한 장행(長行)이 덧붙여 있다. 이것은 현장 역출 이후

중국에서 법상종이 유행할 때 『유식삼십송』에 부가된 것이라고 추정되고 있다.

송(頌)은 범어로는 카리카(kārikā)이다. 카리카는 운문인 가타(伽他, gāthā)로 지어진 논서를 말한다. 가타는 구역에서는 게(偈)로 의역하고, 신역에서는 가타로 음역하였다.

가타
- 통(通) = 수로가타(首盧伽他): 32음절이 1송
- 별(別) = 결구가타(結句伽他): 4구로 1송 -『유식삼십송』의 송
  - 중송(重頌), 응송(應頌) = 기야(祇夜, Geya): 장행을 거듭 송으로 서술
  - 고기송(孤起頌), 풍송(諷頌) = 가타: 단독의 송 = 게송

『유식삼십송』의 전체 30게송 중 아뢰야식을 해명하는 부분은 제4게송까지이며, 본 강해는 이 부분에 대해 풀이한 『성유식론』을 강해한 것이다. 『유식삼십송』은 본 강해 말미에 첨부했으며, 30게송의 전체 구조는 다음과 같다.

- 1 - 24: 유식상(唯識相)
  - 1 - 2.5: 유식상의 간략한 설명
  - 2.5 - 24: 유식상의 상세한 설명
    - 2.5 - 4: 제1능변식: 제8아뢰야식
    - 5 - 7: 제2능변식: 제7말나식
    - 8 - 16: 제3능변식: 6식
    - 17 - 19: 유식의 논증
    - 20 - 22: 유식 3성
    - 23 - 24: 유식 3무성
- 25: 유식성(唯識性)
- 26-30: 유식위(唯識位)

2. 유식의 심층적 세계관

1) 존재의 표층적 이해와 심층적 이해: 실체론과 연기론

아이들은 대개 자신과 주변을 잘 분리하지 못한다. 태내에서의 일체감을 유지하는 갓난아이와 어린아이는 엄마와 자신을 거의 동일시하여 엄마 품에서 가장 편안함을 느끼고 엄마와 오래 분리될 경우 심한 타격을 받아 평생의 트라우마를 갖게 되기도 한다. 아이들은 주변 사람들과 더 잘 공감하고 더 잘 어울리며 더 쉽게 결속한다. 자신을 주변으로부터 분리된 자아로 의식하지 않는 것이다.

주변과의 단단한 연결망으로부터 벗어나서 홀로 선 자아를 의식하기 시작하는 때는 대개 사춘기 무렵이다. 세계를 의식하는 내가 그 의식되는 세계로부터 서서히 벗어나면서, 나는 이전까지 알지 못하던 나를 새롭게 의식하게 된다. 내 주변의 사람과 사물, 세계 전체는 내게 보이는 것들인데, 그렇게 보고 있는 나, 그 나의 의식은 내게 보이지 않는다. 나는 보여진 세계 속을 떠다니는 보이지 않는 유령처럼 알 수 없는 존재가 되고 만다. 망망대해 위를 떠다니는 한 척의 배처럼, 바다 위에 홀로 솟아 있는 하나의 섬처럼 나는 그렇게 홀로 선 존재이다. 내 주변을 돌아보면 모든 것은 나 아닌 것으로 내 밖에 존재한다. 의식, 느낌, 감정, 고통, 내가 아는 것은 모두 나의 의식이고 나의 느낌이며 나의 감정이고 나의 고통일 뿐이다. 나는 여기에 있고 타인은 저기 내 바깥에 있으며, 우리는 어떻게도 연결되어 있지 않다. 우리를 연결하는 끈은 없다. 우리는 각자 고립된 존재이고 고독한 존재이다. 나는 광활한 우주 속을 떠다니는 한 점 먼지처럼 그렇게 허공 중에 표류하고 있을 뿐이다.

대개의 사색 그리고 대개의 철학은 여기에서 시작한다. 의식하는 나와 의식되는 세계는 대립으로 놓인다. 나뿐만 아니라 존재하는 것들은 모두 그렇게 서로 연결 없이 낱낱으로 분리된 각자일 뿐이다. 의식하는 나는 개별적 '영혼'(사유적 실체)이고, 의식되는 사물은 개별적 '물체'(연장적 실체)이며, 그렇게 모든 것은 각각 개별적 실체로 존재한다. 모든 것은 무한한 우주 공간 중 각자의 자리에 떠 있는 입자이고, 입자들 간의 관계는 서로 힘으로 부딪치는 충격일 뿐이다. 개인 간의 관계는 기본적으로 경쟁과 투쟁이며, 승리한 자는 살아남고 패한 자는 물러나 사라진다.

우리는 나와 세계를 이런 모습으로 알고 살아간다. 개인적 자아, 개인적 자아의식, 개인의 권리, 개인의 생명권과 소유권, 개인의 자유 등등을 절대가치로 여기면서 이런 개인주의적 인간관과 세계관을 확립한 서양근대를 엄청난 사고의 혁명이며 발전인 것처럼 논한다. 그러나 동학의 창시자 최제우는 서양사고가 밀려올 때 그로부터 파생될 문제의 핵심이 무엇인지를 간파하였으며, 그것을 각각 자기만을 위하는 마음인 '각자위심(各自爲心)'으로 규정하였다.

이런 자아관 내지 세계관은 일체 존재를 그 표층에서 바라본 것이다. 지구 밖. 지구 위에서 만물을 내려다보면 지구 표면인 표층의 모습만 보인다. 나와 너, 그와 그것들은 모두 각자의 자리에 흩어져 존재하는 개별자들이다. 표층의 모습은 다음과 같다.

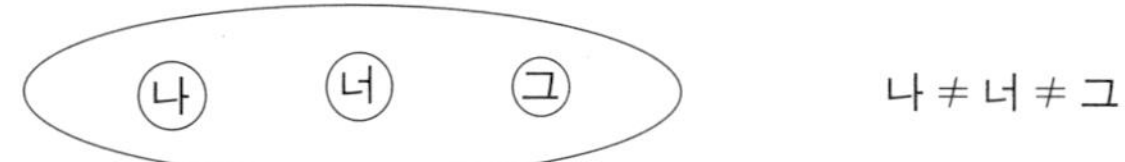

개별자를 각각의 독립적이고 자립적인 입자적 존재로 이해하는 것이 실체론이라면, 불교의 존재 이해는 실체론이 아니라 연기론(緣起論)이다. 불교는 현상의 개별자들을 그 자체로 존재하는 자립적 실체가 아니

라 다른 것들을 인연으로 해서(연) 생겨난(기) 연기(緣起)의 산물이라고 논한다. 표층의 실체론적 사고는 색·수·상·행·식(色受想行識) 5온(蘊) 화합물의 나를 독립적 자아로 생각하고 그 나에 집착하는 아견(我見)과 아집(我執)에 빠지지만, 불교는 연기론에 입각하여 독립적이고 자립적인 자아는 없다는 '무아(無我)'를 말한다. 현상세계의 만물이 연기의 산물이라는 것, 무아라는 것을 앎으로써 우리는 존재의 표층적 이해를 벗어나게 된다. 그렇다면 어떤 의미에서 연기와 무아가 성립하는가?

표층적 세계관에 따르면 나는 다른 모든 것들로부터 분리되고 고립된 한 점이며, 전체의 일부분으로만 존재한다. 나는 여기 있고, 나 아닌 것이 저기에 있다. 눈앞에 사과가 있으면, 나는 나이고 사과는 사과다. 나는 사과가 아니다. 그러나 이것은 존재의 일 단면일 뿐이다. 내가 사과를 먹으면, 사과는 내게 소화되고 흡수되어 나의 살이 되고 피가 된다. 먹고 난 후의 결과로 보면 내 안에 사과가 함께한다. 또한 사과는 그 자체로 고립되어 있는 것이 아니다. 사과는 대지의 양분을 먹고 하늘에서 내리는 빗물을 마시고, 허공 중에 부는 바람을 쐬고 멀리 태양에서 밀려오는 빛과 열을 쬐면서 사과가 된 것이다. 즉 사과 안에는 흙과 물, 바람과 불이 함께한다. 온 지구와 우주의 지수화풍이 포함되어 있는 것이다. 그렇게 내 안에도 온 우주의 지수화풍이 함께하여 나의 색(色)을 이룬다.

표층적 세계상에 따르면 나의 고통은 저 사람의 고통과 아무 상관이 없다. 나의 생각은 그의 생각과 다르다. 내 생각과 세친의 책에 나오는 생각은 서로 별개의 것이다. 나는 세친의 생각이 싫을 수도 있고, 다른 누군가 그의 사상을 비판해도 나는 아무렇지도 않다. 그러나 내가 진지하게 세친의 책을 읽고 그의 사상을 이해하고 동의하고 소화하면, 그의 사상은 나의 사상이 된다. 나는 그 틀로 나를 이해하고 세계를 보게 되며, 그렇게 그 사상이 나를 이루게 된다. 그래서 누군가 나의 생각을 이해해 주고 동의해 주면 나를 이해해 주고 인정해 주는 것으로 여겨 기분이 좋고, 누군가 나의 생각을 오해하고 비판하면 나를 몰라주고 무시하는 것으로 여겨 기분이 나빠진다. 그의 느낌, 그녀의 감각, 그들의 의지, 저들의 생각이 나의 수·상·행·식(受想行識)이 되어, 나의 영혼, 나의 마음을 채우고 나를 이룬다.

이렇게 보면 신체적으로든 정신적으로든 나는 고립된 존재가 아니다. 해수면 위에 각각으로 솟아 있는 섬들이 해수면 아래 심층에서는 하나의 대지로 연결되어 있듯이, 표층에서 각각으로 분리된 나와 너가 심층에서는 하나로 연결되어 있다. 표층에 떠 있는 분리된 한 점을 나로 여기고 다른 것들을 나 아닌 남으로 여기는 것은 존재를 바깥에서, 위에서 바라보기 때문이다. 존재 속으로 들어가 오늘이 있기까지의 역사성을 이루는 단층, 그 깊이를 안에서 바라보면 일체가 하나로 연결된 심층이 드러난다. 각 개별자는 심층에서 하나이다. 표층에서 나와 남을 분리해서 나로 여긴 나, 그렇게 일체로부터 분리된 고립적 나는 없다.

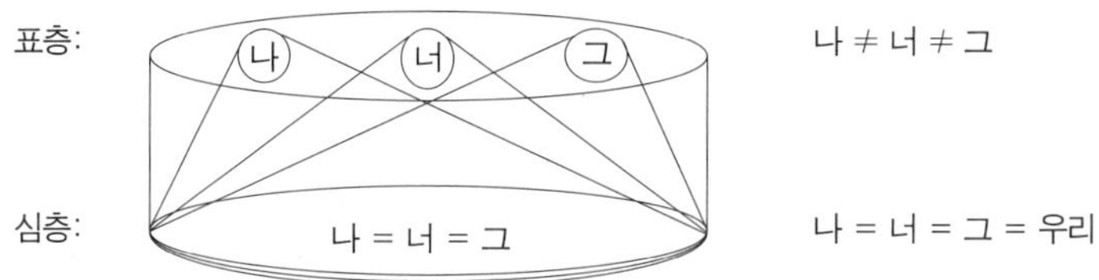

2) 연기론에 담긴 심층적 세계관: 내적 초월주의

개별자가 표층에서는 각각 별개의 것으로 나타나지만 심층에서는 그것들이 모두 하나라는 심층적 이해가 갖는 특징은 무엇인가? 심층의 하나는 우리가 일상적으로 경험하는 다양한 개별자의 다(多)에 대해 그것 전체를 포괄하는 일(一)에 해당한다. 그런데 현상적인 주관과 객관, 나와 너, 나와 세계, 정신과 물질의 이원성을 넘어서는 불이(不二)의 일자(一者)를 이해하는 방식에는 세 가지가 있다. 일자는 a. 개체들 바깥에 있음, b. 개체 외에 그런 것은 없음, c. 개체들 안에 있음이 그것이다. 심층으로 나아가는 불교의 연기론은 이 중 세 번째 c에 해당한다. c의 의미는 a와 b의 대비를 통해 더 잘 드러난다.

a. 개별자를 각각으로 분리된 것으로만 한정을 지으면, 일자는 개별자와는 별개의 존재, 개별자 바깥의 존재, 개체 너머의 신(神)으로 간주된다. 그러면 다와 일, 유한과 무한, 인간과 신은 서로 별개의 것이 된다. 일(一)을 다 밖에다 설정하는 일자의 외화(外化)라고 볼 수 있다.

b. 개별자를 서로 분리된 각각의 존재로 여기되 그 너머의 일자를 따로 설정하지 않으면, 존재하는 것은 각각으로 흩어진 개별자가 전부이고 그들을 하나로 소통시키는 통합적 근거는 없는 것이 된다. 서로를 연결시키는 일자는 따로 없다고 보는 일자의 무화(無化)라고 할 수 있다.

c. 개별자를 각각 분리되어 나타나는 표층을 넘어 모두가 하나인 심층 존재로 이해하면, 일자는 개별자 내면의 보편으로 간주된다. 표층 안의 심층이 바로 개별 안의 보편, 다(多) 안의 일(一)이다. 개체 내면의 심층은 곧 '심층은 무엇인가?', '나는 누구인가?'를 묻는 그 마음 자체이다. 우리 모두에게 표층의 각자성 너머 우주 전체를 포괄하는 심층마음, 포괄적 보편마음이 있다고 보는 일자의 내면화 내지 심화(深化)라고 할 수 있다.

일자 이해의 길:

a. 일자의 외화(外化): 외적 신: 일신(一神) - 외적 초월주의: 유신론(有神論)
b. 일자의 무화(無化): 개체만 인정 - 경험주의: 무신론, 유물론(唯物論)
c. 일자의 심화(深化): 내적 심: 일심(一心) - 내적 초월주의: 유심론(唯心論)

불교는 개별자를 포괄하는 전체의 일자에 대해 그것을 a. 개체 바깥에 따로 있다고 설정하는 외화의 길을 가지 않는다. 석가는 개별자 너머 우주를 창조한 신(神) 브라만이 따로 있지 않다고 설하였다. 그렇다고 b. 개체 이외에는 아무것도 없다고 주장하는 무화의 관점인 악취공(惡取空)의 길을 가지도 않았다. 석가는 독립적이고 자립적인 개별적 실체(아트만)는 없다는 무아(無我)를 주장하였지만, 무아를 깨닫고 열반을 증득하는 마음의 경지를 부정하지 않는다. 불교는 셋 중에서 c. 제3의 길, 중도(中道)의 길을 간다. 일자를 개체의 내면, 내면의 심층마음으로 보는 것이다.

이런 의미에서 일상적 표층의식에서부터 심층 아뢰야식에 이르기까지 인간의 마음을 심층적으로 분석한 유식사상은 초기불교에서의 연기와 무아사상의 완성이라고 볼 수 있다.

3. 유식의 마음 이해

1) 마음의 심층 분석

심층적 세계관에 따르면 일자는 개별자 바깥의 외재천이 아니라 개별자 내면에서 우주의 근원으로 작동하는 일자, 즉 개체 내면의 심층마음이다. 인간과 우주 만물의 근원인 일자가 개별자 바깥에 따로 존재하는 신(神)이 아니라 개별자 내면의 심층마음이라는 것은 일체 존재가 모두 바로 그 심층마음의 활동 내지 식(識)의 산물이라는 것을 의미한다. 이런 점에서 모든 것은 오직 마음이 지은 것이라는 '일체유심조(一切唯心造)', 온 세계가 모두 마음일 뿐이라는 '삼계유심(三界唯心)', 객관적 실재로 간주되는 대상세계인 경(境)이 실은 심층마음 바깥에 따로 있는 것이 아니라는 '유식무경(唯識無境)'이 성립한다. 우리 의식에 드러나는 세계는 우리 자신의 심층마음이 형성한 세계이다. 일상의 의식은 나와 세계, 아와 법을 각각 그 자체로 존재하는 실유(實有)로 여기지만 실제 그것들은 마음 바깥의 실재가 아니라 오직 우리 마음 안의 존재, 식의 산물인 가유(假有)이다.

의식주관 ↔ 의식대상

일상의 표층의식
(주객분별의 의식)

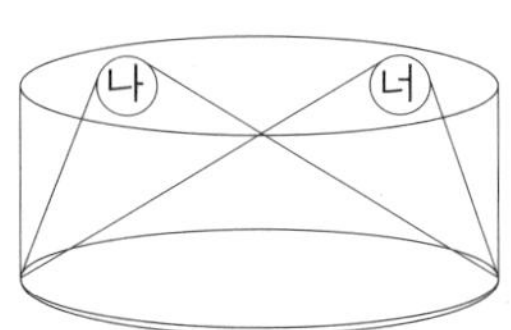

심층마음
(주객포괄의 마음)

일체가 마음속 존재라는 것, 우리 모두가 함께 공통의 꿈을 꾸듯 현실세계는 우리 마음속 가상이라는 것, 안에서 보면 실재처럼 여겨지지만 밖에서 보면 가상인 홀로그램 우주에 지나지 않는다는 것, 이것이 유식이 밝히고자 하는 것이다. 우리의 일상적 표층의식에 의해 객관적 실재로 간주되는 것이 실은 우리 자신의 심층마음이 만든 것이다. 다만 현상을 형성하는 그 심층마음의 활동을 알아차리지 못하기에, 우리는 그 작용 결과인 현상을 마치 그 자체 실재인 듯 착각하는 전도몽상에 빠져 있을 뿐이다. 그런 전도몽상으로부터 우리를 깨워 우주의 근원이 바로 우리 자신의 심층마음이라는 것을 깨우치기 위해 유식은 우리의 마음을 표층의식에서부터 심층으로 분석해 들어간다. 우리의 마음은 과연 어떤 구조로 되어 있는가?

우리는 인식에서 주관과 객관, 능연(能緣)과 소연(所緣)을 구분할 수 있다. 인식 능력은 근(根)이고 인식 대상은 경(境)이며 인식 활동인 식(識)은 근과 경의 화합으로 성립한다. 소위 감각인 전5식은 안·이·비·설·신 각각의 근이 자신에 상응하는 색·성·향·미·촉 각각의 경을 감지하는 식(識)이다. 그리고 그렇게 감각된 것들을 종합하여 지각하고 사유하고 판단하는 제6의식은 제6근인 의근(意根)이 그에 상응하는 법경(法境) 및 전5식의 5경을 총괄적으로 알아차리는 식이다.

〈근(根)〉 +	〈경(境)〉 →	〈식(識)〉	
안근(眼根)	색경(色境)	안식(眼識)	전5식: 각각의 경을 감각
이근(耳根)	성경(聲境)	이식(耳識)	
비근(鼻根)	향경(響境)	비식(鼻識)	
설근(舌根)	미경(味境)	설식(舌識)	
신근(身根)	촉경(觸境)	신식(身識)	
의근(意根)	법경(法境)	의식(意識)	– 제6의식: 6경(법경+5경)을 지각 · 판단

전5식은 안과 밖, 주와 객의 미분 상태에서 근과 경의 공명을 통해 근이 경을 감지하는 식인데 반해, 제6의식은 그렇게 얻어진 전5식의 감각 내용을 내 밖의 사물에 속하는 객관적 속성으로 대상화하여 인식하는 식이다. 그런데 제6의식이 의식에 주어지는 일체 내용을 의식 자체가 아니라 의식의 대상에 속하는 것으로 객관화할 수 있는 것은 그러한 대상의식에 앞서 이미 나를 의식 내용 내지 대상과 구분되는 것으로서 알고 있는 자아식이 작동하기 때문이다. 이것이 바로 제6의식의 근저에서 활동하는 제7말나식이다. 제7말나식은 제6의식이 의거하는 의근의 자아식이다.

의근 ——(제6의식: 대상의식)——▶ 6경(법경 + 5경)
(제7말나식: 자아식)

말나식은 일체 존재를 나와 나 아닌 것, 아와 비아, 아와 아소로 분별하기에 앞서 우선 자아를 세우는 식, '나는 나다'의 자아식이며, 개별적 실체로서의 자아를 고집하는 아상(我相)과 아집(我執)의 식이다. 말나식에 의해 세워진 나는 이 세계 속에서 나 아닌 것들과 부딪치는데, 말나식은 그 부딪침 속에서 내가 나를 잃어버리지 않고 나를 유지하며 살아갈 수 있게끔 나를 지켜 내는 생존본능의 식이다. 서양심리학이 논하는 개별적 자아본능, 의식보다 더 깊은 무의식이 바로 이 제7말나식에 해당한다.

그러나 유식은 말나식이 집착하는 개별적 자아, 우주 전체로부터 분리된 주객분별적 자아, '나는 나다'의 개별적인 실체적 자아는 존재하지 않는다고 논한다. 말나식은 우주 전체를 형성하는 주객포괄의 심층마음의 활동을 전유(專有)하여 그것을 주객분별, 자타분별의 개별적 자아의 활동으로 오인하는 식이며, 이 점에서 허망한 식, 망식(妄識)이다. 주객포괄의 심층마음을 표층적 개별자아의 분별식으로 망집하는 것이 문제인 것이다. 유식은 이런 망집을 깨기 위해 우리의 심층마음의 실상을 밝힌다. 대상의식인 제6의식이나 개별적 자아식인 제7말나식보다 더 심층에서 활동하는 식이 바로 우리의 심층마음 제8아뢰야식이다. 제8아뢰야식은 표층에서 각각으로 분리된 개체성을 넘어 주와 객, 능과 소를 하나로 포괄하는 심층마음이다.

유식의 식(識)의 분석:

1. 전5식: 다섯 가지 감각
2. 제6의식(意識): 주-객, 자-타 분별의 대상의식
3. 제7말나식(末那識): 본능적 자아식
4. 제8아뢰야식(阿賴耶識): 개별의식을 넘어선 보편의 심층마음

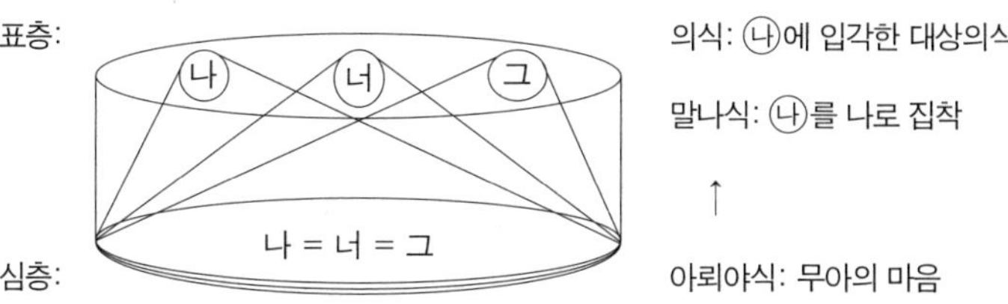

그런데 우리의 일상 의식은 '나는 나다'의 말나식과 그에 의거한 제6의식이며, 따라서 그 근저에서 활동하는 제8아뢰야식을 밝게 알지 못하는 무명(無明) 불각(不覺)에 싸여 있다. 유식은 요가수행을 통해 심층 제8아뢰야식의 실상을 증득(證得)한 후 우리의 무명을 타파하기 위해 그 심층마음의 실상을 논리적으로 설명한 철학체계이다. 아뢰야식은 과연 어떤 식인가?

2) 아뢰야식의 해명

유식은 심층마음인 제8아뢰야식을 ① 우주의 역사를 모두 담고 있는 무시이래의 마음(시간적 무한), ② 세계 전체를 형성하는 포괄적 마음(공간적 무한), ③ 모든 중생이 함께하는 보편적인 하나의 마음(자타불이)으로 설명한다. 즉 ① 아뢰야식의 역사성을 종자의 훈습과 현행으로 설명하고, ② 아뢰야식의 주·객 포괄성을 식 자체분의 견분(見分)과 상분(相分)의 이원화로 설명하며, ③ 아뢰야식의 보편성 내지 일자성을 기세간의 공유와 상호소통으로 설명한다.

개체의 심층마음: 아뢰야식

① 아뢰야식의 역사성(시간적 무한): 종자(種子)의 훈습(熏習)과 현행(現行)

② 아뢰야식의 포괄성(공간적 무한): 식 자체분의 견분과 상분의 이원화

③ 아뢰야식의 일자성(자타불이): 식소변인 기세간(器世間)의 공유와 상호소통

(1) 아뢰야식의 역사성(시간적 무한): 종자의 훈습과 현행

불교는 기본적으로 업보의 원리를 인정한다. 원인이 있으면 결과가 있듯이, 업(業)을 지으면 그 보(報)가 있기 마련이다. 업은 아견과 아집에 근거한 행위, 말나식이나 의식이 짓는 행위이다. 연못에 던져진 돌멩이가 바닥에 떨어지면서 연못 전체에 잔잔한 물결 파장을 만들어 내듯, 업은 당장 드러나는 현상적 변화 이외에 드러나지 않는 힘, 여력을 남긴다. 업이 남기는 힘, 에너지, 업력(業力)을 유식은 종자(種子)라고 부른다. 종자는 업의 내용인 정보가 담긴 에너지라고 할 수 있다.

유식은 의식과 말나식의 표층식이 심층 아뢰야식에 종자를 남기면 그 심층식 안에서 종자가 생멸을 거듭하다가 다시 구체적 현상으로 구체화되는 과정을 훈습과 현행으로 설명하는데, 이는 나무에 비유될 수 있다. 지상 위에서 번창한 나무는 꽃과 열매를 거쳐 씨앗을 땅에 떨어뜨리고, 그렇게 땅에 묻힌 씨앗은 겨울 내 땅속에서 성장하다가, 봄이 되면 씨앗은 땅 위 새싹으로 자라나 나무로 성장한다. 그렇듯 의식·말나식의 표층적 마음활동이 그 마음활동의 세력인 종자를 심층 아뢰야식에 남기는 것을 '훈습(熏習)' 내지 '현행훈종자(現行熏種子)' 라고 한다. 그 종자가 아뢰야식 내에서 찰나생멸하면서 변화하고 성장하는 것을 '종자생종자(種子生種子)' 라고 하고, 그 종자가 인연이 되어 구체적인 현재적 모습으로 현상화되는 것을 '현행화(現行化)' 내지 '종자생현행(種子生現行)' 이라고 한다.

열매 나무(잎+열매)
↓ ↑
씨앗 →→→→ 씨앗

의식·말나식 현행식(아뢰야식+7전식)
훈습 ↓〈현행훈종자〉 현행화 ↑〈종자생현행〉
종자 →→→→→→→→→→→ 종자
〈종자생종자〉

종자는 현상세계에 대한 우리의 경험이 우리 마음에 남기는 에너지

이고 정보이다. 우리의 심층마음은 현상의 정보를 에너지로 간직하고 있다. 이 종자의 흐름인 에너지 덩어리를 '아뢰야식'이라고 한다. 씨앗이 그 이전의 나무의 전체 정보를 담고 있고, 이전 나무는 다시 그 씨앗을 통해 그 이전 나무의 전체 정보를 담고 있듯이, 아뢰야식에는 현생에서의 경험의 정보뿐 아니라, 그 이전 생의 정보, 그리고 다시 그 이전 생의 정보 등등 무시이래의 생을 통한 경험의 정보를 담고 있다고 볼 수 있다. 이처럼 아뢰야식은 무시이래의 생명으로서 시간적 무한성을 지닌 식이며, 따라서 무한한 정보 에너지를 갖는 식이다.

(2) 아뢰야식의 포괄성(공간적 무한): 식 자체분의 견-상 이원화

땅 밑 씨앗이 지상 위의 나무로 자라나듯, 아뢰야식 내의 종자 에너지는 현상세계로 현실화된다. 이것이 종자생현행의 현행화 과정이다. 나무 위의 한 송이 꽃이나 열매의 관점(표층의식의 관점)에서 나무 전체를 보면 나무가 자기 바깥에 따로 있는 것이지만, 그 나무를 가능하게 하는 씨앗의 관점(심층 아뢰야식의 관점)에서 나무를 보면 나무는 씨앗의 에너지가 구체화된 결과일 뿐이다. 마찬가지로 우리의 표층의식의 관점에서 세계를 보면 세계는 나 바깥에 따로 존재하는 것으로 여겨지지만, 세계를 가능하게 하는 심층 아뢰야식의 관점에서 보면 세계는 아뢰야식 내 종자 에너지의 현행화 결과이다. 아뢰야식 내 종자가 현상세계로 현행화하는 것을 아뢰야식의 전변(轉變)이라고 부른다. 유식은 우리가 일상적으로 우리 마음과 상관없이 그 자체로 실재한다고 여기는 것들이 실은 모두 우리의 아뢰야식이 전변하여 생겨난 결과물, 즉 아뢰야식의 식소변(識所變)이라고 말한다.

아뢰야식의 전변은 아뢰야식 자체분이 '보는 부분'인 견분(見分)과 '보여지는 부분'인 상분(相分)으로 이원화되는 것이다. 아뢰야식의 상

분은 곧 아뢰야식의 견분에 의해 반연되는 소연경(所緣境)이며, 이 상분에는 각각의 개별자 및 모든 개별자들이 함께 의거해 사는 공통의 세계가 포함된다. 유식은 각각의 개별자를 '근(根)을 가진 몸'이란 의미에서 '유근신(有根身)'이라고 부르고, 모든 유근신들이 함께 의거해서 사는 세계를 개별자들을 담고 있는 그릇이란 의미에서 '기세간(器世間)'이라고 부른다. 일상적으로 우리의 표층식은 아뢰야식의 견분을 '사유주체로서의 자아'로, 아뢰야식의 상분인 유근신을 '몸으로서의 자아'로 여기고, 또 아뢰야식의 상분인 기세간을 자아 바깥의 객관적 세계 자체라고 여긴다. 아뢰야식의 견분 또는 상분을 붙잡고 그것을 주관적 아(我) 또는 객관적 법(法)으로 간주하는 것이다. 이처럼 우리의 일상 의식이 아 또는 법이라고 생각하는 것은 결국 아뢰야식의 식소변인 견분과 상분이다. 우리가 아뢰야식의 활동을 알지 못하기에 아와 법이 그 식소변인 줄을 모르고 그것을 마음 바깥의 객관 실재라고 여기는 것이다.

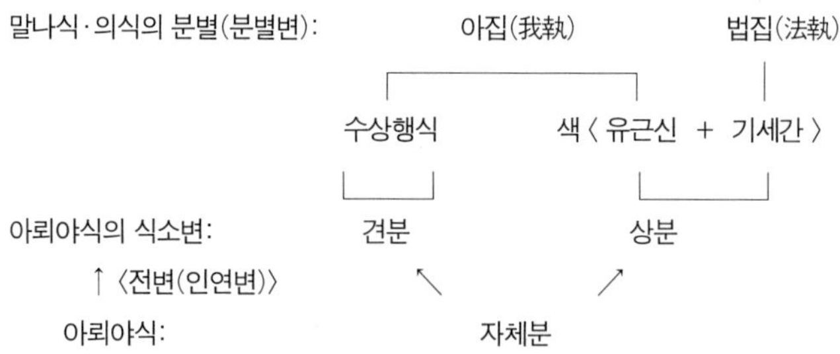

우리에게 보여지는 하나의 기세간과 그 안의 무수한 개별적 유근신이 아뢰야식의 식소변이라는 것은 그것들이 모두 아뢰야식 내 종자가 현행화된 결과라는 말이다. 유식은 기세간을 형성하는 종자를 '공통의 종자'라는 의미에서 '공종자(共種子)'라고 부른다. 공종자가 인(因)이

되어 그 과(果)로서 기세간이 형성된다. 그 기세간을 7전식이 다시 경험하고, 그 경험으로부터 남겨지는 정보가 바로 이름, 말, 개념, 이데아, 한마디로 명언(名言)이다. 그리고 바로 그 정보로부터 기세간이 형성되기에, 기세간을 형성하는 공종자를 '명언종자(名言種子)' 라고 부른다.

아뢰야식 내 공종자가 기세간을 형성할 때 그 기세간 안에 나의 유근신의 위치를 결정하는 힘을 지닌 종자를 '공통적이지 않은 종자' 라는 의미에서 '불공종자(不共種子)' 라고 부른다. 불공종자는 나의 제8식을 6도 중 어느 하나의 세계에, 그리고 그 하나의 세계 안의 특정한 위치에 태어나도록 불러오는 힘, 즉 제8식을 초감(招感)하는 힘이다. 그런데 기세간 안에서의 나의 위치는 기세간 내에서 다른 존재들과의 배치관계에 의해 결정되며, 이런 식으로 전체 관계 속에서 나를 결정하는 힘을 '증상연(增上緣)' 이라고 한다. 증상연에 의해 나는 기세간 중 어느 한 특정한 곳으로 초감되어 그 위치에서 남과 다른 고락을 경험하며 특정한 삶을 살게 된다. 증상연으로 작용하는 불공종자는 나의 의식적 의도가 담긴 선 또는 악의 업(業)에 의해 심겨진 종자이기에 '업종자(業種子)' 라고 부른다.

공종자	= 명언종자: 인연(因緣)으로서 표층 기세간을 형성
불공종자	= 업종자: 증상연(增上緣)으로서 표층 유근신의 위치를 결정

아와 법, 나와 세계, 유근신과 기세간이 아뢰야식의 식소변이라는 것은 우리가 바라보는 세계는 우리 마음의 드러남이고 마음 바깥에 따로 있는 세계가 아니라는 것이다. 마치 꿈의 세계가 꿈꾸는 마음 바깥에 따로 있는 세계가 아니듯이, 우리가 보는 세계는 그렇게 보고 있는 그 마음이 만든 세계이다. 이런 의미에서 유식은 '오로지 마음(식)만 있고

식 바깥에 따로 존재하는 대상세계(경)는 없다'는 '유식무경(唯識無境)'을 말한다. 이처럼 아뢰야식은 나와 세계, 우주 만물을 모두 포괄하는 식, 공간적으로 무한한 식이라고 할 수 있다.

(3) 아뢰야식의 일자성(자타불이): 기세간의 공유와 상호소통

아뢰야식이 시간적으로 무한하고 공간적으로 무한한 식이라는 것은 곧 아뢰야식이 각자의 식이면서 동시에 무제한의 전체식이라는 것, 따라서 모두가 하나로 공유하는 하나의 보편식이라는 것을 의미한다. 각자의 심층마음은 결국 하나의 마음인 것이다.

우리가 하나의 심층 아뢰야식을 갖는다는 것은 우리가 아뢰야식의 식소변인 기세간을 함께 공유한다는 데에서 드러난다. 아뢰야식의 상분에는 각자의 유근신(有根身)과 그 유근신이 의거해 사는 기세간(器世間)이 포함되는데, 이때 기세간은 산천초목의 자연, 지구와 우주 전체를 말한다. 각 개체 내면의 아뢰야식이 기세간을 형성하는데, 우리는 하나의 기세간을 함께 공유한다. 내가 말하면 네가 듣고, 내가 물건을 건네주면 네가 받는다. 그렇게 우리가 하나의 기세간을 공유하고 서로 소통하며 살 수 있다는 것은 그 기세간을 형성하는 아뢰야식이 서로 다르지 않은 하나의 아뢰야식이라는 것을 말해 준다. 기세간을 형성하는 우리 각각의 아뢰야식 내 종자 에너지가 서로 다르지 않은 동일한 에너지인 것이다.

우리의 심층마음은 종자로서의 잠재적 에너지든 현행으로서의 현실화된 에너지 파동이든 모두 입자화되기 이전의 에너지 형태로 존재한다. 에너지는 입자처럼 분리된 것이 아니라, 서로 공명하는 파동적 존재이다. 우리가 표층에서는 각각 서로 다른 위치를 차지하고 그 서로 다른 각각을 자아로 의식하지만, 그러면서도 나와 너를 포괄하는

전체의 세계, 하나의 세계를 함께 공유하고 소통하며 산다는 것은 결국 전체의 마음, 하나의 마음을 공유하고 있다는 것을 말해 준다. 우리 각자의 심층마음의 에너지는 모두가 하나로 공명하는 하나의 파동인 것이다.

그러므로 우리는 표층에서는 서로 다른 각자이지만, 심층 아뢰야식에서는 서로 다르지 않은 하나이다. 우주의 근원은 모든 생명체 안에서 무한 반복하며 생명으로 깨어나고, 따라서 모든 생명체는 하나의 마음을 갖고 살아간다. 우리는 심층에서 같은 생명을 나누고 하나로 공명하는 불이(不二)의 존재이다. 모두가 하나의 생명, 하나의 마음이기에, 우리가 표층에서 행하는 자-타분별, 주-객분별은 심층에서는 성립하지 않는다.

4. 일(一)과 다(多)의 문제

1) 심층에서의 '일즉다 다즉일'

유식은 일체 현상세계가 마음 밖의 객관적 실유가 아니라 모두 마음이 형성한 가유임을 강조한다. 일체는 실아·실법이 아닌 가아·가법이며, 우리는 우리 자신의 마음이 만든 세계 속에 살고 있는 것이다. 이 점에서 우리의 인생은 곧잘 꿈에 비유된다. 꿈꾸는 자A는 누워서 꿈을 꾸는데, 꿈속 나a는 꿈속에서 바삐 뛰어다닌다. 꿈속에서 나는 나를 꿈속의 나a로만 알고 그 a가 실재한다고 생각하며, 꿈속에 등장하는 또 다른 사람과 사물b, c, d를 나 바깥의 객관 실재로 생각하면서 만나고 기다리고 사랑하고 다툰다. 그러나 나a와 나 아닌 남b, c, d는 모두 A가 만들어 낸 것이다. 나a가 실재한다는 생각이 지속하는 한 꿈은 계속된다. 나a가 사라지는 순간, 꿈속에서 내가 죽게 되는 순간, 나는 여지

없이 공포와 전율을 느끼며 꿈에서 깨어난다. 깨어나면 비로소 내가 나로 알았던 나a는 본래 없다는 것을 알게 된다. 불교가 무아(無我)를 설하는 이유이다. 일체는 꿈꾸는 자A가 만든 것일 뿐이다.

그렇다면 꿈꾸는 자A는 누구인가? 일체 현상세계를 만든 A가 '너'나 '그'가 아닌 오직 '나'일 뿐이라고 생각한다면, 그것은 오직 나만 존재한다는 유아론(唯我論)이 된다. 이는 곧 꿈에서 깨어나서도 계속 꿈속 나a의 개별성을 따라 꿈꾸는 자A를 생각한 것이다. 꿈속에서 유지되던 나a와 남b, c, d와의 분별, 자타분별을 계속 유지한 것이다. A를 나a의 마음이라고 생각하는 것은 아직 무아의 깨달음, 꿈에서 깨어나는 각성이 없는 것이다.

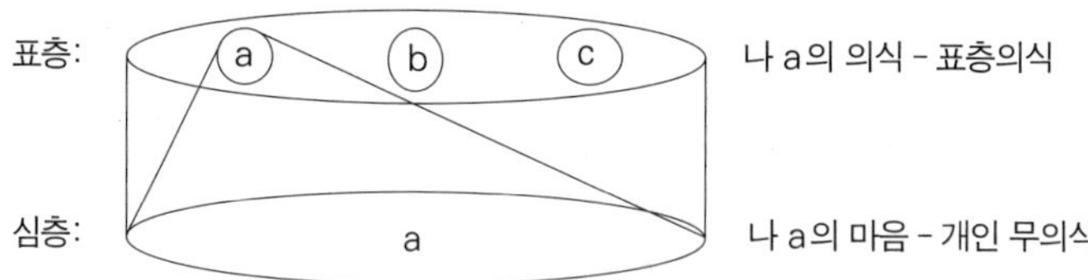

만약 정말 꿈에서 깨어나 나a가 없다는 무아를 안다면, 꿈속에서 성립하던 나a와 남b, c, d의 분별은 사라진다. A는 a의 마음이면서 동시에 b의 마음이고 c의 마음이다.

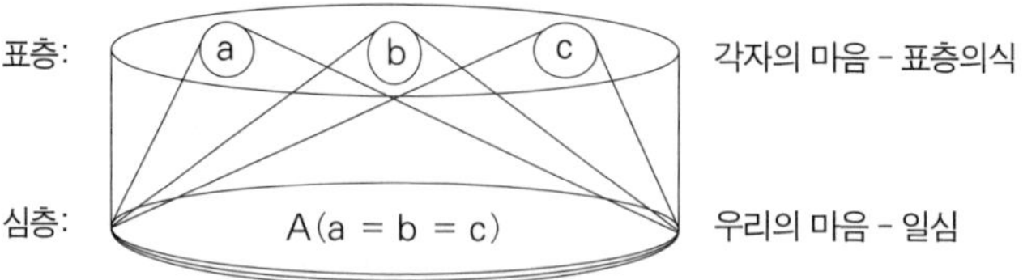

꿈속에서는 a와 b와 c가 서로 다른 별개의 존재로 나타나지만, 꿈 깨어서 보면 그들은 모두 하나의 공통의 마음이 만든 가유이다. 표층의식

에서는 a와 b와 c가 서로 다른 분리된 각각의 낱이지만, 심층마음에서 보면 그들은 모두 하나의 마음이 드러난 현상이다. 심층마음은 각 개별자의 마음이란 점에서는 다(多)이지만, 공통의 하나의 마음이란 점에서는 일(一)이다. 이처럼 심층에서는 '일즉다 다즉일'이 성립한다.

2) 개별적 차이의 생성

심층에서 모두가 하나라면 표층에서 드러나는 현상적 차이는 어디에서 오는가? 현상세계에서 성립하는 너와 나의 차이, 개별적 특수성, 개체성의 근거는 무엇인가? 보편적 일심과 각각의 개별적 의식은 서로 어떤 관계인가? 이 관계를 살아 있는 세포를 통해 생각해 보자.

모든 생명체는 개체 발생 시 하나의 세포로부터 분열된다. 원세포로부터 분열된 세포는 모두 동일한 생명, 동일한 유전인자, 동일한 정보를 포함하고 있다. 본성, 성(性)이 같다. 그러니까 체세포 복제가 가능한 것이다. 그러나 그렇다고 모든 세포가 모두 동일한 양상, 상(相)으로 전개되지는 않는다. 드러난 상의 차이는 각 세포의 성의 차이가 아니라, 각 세포들이 서로 배치되는 관계에 의해 만들어진 현상이다. 세포 내 어느 정보가 구체적으로 현실화되는지는 그 세포가 인체 내에서 어느 자리에 위치하는가에 따라 달라지기 때문이다. 두뇌 자리에 있는 세포는 두뇌신경세포로 발전하고, 눈의 자리에 있는 세포는 눈 체세포로 발전한다. 그런 식으로 수많은 다양한 기관이 드러나게 된다. 각각의 기관을 형성하는 직접적 원인은 각각의 세포 안에 담겨 있는 정보이며, 전체 정보는 어느 세포나 다 똑같다. 다만 각각의 세포가 그들 서로 간의 배치 관계에 따라 선택적으로 현실화하는 부분이 서로 다를 뿐이다.

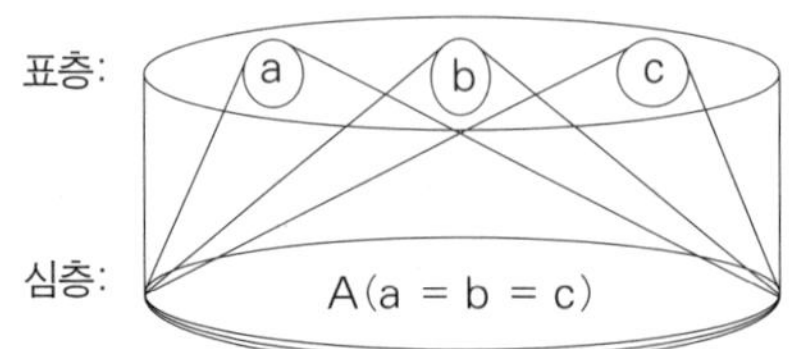

만약 세포가 의식이 있다면, 각 기관의 세포는 드러난 현상의 차이에 따라 자신을 각각의 기관으로 의식하며, 따라서 자신을 옆의 기관과는 다른 것으로 의식할 것이다. 눈은 자신을 귀 아닌 눈, 손발 아닌 눈으로 알 것이다. 이것이 현상적 차이에 따라 일어나는 개별적 자기의식, 표층식에 해당한다. 그렇지만 세포가 가지는 의식은 이게 다가 아닐 것이다. 각각의 세포는 자신 안에 담긴 전체 정보를 의식하며, 이것이 곧 현상적 상(相)의 차이 너머 세포들 모두에게 동일한 성(性)의 의식이다. 이 자각 속에서 각 세포는 전체를 자신과 분리되지 않는 하나로 알 것이다.

하나의 생명체를 구성하는 각각의 세포에서 그 생명체 전체를 담은 하나의 공통의 성(性)과 각각의 위치에서 드러나는 서로 다른 각각의 상(相)을 구분할 수 있듯이, 우주를 구성하는 각각의 생명체, 각각의 유정에서도 마찬가지로 우주 전체를 포함하는 하나의 심층마음과 각각의 위치에서 서로 다르게 나타나는 표층의식을 구분할 수 있다. 심층마음은 각각의 아뢰야식이지만 우주 전체의 공통의 정보를 모두 함장하고 공통의 에너지 파동으로 함께 공명하는 하나의 마음(일심)이며, 표층의식은 그러한 심층마음이 형성한 세계(기세간) 안에 서로 다른 각각의 위치에서 서로 다른 개별자로 등장한 각각의 몸(유근신)과 결부된 의식이다.

도표로 보자면 아래 원이 심층마음A이며, 그 마음 안에 담긴 공통의 정보 에너지(명언종자)로부터 표층에 하나의 공통의 현상세계(기세간)가 형성된다. 아래 원(아뢰야식)으로부터 위의 원(기세간)이 만들어져 하나의 원기둥이 그려진다. 그 표층 현상세계(기세간) 안에 a, b, c, d 등 무수한 개별자아(유근신)가 등장하는데, 심층마음A와 표층의 개별자아a, b, c의 관계는 각각 원뿔로 나타난다. 심층마음으로부터 잡아 올려진 원뿔의 꼭지점이 표층에서 이리저리 위치를 변경함에 따라 그 각 지점마다에 개별자아가 등장하지만, 각 개별자아의 생성을 위해 다른 에너지 내지 다른 정보가 새로 더해지는 것은 없다. 전체의 관계 속에서 배치되는 서로 다른 각각의 지점에 서로 다른 각각의 개별자아가 나타날 뿐이다. 어떤 배치 관계 속에서 어떤 지점에 태어나느냐에 따라 각 생명체가 현세에서 누리는 삶의 고락이 달라진다. 결국 각 생명체가 어느 자리에서 자신을 실현하는가를 결정하는 것은 현상세계(기세간)에서 생명체들 서로 간의 배치 관계이다. 동양은 이것을 태어나는 순간의 년·월·일·시의 사주(四柱)로 설명하고, 서양은 이것을 별자리로 설명하며, 불교는 이것을 시절인연 내지 증상연(增上緣)이라고 부른다. 근본적으로 동일한 생명체, 동일한 심층마음이 현상세계로 불려 올 때(윤회할 때) 표층 현상에서의 상호배치 관계에 의해 서로 다른 시공간 안에 서로 다른 개별적 존재(유근신)로 등장하는 것이다. 입의 세포와 항문의 세포가 근본에서는 동일하지만 배치로 인해 현상적 역할이 서로 다르듯이, 성인과 죄인, 부처와 범부도 근본에서는 동일하고 단지 현상적 역할이 서로 다를 뿐이다. 현상적 역할의 차이가 현상적 내가 느끼는 고락의 차이를 만들며, 우리는 그 차이로 인해 심층의 동일성을 쉽게 망각하고 살아간다.

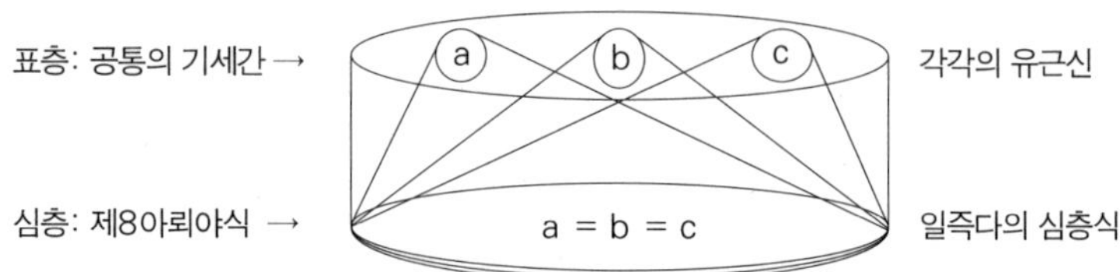

5. 유식의 실천적 함의

1) 절대평등과 대동(大同)의 이념

우리의 마음이 제6의식보다 더 깊은 심층마음이라는 것을 밝히는 것이 갖는 의미는 무엇일까? 우리는 과연 우리 각자의 심층마음인 아뢰야식을 직접 자각하여 알고 있는가?

우리가 우리의 마음 작용을 주-객분별의 제6의식이 전부라고 생각하고 있는 한 그런 분별의 틀 안에 들어오지 않는 주객포괄의 마음은 그것이 아무리 내 마음으로 활동하고 있어도 나는 그것을 내 마음이라고 알아차리기가 어렵다. 제6의식이 어떤 것 x를 아는 방식은 그 x를 나 아닌 대상으로 아는 식이고, 그 x를 그것 아닌 것(-x)이 아닌 것(--x)으로 아는 식이다. 반면 나의 마음은 나의 대상이 아니라 바로 나 자신이며, 또한 그것의 부정 또는 그것의 상대를 떠올릴 수 없는 전체로서의 마음이다. 그런 전체로서의 마음은 대상화하고 상대화하는 제6의식의 방식으로는 알아차릴 수가 없다.

심층마음은 대상화나 분별화 작업을 멈출 때 비로소 드러난다. 심층마음은 그냥 단적으로 아는 것이다. 나의 마음은 내가 한 번도 그 밖으로 나가본 적이 없는 무한의 전체이며, 따라서 내가 의식하는 모든 우주 만물을 그 안에 담고 있는 무한의 마음이다. 내가 나의 마음을 대상화하거나 상대화해서 붙잡으려 하면, 그렇게 대상화되고 상대화된 것은 이미 마음 자체가 아니라 마음 안에 들어온 마음의 대상이다. 마음 자체는 분별 이전에 그냥 단적으로 아는 것이다. 우리는 단적으로 자기 마음을 안다. 알고 있는 그 마음을 다시 표층 제6의식의 방식으로 대상화해서 보려고 하지만, 그 마음이 대상화로 붙잡히지 않기에 마음 자체는 알지 못한다고 생각하거나 그런 마음은 없다고 생각한다. 그러나 없다고 생각하거나 알지 못한다고 생각하는 바로 그 마음이 바로 자기를 아는 그 마음이다. 전체로서의 마음이 자기 자신을 단적으로 알기에 그것을 본래적 각성, '본각(本覺)' 이라고 하고, 그 단적인 앎을 스스로 그런 것으로 알아차리지 못하는 것을 '불각(不覺)' 이라고 한다. 그러나 완전히 모른다면 모른다는 것조차 모를 것이다. 어떤 방식으로든 이미 알기에 모른다는 생각이 드는 것이다. 그렇게 불각은 각(覺)을 전제하고, 무명은 명(明)을 전제한다. 그렇게 우리는 우리의 심층마음에 대한 본각을 가지고 있다.

전체로서의 마음은 우주 만물 일체를 모두 포함하기에 비어 있되 성성히 깨어 있는 마음, 공적영지(空寂靈知)의 마음이다. 현상적 차별상을 모두 넘어선 마음이기에 나 또는 너로 규정하거나 한정할 수 없는 마음이고, 우주 전체를 바라보는 무한의 마음이다. 그 무한한 마음은 단독적 개별자로서의 나의 마음이 아닌 바로 우리의 마음, 하나의 마음이다. 내용 없이 비어 있는 나, 그래서 나가 곧 너이고 너가 곧 나인 '우리' 의 마음이다. 이러한 '우리' 의 자각은 우리의 삶이 지향할 만한 대동(大同)의 이념을 알려 준다. 즉 우리 모두가 현상적으로는 서로 다른 각각의 5온으로 존재하지만 근본에 있어서는 서로 다르지 않은 하나의 마음이라는 것, 모든 인간, 모든 생명체가 근본에 있어서는 동일한 가치라는 것, 절대평등의 존재라는 것을 말해 준다. 인간은 표층에서는 전체의 일부분으로 존재할 뿐이지만, 심층에서는 모든 인간이 부분이면서 곧 전체이고 개별이면서 곧 전체이다. 일이면서 곧 다이기에, 심층에서는 '일즉다 다즉일'이 성립한다. 월인천강의 비유나 프랙탈 무늬 등은 '일즉다 다즉일'의 신비를 보여 준다.

모든 생명체가 근본적으로 동등한 절대평등의 존재이기에 우리는 이로부터 대동(大同)의 이념을 얻는다. 모든 생명체는 하나의 생명이고, 하나의 마음이다. 절대평등의 인간이 만드는 사회는 분열과 분별, 경쟁과 투쟁의 사회가 아니라, 자비와 사랑, 공감과 공명의 사회이어야 한다. 우리가 모두 하나라는 의식, 대동의 의식이 있어야, 모두가 함께 상생을 기약하는 평등한 공동체를 구상할 수 있을 것이다.

2) 보살정신: 대동을 실천하는 공생(共生)의 삶

불교는 처음부터 '업보는 있지만, 작자는 없다'고 말하면서 무아를 강조해 왔다. 내가 전체로부터 고립된 단독적 실체로 존재하면서 업을 짓고, 다시 그 실체적 내가 존재해서 그 업의 보를 받는 것이 아니라는 말이다. 실체적 자아가 없기에, 즉 무아이기에, 내가 홀로 짓는 업이란 것은 없다. 결국 모든 업은 공업(共業)이다. 업은 언제나 가족 전체, 이웃 전체, 사회 전체, 우주 전체의 기운을 따라 이루어지는 업, 증상연(增上緣)에 의해 이끌리는 업이다. 그래서 공업인 것이다.

업은 선업이든 악업이든 모두 공업이기에, 그 업으로 인한 보 또한 모두가 그 고락을 함께 나누어야 할 공보(共報)이다. 진정한 가족의 구성원이라면 모두가 고락을 함께 나누듯이, 우리가 함께하는 사회가 진정한 공동체라면 그 구성원 모두는 고락을 함께 나누어야 한다. 우리가 짓는 업이 모두 공업이고, 우리가 받는 보가 모두 공보이기 때문이다. 따라서 모두가 갖고 싶어 하는 락을 내가 남보다 더 많이 누리고 있다면, 그것은 내가 남에게 락을 빚지고 있음을 말해 준다. 또 모두가 갖기 싫어하는 고를 누군가 남들보다 더 많이 감당하고 있다면, 그것은 그가 우리의 고를 대신 짊어지고 있음을 말해 준다. 우리 모두가 서로의 업과 보에 대해 함께 증상연으로 작용하고 있기 때문이다.

유식은 모든 생명체가 똑같이 평등하고 존귀하다는 것을 알며, 일체 생명체가 모두 공업과 공보로 얽혀 있음을 안다. 따라서 일체 생명체의 고통을 함께 아파하며 하나로 공명하는 자비(慈悲)의 마음을 강조한다. 유식 수행의 지향점은 마지막 지옥중생 한 명까지도 모두 구제하기 전에는 홀로 열반에 들지 않으리라는 보살정신의 완성이다. 이는 곧 어느 누구도 고통으로 분노하여 악업을 짓는 일이 없는 그런 평등한 공동체를 이루리라는 서원이기도 하다. 불교가 지향하는 불국토는 모두가 평등하고 모두가 하나로 공명하며 서로의 고락을 함께 나누는 대동의 공동체이다. 따라서 보살은 고통과 분노를 유발하는 부당한 사회구조, 불평등한 사회체제에 저항하며 고통받는 마지막 중생 한 명도 저버리지 않고 모두를 이고득락(離苦得樂)으로 이끌어 가고자 한다.

제1부

유식의 원리

『성유식론』은 제1능변식인 제8아뢰야식을 본격적으로 논하기에 앞서 유식의 일반적 원리를 설명하는데, 본 강해 제1부에서 이 부분을 다룬다. 이것은 『유식30송』의 제1게송과 제2게송의 일부의 설명에 해당한다.

1. 가(假)로서 아와 법을 말하니, (아와 법의) 갖가지 상의 전전함이 있다.
   저것(갖가지 상)은 식의 소변에 의거하니, 이 능변은 오직 세 가지이다.
2. 즉 이숙식과 사량식 그리고 요별경식이다.

1. 由假說我法, 有種種相轉.
   彼依識所變, 此能變唯三.
2. 謂異熟思量, 及了別境識.

1. 유식의 지향점

1) 아공과 법공에 의한 아집과 법집의 극복

불교의 논서는 일반적으로 서분(서론), 정종분(본론), 유통분(결론)으로 구성되며, 그중 서분에는 어김없이 3보(寶)인 불보·법보·승보에 귀의한다는 게송이 나온다. 『유식30송』은 정종분으로만 되어 있으며, 3보에 귀의하는 게송은 『성유식론』의 첫 구절로 등장한다.

/유식성과 원만 청정자와 부분 청정자에게 머리 숙여 절하니, (1상)
나는 이제 저 설을 해석하여 모든 유정을 이익되고 안락하게 하겠습니다.
/稽首唯識性, 滿分清淨者, (1상)
我今釋彼說, 利樂諸有情.

3보:

1. 불보(佛寶): 진리를 깨달은 부처님 - 완전히 청정한 부처님(원만 청정자)
2. 법보(法寶): 불교의 가르침과 진리 - 유식의 진리(유식성)
3. 승보(僧寶): 진리를 구하는 스님 - 부분적으로 청정한 스님(부분 청정자)

3보에의 귀의를 담은 이 게송은 일반적인 불·법·승의 순서를 따르지 않고 법·불·승의 순서를 따르고 있다. 즉 유식성의 법보를 가장 앞에 두고 그다음 수행을 통해 완전하게 청정해진 부처인 불보와 아직 수행 도상에 있는 스님인 승보를 말한다.

그러면서 본 논서 『성유식론』을 짓는 목적이 일체 유정을 이익되고 안락하게 하기 위한 것임을 밝힌다. 일체 중생의 고통을 덜어 주고 즐거움을 안겨 주려는 '이고득락(離苦得樂)'이 본 논서를 짓는 지향점인 것이다. 어떤 방식으로 이고득락에 이르게 되는지를 이하에서는 좀 더 구체적으로 논한다.

지금 이 논서를 짓는 까닭은 2공(空)에 미혹하고 잘못 아는 자로 하여금 바른 이해를 생겨나게 하기 위해서이며, 바른 이해를 생겨나게 하는 것은 두 무거운 장애(번뇌장과 소지장)를 끊게 하기 위해서이다. 아와 법에 집착하기 때문에 2장이 함께 일어난다. 2공(아공과 법공)을 증득하면 저 장애도 따라서 끊어진다. 장애를 끊는 것은 두 가지 수승한 결과(열반과 지혜)를 얻기 위해서이다. 삶을 이어지게 하는 번뇌장을 끊음으로써 진해탈을 증득하고, 지혜를 장애하는 소지장을 끊음으로써 대보리를 증득한다.

今造此論爲於二空有迷謬者生正解故, 生解爲斷二重障故. 由我

法執二障具生. 若證二空彼障隨斷. 斷障爲得二勝果故. 由斷續生煩惱障故證眞解脫, 由斷礙解所知障故得大菩提.

2집(執)		2장(障)		2공(空)을 증득(인)		(과)
아집	→	번뇌장(윤회하게 함)	↔	아공을 증득	→	진해탈(열반) 증득
법집	→	소지장(지혜를 막음)	↔	법공을 증득	→	대보리(지혜) 증득

아와 법, 자아와 세계에 대해 미혹하고 잘못 앎으로써 그에 대한 집착인 아집과 법집을 갖게 되고 나아가 그 집착으로 인해 삶을 구속하는 장애인 번뇌장과 소지장을 갖게 된다. 『성유식론』을 짓는 목적은 바로 이 번뇌장과 소지장의 장애를 극복함으로써 열반과 지혜를 얻게 하려는 것이다.

그런데 아집과 법집으로 인한 장애인 번뇌장과 소지장을 극복하는 것은 바로 그 집착을 해체시키는 아공과 법공의 깨달음을 통해서만 가능하다. 아공과 법공은 석가의 기본 가르침인 '무아(無我)'에 근거한 것이다. 각각의 사람이 공인 것을 '인무아(人無我)'라고 하고, 일체 만물 제법이 공인 것을 '법무아(法無我)'라고 하며, 줄여서 전자를 '아공(我空)', 후자를 '법공(法空)'이라고 한다. 대승 유식에서 논하는 아공과 법공은 곧 석가가 설한 무아를 두 측면으로 풀이한 것이다.

초기불교			대승불교
무아	인무아	=	아공
	법무아	=	법공

유식에서 논하는 아공과 법공의 의미는 유식 전체의 체계가 분명해질 때 제대로 밝혀질 수 있다. 여기에서는 일단 아공과 법공의 깨달음이 이끌어 오는 결과를 언급하면서, 본 논서를 짓는 목적이 바로 그 결

과에 이르고자 함이라는 것을 언급할 뿐이다. 아가 공이라는 아공의 깨달음을 증득하면 자아에 대한 집착인 아집을 버리게 되고, 그러면 집착에서 오는 마음의 번뇌를 끊어 번뇌장을 멸하고 따라서 번뇌의 업으로 인한 윤회를 벗어나 해탈하여 열반을 증득하게 된다. 법이 공이라는 법공의 깨달음을 증득하면 현상세계 제법에 대한 집착인 법집을 버리게 되고, 그러면 존재의 실상에 대한 지혜를 가로막는 소지장을 멸하며 무명을 벗어 반야지혜를 증득하게 된다. 한마디로 아공을 깨달아 번뇌장을 멸하여 해탈을 증득하고, 법공을 깨달아 소지장을 멸하여 지혜를 증득하는 것이 유식의 궁극목적이며 본 논서를 저술하는 목적이라고 말한다.

또 아와 법을 잘못 알고 집착하여 유식에 미혹한 자에게 열어 보여서 2공에 통달하여 유식의 이치를 여실하게 알게 하기 위해서이다.
又爲開示謬執我法迷唯識者, 令達二空於唯識理如實知故.

아와 법을 잘못 앎(류) → 유식에 미혹함(미)

앞에서는 2공에 대해 미혹하고 잘못 아는 자에게 바른 이해를 얻게 하기 위해서라고 하여 미(迷)와 류(謬)를 함께 놓고 있는데 반해, 여기에서는 잘못 아는 류와 미혹한 미를 구분해서 말한다. 아공과 법공을 잘 알지 못해서(류) 아와 법에 집착하고, 그래서 결국 유식의 이치에 미혹하게(미) 된다는 것이다. 그러므로 본 논서에서 아공과 법공을 밝혀 아집과 법집을 극복하게 하는 것은 결국 유식의 이치를 알게 하기 위함이 된다. 『성유식론술기』에서 규기가 설명하는 미(迷)와 류(謬)의 구분에 의하면 미혹은 완전히 모르는 것[全不解]이고, 오류는 잘못 분별하는 것[邪分別]이다.[1] 아와 법에 대해 잘못 분별함으로써 유식성에 대해 완전히 모르는 미혹에 빠지게 된다는 것이다.

2) 초기불교의 무아에서 유식의 아공·법공까지

초기불교의 무아(無我)가 어떻게 대승의 아공·법공으로 전개되고 그로부터 일체 제법에 대한 유식(唯識)이 성립하게 되었는지를 간략하게 논해 보기로 한다. 석가의 무아설은 우리 범부가 자아라고 집착하는 것이 실은 여러 인연에 따른 연기(緣起)의 산물로서 색·수·상·행·식 오온(五蘊, pañca-skandha)의 일시적 화합물에 불과하다는 것이다. 이 중 색(色)은 물리적 신체에 해당하고, 수·상·행·식은 비물리적인 명(名)에 해당한다.

		명(名)			
5온:	색(色) rūpa	+ 수(受) vedanā	+ 상(想) saṃjñā	+ 행(行) samskāra	+ 식(識) vijñāna
		느낌	지각	의지	(셋을 포괄하는 식)
		정(情)	지(知)	의(意)	
		미(美)	진(眞)	선(善)	

불교는 자아를 5온(蘊)으로 설명하고, 세계의 일체 존재를 12처(處, āyatana)와 18계(界, dhātu)로 설명한다. 12처는 인식의 소의(所依, āśraya)인 6근(根, indriya)과 인식의 소연(所緣, ālambana)인 6경(境,

---

1 『술기』, 234하, "2공에 대해 완전히 알지 못하는 것을 이름하여 '미(迷)'라고 하고, 공의 이치에 대해 잘못 이해해서 부분적으로 앎을 갖고 있는 것을 이름하여 '류(謬)'라고 한다.(於二空全不解了名爲迷者, 邪解空理分有智故名爲謬者.)"

viṣaya)을 합한 것이고, 18계는 거기에다 다시 각 근에 의거한 6식(識, vijñāna)을 더한 것이다. 이상의 5온·12처·18계의 연관 관계를 간략히 표시하면 다음과 같다.

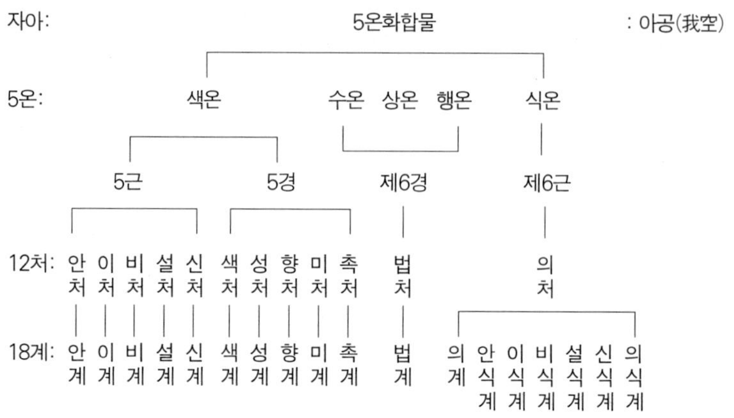

부파불교 시기 상좌부 계통의 대표적 부파인 설일체유부는 5온화합물로서의 자아는 공이지만, 그런 화합물을 이루는 각각의 요소들인 법(法)은 실재한다고 보았다. 그런 요소들을 크게 다섯 부류로 나누고 그것을 다시 세분하여 5위75법을 세우며, 그 각각의 법들은 자기 자성을 가지는 실유(實有, dravya sat)라고 주장하였다.

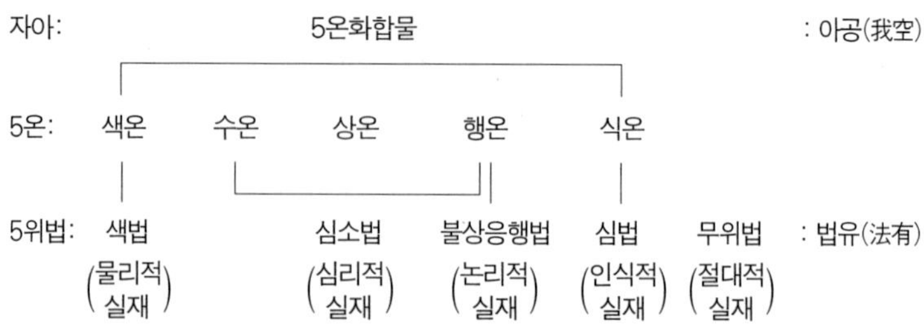

그러나 대승에서는 아가 공일 뿐 아니라 그 아를 형성하는 법 또한 공(空)이라고 주장한다. 대승 공사상(중관사상)은 자아뿐 아니라 제법이 모두 자기 자성(自性)을 가지는 실유가 아니라 인연에 따라 형성된 무자성의 공이며 연기의 산물임을 강조한다.

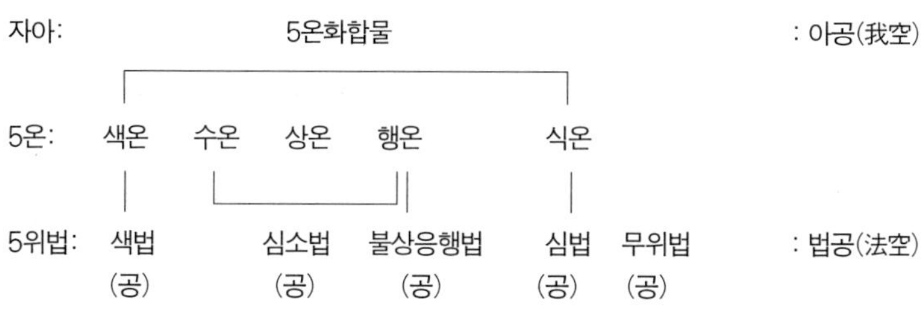

그런데 일체가 모두 공이라면 우리 눈앞에 나타나는 이 현상세계는 과연 무엇인가? 일체가 연기의 산물이라면, 그런 연기를 형성하는 터전은 무엇인가? 유식사상은 이것을 식의 변현(變現)으로 설명한다. 유식은 현상세계 전체가 식이 전변한 결과인 식소변(識所變)으로 식을 떠난 존재가 아니며, 이 점에서 실유가 아니라 가유(假有, prajñapti sat)라고 논한다.

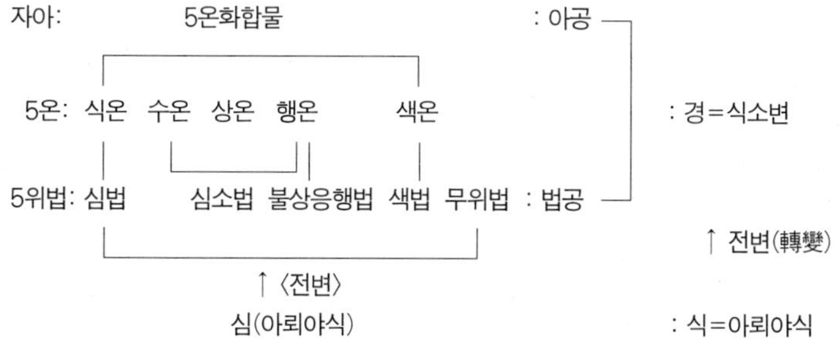

일체를 식(識)에 의거한 가(假)로 설명하는 유식은 유부의 5위75법을 다소 수정하여 다음과 같은 5위100법을 주장한다.[2]

1. 심법(8): 5식, 제6식, 제7식, 제8식
2. 심소법(51): 변행심소(5), 별경심소(5), 선심소(11), 번뇌심소(6), 수번뇌심소(20), 부정심소(4)
3. 심불상응행법(24): 득(得), 명근(命根), 중동분(衆同分), 이생성(異生性), 무상정(無想定), 멸진정(滅盡定), 무상쟁(無想爭), 명신(名身), 구신(句身), 문신(文身), 생(生), 노(老), 주(住), 무상(無常), 유전(流轉), 정이(定異), 상응(相應), 세속(勢速), 차제(次第), 방(方), 시(時), 수(數), 화합성(和合性), 불화합성(不和合性)
4 색법(11): 5근, 5경, 법처소섭색(무표색)
5. 무위법(6): 허공(虛空), 택멸(擇滅), 비택멸(非擇滅), 부동(不動), 상수멸(想受滅), 진여(眞如)

2. 가아와 가법

1) 내식(식소변)과 외경(아와 법)

화엄이 '3계가 오직 마음'이라는 '삼계유심(三界唯心)'을 논하고 '일체가 마음이 만든 것'이라는 '일체유심조(一切唯心造)'를 말하듯이, 유식은 '오직 식만 있고 식을 떠난 경이 따로 없다'는 '유식무경(唯識無境)'을 논한다. 우리가 외경이라고 간주하는 것이 실은 내식의 전변 결과이기에 식을 떠난 것이 아니라는 것이다. 이와 같은 유식을 구체적으로 해명하기에 앞서 『성유식론』은 우선 잘못된 견해를 제시하면서, 이것을 바로잡는 것이 본 논서를 짓는 목적이라고 말한다.

> 또한 유식의 이치에 미혹하거나 잘못 아는 자가 있으니, ① 혹 외경이 식처럼 없는 것이 아니라고 (둘 다 있다고) 집착하고, ② 혹

2 유식의 존재분류법인 〈5위100법〉의 더 상세한 목록은 본 강해 말미에 첨부한다.

내식이 경처럼 있는 것이 아니라고 (둘 다 없다고) 집착한다. ③ 혹 모든 식이 작용은 다르지만 체는 같다고 집착하고, ④ 혹 심을 떠나 별도의 심소가 없다고 집착한다. 이러한 갖가지 상이한 집착을 막고 유식의 깊고 묘한 이치에 대해 여실한 이해를 얻게 하기 위해 이 논서를 짓는다.
復有迷謬唯識理者, ① 或執外境如識非無. ② 或執內識如境非有. ③ 或執諸識用別體同. ④ 或執離心無別心所. 爲遮此等種種異執, 令於唯識深妙理中得如實解, 故作斯論.

잘못된 집착:

① 외경(법)이 식과 마찬가지로 있다고 집착	- 설일체유부의 법집(외경유)
② 내식(식체와 식소변)이 경과 마찬가지로 없다고 집착	- 중관 청변의 악취공(내식무)
③ 8식이 작용은 서로 다르지만 식체는 같다고 집착	- 대승 중 8식일체설
④ 심왕과 별도로 심소가 없다고 집착	- 경량부, 유부 각천(수상사만 인정)

미혹이 완전히 모르는 것이고 오류는 잘못 분별하는 것이라는 『술기』에 따르면 위의 네 가지 중 ①과 ④는 미혹에, ②와 ③은 오류에 해당한다. 이상을 비판하는 것은 결국 다음을 주장하는 것이다.

유식의 주장:

① 외경(아와 법)은 식과 달리 없다.
② 내식(식체와 식소변)은 경과 달리 있다.
③ 식의 작용과 함께 식체도 다르다. 8식의 체가 서로 다르다.
④ 심왕과 별도로 심소가 있다. 그래서 둘이 서로 상응한다.

이상의 주장은 본 논서 본론에서 설명할 유식의 핵심내용을 서론에서 미리 간단히 언급한 것이다. 내식과 외경의 의미는 다음과 같이 정리될 수 있다.

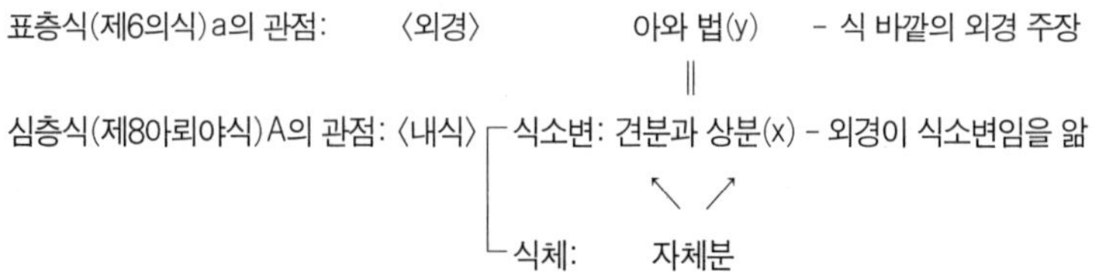

표층식(제6의식) a의 관점: 〈외경〉 아와 법(y) - 식 바깥의 외경 주장

‖

심층식(제8아뢰야식) A의 관점: 〈내식〉 ┌ 식소변: 견분과 상분(x) - 외경이 식소변임을 앎

↖ ↗

└ 식체: 자체분

표층식(제6의식) a에서 보면 세계가 외경(의식 바깥의 경)이지만, 근본식(제8아뢰야식) A에서 보면 세계는 외경(아뢰야식 바깥의 경)이 아니고 내식(아뢰야식 내의 것)에 포함된다. 그러므로 '내식만 있고 외경은 없다(유식무경)'는 유식의 주장은 세계를 외경으로 간주하는 제6의식에 머물지 말고 세계를 내식으로 포함하는 제8아뢰야식을 자신의 마음으로 알아차리라는 것이다. 꿈속 나에게 꿈속 세계는 내 마음(꿈속 나의 마음a) 바깥의 세계이지만, 꿈 깨어 보면 그 세계는 내 마음(꿈꾸는 마음A) 속 세계인 것과 같다. 이처럼 세계의 존재론적 위상을 문제 삼는 것은 결국 세계를 아는 마음의 존재론적 위상을 논하는 것이다.

그런데 꿈속에서 나는 나의 마음을 마음a라고 생각하다가 꿈 깨고 나서 비로소 마음A를 알아차리지만, 그렇다고 꿈속에서 마음a만 마음으로 활동하고 마음A가 마음으로 활동하지 않는 것이 아니다. 마음A의 활동으로 꿈속 세계가 만들어지며, 꿈속에서 세계를 아는 자는 마음a가 아니라 그 세계를 만드는 마음A이기 때문이다. 마음A가 세계를 아는 것인데도, 꿈속에서 나는 그 마음A를 전유(專有)하여 그것을 마음a로 오인(誤認)한다. 결국 꿈꾸다가 꿈에서 깨어날 때, 본래 없다가 새로 생겨나는 마음은 없다. 마음A는 언제나 그렇게 활동하고 있으며, 따라서 우리에겐 항상 '본각(本覺)'이 있는 것이다. 다만 그것을 그것으로 알아차리지 못하는 것이 꿈이고, 그것을 그것으로 알아차리는 것이 깸이다.

꿈에서는 왜 마음A를 나의 마음으로 알아차리지 못하고 나를 마음a

라고 오인하는 것일까? 꿈에서는 나를 나a로 간주하기 때문이다. 나를 세계 속에 등장한 나a로 간주하고 집착하는 식이 바로 아견과 아집의 자아식(말나식)이다. 이 나a가 없다는 무아(아공)를 알아차리는 순간, 꿈에서 깨어나게 된다. 그때 비로소 나를 마음A로 알아차리게 된다. 나를 마음A로 알아차린다는 것은 곧 나가 나a가 아니고, 너도 너b가 아니라는 것을 알아차리는 것이다. 나a와 너b의 분별, 자타분별, 내외분별이 꿈속 분별이라는 것, 허망분별이라는 것을 아는 것이다. 나도 A이고 너도 A라는 것, 우리가 하나의 마음A라는 것을 아는 것이다. 세계를 만드는 식, 꿈꾸는 식인 아뢰야식은 꿈 깨어 확인하면 결국 하나의 마음, 한마음, 일심(一心)이고 진여(眞如)이다. 그래서 아공과 법공의 깨달음인 유식성의 깨달음이 곧 일심의 자각이며, 이것이 곧 무아의 완성이 된다.

2) 아와 법의 시설

> 만약 오직 식만 있다면, 어째서 세간과 성스런 가르침(성교)에서 아(我)와 법(法)이 있다고 말하는가? 게송으로 말한다.
> 若唯有識, 云何世間及諸聖教說有我法? 頌曰.

본 논서에서 세간은 우리의 일상세계인 속세를 말하고, '성스런 가르침' (성교)은 불교를 말한다. 여기에서는 유식에 흔히 제기되는 비판적 물음을 다룬다. 즉 오로지 식만 있다면, 우리가 일상에서 또는 불교 교설에서 '나' 라고 하거나 '법' 이라고 하는 것은 과연 무엇이냐는 것이다. 이 물음에 대한 답이 『유식30송』의 제1게송이다.

1. 가(假)로서 아와 법을 말하니, (아와 법의) 갖가지 상의 전전함(轉)이 있다.
   저것(갖가지 상)은 식의 소변에 의거하니, 이 능변은 오직 세 가지이다.
2. 즉 이숙식과 사량식 그리고 요별경식이다.

1. 由假說我法, 有種種相轉.
   彼依識所變, 此能變唯三.
2. 謂異熟思量, 及了別境識.

아와 법(y): 가설이며, 종종상으로 전전(展轉)함
↑
식소변(x): 식의 전변 결과물
↑
능변식: 이숙식, 사량식, 요별경식

가(假)는 범어 우파짜라upacāra로서 실체가 없는데 임시로 칭해진 것 내지 가설(假說)을 의미한다. 우리가 아와 법이라고 칭하는 것들은 그 각각에 상응하는 실체가 따로 있는 것이 아니라, 임시로, 가설적으로 아와 법이라고 설정된 것일 뿐이라는 뜻이다. 한마디로 아와 법은 실유(實有)가 아니라 언설에 따라 가(假)로서 세워진 가유(假有)이다. 그러므로 가로서 아와 법을 설한다고 말한다. 그런데 그렇게 가로서 시설되는 아와 법의 모습은 일의적이지 않고 다양하다. 즉 아와 법의 갖가지 변화하는 상이 있다.

그렇다면 그와 같은 아와 법의 시설과 더불어 드러나는 갖가지 상들은 과연 어떻게 해서, 무엇에 근거해서 생겨나는 것인가? 아와 법의 갖가지 모습은 곧 식이 전변한 결과물인 식소변에 의거한다는 것이 유식의 통찰이다. 그러므로 '저것(아와 법의 종종상)은 식소변에 의거한다' 고 말한다. 즉 아와 법의 종종상은 식을 떠나 각각의 실체로 존재하는 것이 아니라, 식이 전변하여 생겨난 결과물인 식소변에 의거해서 우리가 떠올리는 종종상이며, 결국 가설적으로 붙여진 이름, 가(假)의 시설에 불과하다는 것이다.

그렇다면 그러한 종종상이 의거하는 식소변을 일으키는 식(識)은 과연 어떤 식인가? 종종상이 식의 전변 결과물(식소변)에 의거한 것이라면, 그러한 결과물로 능히 전변하는 식인 능변식은 어떤 식인가? 제2게송은 이 능변식의 세 가지를 구분하여 각각 이숙식, 사량식, 요별경식이라고 칭한다. 이 세 가지 능변식을 각각 설명하기에 앞서 『성유식론』은 먼저 아와 법의 갖가지 상에 대해 설명한다.

세간과 성교에서 아와 법이 있다고 설하는 것은 다만 가(假)로서 세우는 것이지 실유성이 아니다. 아는 주재(主宰)를 말하고, 법은 궤지(軌持)를 말한다. 저 둘에는 모두 갖가지 상의 전전함이 있다. 아의 갖가지 상은 유정·명자 등과 예류·일래 등이고, 법의 갖가지 상은 실·덕·업 등과 온·처·계 등이다. 전(轉)은 연(緣)을 따라 시설하여 차이가 있음을 말한다.

世間聖教說有我法, 但由假立非實有性. 我謂主宰, 法謂軌持. 彼二俱有種種相轉. 我種種相謂有情命者等預流一來等, 法種種相謂實德業等蘊處界等. 轉謂隨緣施設有異.

〈시설된 의미〉

아(我):	주재(主宰)	- 상일주재의 자아
법(法):	궤지(軌持)	- 궤범(범주)의 자성

	〈세간의 아·법 시설〉	〈불교의 아·법 시설〉
아의 종종상:	유정·명자 등	예류·일래 등
법의 종종상:	실·덕·업 등	온·처·계 등

아와 법은 실유(實有)가 아니라 가(假)로서 세운 가유(假有)이다. 가로서 세운다는 것은 임시적으로 또는 가설적으로 세운 가설(假設)이라는 뜻이다. 아와 법은 일단 가로서 세운 것, 마치 있는 것처럼 설정된 것, 한마디로 개념이라는 말이다. 그렇다면 우리는 아와 법을 어떤 의미로 이해하고 시설하는가? 아와 법의 개념에 담긴 의미는 무엇인가? 그리고 아와 법으로 드러나는 갖가지 상(相)은 어떤 것들인가?

'아'의 의미에 담긴 '주재(主宰)'란 곧 '상일주재(常一主宰)'이다. 나는 나 자신을 항상되고 단일한 나, 내 마음대로 자재한 나로 여긴다. 그러나 그러한 상일주재성은 개념으로만 있을 뿐 상일주재의 자아가 존재하는 것은 아니다. 그래서 아는 실유가 아니라 가유라고 말한다. '법'의 의미에 담긴 '궤지(軌持)'는 곧 '임지자성 궤생물해(任持自性 軌生物解)'이다. 우리는 일체 사물을 그 사물의 이해를 가능하게 하는 궤범(軌範, 범주)을 자기 자성(自性)으로 갖고 있는 것으로 여긴다. 그러나 그러한 궤범은 개념일 뿐 그러한 것을 자성으로 갖는 법이 실재하지는 않는다. 그래서 법은 실유가 아니라 가유라고 말한다. 우리가 아와 법의 개념에 따라 나를 상일주재의 자아로 여기고 사물을 궤지의 법으로 여기면서 아집과 법집을 갖는 것을 비판하기 위해 여기에서는 그런 아와 그런 법은 실재하지 않는다고 말한다.

주재의 아나 궤지의 법이 따로 존재하지 않고, 오직 갖가지 상이 있을 뿐이다. 이 갖가지 상이 가로서 시설된 아와 법이다. 『술기』는 여기에서 가(假)가 갖는 이중의 의미를 구분하여 설명한다.

가(假)에는 두 가지가 있다. ① 첫째는 체 없이 망정을 따른 가로서 대부분 세간과 외도가 집착하는 것이다. 그들이 집착하는 것과 같은 아와 법은 없지만, 집착하는 마음의 조건을 따라 아와 법이라고 부르므로 '가'라고 한다. ② 둘째는 체가 있기에 시설한 가로서 성교에서 설하는 것이다. 체가 있지만 아와 법이 아닌데도 억지로 이름하여 아와 법이라고 부르니, 체에 칭합하지 않지만 조건에 따라 시설한 것이므로 '가'라고 한다.[3]

1. 무체수정가(無體隨情假): 세간과 외도가 집착하는 종종상
2. 유체시설가(有體施設假): 불교가 식소변(체)을 따라 시설한 종종상

	〈세간의 아 · 법 시설〉	〈불교의 아 · 법 시설〉
아의 종종상:	유정 · 명자 등	예류 · 일래 등
법의 종종상:	실 · 덕 · 업 등	온 · 처 · 계 등
	무체수정의 가(假)	유체시설의 가(假)

아와 법은 가(假)인데, 세간에서 집착하는 아와 법의 가는 무체수정의 가이고, 불교가 시설하는 아와 법의 가는 유체시설의 가라는 것이다. 세간이나 외도에서 아와 법으로 집착하는 것은 외경으로서 상정된 아와 법이기에 그에 상응하는 체가 없다. 반면 불교에서는 식소변으로서의 내식(內識)에 따라 아와 법을 시설하며 그 시설에 상응하는 것이 식소변(체)으로서 있으므로 유체시설이라고 하는 것이다.

세간에서는 '감정이 있는 존재'(유정)나 '목숨이 있는 존재'(명자)를 '아'라고 부르고, 실체(실)나 속성(덕)이나 작용(업)을 '법'이라고 부르지만, 그에 상응하는 체는 없다. 반면 불교에서는 예류나 일래를

3 『술기』, 238상, "假有二種. ① 一者無體隨情假, 多分世間外道所執. 雖無如彼所執我法, 隨執心緣, 亦名我法, 故說爲假. ② 二者有體施設假, 聖教所說. 雖有法體而非我法, 本體無名, 强名我法. 不稱法體, 隨緣施設, 故說爲假."

'아' 라고 부르고 5온과 12처와 18계를 법이라고 부르는데, 이것들은 각각 그에 상응하는 것이 있으나 다만 식소변에 따른 각가지 상으로 있을 뿐이기에 가(假)로서 있다고 하는 것이다. 일상에서 나라고 집착하는 유정이나 명자, 법이라고 집착하는 실체나 속성이나 작용 등은 모두 실유가 아니고, 불교에서 아로 논하는 예류나 일래, 법으로 논하는 5온과 12처와 18계도 모두 식소변에 의거한 가유일 뿐 식 밖의 실유가 아닌 것이다.

예류와 일래는 성문이 수행을 통해 얻는 단계를 말한다. 우리의 10가지 근본번뇌를 얼마만큼 조복시키고 단절시키는가에 따라 수행의 지위를 4단계로 구분해서 이름을 달리 부른다. 10가지 근본번뇌와 성문4과(果)는 다음과 같다.

10근본번뇌:

성문(聲聞) 4과:

1. 예류(預流)=수다원(須陀洹): 신견 · 계금취견 · 의를 끊음
   수도(修道)의 지위에 들어감
2. 일래(一來)=사다함(斯陀含): 탐 · 진 · 치 3독심을 약화시킴
   욕계에 한 번 돌아옴
3. 불환(不還)=아나함(阿那含): 신견 · 계금취견 · 의와 탐 · 진을 끊음
   욕계에 다시 돌아오지 않음
4. 무학(無學)=아라한(阿羅漢): 신견 · 계금취견 · 의와 탐 · 진과 치를 끊음
   해탈하여 열반에 이름

3) 시설의 의지처: 식소변

이와 같이 모든 상이 만약 가(假)로서 설해진 것이라면, (가설은) 무엇에 의거해서 성립하는가? 저 상은 모두 식이 전변된 것에 의거하여 가로서 시설된 것이다. 식은 요별(了別)을 말한다. 이 중에 '식'이라는 말은 심소도 포함하니, 반드시 상응하기 때문이다.

如是諸相若由假說, 依何得成? 彼相皆依識所轉變而假施設. 識謂了別. 此中識言亦攝心所定相應故.

종종상(아와 법): 가(假)로서 시설(가설) - 실(實)이 아님
↑
식소변(식전변의 결과물): 시설의 의지처
↑
능변식: 식(요별) + 심소(식과 상응)

아와 법이 실제로 있지 않다면, 그런데도 우리가 아와 법을 생각하고 말하고 집착하는 까닭은 무엇인가? 아와 법이 있지 않다면, 그럼 우리는 무엇에 의거해서 아와 법을 말하고 아와 법을 시설하는 것인가?

아와 법이 실제 있지 않고 가로서 시설한 것이라고 해도, 그 시설에는 근거가 있어야 한다. 아와 법은 없지만 아와 법이 아닌 무엇인가가 있어서 우리가 그것을 아와 법이라고 부르는 것이다. 그것이 아와 법이 아닌데도 아와 법이라고 잘못 알고 있으므로 허망한 분별이고, 그중 어떤 것은 나로 여겨 애착하고 어떤 것은 나 아닌 법으로 여겨 대상화하므로 허망한 집착인 것이다. 그렇다면 우리가 아와 법이라고 잘못 생각하는 그 무엇은 과연 무엇인가? 우리는 무엇을 아와 법으로 오인하는 것일까? 아와 법의 개념을 잘못 적용시켜 아와 법으로 잘못 아는 그 무

엇은 과연 무엇인가? 이 무엇이 무엇인지를 제대로 알지 못하는 한, 즉 우리가 아와 법이라고 여기는 그 무엇의 실상을 여실하게 알지 못하는 한, 아집과 법집은 극복되기 어렵다. 잘못된 생각은 바른 생각인 정사유를 통해서만 극복될 수 있고, 잘못된 견해는 바른 견해인 정견을 통해서만 극복될 수 있다. 실체가 있지 않다는 것을 확실하게 아는 것은 단순히 그것이 없다고 생각하거나 없다고 믿는 것을 뜻하는 것이 아니라 우리가 실체라고 여기는 그 무엇의 정체가 정확히 무엇인지를 여실하게 아는 것을 의미한다.

30송은 우리가 일상적으로 아와 법으로 여기는 그 무엇이 과연 무엇인가를 '피의식소변' 한 구절로 말한다. 저것(아와 법)은 식소변에 의거한다는 것이다. 즉 우리가 아와 법으로 여기는 그 무엇은 바로 '식소변', 즉 식이 변화하여 나타난 산물이라는 것이다. 변(變)은 변화하는 활동이므로 능동의 능(能)과 피동의 소(所), 즉 능히 변화하는 것인 능변(能變)과 변화되어진 결과인 소변(所變)으로 구분된다. 전자가 능변식이고, 후자가 식소변이다. 우리가 아와 법이라고 생각하는 그 무엇이 사실은 식 바깥의 아와 법이 아니고 식의 변현 결과인 식소변이라는 것이다. 우리의 앎은 '무엇을 무엇으로 안다'라는 구조를 가진다. 우리는 식소변을 아와 법으로 잘못 아는 것이다.

〈x〉를	〈y〉로	잘못 앎
〈식소변〉을	〈아와 법〉으로	- 〈식소변〉에 의거해서 〈아와 법〉을 시설함

그렇다면 우리가 아와 법으로 오인하는 그 무엇으로 변화하는 식은 과연 어떤 식이며, 그 식의 변(變)은 어떤 의미의 변인가? 다음은 식의 변(變)을 설명하는데, 이에 대해 두 가지 입장이 있다.

〈입장1〉 〈입장2〉
자증분 ——(전사)——▶ 견분+상분 내식 ——(전사)——▶ 외경
호법 난타

<입장1: 호법>변(變)은 식(識)의 체(體)가 두 부분(分)으로 전사(轉似)하는 것이다. / 상분과 견분은 모두 자증분에 의 (1중)
거하여 일어나기 때문이다. 이 두 부분에 의거하여 아와 법을 시설한다. 저 둘(아·법)은 이것(견분·상분)을 떠나면 의지처가 없기 때문이다.

變謂識體轉似二 / 分. 相見俱依自證起故. 依斯二分施設我 (1중)
法. 彼二離此無所依故.

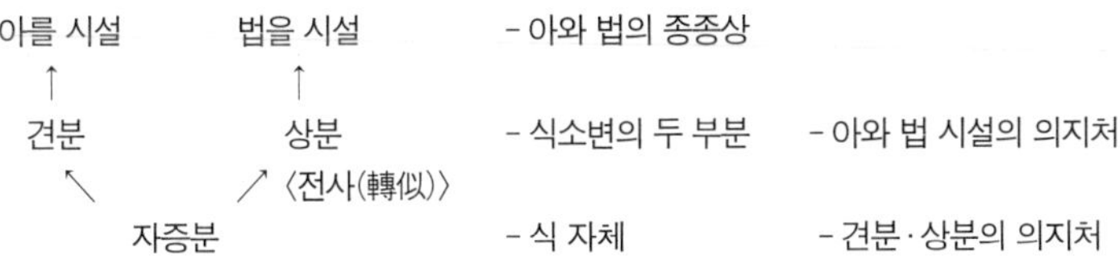

식 자체가 두 부분으로 나뉘는 것을 전사(轉似), 변현(變現), 전변(轉變), 사현(似現, pratibhāsa)이라고 한다. 식 자체분이 이원화하여 '보는 부분'과 '보여지는 부분'으로 나뉘는데, 보는 부분을 '견분(見分)'이라고 하고 견분에 의해 보여지는 부분을 '상분(相分)'이라고 한다. 본다는 것은 곧 반연(攀緣)하여 안다는 뜻이다. 견분이 상분을 연(緣)하므로, 견분이 능연(能緣)이고 상분이 소연(所緣)이다. 그리고 그렇게 견·상으로 이원화하는 식 자체분은 상분을 반연하는 견분을 반연하여, 견분이 상분을 제대로 반연하였음을 안다. 즉 확증한다. 그래서 식

자체분을 '스스로 확증하는 부분'이란 의미에서 '자증분(自證分)'이라고 칭한다. 견분과 상분이 자체분으로부터 나왔으므로 견분을 알아차리는 자체분이 곧 자증분이 된다. 즉 견·상으로 이원화되기 전의 식 자체분 안에 이미 앎의 자기 확실성인 자증(自證)이 내재해 있다는 뜻이다.

견분과 상분은 식 자체가 전변하여 나타난 결과인 식소변(識所變)이다. 이 식소변에 의거해서 아와 법을 시설한다는 것이다. 즉 우리가 아와 법을 시설할 때 의거하는 그 무엇이 바로 식소변인 견분과 상분이다. 식소변으로서의 견분과 상분을 우리가 아와 법이라고 여기며 집착한다. 견분과 상분 두 부분(x)은 있지만 그것이 아와 법(y)이 아닌데 아와 법이라고 잘못 판단하므로 그러한 아와 법은 있지 않다고 말하는 것이다. 『술기』는 이 부분을 유식에서의 식의 3성에 입각해서 설명한다. 즉 견분과 상분은 의타기의 식소변이므로 무(無)가 아니고, 이에 의거해서 실아와 실법으로 집착된 것은 변계소집으로서 무라는 것이다.

호법 등은 모든 식의 체는 곧 자증분이며 자증분이 상분과 견분의 2분으로 전사하여 생긴다고 말한다. 이것은 식의 체가 의타기성으로 상분과 견분 2분으로 전사하니, (2분이) 무(無)가 아니고 역시 의타기임을 말한다. 이 2분에 의거해서 2취(아와 법)를 실(實)이라고 집착한다. 성교가 (2취를) 무라고 하지만, 그것이 의타기 중에 이 2분이 없다는 것은 아니다.[4]

4 『술기』, 241상, "護法等云, 謂諸識體卽自證分, 轉似相見二分而生. 此說識體是依他性, 轉似相見二分非無亦依他起. 依此二分執實二取. 聖說爲無, 非依他中無此二分."

```
아를 시설     법을 시설     - 실아와 실법: 2취(取)        - 변계소집     - 무
   ↑            ↑
  견분         상분        - 식소변: 견분 · 상분 2분(分) ┐
      ↖     ↗ 〈전사〉                                    │ 의타기      - 비무
    자증분 - 전사하는 식: 자체분                          ┘
```

<입장2: 난타> 혹은 다시 내식이 외경처럼 전사한다.
或復內識轉似外境.

```
아와 법을 시설     - 실아와 실법        - 변계소집  - 무
   ↑
  상분            - 식소변:    상분  ┐
   ↑ 〈전사〉                         │ 의타기  - 비무
  견분            - 전사하는 식: 견분 ┘
```

이것은 2분설을 주장한 난타(難陀)나 친승(親勝)의 주장으로 『성유식론』이 대변하고 있는 호법의 4분설과는 구분된다. 2분설은 견분과 상분만을 의타기로 인정하고 자증분과 증자증분을 인정하지 않는 입장이다. 전사하는 식을 견분으로 간주하고, 전사 결과의 식소변을 상분으로 간주한다. 내식이 외경처럼 전사한다고 보아 식 밖의 외경 자체를 인정하지 않는다는 점에서는 유식이지만, 전사하는 식을 견분으로 보아 식 자체분을 인정하지 않는 점이 호법과 구분된다.

아와 법으로 분별하는 훈습의 힘 때문에 식이 일어날 때 아와 법으로 변사한다. 이 아와 법의 상은 비록 내식에 있지만, 분별로 인해 외경처럼 나타난다. 모든 유정류는 무시이래로 이것(내식의

상)을 반연하여 실아와 실법이라고 집착한다. 마치 병을 앓거나 꿈을 꾸는 자가 병이나 꿈의 힘에 의해 심이 갖가지 외경상으로 사현해 놓고 이것을 반연하여 실유의 외경이라고 집착하는 것과 같다.

我法分別熏習力故, 諸識生時變似我法. 此我法相雖在內識, 而由分別似外境現. 諸有情類無始時來緣此執爲實我實法. 如患夢者患夢力故心似種種外境相現, 緣此執爲實有外境.

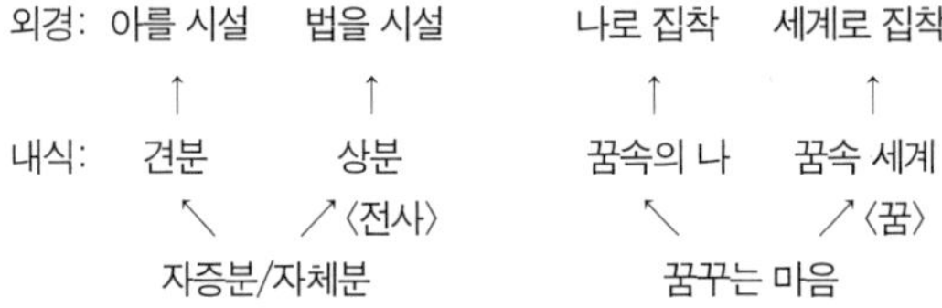

다시 호법의 관점에서 내식과 외경을 설명한 것이다. 식이 분별하고 전변하여 나타난 식소변(x)에 대해 일반 사람들은 그것이 식소변인 줄 모르고 식 바깥에 실재하는 외경이라 여기며 아와 법(y)으로 알고 집착한다. 마치 꿈꾸면서 꿈의 세력에 의해 마음이 여러 가지 상을 사현해 놓으면, 그 사현된 꿈의 세계 속에서 그 세계가 꿈인 줄을 모르고 실유의 외경이라 여기며 집착함으로써 계속 꿈을 꾸는 것과 마찬가지이다.

어리석은 범부에 의해 계탁되는 실아·실법(y)은 모두 있지 않고, 다만 망정에 따라서 시설되기 때문에 가(假)라고 말한다. 내식에 의해 전변된 사아·사법(x)은 비록 있지만 실아·실법성이 아니며, 그런데도 저것(아와 법)처럼 나타나므로 가(假)라고 말한다. 외경

(y)은 정에 따라 시설되므로 식처럼 있지 않고, 내식(x)은 필히 인연에 의거하여 생기므로 경처럼 없지 않다. 이로 인해 곧 증(增)과 감(減)의 두 가지 집착을 배제한다. 경은 내식에 의거하여 가립한 것이므로 오직 세속으로만 유이고, 식은 경을 가설하는 소의가 되는 사(事)이므로 승의로서도 유이다.
愚夫所計實我實法都無所有, 但隨妄情而施設故說之爲假. 內識所變似我似法雖有而非實我法性, 然似彼現故說爲假. 外境隨情而施設故非有如識. 內識必依因緣生故非無如境. 由此便遮增減二執. 境依內識而假立故唯世俗有, 識是假境所依事故亦勝義有.

〈y〉 범부가 계탁하는 실아실법 - 망정에 따른 시설: 가(假) - 외경 - 속제로만 유 - 변계소집
〈x〉 전변된 식소변의 사아사법 - 인연에 의거한 생: 가(假) - 내식 - 승의로도 유:사(事) - 의타기

식소변은 식의 변현 결과로서 식의 인연에 의거해서 생기는 것이므로 사(事)로서 있는 것이다. 반면 아와 법은 그 사를 아와 법으로 잘못 판단하여 허망한 감정에 따라 아와 법이라고 계탁한 것이므로 있는 것이 아니다. 이것은 마치 새끼줄을 보고 착각하여 뱀이라고 여기는 상황에 대해, 거기에 뱀처럼 보이는 새끼줄(x)은 있지만 실제 뱀(y)은 있지 않다고 말하는 것과 같다. 아 또는 법처럼 보이는 사아사법(x)이 식소변으로서 있지만, 식 밖의 실재로 실체화된 실아실법(y)은 있지 않다는 것이다. 그러므로 내식은 있고, 외경은 없다고 말한다. 따라서 있는 내식을 외경처럼 없다고 '줄여-생각' 하는 '감(減)'의 집착을 버리고, 없는 외경을 내식처럼 있다고 '늘려-생각' 하는 '증(增)'의 집착을 버린다.

우리는	〈x〉를	〈y〉로	잘못 앎
	〈식소변〉을	〈아와 법〉으로	
	내식	외경	
	인연생 – 유	망정시설 – 무	
	(의타기)	(변계소집)	

『술기』는 『유가사지론』 64권과 『현양성교론』 6권에 나오는 세속제4중(重)과 호법이 『성유식론』 9권에서 논하는 승의제(勝義諦)4중을 소개하면서 다음과 같이 말한다.

> 외경은 망정에 따른 것으로 오직 세속일 뿐이며, 가명무실제에 속한다. 그러므로 오직 결정의라고 말한다. 실아실법의 이름은 병이나 분 등과 같이 오직 처음의 속제에 속한다. 체가 진실제가 아니니, 법이 없기 때문이다. 식은 경의 소의로서 승의이기도 하니, 속제의 수사차별제에 속하고, 또 체용현현의 진제이기도 하다. 그러므로 논에서 부정의라고도 말한다.[5]

〈세속제의 유〉	〈승의제의 유(호법)〉	=	〈승의제의 유(규기)〉
1. 가명무실(假名無實)=외경			
2. 수사차별(隨事差別)=내식	1. 세간승의제(온처계 등)		체용현현(體用顯現)
3. 증득안립(證得安立)	2. 도리승의제(4성제 등)		인과차별(因果差別)
4. 가명비안립(假名非安立)	3. 증득승의제(2공소현진여)		의전현실(依詮顯實)
	4. 승의승의제(일진법계)		폐전담지(廢詮談旨)

범부가 실아실법으로 있다고 계탁하는 '아와 법'(외경)은 '임시 이름뿐 실체는 없는 것'(가명무실)으로서 속제로는 있지만 승의로는 없는 것이다. 그러나 그러한 가설이 의탁하고 있는 식(내식)은 가명이 의

5 『술기』, 244상, "外境隨情唯世俗者, 卽是假名無實諦攝, 故說唯言決定義故, 實我法名如甁盆等唯初俗攝, 體非實諦, 以無法故. 識境所依亦勝義者, 是俗隨事差別諦攝, 復是體用顯現眞諦, 故論言亦不定義故."

거한 '사(事)에 따른 차별'(수사차별)로서 승의로도 있는 것이다. 그것을 호법은 '세간승의제'로서 있다고 말하고, 규기는 '체용현현'으로서 있다고 말한다. 그러나 그러한 내식도 세간승의제로는 있지만, 그보다 더 깊은 의미인 '도리승의제'나 '증득승의제' 나아가 '승의승의제'의 의미로는 있다고 할 수 없다. 이처럼 유식은 소위 '있다'고 하는 의미를 세간적 의미의 있음과 승의적 의미의 있음으로 구분하며, 또 그 각각 마다에도 다양한 의미가 있음을 구분하여 논한다.

4) 안혜의 1분설과 호법의 4분설

인도의 유식사상은 크게 ① 무상유식과 ② 유상유식 둘로 구분된다. 1925년 실뱅 레비(Sylvain Lévi)에 의해 안혜(安慧, Sthiramati)의 『유식삼십송석』의 산스끄리뜨 원문이 발견되고 발간된 이후, '식전변'을 둘러싸고 유식의 의미에 대해 ① 안혜(510?-570?)-진제(眞諦, 499-569)의 유식과 ② 호법(530-561)-현장(600-664)-규기(窺基, 632-682)의 법상종을 대비시키면서 그 둘의 차이를 크게 부각시키는 경향이 생겨났다. ① 안혜-진제의 유식은 '경과 식이 함께 사라진다'는 '경식구민(境識俱泯)'을 주장하는 무상유식(無相唯識)으로 해석되고, ② 호법-현장의 유식은 '식만 있고 (식을 떠난) 경은 없다'는 '유식무경(唯識無境)'을 주장하는 유상유식(有相唯識)으로 해석된다.[6] ① 무상유

6 인도에서 5, 6세기에 안혜-덕혜의 무상유식파와 진나-호법의 유상유식파 간의 대론이 있었는데, 전자는 서인도 발라비를 중심으로, 후자는 나란다사를 중심으로 활동했다고 한다. 일본의 우에다 요시부미(상전의문)는 무상유식과 유상유식을 대비시키면서 안혜의 비관념론이 호법의 관념론보다 더 낫다고 평가한다. 삼론·천태·화엄과 마찬가지로 무착과 세친의 유식 그리고 안혜의 석과 진제의 역은 성상융즉(性相融卽), 진망교철(眞妄交徹)의 사상인데 반해 『성유식론』에 나타난 호법의 석과 현장의 역은 관념론적 입장에서 성상영별(性相永別)을 주장한다는 것이다. 그러나 이런 비판은 유식무경의 식을 주객분별의 의식 차원의 식으로 간주하기에 가능한 비판이라고

식은 식에 나타나는 형상을 모두 변계소집으로서 허망한 것으로 간주하며 무상의 진여(眞如)를 추구한다. 반면 ② 유상유식은 식에 나타나는 형상을 식소변으로서 의타기로 인정하고, 그러한 식의 의타기를 모르고서 식 너머의 실체를 설정하는 변계소집만을 비판한다. 식의 변계소집의 분별변(계탁분별)은 부정하고 의타기의 인연변은 현상으로 인정한 것이라고 볼 수 있다.

『성유식론』은 식소변으로서의 견분과 상분은 인연생(의타기)의 내식으로서 유(有)이고, 범부소집의 실아실법은 망집(변계소집)의 외경으로서 무(無)라고 주장한다. 그리고 이 관점에서 보면 안혜는 식소변까지도 변계소집의 무로 간주함으로써 내식을 무라고 부정하는 악취공(惡取空)에 빠진 것이다. 안혜와 달리 호법이 견분·상분의 내식과 실아·실법의 외경을 의타기와 변계소집으로 구분해서 논할 수 있었던 것은 우리 의식이 행하는 분별의 구조를 정확하게 간파하였기 때문이다. 즉 우리의 의식의 분별은 그냥 단순히 '무엇을 안다'가 아니라 '무엇을 무엇으로 안다'이다. 즉 'x를 y로 안다'이다. 우리가 무엇x을 실아실법y으로 안다면, 그 무엇x는 우리가 그렇게 알게끔 되는 소의이고, 결과y는 우리가 그렇게 알게 된 결과이다. 여기서 x는 식소변으로서 식의 견분과 상분이며, y는 그것을 여실하게 알지 못하고 외적 실체로 대상화해서 실아실법으로 잘못 안 것이다. 그러므로 x는 인연생으로서 유이고, y는 변계로서 무이다. 잘못 분별한 결과인 변계y가 그르다고 해서 그렇게 분별하게 된 바탕인 인연생의 식소변x까지 무로 부정한다면, 인연생으로서의 현상세계까지 부정하는 것, 즉 악취공에 빠진 것이 된다.

여겨진다.

분별:	x를	y로	알다
	견분과 상분을	실아와 실법으로	
	〈식소변=인연생〉	〈변계소집〉	
	내식 - 유	외경 - 무	

식의 전변을 모두 변계소집으로 보는 입장과 그것을 의타기와 변계소집으로 구분해서 보는 입장은 식전변의 1분설과 4분설의 차이를 낳는다. 안혜는 식의 견·상으로의 분별까지도 망분별로 부정하므로 오직 자증분만을 인정하는 1분설을 주장한다. 반면 호법은 자증분으로부터 이원화된 견분과 상분도 식소변으로 인정하고, 그 자증분을 다시 확증하는 '증자증분(證自證分)' 도 인정함으로써 견분·상분·자증분·증자증분을 모두 인정하는 4분설을 주장한다[7]. 흔히 '안·난·진·호-1·2·3·4' 라고 말한다.

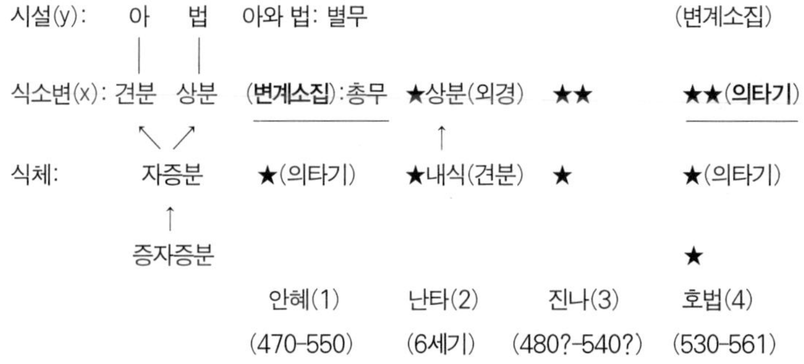

7 『술기』에 따르면 "안혜는 '변(變)은 식의 체가 2분(分)으로 전사(轉似)하는 것이다.' 를 해석하여 '2분은 체가 없어 변계소집이다' 라고 말한다."(安慧解云, 變謂識體, 轉似二分, 二分體無, 遍計所執.)(241중) 이와 같이 호법은 2분을 자증분과 같은 의타기성으로 보는 반면, 안혜는 2분을 변계소집성으로 본다. 따라서 안혜는 1분설로 분류되고, 3분을 인정한 호법은 별도로 증자증분도 인정하므로 4분설로 분류된다.

3. 능변식

1) 3가지 능변식: 이숙식 · 사량식 · 요별경식

아와 법의 시설이 의거하는 것이 식소변이라면, 그러한 소변으로 변하는 능변식은 과연 어떤 식인가?[8] 이하에서는 세 가지 능변식을 밝히는데, 이는 앞서 언급한 『유식30송』의 다음 게송의 풀이이다.

1. 이 능변은 오직 세 가지이다.
2. 즉 이숙식과 사량식과 요별경식이다.

1. 此能變唯三.
2. 謂異熟思量, 及了別境識.

/ 식소변의 상은 비록 종류가 무량하지만, 능변식의 종류는 분별하면 오직 셋이다. ① 첫째는 이숙식으로 곧 제8식이니, 대부분 이숙성이기 때문이다. ② 둘째는 사량식으로 곧 제7식이니, 항상 살펴 사량하기 때문이다. ③ 셋째는 료경식으로 곧 전6식이니, 료경의 상이 거칠기 때문이다. '급(及)'이라는 말은 여섯이 합하여 한 종류가 됨을 나타낸다. 이 셋을 모두 / 능변식이라고 이름한다. (7중) (7하)

/ 識所變相雖無量種, 而能變識類別唯三. ① 一謂異熟卽第八識, 多異熟性故. ② 二謂思量卽第七識, 恒審思量故. ③ (7중)

---

8 이 문제를 다루기에 앞서 『성유식론』은 상당히 많은 지면(『대정장』 31권, 1중 14-7중 25)을 할애하여 실아실법에 대한 아집과 법집을 비판하고 있다. 본 강해에서는 그 부분을 건너뛰고서 바로 능변식에 대한 설명으로 넘어간다.

三謂了境卽前六識, 了境相麤故. 及言顯六合爲一種. 此三皆/名能變識者. (7하)

① 제1능변식: 이숙식 = 제8식

② 제2능변식: 사량식 = 제7식

③ 제3능변식: 료경식 = 6식(제6식 + 전5식)

식소변은 끝없이 다양하지만, 능변식은 오직 세 가지뿐이다. ① 첫 번째 능변식인 제8식은 '이숙식'이라고 부른다. 이숙(異熟)은 범어로는 비파카(vipāka)이며, 다르게 익는다는 뜻이다. 종자를 남기는 여러 식의 업은 선이나 악이지만 그 결과로 초감되는 제8식은 비선비악의 무기이기에, 성(性)이 선·악에서 무기로 바뀌어 다르게 익었다는 뜻에서 '이숙'이라고 한다. ② 두 번째 능변식인 제7식은 '사량식'이라고 부른다. 제7식이 항상 사량하여 분별하기에 '사량식'이라고 하는 것이다. ③ 세 번째 능변식인 6식은 '요별경식'이라고 부른다. 대상인 경(境)을 요별하여 아는 식이라는 뜻이다. 6식은 전5식과 제6의식을 포괄하여 부르는 말이다. 이상은 존재의 질서를 따라 심층 제8식에서 표층 6식으로 나아가는 방식으로 설명하지만, 우리의 일상적인 인식의 질서를 따라 논하자면 표층의 6식에서부터 출발하여 심층의 제8식으로 나아가는 것이 더 이해하기 쉽다.

③ 제3능변식은 전5식과 제6의식을 포괄하는 6식이다. 전5식은 안·이·비·설·신 5근(根)이 그 각각의 대상인 색·성·향·미·촉 5경(境)과 접촉하여 일어나는 안식·이식·비식·설식·신식 5식(識)으로 소위 감각에 해당한다. 제6의식은 감각 내용들을 정리하여 대상의 속성으로 지각하며 추상적 개념 내지 원리인 법경(法境)을 인식하는 식이다. 의식은 의근(意根)에 의거해서 일어난다.

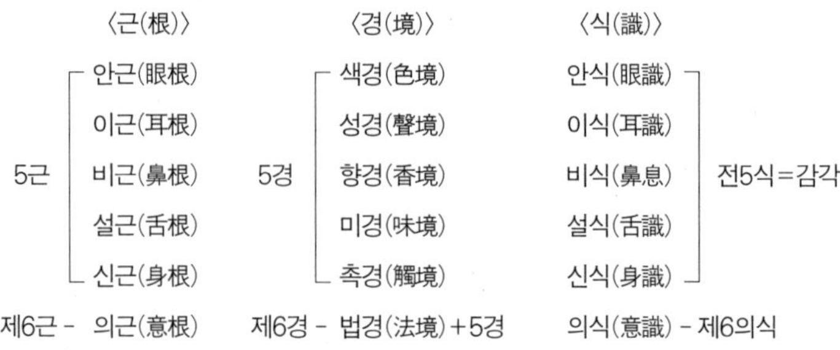

전5식은 각 근이 자기 근에 상응하는 경만을 아는 식이지만, 제6의식은 제6경인 법경뿐만 아니라 나머지 5경도 모두 아는 식이다. 가장 광범위한 활동을 하는 식이 제6의식이다. 의식은 5식과 동시에 일어나는가 아니면 5식 이후 또는 5식 없이 일어나는가에 따라 크게 오구의식(五俱意識)과 불구의식(不俱意識)으로 나뉜다.

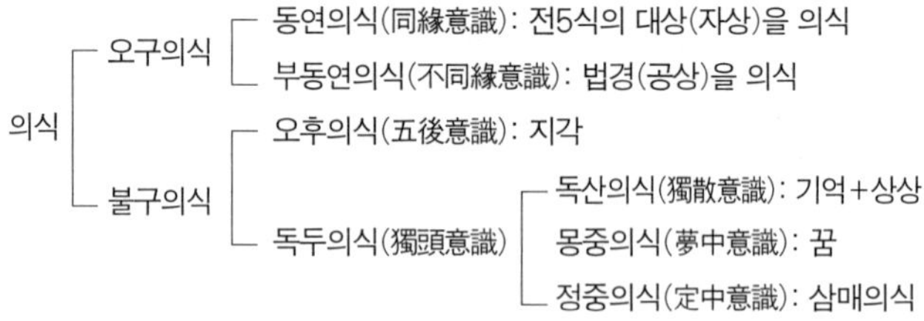

② 제2능변식인 제7말나식은 '나는 나다'라는 본능적 자아식을 말한다. 대상의식의 근저에 놓여 있는 자아식이라고 할 수 있다. 5근에 의거한 5식 다음의 제6의식이 의거하는 근이 제6근인 의근(意根)인데, 이 의근이 6경을 대상으로 아는 대상의식을 제6의식이라고 하고, 이 의근이 자기 자신을 자아로 아는 식을 제7말나식이라고 한다.

불교의 무아설은 말나식이 본능적으로 나라고 집착하는 자아는 독립적 자성을 가진 개별적 실체가 아니라는 것, 말나식이 나로 여기는 그런 상일주재의 자아는 존재하지 않는다는 것을 말한다. 따라서 말나식을 아치와 아견, 아만과 아애의 번뇌식이라고 부른다. 유식에 따르면 아뢰야식이 기세간을 형성할 때 그 기세간 속에 개별적 유근신도 함께 형성하는데, 말나식이 아뢰야식의 활동을 그 자체로 알아차리지 못하고 그 활동산물로 드러나는 유근신의 위치에서 '나는 나다'의 아견을 일으키는 것이 문제이다. 말나식은 항상 나와 너, 나와 세계를 이원적으로 사량분별해서 아집과 법집을 일으키며, 이러한 말나식의 사량분별에 근거해서 제6의식의 주객분별적 대상의식도 가능해진다.

① 제1능변식은 제8아뢰야식이다. 의식이나 말나식의 활동이 탐·진·치의 번뇌와 집착에 물들어 있을 때 그러한 활동을 업(業)이라고 하는데, 불교는 기본적으로 업보의 원칙을 인정한다. 업을 지으면 그에 따른 보(報)가 없을 수 없다. 업을 지으면 그 업이 일으키는 에너지가 업력의 종자로 남겨지는데, 그러한 업력의 종자를 함장하고 있는 식이 바로 제8아뢰야식이다. 제1능변식인 아뢰야식은 업이 남긴 종자, 번뇌의 유루종자가 훈습되는 소훈처이다. 그렇게 훈습된 종자는 아뢰야식 내에서 생멸을 거듭하다가 인연이 갖춰지면 다시 현상의 모습으로 드러난다. 이는 마치 지상 위의 나무가 종자를 남기면 종자가 땅 속에서 겨울을 나고 봄이 되면 다시 지상 위로 자라나서 나무가 되는 것과 같다.

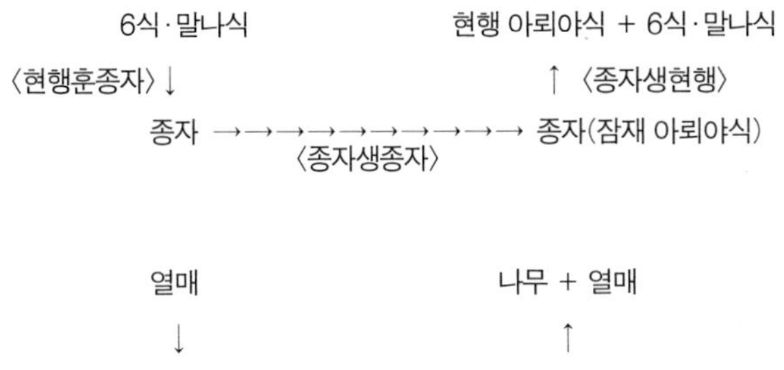

우리가 나와 세계, 실아와 실법으로 여기는 것은 실제로 식소변일 뿐이며, 그러한 식소변으로 전변하는 능변식이 세 가지인데, 그중 가장 근본적인 능변식이 바로 제8아뢰야식이다. 아뢰야식의 능변을 논할 때는 그 식소변이 우리가 실아와 실법, 나와 세계(y)로 여기는 바로 그 무엇(x)에 해당한다는 것을 놓쳐서는 안 된다. 능변식을 밝히는 이유가 식소변을 식소변인 줄 모르고 실아와 실법으로 집착하는 아집과 법집을 깨기 위한 것이기 때문이다. 이는 곧 우리가 일상적으로 나뿐 아니라 객관적 세계라고 여기는 우주 전체가 현행 아뢰야식의 범위 안에 들어간다는 것을 의미한다. 우리가 의거해 사는 기세간인 우주 전체가 바로 우리의 식소변이라는 것이다.

여기에서 제8식을 '아뢰야식'이나 '종자식'이라고 부르지 않고 '이숙식'이라고 부른 것에 대해 『술기』는 제8식의 세 지위를 들어 설명한다. 수행을 통해 아집과 법집의 집착이 극복되는 단계가 크게 셋으로 구분되는데, 그 각 단계마다 제8식의 이름이 바뀐다. 아집의 번뇌장이 모두 제거되는 보살 7지까지는 '아뢰야식'으로 불리다가, 보살 8지 이후 법집의 소지장이 모두 제거되는 보살 10지(진지)까지는 '이숙식'으로 불리며, 그 이후 도달되는 여래지 내지 불지에서는 '무구식'으로 불린다. 여기에서 제8식을 '이숙식'이라고 칭한 것은 그 이름이 세 번째 여래위를 제외하고 첫째 지위와 둘째 지위에 두루 통하기 때문이다. 그래서 본문에서 '대개가 이숙성이기 때문이다'라고 한 것이다. 수행계위에 따른 '뢰야3위'를 정리하면 다음과 같다.

〈이승의 성도〉	〈보살도〉	〈제거되는 집착〉	〈제8식 이름의 변화〉	〈수행의 지위〉
예류과	보살초지			
일래과	↓			
불환과/유학	제7지	구생기 아집 극복	**아뢰야식(장식)**	- ① 아애집장현행위
아라한과/무학	↓			
	제10지	구생기 법집 극복	**이숙식**	- ② 선악업과위
여래지	불지		**무구식**	- ③ 상속집지위

2) 인능변과 과능변

> 능변에는 두 가지가 있다.
> 能變有二種.

능변은 능히 전변하는 식이고, 소변은 식의 전변 결과의 현상이다. 『성유식론』은 능변을 다시 인능변과 과능변 둘로 구분한다. 능히 전변하는 활동에서 '원인이 되는 능변'이 '인능변'이고, 그 '결과로서의 능변'이 '과능변'이다. 즉 제8식 내 종자가 인능변이고, 그 종자가 현행화한 8식이 과능변이다. 종자가 식의 능변의 원인(인)으로 작용하고, 그 종자가 현행화한 식이 그 결과(과)가 되기 때문이다. 종자가 원인이 되어 과로서 현행식이 일어나며, 이 현행식의 능변작용을 통해 그 소변으로서 현상세계가 형성된다.

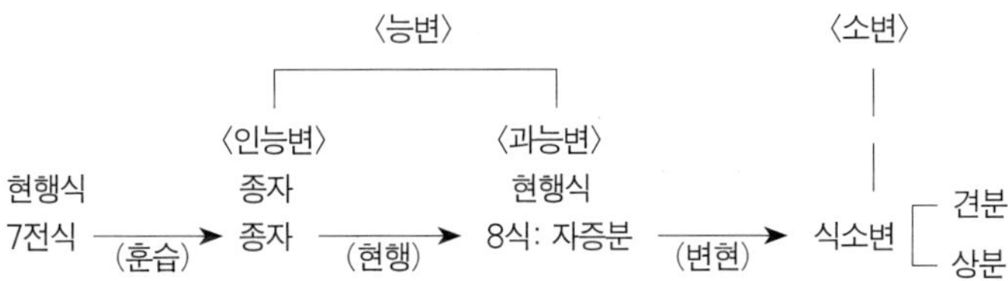

(1) 인능변

첫째는 인능변이니, 제8식 중 등류와 이숙의 두 가지 인(因)의 습기를 말한다. ① 등류습기는 7식 중 선·악·무기에 의해 훈습되어 생기고 증장하게 하며, ② 이숙습기는 6식 중 유루의 선·악에 의해 훈습되어 생기고 증장하게 한다.
一因能變謂第八識中等流異熟二因習氣. ① 等流習氣由七識中善惡無記熏令生長, ② 異熟習氣由六識中有漏善惡熏令生長.

인능변(因能變, hetu-parināma):

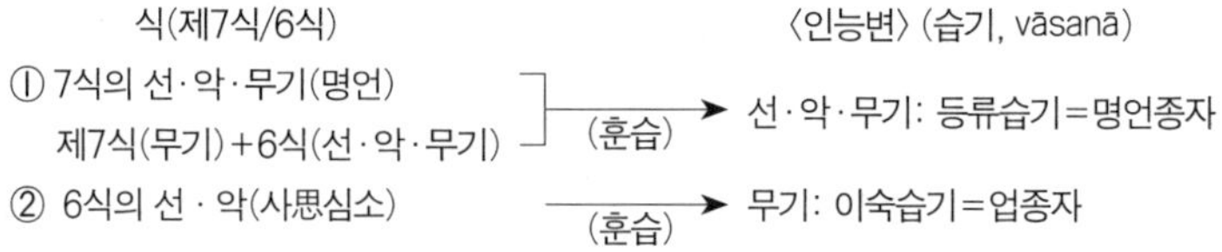

식(제7식/6식)		〈인능변〉 (습기, vāsanā)
① 7식의 선·악·무기(명언) 제7식(무기)+6식(선·악·무기)	→ (훈습)	선·악·무기: 등류습기=명언종자
② 6식의 선 · 악(사思심소)	→ (훈습)	무기: 이숙습기=업종자

식의 능변활동에 대해 그 원인으로 작용하는 것이 습기(習氣, vāsanā)인데, 습기는 곧 종자(種子, bija)이다. 습기는 7전식의 활동에 의해 제8식에 물들여진 기운으로 그것이 원인이 되어 다시 새로운 결과를 나을 수 있는 세력이고 에너지이다. 제8식에 훈습되어 집지되어 있는 습기가 일체 제법으로 변현하는 식의 능변활동의 인(因)으로 작용하기에 습기를 인능변이라고 한다.

여기에서는 인능변으로 작용하는 습기를 두 가지로 구분하여 설명한다. ① 7식의 선·악·무기에 의해 훈습되어 생장하는 습기가 등류습기(等流習氣)이고, ② 6식의 유루 선·악에 의해 훈습되어 생장하는 습기가 이숙습기(異熟習氣)이다. 제7식이나 6식에 의해 습기가 훈습되면 새로운 종자(신훈종자)가 생기기도 하고, 본래 있던 종자(본유종자)가 증장하기도 한다. 그래서 훈습되어서 생기고 증장한다고 말한다. 두 가지 종자에 대해 『술기』는 이렇게 설명한다.

> 자기 성의 직접 원인(친인)은 등류종자라고 이름하고, 다른 성을 초감하는 것은 이숙종자라고 이름한다. 모든 종자가 두 가지 종자에 모두 포섭된다. 이 두 가지 인이 능히 전변하여 a. 다음의 자기 류의 종자와 b. 같은 류의 현행 및 c. 이숙과를 생기게 한다.[9]

훈습된 종자는 a. 제8식 안에서 생멸하는 종자의 흐름으로 남아 있거나, b. 구체적인 현행식으로 현행화하거나, c. 이숙식을 초감한다. 이 중 등류습기는 a. 그다음의 동류의 종자 또는 b. 동류의 현행을 일으키는 친인으로 작용하는 힘이고, 이숙습기는 c. 이숙의 결과를 불러오는 힘이다. 이 둘의 차이는 과능변에서 다시 설명된다.

(2) 과능변

> 둘째는 과능변이니, 앞의 두 가지 습기의 힘에 의해 8식이 생겨서 갖가지 상을 나타내는 것을 말한다. ① 등류습기가 인연이 되어 8식의 체와 상이 차별적으로 생기는 것을 '등류과'라고 이름하니, 과가 인과 유사하기 때문이다. ② 이숙습기가 증상연이 되어 a. 제8식을 초감하니, 인업(引業)의 힘에 따라 항상 상속하므로 '이숙'이라는 이름을 세우고, b. 전6식을 초감하니, 만업(滿業)에 따르는 것이 이숙으로부터 생겨나므로 '이숙생'이라고 이름하며, 끊어짐이 있으므로 이숙이라고 이름하지 않는다. 앞

9 『술기』, 298하, "自性親因名等流種, 異性招感名異熟種. 一切種子二種攝盡. … 此二因能轉變, a. 生後自類種, b. 同類現行, c. 及異熟果."

의 이숙과 이숙생을 '이숙과'라고 이름하니, 과가 인과 다르기 때문이다.

二果能變謂前二種習氣力故有八識生現種種相. ① 等流習氣爲因緣故, 八識體相差別而生名等流果, 果似因故. ② 異熟習氣爲增上緣, a. 感第八識, 酬引業力恒相續故立異熟名. b. 感前六識, 酬萬業者從異熟起名異熟生, 不名異熟有間斷故. 卽前異熟及異熟生名異熟果, 果異因故.

과능변(果能變, phala-parināma):

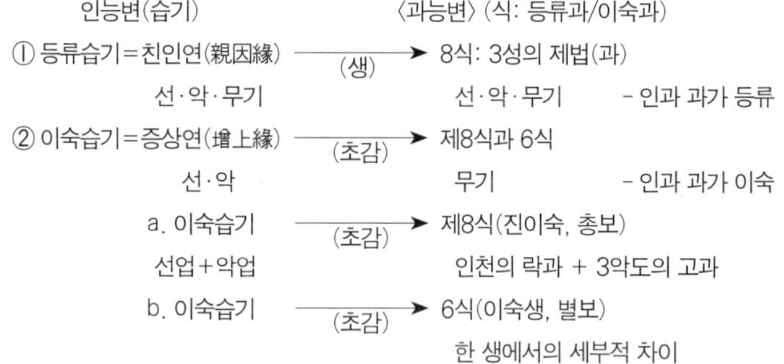

습기가 현행과를 일으킨 과능변도 인능변과 마찬가지로 두 가지이다. ① 등류습기가 인연(친인)이 되어 8식의 체와 상이 다르게 일어나는 것이 등류과이고, ② 이숙습기가 증상연이 되어 제8식을 초감하고 이어 6식을 초감하여 나타나는 결과가 이숙과이다. 이상 인능변과 과능변을 연결하여 도표화하면 다음과 같다.

〈인능변〉 〈과능변〉

현행식 / 종자 / 현행식

제7식(무기)
6식(선·악·무기)] —(훈)→ ① 등류습기=친인연 —(생)→ 등류과: 8식: 자체분 —(변현)→ [견분 / 상분]

6식(사思, 선·악) —(훈)→ ② 이숙습기=증상연 —(초감)→ 이숙과 [제8식(총보, 진이숙) / 6식(별보, 이숙생)]

이상의 내용을 식을 중심으로 모으고 현생과 내생에서의 작용과 연관지어 정리하면 다음과 같다.

〈현생에서의 인과〉 〈내생에서의 인과〉

제7식 - 무기
6식 [무기 / 선 / 악]] ① 인연(등류습기) → 등류과: 선악무기] [① 인연(등류습기) → 등류과: 무기 / ② 증상연(이숙습기) → 이숙과: 무기]

① 등류습기는 식이 능변할 때 인연으로 작용하는 습기이고, ② 이숙습기는 식의 능변에 증상연으로 작용하는 습기이다. ① 등류습기는 명언종자라고도 하며, 이것은 식의 변현에 직접적 원인으로 작용한다. 현생에 심겨진 종자가 현생에서 과를 발할 때는 선·악·무기가 모두 등류로서 나타난다. 명언종자의 세력에 의해 8식의 체와 상이 차별적으로 나타나는 것이다. 즉 명언종자가 현행 제8식, 제7식, 6식을 일으키며, 그 각각의 식 자체분이 전변하여 견분과 상분의 상을 나타나게 한다. ② 이숙습기는 업종자라고도 하며, 이것은 식의 변현에 증상연으로 작용한다. 직접적 인연으로 작용하는 것이 아니라 인연이 과를 낳을 수 있게끔 돕는 증상연의 역할을 하는 것이다. 업종자가 증상연으로 작용하여서 제8식을 초감한다는 것은 제8식이 6도 중 어느 한곳에 태어나게 이끌어 오는 것이고, 6식을 초감한다는 것은 그 한곳 안에서 특정한

삶을 살게 이끌어 오는 것을 말한다. 6도 중의 하나인 인간도나 축생도에로 그리고 또 그 안에서 어느 특정한 위치에로 초감하는 것을 담당하는 종자가 업종자이다.

그런데 식의 전변에서 명언종자가 인연으로, 업종자가 증상연으로 작용한다는 것은 정확히 무엇을 말해 주는가? 제8식 자체분이 전변하여 견분과 상분으로 드러날 때 그 직접적 원인은 제8식 내 명언종자이다. 반면 업종자는 그렇게 전변할 제8식을 단지 불러오는 증상연으로서만 작용한다. 업종자가 친인으로써 제8식의 능변활동에 작용하는 것이 아니라 단지 증상연으로써 제8식을 초감할 뿐이라는 것은 정확히 무엇을 의미하는가?

해제에서 언급했듯이, 모든 생명체는 하나의 세포로부터 분열되며 따라서 원세포로부터 분열된 세포는 모두 동일한 생명, 동일한 유전인자, 동일한 정보를 갖는다. 그렇기에 체세포 복제가 가능한 것이다. 모두 성(性)이 같다고 할 수 있다. 그러나 그렇다고 해서 모든 세포가 모두 동일한 모습, 동일한 상(相)으로 전개되는 것은 아니다. 드러난 상의 차이는 각 세포의 성의 차이가 아니라, 각 세포들이 서로 배치되는 관계에 의해 만들어진 현상적 차이이다. 각 세포가 인체 내에서 어느 자리에 위치하는가에 따라 그 세포 내 어느 정보가 구체화되는지가 달라지기 때문이다. 두뇌 자리에 있는 세포는 두뇌신경세포로 발전하고, 간의 자리에 있는 세포는 간의 체세포로 발전한다. 그런 식으로 수만 가지 다양한 기관이 드러나게 된다. 각각의 가시적 기관을 형성하는 직접적 원인은 그 세포 안에 담겨 있는 정보(명언종자)이다. 명언종자가 각 기관의 친인(인연)이다. 반면 각 정보가 각각 그 자리에서 실현되도록 영향을 끼치는 것은 각 세포가 그 자리에 있게 되는 정황, 즉 주변 세포들 간의 시공간적 배치 관계이다. 이러한 주변 정황이 증상연(업종자)으로 작용하는 것이다.

개체 발생에서 보면 각 개체 내 모든 세포가 모두 동일한 정보를 간직한 하나의 생명이듯이, 우주 발생에서 보면 우주 내 모든 생명체(개체)는 모두 동일한 정보(명언종자, 리理)를 간직한 하나의 생명이다. 그래서 각 생명체 내 명언종자가 만들어 내는 우주가 하나의 공통의 우주(기세간)가 되는 것이다. 그렇게 만들어진 이 공통의 우주 안에 각 생명체가 어느 위치에 자리하는가에 따라 각 생명체가 현세에서 누리는 삶의 고락이 달라진다. 그런데 각 생명체가 어느 자리에서 자신을 실현하는가를 결정하는 것은 생명체들 서로 간의 배치 관계(증상연, 사주四柱)이다. 증상연에 따라 특정한 위치로 초감된 제8식은 그 위치에 따라 각각 서로 다른 6식을 전개하며 서로 다른 삶을 살게 된다. 그처럼 모든 개체는 근본에 있어서는 동일하고 현상적 모습에서만 차이를 보인다. 현상적 모습 내지 역할의 차이는 서로 간의 배치 관계에 따라 결정되며, 바로 그 관계로부터 현상적 내가 느끼는 고락의 차이가 만들어지는 것이다. 배치 관계에 따르는 고락의 차이를 줄이는 사회가 평등한 사회, 건강한 사회이고, 그 차이를 증폭시키는 사회는 불평등한 사회, 병든 사회라고 할 수 있다.

원세포로부터 분열된 각 세포에 동일한 생명A, 동일한 정보가 담겨 있지만, 현상적으로 드러나는 각 세포는 끊임없이 생멸한다. 앞의 세포a가 죽고 그 자리에 다음 세포b가 생겨난다. 각 세포의 건강은 개체의 건강에서 오며, 이것은 각 세포가 자신을 a가 아닌 A로 알아, 모두가 하나의 생명, 하나의 호흡, 하나의 파동으로 함께 공명할 때 유지된다. 그렇듯 우주 내 각 생명체인 개체에도 모두 동일한 생명A, 동일한 정보가 담겨 있지만, 현상적으로 서로 다른 개체(5온)는 끊임없이 생멸한다. 앞의 5온이 죽고 다음 5온이 형성된다. 각 개체의 건강은 우주 전체의 건강에서 오며, 이것은 각 개체가 자신을 개별 의식 내지 개별 오온a가 아닌 전체 우주의 마음, 생명A로 알아, 모두가 하나의 생명, 하나의 파동으로 함께 공명할 때 가능하다. 그래서 불교는 자기 자신을 5온과 동일시하지 말라고 논한다. 내가 나라고 여기는 개체적 나는 없다. 무아이고 공이다. 개체적 나가 없다는 무아와 공을 절감해야지만 일체의 실상을 제대로 알 수 있다. 표층 현상에서는 일체가 서로 다른 각각의 개별자, 각각 별개의 5온으로 나타나지만, 심층 근본에서는 모두가 동일한 하나의 생명이다. 중요한 것은 각각의 본래면목은 표층의 개체성이 아니라 심층의 동일성이라는 것이다. 각각의 생명체가 이미 그 심층마음의 동일성의 자각인 본각(本覺)을 갖고 있기 때문이다.

여기에서는 아애로써 집장되고 잡염 종자를 지니는 과능변의 식을 '이숙'이라고 이름하니, 일체를 말하는 것은 아니다.
此中且說, 我愛執藏, 持雜染種, 能變果識, 名爲異熟, 非謂一切.

제8식을 이숙식이라고 부른 것은 이숙식이 아애의 집착을 따라 훈습된 종자에 의해 초감된 결과로서의 식이기 때문이다. 그것이 일체를 말하는 것이 아니라는 것은 제8식이 집장이나 이숙의 측면을 덜어 내도 여전히 제8식으로 남는다는 것을 말한다. 즉 유루번뇌를 모두 멸한 불지에서의 식은 제8식이지만 이숙이라고 부르지 않고 무구식이라고 부른다. 불지의 제8식은 무기(無記)가 아니고 선(善)이기 때문이다.

비록 능변식의 세 이름을 이미 간략히 말하였지만, 아직 능변식의 세 가지 상을 널리 논하지는 않았다.
雖已略說能變三名, 而未廣辯能變三相.

지금까지는 세 가지 능변식의 이름에 대한 설명이었다. 이 각각의 능변식이 어떤 양상으로 드러나는지에 대한 상세한 논의는 이제부터이다. 『유식30송』 제2게송부터 제16게송까지는 세 가지 능변식을 차례로 설명한다. 본 강해 제2부에서는 제1능변식인 아뢰야식 부분만을 다룬다.

제2게송 - 제4게송: 제1능변식
제5게송 - 제7게송: 제2능변식
제8게송 - 제16게송: 제3능변식

제2부

제8아뢰야식

우선 첫 번째 능변식은 그 상이 어떠한가? 게송으로 말한다.
且初能變其相云何? 頌曰.

『유식30송』의 순서에 따라 『성유식론』은 우선 제1능변식을 논하는데, 이를 위해 30송 중 제1능변식에 관한 게송을 모두 한꺼번에 제시한다.

2. 첫 번째(능변식)는 아뢰야식이고 이숙식이며 일체종자식이다.
3. 집수와 처와 료는 불가지이다. 항상 촉과
작의와 수와 상과 사와 상응하며, 오직 사수이다.
4. 무부무기이며, 촉 등도 또한 이와 같다.
항상 전전함이 폭류와 같으며, 아라한의 지위에서 버려진다.
2. 初阿賴耶識, 異熟一切種.
3. 不可知執受, 處了常與觸,
作意受想思, 相應唯捨受.
4. 是無覆無記, 觸等亦如是.
恒轉如瀑流, 阿羅漢位捨.

2게송	- 제8식의 세 가지 이름, 제8아뢰야식과 종자의 관계	- 강해 제1장
3게송	- 불가지, 집수, 처, 료: 아뢰야식의 소연(집수와 처)과 행상(료)	- 강해 제2장
	- 촉·작의·수·상·사와 상응: 아뢰야식의 심소(5변행심소)	- 강해 제3장
	- 오직 사수: 아뢰야식은 비고비락의 사수(捨受)	
4게송	- 무부무기: 아뢰야식은 무부이며 비선비악의 무기(無記)	- 강해 제4장
	- 전전함: 아뢰야식은 비단비상	
	- 아라한위에서 버림: 아뢰야식을 조복하고 단절하는 지위	
아뢰야식의 존재 증명		- 강해 제5장

본 강해의 제1장부터 제4장까지는 이상의 게송을 설명하는 『성유식론』을 풀이한다. 이어 『성유식론』은 30송에 없는 아뢰야식의 존재 증명을 제시하는데, 경전에 입각한 5교증(教證)과 이치상의 논증인 10리증(理證)이 그것이다. 그 부분은 본 강해 마지막 제5장에서 다룬다.

1

아뢰야식과 종자

본 장은 『유식30송』 제2게송 후반부를 설명한다.

2. 첫 번째(능변식)는 아뢰야식이고 이숙식이며 일체종자식이다.

2. 初阿賴耶識, 異熟一切種.

1. 아뢰야식의 3상(相)

첫 번째 능변식은 제8식인데, 이 식은 세 가지 상(相)을 가진다. 게송에 등장하는 제8식의 세 이름 중 '아뢰야식'은 제8식 자체의 상인 자상(自相)이고, '이숙식'은 초감된 결과로서의 제8식의 상인 과상(果相)이며, '일체종자식'은 일체 현상의 원인으로서의 제8식의 상인 인상(因相)이다.

1) 자상(自相): 제8식 자체 = 아뢰야식 = 장식: 능장 · 소장 · 집장
2) 과상(果相): 과로서의 제8식 = 이숙식
3) 인상(因相): 인으로서의 제8식 = 일체종자식

1) 자상(自相)

첫 번째 능변식은 대승불교와 소승불교에서 '아뢰야'(아뢰야식)라고 이름한다. 이 식에 능장·소장·집장의 의미가 갖추어져 있기 때문이다. 즉 (능장과 소장은) 잡염과 서로 연이 되기 때문이며, (집장은) 유정이 집착하여 자신의 내적 자아로 삼기 때문이다. 이것은 첫 번째 능변식에 있는 자상(自相)을 현시하니, 인과를 포섭해 지님이 자상이기 때문이다. 이 식의 자상이 분위가 비록 많지만 장식(藏識)의 과실이 중하므로 치우쳐 말한 것이다.
初能變識大小乘教名阿賴耶. 此識具有能藏所藏執藏義故. 謂與雜染互爲緣故, 有情執爲 自內我故. 此卽顯示初能變識所有自相, 攝持因果爲自相故. 此識自相分位雖多, 藏識過重是故偏說.

자상(自相): 아뢰야(ālaya)식 = 장식: 장(藏)의 3의미

① 능장(能藏): 잡염 종자를 저장하는 지종(持種)의 의미. 소장(所藏)은 종자

〈능장〉 〈소장〉
아뢰야식 —(장=지)→ 종자

② 소장(所藏): 잡염 종자가 훈습되는 수훈(受熏)의 의미. 능장(능훈)은 잡염법(7전식)

〈능장〉 〈소장〉
유루법 —(장=훈)→ 아뢰야식

③ 집장(執藏): 말나식에 의해 아라고 집착됨. 아애연집(我愛緣執). 능집(能執)은 제7식

〈능집〉 〈소집〉
제7식 —(장=집)→ 아뢰야식

제8식은 자체의 모습인 자상(自相)에 따라 아뢰야식이라고 불린다. 아뢰야는 '저장하다'는 '장(藏)'을 뜻하는 범어 알라야(ālaya)의 음역이다. 그래서 아뢰야식을 의역하여 '장식(藏識)'이라고도 부른다. 장식의 '장'이 가지는 세 가지 의미인 능장, 소장, 집장에 따라 아뢰야식의 자상의 세 측면을 구분할 수 있다.

① 아뢰야식이 종자를 저장한다는 측면에서 보면 아뢰야식은 '능히 저장하는 것'이란 의미에서 '능장(能藏)'이다. 능장의 아뢰야식에 의해 소장되는 것은 종자이다.

② 7식이 종자를 아뢰야식에 훈습하여 저장한다는 측면에서 보면 아뢰야식은 '저장되어지는 곳'이란 의미에서 '소장(所藏)'이다. 종자를 훈습하는 것은 7전식이다.

③ 제7말나식이 아뢰야식을 자아라고 집착한다는 측면에서 보면 아뢰야식은 '집착된 장식'으로서 '집장(執藏)'이다. 아뢰야식을 능히 집착하는 능집은 제7말나식이다.

제8식을 '아뢰야식' 내지 '장식'이라고 부를 때는 능장과 소장의 의미가 아니라 세 번째 집장의 의미에 따른 것이다. 아뢰야식이 말나식에 의해 자아로 집착된 식이기에 아뢰야식이라고 부르며, 따라서 말나식의 아집이 극복되는 단계에서는 제8식을 더 이상 '아뢰야식'이라고 부르지 않고 '이숙식'이라고 부른다.

2) 과상(果相)

이것은 능히 계와 취와 생을 이끄는 선업과 불선업의 이숙과이므로 '이숙'(이숙식)이라고 이름한다. 이것을 떠나서는 명근과 중동분 등 항상 상속하는 수승한 이숙과를 얻을 수 없기 때문이다. 이것은 첫 번째 능변식에 있는 과상(果相)을 현시한다. 이 식의 과상이 비록 지위가 많고 종류도 많지만 이숙이 넓고 불공이므로 치우쳐 그렇게 말한 것이다.

此是能引諸界趣生善不善業異熟果故, 說名異熟. 離此命根衆同分等, 恒時相續勝異熟果不可得故. 此卽顯示初能變識所有果相. 此識果相雖多位多種, 異熟寬不共故偏說之.

과상(果相): 이숙(vipāka)식 = 생인에 의해 현기한 결과로서 무기(無記)의 식

① 진이숙(眞異熟): 유정 총보의 과체 = 제8식: 3계·6취·4생 중으로 이끌려 옴

② 이숙생(李叔生): 만업에 호응하는 전6식의 별보의 과

3계(界): 욕계(欲界, kāmadhātu), 색계(色界, rūpadhātu), 무색계(無色界, ārūpyadhātu)

6취(趣)=6도(道): 지옥, 아귀, 축생, (수라), 인간, 천

4생(生): 난생, 태생, 습생, 화생

명근(命根, jīvitendriya): 목숨을 이어 가는 능력(힘)

중동분(衆同分, nikāya-sabhāga): 같은 부류의 유정

전생의 선업이나 악업에 의해 6취 중의 하나로 초감되는 제8식을 '진이숙' 이라고 한다. 제8식을 이끄는 업은 선·악이지만 과는 무기(무부무기)의 제8식으로 다르게 익으므로 '이숙(異熟)' 이라고 한다. 이숙식은 업에 의해 초감된 결과로서의 과상에 해당한다. 번뇌장과 소지장을 모두 멸한 여래지 내지 불지에 이르지 않는 한, 제8식을 초감하여 윤회하게 되므로, 이렇게 업의 과로서 윤회하는 제8식을 '이숙식' 이라고 부른다. 불지 이전까지의 모든 제8식이 이숙이기에 '넓다' 고 말하고, 불지의 제8식은 제외되므로 '불공' 이라고 말한다.

3) 인상(因相)

이것이 능히 제법의 종자를 집지해서 잃어버리지 않게 하므로/ '일체종'(일체종자식)이라고 이름한다. 이것을 떠나 다른 법이 능히 제법의 종자를 두루 집지한다는 것은 가능하지 않기 때문이다. 이것은 첫 번째 능변식에 있는 인상(因相)을 현시한다. 이 식의 인상은 비록 여러 종류가 있지만 종자를 집지하는 것이 불공이므로 치우쳐 말한 것이다. (8상)

此能執持諸法種子令不失故, 名 / 一切種. 離此餘法能遍執持諸法種子不可得故. 此卽顯示初能變識所有因相. 此識因相雖有多種, 持種不共是故偏說. (8상)

인상(因相): 일체종자식 = 일체 종자를 집지하는 식

제8식은 자체 안에 무시이래의 지난 생을 거친 일체 업의 세력인 종자를 집지하여 갖고 있다. 그래서 제8식을 '일체종자식'이라고 부른다. 이 제8식 내의 종자가 일체 제법의 원인으로 작용하기에, 원인으로서의 일체종자식을 제8식의 '인상'이라고 한다. 종자를 집지하는 것은 오직 제8식뿐이며 다른 식은 그런 작용이 없기에 '불공'이라고 말한다.

첫 번째 능변식의 체와 상이 비록 많지만 간략히 말해 오직 이와 같은 3상이 있다.

初能變識體相雖多, 略說唯有如是三相.

이상 제8식의 세 가지 상은 제8식이 수행계위에서 갖게 되는 변화하는 모습을 보여 주는 것이며, 따라서 각 수행계위에서 갖게 되는 다른 이름에 해당한다.

〈이승의 성도〉	〈보살도〉			
예류과	보살초지			
일래과	↓			
불환과/유학	제7지 (구생기 아집 극복)	**아뢰야식(장식)**	= 자상	- ① 아애집장현행위
아라한과/무학	↓			
	제10지 (구생기 법집 극복)	**이숙식**	= 과상	- ② 선악업과위
	불지	**무구식**		- ③ 상속집지위
		일체종자식	= 인상	- ①②③ 전 지위에 통

2. 종자

1) 종자의 의미

아뢰야식은 그 안에 종자를 함장하고 있기에 '일체종자식'이라고 불린다. 그렇다면 아뢰야식 안에 함장되는 종자는 어떻게 해서 존재하게 되는 것인가? 유식에서 종자란 과연 무엇인가?

일체종자식의 상은 마땅히 다시 분별해야 한다. 이 중 어떤 법을 '종자'라고 이름하는가? 본식 중에 친히 자과를 내는 차별적 공능(공능차별)을 말한다. 이것(종자)은 본식 내지 그로 인해 생겨나는 결과(제법)와 하나도 아니고 다르지도 않다. 체와 용, 인과과의 이치가 마땅히 그러하기 때문이다. 비록 하나도 아니고 다르지도 않지만, 이것(종자)은 실유(實有)이다. 가법(假法)은 무(無)와 같아 인연이 아니기 때문이다.

一切種相應更分別. 此中何法名爲種子? 謂本識中親生自果功能差別. 此與本識及所生果不一不異. 體用因果理應爾故. 雖非一異而是實有. 假法如無非因緣故.

〈제8식〉		〈종자〉		〈제법〉
체	-	용		
		인	-	과
		(등류종자)		
		실유		

여기에서는 종자의 작용력을 설명한다. 종자는 인(因)으로 작용해서 그 결과를 낳는 것이다. 차별적 결과를 나을 수 있는 능력인 공능(功能)을 '공능차별(功能差別)' 이라고 한다. '친히 자과를 낸다' 는 것에 대해 『술기』는 "이숙인을 배제하는 것이다."라고 설명한다. 여기서 논하는 종자는 이숙종자가 아니고 등류종자라는 것을 밝힌 것이다. 이숙종자는 증상연이지 친인이 아니며, 자과가 아니라 선·악이 무기로 바뀌기 때문이다.

공능차별로서의 종자는 본식인 제8아뢰야식과도 구분되고, 종자로부터 생겨나는 제법과도 구분된다. 제8아뢰야식은 체이고 종자는 용이며, 종자는 인(등류인)이고 제법은 그로부터 만들어지는 과(등류과)이기 때문이다.

여기에서는 종자의 실유성을 강조한다. 우리는 종자로부터 현행화된 식소변(x)을 식 바깥에 실재하는 아와 법(y)으로 실체화하여 실유로 집착한다. 그렇지만 유식은 그렇게 집착된 아와 법은 가로서 시설된 가유이고 가법이며 실유가 아니라고 논한다. 우리가 아와 법(y)이라고 집착하는 것은 실은 그런 모습으로 사현한 식소변(x)일 뿐이며, 그런 식소변과 그 식소변을 있게 한 원인으로서의 종자는 실유이지만, 그러한 실상을 모르고 집착된 아와 법은 가유라는 것이다.

아와 법(y) — 가법
↑
과: 식소변(x) ┐
↑ │ 실유
인: 종자 ┘

시설된 아와 법(y)은 외경으로서 무이지만, 그것이 의지한 식소변(x)과 그런 식소변의 원인이 되는 종자는 내식으로서 유이다. 따라서 집착된 아와 법의 무와 달리 종자 및 식소변은 실유라고 논한다.

<이설: 안혜> 이것(종자)은 제법과 하나도 아니고 다르지도 않으므로, 마땅히 병 등과 같이 가(假)이지 실(實)이 아니다. <이설의 비판> 만일 이러하다면 진여(眞如)도 마땅히 가유이어야 하며, 이것을 인정할 경우 곧 참된 승의제도 없게 된다. 그러나 모든 종자는 오직 세속(世俗)에 의거해서만 실유라고 말하니, 진여와 같지 않다.

<이설> 此與諸法卽非一異, 應如甁等是假非實. <비판> 若爾眞如應是假有, 許則便無眞勝義諦. 然諸種子唯依世俗說爲實有不同眞如.

	〈진여〉	〈제8식〉	〈종자〉	〈제법〉
		체 -	용	
			인 -	과
속제:			실유	
진제:	실유		가유	

『술기』에 따르면 위의 이설은 안혜의 주장이다. 안혜는 견분과 상분의 식소변을 실이 아닌 가로 받아들이며, 따라서 식소변의 원인으로서의 종자도 또한 가로 간주한다. 반면 호법은 이것을 비판한다. 만일 종자가 식소변의 원인으로서 식에 속한다고 가유가 된다면, 진여 또한 식의 실성으로서 식을 떠난 것이 아니기에 가유라고 주장해야 하기 때문이다. 그러나 그렇게 된다면 세속제를 넘어선 승의제가 없게 되며, 결국 가와 실의 구분 자체가 성립하지 않게 된다는 문제가 발생한다.

승의의 관점에서 보면 진여는 실유이지만 종자는 가유이다. 종자 및 종자로 인한 현상 제법은 오직 세속의 관점에서 실유이고, 승의의 관점에서 보면 가유이다. 다시 말해 종자의 실유성은 오직 세속제에서만 실유성일 뿐이다. 종자와 그로 인한 식소변이 내식으로서 인연에 따라 생성된 가(假)이기 때문이다. 종자는 세속제에 의거해서만 실유이므로 승의제로서도 실유인 진여와는 다르다. 종자는 세간에서만 실유이고, 진여는 승의에서도 실유이다.

> 종자는 비록 제8식의 체에 의거하지만 이 식(제8식)의 상분이고 다른 것이 아니다. 견분이 항상 이것(종자)을 취해서 경계로 삼기 때문이다.
> 種子雖依第八識體, 而是此識相分非餘. 見分恒取此爲境故.

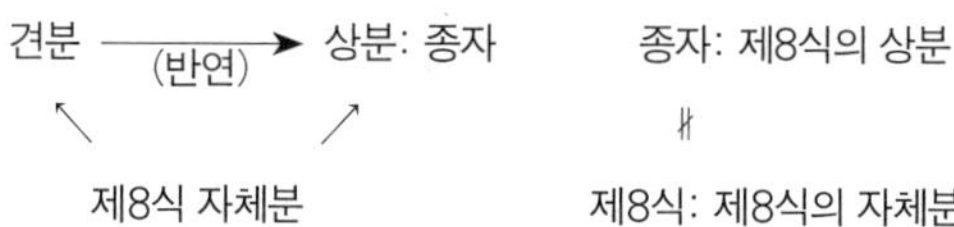

종자는 제8식의 체인 자체분에 의거한 제8식의 상분이며, 따라서 종

자가 곧 8식 자체인 것은 아니다. 다시 말해 제8식의 견분은 제8식 내의 종자를 취해서 상분으로 삼을 뿐이지 제8식의 자체분을 취해 상분으로 삼는 것은 아니다. 자체분을 취하는 것은 견분이 아니고 증자증분이기 때문이다. 제8식의 견분이 제8식 내 종자를 취해서 상분으로 삼기에, 종자를 제8식의 상분이라고 한다. 견분이 종자를 취한다는 것에 대해 『술기』는 이렇게 설명한다.

> 견분은 자증분의 차별공능(종자)을 반연해서 상분으로 삼지, 자증분 자체를 반연하는 것이 아니다. 만약 그렇다면 증자증분이 없을 것이기 때문이며, 또 견분은 다만 외(外)를 반연한다고 설해지기 때문이다.[1]

견분은 식체 내의 종자를 반연하여 상분으로 삼지, 식 자체분(자증분)을 반연하지는 않는다. 식 자증분을 반연하는 것은 증자증분이기 때문이다. '견분이 종자를 취해 경계로 삼는다.'는 것은 견분이 취하는 종자와 견분에 의해 취해지지 않는 식 자체분은 서로 다르다는 것을 강조하는 말이다. 따라서 『술기』는 이 부분을 "종자가 왜 자체분에 속하지 않는가를 해석하는 호법의 관점"이라고 해석하며, 종자와 진여의 차이를 다음과 같이 설명한다.

> 견분이 항상 반연하므로 상분이다. 즉 (종자는) 식체의 공능의 부분이므로 상분이 된다. 진여 또한 식의 자증이니 마땅히 상분이어야 되겠지만, 진여는 식의 실성(實性)에 속하므로 이미 상(相)이 없어서 종자와 다르다. 종자는 식의 실성이 아니고 따라서 상분이 된다. 진여는 오직 식의 성(性)에 속하고 체는 진실로 상이 없

---

1 『술기』, 303중, "見分緣自證分差別功能以爲相分, 非是緣於自證分體. 若不爾卽無證自證分, 又說見分但緣外故."

으므로, 견분은 식 자체를 반연하지 못할 뿐이다.[2]

견분이 반연하는 것: 종자 - 제8식의 상분
≠
증자증분이 반연하는 것: 식 자체분/진여 - 제8식의 자체분이지 상분이 아님

2) 종자의 3성

종자는 선·악·무기의 3성 중에서 어디에 속하는가? 이에 답하기 위해서는 유루종자와 무루종자를 구분해서 생각해야 한다. 샌다는 뜻의 루(漏)는 번뇌를 뜻한다. 유루종자는 번뇌가 있는 종자이고, 무루종자는 번뇌가 없는 종자이다.

모든 유루종자는 a. 이숙식과 체가 다르지 않으므로 무기에 포함된다. b. 인과 과가 모두 선 등의 성이 있으므로 또한 선 등이라고 부른다.
諸有漏種, a. 與異熟識體無別故無記性攝. b. 因果俱有善等性故亦名善等.

유루종자:
a. 식체와 불이(不異)로 보면(자체문): 종자는 무기
b. 식체와 불일(不一)로 보면(공능차별문): 인과 과의 성에 따라 종자는 선·악·무기

유루종자는 모두 제8식에 속하는데, a. 제8식이 무기이므로 종자 또

2 『술기』, 303중, "見分恒緣故是相分, 卽是識體功能義分故成相分. 眞如亦是識之自證應爲相分, 眞如是識實性攝故, 旣稱無相不同種子. 種子非是識實性故, 故爲相分. 眞如但是識之性攝, 體實無相, 見分唯不緣識自體."

한 무기라고 할 수 있다. b. 그러나 종자의 인(因)으로서 종자를 훈습한 제법(7전식)이나 종자의 과(果)로서 종자에 의해 생겨나는 제법(식소변+7전식)이 선·악·무기의 차이를 보이는 것은 종자에 그런 선·악·무기의 3성이 갖추어져 있기 때문이다. 이처럼 제법과 인과관계에 있는 측면(공능차별문)에 따라 보면 종자는 선·악·무기의 3성을 가진다고 말할 수 있다.

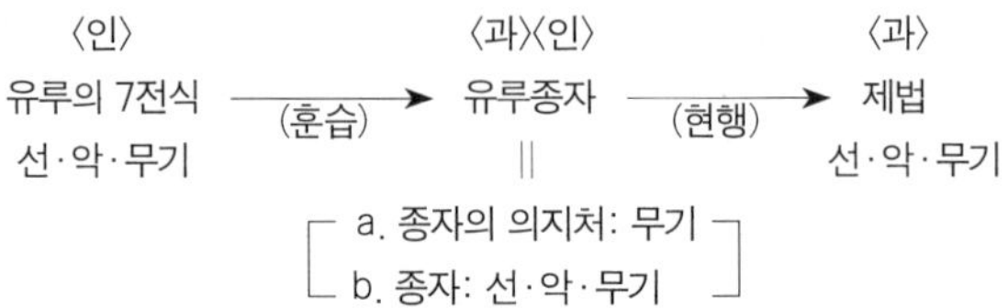

> 모든 무루종자는 이숙식의 성(性)에 속하지 않고 인과 과가 모두 선성에 속하므로 오직 선이라고 부른다.
> 諸無漏種非異熟識性所攝故, 因果俱是善性攝故, 唯名爲善.

무루종자:

이숙식의 성(무기)에 속하지 않고, 인과 과가 모두 선: ∴ 무루종자는 선

무루종자는 제8식에 속하기는 하되, 이숙식의 무기 성품에 속하지 않고 모두 선이다. 무루의 깨달음을 일으키는 것이 바로 무루종자이다. 그렇다면 무루의 깨달음은 어떻게 일어나는 것인가? 이 물음은 곧 무루종자는 어떻게 작동하는가, 깨달음은 과연 어떻게 가능한가의 물음이다. 우리는 경험적으로 진리를 들음으로써 비로소 깨달아 알 수 있는 것인가? 아니면 우리에게는 본래 진리를 깨달아 알 수 있는 능력이 내재해 있는가? 다시 말해 무루종자는 경험을 통해 비로소 획득되는가?

아니면 무루종자는 우리에게 본래 있는 본유의 것인가?

깨달음을 얻기 위해서는 수행이 요구되는데, 유식불교는 견도의 깨달음에서부터 수도를 거쳐 궁극의 깨달음에 이르기까지의 수행 단계를 다음과 같이 크게 다섯으로 나눈다.

유식의 수행5위:

1. 자량위(순해탈분): 3현위=신상응지(10주 + 10행 + 10회향)
2. 가행위(순결택분): 난(煖)+정(頂)+인(忍)+**세제일법(世第一法)** - 정문훈습종자
3. 통달위(**견도**): 진견도(근본무분별지) + 상견도(후득지) - 무루종자
4. 수행위: 보살10지(地): 전의(轉依) 일어남
5. 구경위: 불지

깨달음은 번뇌에 의한 막힘이 없으므로 유루가 아닌 무루에 해당하며, 따라서 그런 깨달음을 일으킬 수 있는 종자를 무루종자라고 한다. 유식은 이러한 무루종자를 바른 진리인 정법(正法)을 들음으로써 생기는 정문훈습종자와 연관하여 논한다. 우리의 마음은 탐·진·치의 번뇌에 물들어 있으며 마음에 함장되어 있는 대부분의 종자는 번뇌에 물든 유루종자이다. 그런데 정법을 들으면 그로 인해 '정문훈습종자'가 새롭게 훈습된다. 그러나 정문훈습종자는 아직 수행 과정상의 종자로서 유루이며 무루종자는 아니다. 가행위의 마지막 단계인 세제일법에서 그다음 단계인 통달위인 견도로 넘어갈 때 무루종자에 의거한 무분별지혜가 일어난다. 문제는 그러한 무루의 깨달음을 일으키는 무루종자는 어떻게 생겨나는가이다. 이에 대해 두 가지 주장이 가능하다.

견도에서 무루의 깨달음을 일으키는 무루종자에 대한 두 입장:

〈입장1〉 세제일법에서의 문훈습종자가 인(因)이 되어 무루종자가 새로 생겨남

〈입장2〉 세제일법에서의 문훈습종자가 증상연이 되어 본유의 무루종자를 불러옴

〈입장1〉은 문훈습종자가 무루의 깨달음의 인으로 작용한다고 보므로 본유의 무루종자를 인정하지 않는 입장이고, 〈입장2〉는 문훈습종자는 무루의 깨달음의 친인이 아니라 단지 증상연으로 작용할 뿐이며 따라서 깨달음의 친인이 되는 무루종자는 따로 존재해야 한다고 보므로 본유 무루종자를 인정하는 입장이다.

세제일법에서				견도에서
〈입장1〉 정문훈습종자: 유루종자	→	무루종자	→	무루의 깨달음
〈인〉		**신훈**		〈과〉
〈입장2〉 정문훈습종자: 유루종자	+	**본유** 무루종자	→	무루의 깨달음
〈증상연〉		〈인〉		〈과〉

<문> 만약 이러하다면, 어째서 「결택분」에서 '22근은 일체가 모두 이숙종자를 가지고 있다.' '모두 이숙생이다.'라고 설하는가? <답> a. 비록 이숙이라고 이름하지만 무기는 아니며, 이숙에 의지하므로 이숙종자라고 이름한다. 성이 다르면서도 서로 의거함이 안식 등과 같다. b. 혹은 무루종자는 훈습력에 의해 전변하여 성숙하므로 이숙이라는 이름을 세우는 것이지, c. 무기성에 속하는 이숙이 아니다.
<문> 若爾何故「決擇分」說, '二十二根一切皆有異熟種子', '皆異熟生'? <답> a. 雖名異熟而非無記, 依異熟故名異熟種. 異性相依如眼等識. b. 或無漏種由熏習力轉變成熟, 立異熟名, c. 非無記性所攝異熟.

a. 제8식(이숙식)	———→ (의지)	무루종자=이숙종자	무루종자는 선이지만
무기		선	- 이숙식에 의거하므로 이숙

b. 유루 문훈습종자 유루 선	(전변 성숙) →	무루종자 무루 선	무루종자는 선이지만 - 유루에서 무루로 바뀌므로 이숙
c. 선·악의 현행업 선·악	(훈습) →	훈습된 이숙종자 무기	(이런 의미의 이숙이 아님) - 선·악에서 무기로 바뀌므로 이숙

앞에서 '무루종자는 오직 선이다.' 라는 주장에 대해 논전의 글을 가져와 반문한다. 즉 『유가사지론』「결택분」에서 일체 종자를 이숙종자라고 한 것은 종자가 모두 무기라는 것을 말하는 것이 아닌가, 이숙식에 함장되어 있는 종자는 모두 무기이어야 하는 것 아닌가, 이런 반문에 대해 다음과 같이 답한다.

a. 종자를 '이숙종자' 라고 부른 것은 종자가 선악에서 무기로 바뀌었기에 이숙이라고 한 것이 아니라, 제8식인 이숙식에 함장되어 있는 종자이기에 이숙이라고 불렀다는 것이다. 종자를 함장하는 의지처인 제8식이 무기라고 해도, 거기 함장된 종자는 선일 수 있다. 의지처와 거기 의지한 것의 성이 서로 다를 수 있는 것은 5식의 예를 가져와서 논한다. 즉 5근은 무기이지만, 그 근에 의거하여 일어나는 식은 선·악·무기가 모두 가능하기 때문이다.

b. 무루종자를 이숙이라고 하는 것은 무기의 이숙을 뜻하는 것이 아니라, 유루의 문훈습종자에 의해 성숙되어 무루가 되기에 유루에서 무루로 다르게 성숙되었다는 의미에서 이숙을 뜻한다. 문훈습종자가 인이고 그 과로서 무루종자가 생겨나는 것이 아니라, 문훈습종자가 단지 증상연으로서 무루종자가 성숙하는 것을 도울 뿐이기에 문훈습종자로 인해 '생겨난다' 고 말하지 않고 '성숙한다' 고 말한다. 『술기』에서 이렇게 설명한다.

무루종자는 훈습(유루의 문훈습)의 힘에 의해 전변 성숙한 것이므로 본래의 종자

(유루 문훈습종자)와 다르기에 이숙이라고 한다. … 선악을 원인으로 초감된 것의 무기성에 속하는 이숙과는 다르다.[3]

c. 선·악의 업에 의해 훈습된 습기가 무기로 바뀐 것을 이숙이라고 할 때 그 이숙에는 무기의 의미가 포함되지만, 무루종자를 이숙종자라고 할 때에는 그와 같은 무기의 의미의 이숙은 아니라는 것이다.

3. 종자의 기원

종자의 기원에 대해서는 1) 본유설과 2) 신훈설이 있고 다시 이것을 절충하는 3) 신훈합생설이 있다.

	〈본유설〉	〈신훈설〉	〈신훈합생설〉
본유종자:	○	×	○
신훈종자:	×	○	○
	호월	난타	호법

1) 본유설: 호월

여기에 이런 입장이 있다. 일체 종자는 모두 본성적으로 있지 훈습에 의해 생기는 것이 아니다. 훈습의 힘에 의해서는 단지 증장할 수 있을 뿐이다. a. 경전에서 '일체 유정에게 무시이래로 갖가지 계(界)가 있으니 마치 악차 열매의 쌓임처럼 법이하게(본래) 있다.'고 하는 것과 같다. 계는 곧 종자

3 『술기』, 304상, "此無漏種由熏習力轉變成熟, 與本種異立異熟名. … 非如善惡而爲因故所招無記性所攝之異熟".

차별의 이름이기 때문이다. b. 또 경전에서 '무시이래로 계는 일체법의 평등한 의지처이다.'라고 한다. 계는 곧 원인의 뜻이다. c. 『유가사지론』에서도 '모든 종자 자체는 무시이래로 성은 본유이나 염정에 의해 새롭게 훈습되어 일어난다.' d. '모든 유정의 무리는 무시이래로 반열반법이 있는 사람은 일체 종자를 모두 다 구족하지만, 반열반법이 없는 사람은 곧 세 가지 보리종자가 없다.'고 설한다. 이와 같은 글의 참된 증명이 하나가 아니다. e. 또 모든 유정이 이미 본래 / 5종성의 구별이 있다고 설하므로, 반드시 종자는 법이하 (8중)
게 있는 것이지 훈습으로 인해 생기는 것이 아니어야 한다.

此中有義. 一切種子皆本性有不從熏生. 由熏習力但可增長. a. 如契經說, '一切有情無始時來有種種界如惡叉聚法爾而有.' 界卽種子差別名故. b. 又契經說, '無始時來界一切法等依.' 界是因義. c. 『瑜伽』亦說, '諸種子體無始時來性雖本有而由染淨新所熏發.' d. '諸有情類無始時來若般涅槃法者一切種子皆悉具足, 不般涅槃法者便闕三種菩提種子.' 如是等文誠證非一. e. 又諸有情旣說本 / 有五種性別, 故應定有法爾 (8중)
種子不由熏生.

① 유루종자와 무루종자가 모두 본유라고 설하는 경론:

a. '일체 유정에게 무시이래로 갖가지 계가 악차 열매의 쌓임처럼 본래 있다.' (『대승장엄론』)

b. '무시이래로 계는 일체법의 평등한 의지처이다.' (『대승아비달마경』)

c. '종자 자체는 무시이래로 성은 본유이나 염정에 의해 새롭게 훈습되어 발한다.' (『유가사지론』)

d. '유정의 무리는 무시이래로 반열반법이 있는 사람은 일체 종자가 모두 다 구족되지만, 반열반법이 없는 사람은 곧 세 가지 보리종자가 없다.' (『유가사지론』)

e. 오성각별설(五性各別說)(『능가경』)

본유설을 주장한 사람은 호월(護月)이다. 본유설은 모든 종자가 제8식의 공능으로서 본래 구유되어 있다고 보며, 훈습은 본유종자를 증장하고 양성하는 것일 뿐 새롭게 생겨나도록 하는 것은 아니라고 본다. 현행이 종자를 훈습하는 '현행훈종자'의 훈습을 새로운 종자를 생성하는 훈습(신훈)이 아니라 이미 있는 종자를 성장하게 하는 훈습으로 간주하는 것이다. a부터 d까지 인용된 경론의 글은 모두 종자가 본래 있다는 본유설을 지지하면서 신훈을 부정하고 있다. 본유설을 증명하는 교증(教證)이다. 여기 교증에서 인용하는 모든 경론의 출처는 『술기』가 밝히고 있다.

그렇다면 이치상으로는 왜 본유는 타당하고 신훈은 타당하지 않다고 보는 것인가? 본유설의 관점에서는 만약 신훈이 있다면, 현행의 법은 그때마다 종자를 훈습하므로 무량한 종자가 하나의 법의 현행을 생하는 것이 되어 다인일과(多因一果)의 과실이 생겨서 결국 '일인일과(一因一果)'의 법칙에 위배된다고 논한다.

신훈을 부정하는 또 다른 근거는 무루종자 유무에 의한 5성각별이 성립하기 위해서는 무루종자가 신훈이 아닌 본유이어야 한다는 것이다. 여기서 본유라는 것은 모든 인간에게 무루종자가 모두 다 갖추어져 있다는 말이 아니다. 오히려 무루종자가 있는 자에게는 그것이 본래 있고, 없는 자에게는 본래 없는 것이며, 훈습으로 새롭게 생겨날 수 있는 것이 아니기에, 5성각별이 성립한다고 주장하는 것이다. 여기에서 '반열반법이 있는 사람'은 열반에 증입(반)할 수 있는 법이 있는 사람을 말한다. 그런 사람에게는 깨달음의 종자(보리종자)인 무루종자가 본래 있고, 그렇지 않은 자에게는 본래 없다는 것이다. 5종성의 구별이 있다고 설하는 경론으로 『술기』는 『입능가경』 2권, 『무상의경』 상권, 『선용맹반야경』 1권, 『대반야경』 593권, 『장엄론』 1권, 『유가사지론』 12권 등을 든다.

본유 주장의 두 유형:

1. 본래 평등의 주장: 개유불성(皆有佛性)으로서 본유를 주장
2. 본래 차별의 주장: 종성 차별의 근거로서 본유를 주장

a. 또『유가사지론』에서 '지옥에서 3무른근을 성취하니, 이것은 종자이지 현행이 아니다.' b. 또 '무시이래로 전전하여 법이하게 얻은 바 본성에 머무는 종성이다.'라고 설한다. 이러한 증명에 따르면 무루종자는 법이하게 본래 있는 것이지 훈습으로부터 생기는 것이 아니다. 유루도 마땅히 법이하게 종자가 있어야 하며, 훈습에 의해서는 증장할 뿐이지 훈습에 의해 따로 생기는 것이 아니다. 이와 같이 건립해야 인과가 어지럽지 않다.

a. 又『瑜伽』說, '地獄成就三無漏根是種非現.' b. 又 '從無始展轉傳來, 法爾所得本性住性.' 由此等證無漏種子法爾本有不從熏生. 有漏亦應法爾有種, 由熏增長不別熏生. 如是建立因果不亂.

② 무루종자가 본유, 따라서 유루도 본유:

a. '지옥에서 3가지 무른근을 성취한다. 이것은 종자이지 현행이 아니다.'(『유가사지론』)

b. '무시이래로 전전하여 법이하게 얻은 바 본성에 머무는 종성이다.'(『보살지지경』, 『유가사지론』)

본유설의 주장에는 유루종자와 무루종자가 모두 본유라는 주장도 있고, 무루종자가 본유임을 논하고서 그와 마찬가지로 유루종자도 그러하다고 하는 주장도 있다. 앞에서는 유루종자와 무루종자가 모두 본유라고 주장하는 경론을 인용하였고, 여기에서는 무루종자가 본유임을 논하고 따라서 유루도 그러하다고 주장하는 경론을 인용하였다.

2) 신훈설: 난타

이런 입장이 있다. 종자는 모두 훈습 때문에 생긴다. 훈습받는 것(소훈)과 능히 훈습하는 것(능훈)이 모두 무시이래로 있으므로 모든 종자가 무시이래로 성취된다. 종자는 이미 습기의 다른 이름이고, 습기는 반드시 훈습으로부터 있으니, 마의 향기가 꽃에 훈습되어 생기는 것과 같다. a. 경전에서 '모든 유정의 마음은 염정 제법에 의해 훈습되므로 무량한 종자가 적집된 것이다.'라고 설하고, b. 논서에서 '내종은 반드시 훈습이 있고, 외종은 훈습이 있기도 하고 없기도 하다.'고 설하는 것과 같다.
有義種子皆熏故生. 所熏能熏俱無始有, 故諸種子無始成就. 種子旣是習氣異名, 習氣必由熏習而有, 如麻香氣花熏故生. a. 如契經說, '諸有情心染淨諸法所熏習故, 無量種子之所積集', b. 論說, '內種定有熏習, 外種熏習或有或無.'

① 유루종자는 훈습:

a. '유정의 마음은 염정 제법에 의해 훈습되므로 무량한 종자가 적집된 것이다.' (『다계경』)

b. '내종은 반드시 훈습이 있고, 외종은 훈습이 있기도 하고 없기도 하다.' (『섭대승론』)

본유설과 반대로 모든 종자는 새롭게 훈습됨으로써 비로소 존재하게 된다는 주장을 신훈설이라고 한다. 신훈설은 난타(難陀)가 주장한다. 종자는 유루이든 무루이든 모두 현행의 훈습에 의해 생기는 신훈종자뿐이라는 주장이다. 본유설에서 무시이래로 종자가 있다는 것은 능훈식과 소훈처가 무시이래로 있어 왔으므로 종자가 무시이래로 훈습되어 왔다는 것이지, 종자가 훈습 없이 존재한다는 말은 아니라는 설이다. 여기에서도 여러 경론을 들어 논하였다.

또 명언 등 세 가지 종자의 훈습은 일체 유루법의 종자를 총괄적으로 포섭한다. 이 셋이 이미 훈습에 의해 있게 된 것이므로 유루종자는 필히 훈습에 의거해서 생긴 것이다.
又名言等三種熏習總攝一切有漏法種. 彼三旣由熏習而有, 故有漏種必藉熏生.

세 가지 종자:

- 명언종자(=등류종자)
  - ① 명언종자
  - ② 아집종자 = 아견종자
- 업종자(=이숙종자)
  - ③ 유지종자

종자는 우선 명언종자와 이숙종자로 분류할 수 있지만, 명언종자를 다시 명언종자와 아집종자(아견종자)로 구분하기도 하므로, 종자는 결국 세 가지로 분류된다. 이 세 가지 종자가 모두 유루종자인데, 이러한 유루종자는 모두 훈습에 의해 존재한다는 것이다.

무루종자가 생기는 것도 또한 훈습으로 인해서이다. a. '문훈습은 정법계에서 평등하게 흐르는 정법(등류정법)을 듣고 훈습되어 일어난다.' 고 설하기 때문이다. 이것은 출세심의 종자의 성품이기 때문이다.
無漏種生亦由熏習. a. 說'聞熏習聞淨法界等流正法而熏起'故. 是出世心種子性故.

② 무루종자도 훈습:

a. '문훈습은 정법계에서 등류정법을 듣고 훈습되어 일어난다.' (『섭대승론』)

세제일법에서 견도에서
정문훈습종자: 유루종자 → 무루종자: 무루의 깨달음 일으킴
〈인〉 〈과〉

정법을 들음으로써 생기는 정문훈습종자는 아직 깨달음에 이르기 전의 종자로서 번뇌에 물든 유루종자이다. 그런데 가행위 세제일법에서의 문훈습종자로부터 통달위 견도에 이르게 되므로, 세제일법의 유루종자가 견도 최초의 무루종자의 친인이 된다는 것이다. 따라서 무루종자도 결국 문훈습으로 인해 생겨난 신훈이라고 주장한다.

유정 본래의 종성 차별은 무루종자의 있고 없음에 의해서가 아니라 단지 장애의 있고 없음에 의거해서 건립한 것이다. 『유가사지론』에서 '진여의 경계에 대해 혹 궁극적으로 2장(障) 종자가 있는 자는 반열반법성이 아닌 자로 건립하고, 혹 궁극적으로 소지장의 종자는 있어도 번뇌장의 종자가 없는 자는 일부는 성문종성으로 건립하고 일부는 독각종성으로 건립하며, 혹 궁극적으로 2장의 종자가 없는 자는 곧 여래종성으로 건립한다.'고 설한 것과 같다. 그러므로 본래 종성 차별은 장애에 의해 건립하지 무루종자에 의한 것이 아님을 알아야 한다. 무루종자를 성취한다는 말은 장차 생겨날 수 있음에 의거한 것이지 이미 자체가 있다는 것이 아니다.

有情本來種姓差別, 不由無漏種子有無, 但依有障無障建立. 如『瑜伽』說, '於眞如境若有畢竟二障種者, 立爲不般涅槃法性, 若有畢竟所知障種非煩惱者, 一分立爲聲聞種性, 一分立爲獨覺種性. 若無畢竟二障種者, 卽立彼爲如來種性.' 故知本來種性差別依障建立, 非無漏種. 所說成就無漏種言依當可生非已有體.

〈무루종자의 유무〉가 아니라 〈장애 종자의 유무〉에 의해 5종성차별 건립됨

번뇌장 종자	+ 소지장 종자	
○	○	— 반열반법성 아님
×	○	┌ 성문종성 └ 독각종성
×	×	— 여래종성
△	△	— 부정종성

본유설이 5성각별설에 입각해서 무루종자의 본유를 주장하는 데 반해, 신훈설은 5성각별이라는 것은 무루종자의 유무 의해서가 아니라 장애의 유무에 의해 성립하는 것이라고 논한다. 그러므로 5성각별로써 본유설을 정당화할 수는 없다는 것이다. 즉 5성각별은 번뇌장과 소지장의 유무에 의해 건립되며, 장애의 제거는 경험적 차원의 수행을 통해 달성된다. 그리고 수행을 통해 장애가 제거되면 무루종자를 성취한다고 말할 수 있으므로, 무루종자 자체가 본래 존재한다고 할 수 없다는 것이다.

3) 신훈·본유 합생설: 호법

이런 입장이 있다. 종자에는 각각 두 가지가 있다. ① 첫째는 본유(본유종자)이니, 무시이래로 이숙식 중에 법이하게 있어 온·처·계를 생하는 공능차별이다. a. 세존은 이에 의거해서 '일체 유정에게 무시이래로 갖가지 계가 있으니 마치 악차 열매의 쌓임처럼 법이하게 있다.'라고 설하였다. 나머지 인용한 증거를 두루 말하면 처음(본유설)에서와 같다. 이것을 '본성주종'(본성에 머무는 종자)이라고 이름한다. ② 둘째는 새로 생긴 것(시기종자)이니, 무시이래로 자주 현행

에 의해 훈습되어 있게 된 것이다. a. 세존은 이에 의거하여 '유정심은/염정 제법에 의해 훈습되므로 무량한 종자가 적집된 것이다.'라고 설하였다. b. 여러 논에서 또한 '염정 종자가 염정법에 의해 훈습되어 생긴다.'고 설한다. 이것을 '습소성종'(훈습에 의해 이루어진 종자)이라고 이름한다. (8하)

有義種子各有二類. ① 一者本有謂無始來異熟識中法爾而有, 生蘊處界功能差別. a. 世尊依此說, '諸有情無始時來有種種界, 如惡叉聚法爾而有'. 餘所引證廣說如初. 此卽名爲本性住種. ② 二者始起謂無始來數數現行熏習而有. a. 世尊依此說, '有情心染/淨諸法所熏習故無量種子之所積集.' b. 諸論亦說, '染淨種子由染淨法熏習故生.' 此卽名爲習所成種. (8하)

① 본유종자 = 본성주종
 a. '일체 유정에게 무시이래로 갖가지 계가 악차 열매의 쌓임처럼 본래 있다.'(『대승장엄론』)
② 신훈종자(시기종자) = 습소성종
 a. '유정심은 염정 제법에 의해 훈습되므로 무량한 종자가 적집된 것이다.'(『다계경』)
 b. '염정 종자는 염정법에 의해 훈습되어 생긴다.'

종자 중에 본유와 신훈이 함께한다는 것을 주장한 사람은 호법(護法)이다. 호법은 앞의 두 관점을 부분적으로 수용한다. 무시이래의 본유종자와 무시이래의 신훈종자가 있음을 함께 인정하는 것이다. 그러면서 본유만이라고 주장하거나 신훈만이라고 주장하는 것을 비판한다. 우선 본유설에 대한 비판이다.

(1) 본유설 비판

만약 오직 본유만 있다면, 전식은 마땅히 아뢰야식에 대해 인연의 성이 되지 못할 것이다. 경에서 말한 것과 같다.

제법은 식에 저장되고, 식은 법에 또한 그러하다.

또 서로 결과의 성이 되니, 또한 항상 인(因)의 성이 된다.

이 게송의 의미는 아뢰야식과 전식은 모든 시간에 전전하며 상생해서 서로 인과 과가 된다는 것이다. a.『섭대승론』에서 '아뢰야식은 잡염법과 더불어 서로 인연이 되니, 심지와 불꽃이 전전하여 생겨나서 타는 것과 같고, 또 갈대단이 서로 의지하여 머무는 것과 같다.' 고 설한다. 오직 이 둘에 의거해서 인연을 건립하니, 다른 인연은 얻을 수 없기 때문이다. 만약 종자가 훈습으로부터 생기는 것이 아니라면, 전식이 어떻게 아뢰야식에 대해 인연의 의미를 가질 수 있겠는가?

若唯本有, 轉識不應與阿賴耶爲因緣性. 如契經說,

諸法於識藏, 識於法亦爾.

更互爲果性, 亦常爲因性.

此頌意言阿賴耶識與諸轉識於一切時展轉相生互爲因果. a.『攝大乘』說, '阿賴耶識與雜染法互爲因緣, 如炷與焰展轉生燒, 又如束蘆互相依住.' 唯依此二建立因緣, 所餘因緣不可得故. 若諸種子不由熏生, 如何轉識與阿賴耶有因緣義?

제법(7전식): 인 과

↓〈훈습〉 ↑〈현행〉

아뢰야식: 과(종자) ———→ 인(종자)

본유설 비판 – 신훈도 있음

a. 아뢰야식과 잡염법(전식)이 서로 인연이 됨. 심지와 불꽃 관계. 갈대단의 관계(『섭대승론』)

7전식과 아뢰야식 상호 간에 인과 과의 관계가 성립할 수 있는 것은 7전식의 작용에 의해 종자가 아뢰야식에 새롭게 훈습되기 때문이다. 현행이 인이고 종자가 과로서 '현행훈종자'가 성립한다는 것은 모든 종자가 다 본유일 수 없다는 것을 말해 준다.

훈습하여 증장케 함은 인연이라고 이름할 수 있는 것이 아니다. 선·악의 업이 이숙과에 대해 인연이 되지 않기 때문이다. 또 성교에서 '어떤 종자는 훈습에 의해 생긴다.'라고 설하니, 모두 저 뜻과 다르다. 그러므로 오직 본유만 있다고 하는 것은 이치와 교설에 위배된다.

非熏令長可名因緣. 勿善惡業與異熟果爲因緣故. 又諸聖教說, '有種子由熏習生', 皆違彼義. 故唯本有理教相違.

6식	7전식
↓〈장(증장)〉	↓〈생(생성)〉
이숙종자: 이숙과	등류종자: 등류과
(인-과가 아님)	(인-과 임)

〈현행훈종자〉에서 인과가 성립하는 경우는 훈습을 통해 종자가 증장되는 경우가 아니라 새롭게 생성되는 경우이다. 6식의 업이 종자를 '훈습'하는 것이 아니고 단지 '증장'시키는 것을 두고 제식과 아뢰야식 간에 인과가 성립한다고 말할 수는 없다. 그러므로 '어떤 종자가 훈습에 의해 생긴다.'고 말하는 것은 곧 모든 종자가 다 본유일 수 없고 새롭게 훈습되는 종자가 있다는 말이다. 등류종자는 훈습으로 인해 새롭게

생겨나는 신훈종자라는 말이다.

(2) 신훈설 비판

만일 오직 새로 생겨날 뿐이라면, 유위의 무루(견도)는 인연이 없으므로 마땅히 생길 수 없어야 한다. 유루는 마땅히 무루의 종자일 수 없으니, 무루의 종자가 유루를 생기게 할 수는 없기 때문이다. 생긴다고 인정한다면, 마땅히 모든 부처에게 유루가 다시 생겨야 하며, 선 등이 마땅히 불선 등의 종자가 되어야 할 것이다.
若唯始起, 有爲無漏無因緣故應不得生. 有漏不應爲無漏種, 勿無漏種生有漏故. 許應諸佛有漏復生, 善等應爲不善等種.

신훈설 비판 - 본유도 있음
본유가 없으면, 무루(견도)가 일어날 수 없음

세제일법(유위 유루) → 견도(유위 무루)
〈인 → 과〉 아님: 유루가 무루를 일으키는 무루의 종자(인)일 수 없음

신훈·본유 합생설은 '모든 종자는 다 신훈'이라는 신훈설도 부정한다. 문제가 되는 것은 유루의 수행 마지막 단계인 세제일법을 거쳐 무루의 최초 단계인 견도에 이를 때, 그 인(因)을 무엇으로 볼 것인가이다. 여기서는 유루의 세제일법을 인으로 해서 그 과로서 무루의 견도가 일어난다고 할 수는 없다는 것이다. 유루가 견도에서 일어날 무루의 인(因)인 무루의 종자가 될 수 있다면, 그것은 또 반대로 무루의 종자가 유루를 일으키기도 한다는 말이 된다. 그렇다면 결국 무루인 부처도 유루를 일으킬 수 있다는 말이 되고, 선도 불선을 일으키는 불선의 종자

가 될 수 있다는 말이 된다. 이런 것은 있을 수 없다는 말이다.

그렇다고 무루의 깨달음(견도)이 인이 없이 생긴다고 말해서도 안 된다. 불교는 인이 없는 과를 말하지 않기 때문이다. 결국 무루 견도의 직접적 인은 무루종자이지 훈습된 유루의 문훈습종자가 아니라는 것이다. 문훈습된 종자는 깨달음에 증상연으로 작용하고, 친인은 본유의 무루종자이어야 한다. 다시 말해 우리가 깨달음에 이를 수 있는 것은 우리 안에 본래 깨달음의 종자가 존재하기 때문이다. 물론 그 깨달음의 종자를 활성화시키기 위해서는 적절한 때에 진리의 말을 듣고 생각하는 것이 필요하지만, 그것은 깨달음을 일으키기 위한 촉매처럼 작용하는 기회이고 계기일 뿐이지 그것이 깨달음의 직접적 원인은 아닌 것이다. 직접적 원인은 아니지만 어떤 성취를 이루는 데에 도움이 되는 조건을 불교에서는 '증상연'이라고 한다. 진리를 듣고 생각하는 것은 깨달음의 증상연이 될 뿐이며, 깨달음의 직접적 원인은 우리 안에 본래 내재해 있는 깨달음의 종자인 무루종자인 것이다.

(신훈) 유위 유루종자: 증상연 ┐
(본유) 유위 무루종자: 인연 ┘ → 견도

(3) 분별론자 비판

지금까지의 일반적인 신훈설 비판에 이어 이제부터는 본유를 부정하는 분별론자들을 비판한다. 삿된 분별을 하는 자를 분별론사라고 하는데, 『술기』는 대중부, 일설부, 설출세부, 계윤부의 4부가 여기에 속한다고 설명한다.

	〈분별론자〉	〈분별론자 비판〉
심성본정	○	○
본유 무루종자	×	○
	대중부, 일설부 등	호법

분별론자는 '심성은 본래 청정한데 객진 번뇌에 의해 오염되므로 잡염이라고 이름한다. 번뇌를 여의면 전전하여 무루가 되므로 무루법이 인이 없이 생기는 것은 아니다.'라고 주장한다. 그런데 심성이라는 말, 그것은 어떤 의미를 말하는가?
分別論者雖作是說, '心性本淨, 客塵煩惱所染汚故, 名爲雜染. 離煩惱時轉成無漏, 故無漏法非無因生.' 而心性言彼說何義?

인	→	과
청정한 심성		무루의 깨달음

분별론자는 본유종자가 없어도 심성이 본래 청정하므로 번뇌만 거두어지면 청정한 무루가 되며, 따라서 무루는 인이 없이 되는 것이 아니라고 주장한다. 번뇌가 제거되면 드러나는 청정한 심성 자체가 견도의 깨달음에 이르게 되는 인(因)이라고 논함으로써 무루의 본유종자의 존재를 부정하는 것이다.

이와 같이 분별론자는 무루의 견도에 이르게 되는 인을 '심성의 청정함'으로 제시하므로, 문제는 그 심성이 과연 무엇인가이다. ① 심성을 불생불멸의 진여(체)로 보는가, 아니면 ② 의타기하는 마음(용)으로 보는가인데, 이하에서는 그 둘 다 문제가 있다고 논한다.

① (심성이) 만약 공의 이치(공리=진여)를 말하는 것이라면, 공은 심의 인이 아니다. 상법(常法)은 필히 제법의 종자가 아니니, 체가 전후로 전변이 없기 때문이다.
① 若說空理, 空非心因. 常法定非諸法種子, 以體前後無轉變故.

심성본정의 심성은 무엇인가?
① 공리(空理), 진여, 심의 체 ↔ 종자 아닌 상법이어서 심의 인(因)이 못 됨

무루의 깨달음에 이르게 하는 심성을 공리(진여)라고 볼 경우, 상법(常法)의 진여가 인(因)으로 작용할 수는 없으므로 진여 심성을 깨달음의 인으로 간주할 수는 없다는 것이다. 인은 작용력을 가져야 하고 작용하면서 멸해야 하며, 따라서 종자처럼 전후로 생멸하면서 전변하는 것만이 작용력을 가져 인으로 작용할 수 있다. 반면 진여는 생멸하지 않고 상주하는 것이므로 인으로 작용할 수 없다. 그러므로 진여인 심성을 무루법의 인으로 제시할 수 없다. 무루의 깨달음의 인은 제8식 안에 있는 무루종자이지, 제8식 자체의 진여성은 아니라는 것이다.

② (심성이) 만약 심(의타기의 심)을 말하는 것이라면, 마땅히 수론과 같아져 a. 상(相)은 비록 전변해도 체(體)는 상일하게 되며, 악과 무기의 심도 마땅히 선이어야 할 것이다. 그렇다고 인정하면 신(信) 등이 상응해야 하고, 그렇다고 인정하지 않으면, 선한 마음의 체가 아니어야 하니, 선이라고도 부르지 않는데 어떻게 무루라고 하겠는가?
② 若卽說心應同數論, a. 相雖轉變而體常一, 惡無記心又應是善. 許則應與信等相應, 不許便應非善心體. 尚不名善況是無漏?

심성본정의 심성은 무엇인가?

② 기심(起心), 심의 용 ↔ 수론과 같아짐. 심이 무루의 청정심이 아니게 됨

상(相) a. 악심/무기심

↑ ↗ ↖

체(體): 성=기심=유루심 선 or 선 아님

이럴 수 없음 ∴ 무루 아님

심성을 의타기의 심인 기심(起心)으로 보면서 그 심의 상이 변해도 체는 상일하게 남고, 바로 그 심이 무루의 깨달음의 인이 된다는 것이다. 그런데 이것은 수론의 주장과 같으며, 다음과 같은 문제가 있다.

a. 기심의 상이 변해도 체가 상일하게 남는다면, 악이나 무기의 상에 대해서도 그 기심의 체를 선이라고 간주해야 할 것이다. a-1. 만약 그렇다고 인정한다면, 즉 심이 선이라면, 그 심에는 선심소, 예를 들어 신(信)의 심소 등이 상응해야 한다. 그런데 그렇게 되면 악 내지 무기의 상이 그 선심소와 충돌하게 된다는 문제가 일어난다. a-2. 이 문제를 피하기 위해 그 심이 선이라는 것을 인정하지 않는다면, 선도 아닌 심이 어떻게 무루가 되어 무루의 깨달음의 인이 될 수 있겠는가? 그런 심은 무루의 깨달음의 인으로 작용할 수는 없다. 결국 심의 상이 변해도 심의 체가 상일하게 남으며 그 심이 무루의 깨달음의 인이 된다는 것은 성립하지 않는다는 것이다.

수론(數論, 상키야Sāṃkhya 학파)은 '상은 전변해도 체는 상일하다.' 고 주장한다. 수론에 따르면 푸르샤Puruṣa(신아, 정신)가 프라크리티Prakṛti(체, 원질, 자성, 물질)를 바라봄으로써 그 자성의 3덕(속성, 사트바·라자스·타마스)의 조합을 따라 자성으로부터 각Buddhi(覺, 대大Mahat)이 일어나고 아만이 일어나고, 5유(有, 5경)와 5대(大, 지수화풍공)와 11근(5근·5작근·의근)이 일어난다. 원질로부터 일어나는 것들인 대나 아만이나 5유 등 상(相)은 전변하지만, 그런 상으로 전

변하는 체(자성)는 상일하다는 것이다. 여기서 갖가지 상으로 전변하는 체는 원질인 프라크리티에 해당한다.

수론(상키야):
〈체(자성)〉 〈3덕(속성)〉 〈변화하는 상〉
소견: 프라크리티 - 〈사트바 · 라자스 · 타마스〉 → 각(覺) → 아만 → 5유+5대+11근
↕ (원질/물질) ↑
능견: 푸루샤
(신아/정신)

수론에서 상이 전변해도 상일하게 남아 있는 체라는 것은 프라크리티의 원질로서 이것은 상을 형성하는 기심의 마음에 해당한다. 여기에서는 선·악·무기 등으로 전변하는 유루심을 무루의 깨달음의 인으로 간주할 수는 없음을 논한 것이다.

b. 유루의 선심은 이미 잡염과 칭합하므로, 악심 등과 같이 본성이 무루가 아니다. 그러므로 무루에 대해 원인이 될 수 없다. 선과 악 등은 서로 인이 될 수 없기 때문이다.
b. 有漏善心旣稱雜染, 如惡心等性非無漏. 故不應與無漏爲因. 勿善惡等互爲因故.

상(相)
↑
체(體): 성=기심=유루심

b. 유루 선심
↑
유루심
∴ 무루 아님

유루 ┌ 선 - 청정
유루 │ 불선(악) ┐ 염오
유루 └ 무기 ┘ 염오
무루 - 선

선한 심소의 상을 일으킨 심이라고 해도 그 기심은 선 · 악 · 무기와 칭합할 수 있는 심으로서 유루이지 무루가 아니다. 그러므로 선심이라고 해도 유루이므로 그런 유루심이 무루의 깨달음의 인으로 작용할 수는 없다.

c. 만약 유루심의 본성이 무루라면, 무루심의 본성도 유루이어야 된다. 차별의 인연은 얻을 수 없기 때문이다.
c. 若有漏心性是無漏, 應無漏心性是有漏. 差別因緣不可得故.

무루종자를 가진 무루의 진여, 즉 심의 진실한 성을 인정하지 않고, 유루심 자체를 그대로 무루로 인정하는 것을 비판한다. 유루심이 그 자체로 무루라면, 무루심도 그 자체로 유루로 간주되어야 하기 때문이다.

d. 또 범부의 마음이 만약 무루라면, 범부의 / 지위에서 무루 (9상)
가 현행하며 마땅히 성자라고 이름해야 할 것이다. 범부의 마음이 비록 본성이 무루이어도 상에 잡염이 있으면, 무루라고 이름하지 않는다. 여기에 허물이 없다면, 그런즉 마음의 종자도 또한 무루가 아니다. 어째서 너희의 논서에서 '어떤 범부는 오직 무루종자만을 성취할 수 있다.' 고 설하겠는가? 종자와 현행은 성과 상이 같기 때문이다.
d. 又異生心若是無漏, 則異生 / 位無漏現行應名聖者. 若異 (9상)
生心性雖無漏而相有染, 不名無漏. 無斯過者, 則心種子亦非無漏. 何故汝論說, '有異生唯得成就無漏種子'? 種子現行性相同故.

유루심을 그 자체 무루라고 인정하면, 유루심으로 작동하는 범부의 마음이 그대로 무루로 간주되어 범부와 성자의 구분이 사라지게 된다. 범부는 본래 그 마음에 무루종자가 있어도 그 마음의 상에 잡염이 있어 무루종자가 현행하지 않기에 성자가 아닌 범부이다. 따라서 그런 범부의 마음은 그 자체 무루라고 이름하지 않는다.

일어나는 마음과 그 마음의 체를 구분하지 않으면, 종자의 현행과 현행하지 않는 종자의 차이를 세울 수 없어 범부와 성자의 차이를 논할 수 없게 된다. 범부는 무루종자를 가지고 있어도 상에 잡염이 있으므로 그 마음을 그 자체 무루라고 말할 수 없다는 것이다.

(4) 심성청정과 진여의 의미

그런데 경전에서 말하는 심성청정이란 것은 마음의 공한 이치에서 드러나는 진여를 말하니, 진여가 마음의 진실한 성품이기 때문이다. 심체가 번뇌가 아니기 때문에 성이 본래 청정하다고 하는 것이지, 유루심의 성이 무루이기에 본래 청정을 말하는 것이 아니다.

然契經說心性淨者, 說心空理所顯眞如, 眞如是心眞實性故. 或說心體非煩惱故名性本淨, 非有漏心性是無漏故名本淨.

유루심의 성 - 이것이 그대로 무루, 청정이라는 말은 아님.

심의 진실성 = 2공에서 드러나는 진여 = 심체가 번뇌 아님 = 심성청정 그렇다면 유식에서 말하는 진여 내지 심성청정의 의미는 무엇인가? 진여는 심이 공이라는 이치에서 드러나는 심의 진실성이다. 공에서 드러나는 진실성을 진여라고 하고 그래서 심성이 청정하다고 하는 것이다. 심의 체가 공이므로 번뇌 또한 있지 않아 그 심성이 본래 청정하다고 하는 것이지, 유루상을 형성하는 유루심의 성품이 그대로 청정한 무루라고 하는 것이 아니다.

이 부분은 수론에서와 같이 유루심의 체(원질)를 그대로 무루로 간주하는 것, 상은 생멸하고 전변하는 유루이고 성은 그 기반이 되는 상일의 체로서 무루라고 논하는 것에 대한 비판이라고 본다. 말하자면 개체의 원질, 개별적 심의 체, 이런 것이 있지 않다는 무아 내지 공을 강조하는 것이다. 개체의 원질, 개체적 아트만을 인정하면서 그것을 무한으로 확장하여 범아일여에 도달하는 것이 아니라, 그 아트만이 있지 않다는 공을 통해 비로소 진여를 증득한다는 것을 논하는 것이라고 본다.

이 때문에 모든 유정에게는 무시이래로 무루종자가 훈습에 의하지 않고도 본래 성취되어 있음을 마땅히 믿어야 한다. 후에 승진위에서 훈습하여 증장하게 하니, 무루법이 일어나는 것은 이것(무루종자)을 인으로 삼는다. 무루가 일어날 때에 다시 훈습하여 종자를 이룬다. 유루법의 종자도 마땅히 이에 미루어 알아야 한다.
由此應信有諸有情無始時來有無漏種, 不由熏習法爾成就. 後勝進位熏令增長, 無漏法起以此爲因. 無漏起時復熏成種. 有漏法種類此應知.

제8식 내 ┌ 무루종자: 본유(선근위/승진위에서 유루문훈종자 의해 증장됨)+신훈(견도 이후 신훈됨)
　　　　 └ 유루종자: 본유+신훈

공을 자각하고 진여를 증득하게 되는 것은 유정 안에 자신의 유루번뇌를 넘어설 수 있는 종자인 무루종자가 본래 있기에 가능한 것이다. 공 내지 진여가 그 자체 깨달음의 인으로 작용하는 것이 아니라, 무루종자가 인이 되어 비로소 공 내지 진여를 깨닫게 되는 것이라고 볼 수 있다.

선근위(승진위)에서 수행을 통해 정문훈습종자(유루종자)를 훈습하면 그것이 본래 있던 본유의 무루종자를 증장시키고, 그렇게 증장된 무루종자가 인이 되어 무루법이 일어난다. 즉 견도에 들어간다. 견도 이후에는 수행자가 수행을 통해 직접 무루종자를 훈습하니, 그것이 신훈 무루종자가 된다.

공의 이치나 진여가 직접 깨달음의 인이 아니고, 무루종자가 인이 되어 공이나 진여를 깨닫는 것이라고 주장하는 것은 왜일까? 공리나 진여의 자각은 본각으로 본래 있는 것이고, 무루종자가 인이 되는 깨달음은 시각을 말하는 것이라고 볼 수 있다. 시각은 그냥 본각 자체로 인해 저절로 얻어지는 것이 아니고, 수행을 통해 비로소 얻어진다. 무루종자는 수행 과정에서 증장을 통해 활성화된다. 그러니까 진여 자체가 깨달음(시각)의 인이 아니고, 무루종자가 그 인이 된다는 것이다. 말하자면 진여는 불성 내지 본각에 해당하고, 무루의 깨달음인 시각은 수행을 통해 활성화되는 무루종자가 인으로 작용해야 가능하다는 말이다.

〈인〉　　〈과〉
무루종자 → 시각: 무루의 깨달음
↑　　　　↑
진여 = 본각

(5) 여러 난제의 해결: 본유 무루종자의 주장

> 성교에서 비록 내종에는 반드시 훈습이 있다고 설하지만, 일체 종자가 모두 훈습에 의해 생긴다고 설하지는 않는다. 어째서 전적으로 본유종자를 폐지하여 없애는 것이겠는가? 그런데 본유종자도 훈습에 의해 그것을 증성하게 해야 비로소 과를 얻을 수 있으므로, 내종은 반드시 훈습이 있다고 말하는 것이다.
> 諸聖教中雖說內種定有熏習, 而不定說一切種子皆熏故生. 寧全撥無本有種子? 然本有種亦由熏習令其增盛方能得果, 故說內種定有熏習.

무루종자: 훈습은 무루종자를 증성시키지 생성시키는 것이 아님 ∴무루종자는 본유
무루의 깨달음은 경험과 더불어 시작되지만, 경험이 근원은 아님!

'내종에는 반드시 훈습이 있다.' (『섭대승론』)는 것은 무루종자가 본유라고 할지라도 그것이 발휘되어 과를 일으키기 위해서는 훈습에 의해 증성(增盛)되어야 하기 때문이다. 그래서 종자에 필히 훈습이 있다고 말한 것이지, 그 말이 모든 종자가 신훈종자이며 본유종자란 없다는 말은 아닌 것이다.

> 그 문훈습은 오직 유루인 것만은 아니다. 정법을 들을 때 또한 본유무루종자를 훈습해서 점차 증성하게 하고 전전하여 출세간심을 일으키기에 이른다. 그러므로 이것을 설해 문훈습이라고 이름한다.
> 其聞熏習非唯有漏. 聞正法時亦熏本有無漏種子, 令漸增盛展轉乃至生出世心. 故亦說此名聞熏習.

'문훈습은 오직 유루인 것만은 아니다.'(『섭대승론』)라는 것은 정문을 들음으로써 유루종자가 새롭게 생성될 뿐만 아니라, 나아가 본래 있던 무루종자가 증장되기도 한다는 것을 말한다. 문훈습의 결과 유루종자가 생성되고 그로 인해 무루종자가 증장된다고 할 수 있다.

문훈습 중 유루성품은 수도에서 끊어지며 수승한 이숙을 초감하니 출세간법을 위한 수승한 증상연이다. 무루성품은 끊어지는 것에 속하지 않고 출세간법에 대해 바로 인연이 된다. 이 바른 인연은 미(微)하고 은(隱)해서 알기 어려우니, 추(麤)하고 현(顯)한 수승한 증상연에 의거해서 방편으로 출세심종이라고 말한다.
聞熏習中有漏性者, 是修所斷感勝異熟, 爲出世法勝增上緣. 無漏性者非所斷攝, 與出世法正爲因緣. 此正因緣微隱難了, 有寄麤顯勝增上緣, 方便說爲出世心種.

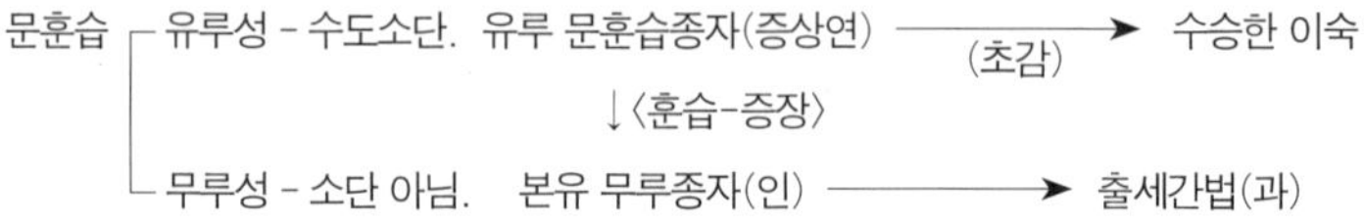

문훈습 ┌ 유루성 - 수도소단. 유루 문훈습종자(증상연) ——(초감)——→ 수승한 이숙
　　　 │ ↓〈훈습-증장〉
　　　 └ 무루성 - 소단 아님. 본유 무루종자(인) ————→ 출세간법(과)

무루의 깨달음을 얻은 후 수도를 계속 닦다 보면 문훈습으로 인해 생겨난 유루종자는 끊어지게 된다. 그러므로 '문훈습 중 유루성품은 수도소단'이라고 한다. 유루종자는 무루의 깨달음을 얻기 위한 증상연으로 작용하면서 그 후 이어지는 수도에서는 끊어진다는 말이다. 그렇지만 문훈습에 의해 증장된 본유의 무루종자는 무루의 깨달음의 친인으로 작용하고 그 자체가 번뇌 없는 무루이므로 수도에서도 끊어지지 않고 남는다.

다만 친인으로 작용하는 무루종자는 은미하여 알기 어려운 데 반해 증상연은 거칠게 나타나므로 그 증상연(훈습된 유루종자)을 방편적으로 출세심의 종자라고 부르는 것일 뿐, 실제 출세심의 바른 인연은 본유의 무루종자이다.

문훈습 → [생성된 유루종자(증상연): 추, 현 / 증장된 무루종자(인연): 미, 은] → 출세간심(과)
- 유루성은 수도소단
- 무루성은 비소단

장애에 의거하여 종성 차별을 건립한다는 것은 (장애로써) 무루종자의 있고 없음을 나타낸다는 뜻이다. 즉 ① 만약 무루종자가 전무한 자라면, 그 2장의 종자를 영원히 없앨 수 없으니 그를 '열반에 들 수 없는 자'(비열반법)로 건립한다. ②③ 만약 오직 2승의 무루종자만을 가진 자라면, 그 소지장의 종자를 영원히 없앨 수 없으니 일부는 성문종성으로 일부는 독각종성으로 건립한다. ④ 만약 부처의 무루종자를 가진 자라면, 그 2장의 종자를 모두 영원히 없앨 수 있으니 그를 여래종성으로 건립한다. 그러므로 무루종자의 있고 없음에 따라 장애의 끊을 수 있음과 끊을 수 없음의 의미가 있게 된다.
依障建立種姓別者, 意顯無漏種子有無. ① 謂若全無無漏種者, 彼二障種永不可害, 卽立彼爲非涅槃法. ②③ 若唯有二乘無漏種者, 彼所知障種永不可害, 一分立爲聲聞種姓, 一分立爲獨覺種姓. ④ 若亦有佛無漏種者, 彼二障種俱可永害, 卽立彼爲如來種姓. 故由無漏種子有無, 障有可斷不可斷義.

〈무루종자의 유무〉	→	〈장애 제거 유무〉		〈5종성〉
		번뇌장 제거	+ 소지장 제거	
① 무루종자가 전무	-	×	×	- 비열반법성=일천제
② 2승 무루종자만 있음		○	×	성문종성
③				독각종성
④ 부처 무루종자도 있음	-	○	○	- 여래종성
⑤ 무루종자가 있음	-	△	△	- 부정종성

『유가사지론』에 나오는 5종성(種姓)에 관해서도 결국은 무루종자의 있고 없음으로 인해 종성 차별이 건립된다는 것을 밝힌 것이다.

그러나 무루종자는 은미하여 알기 어렵기 때문에 장애를 갖
고서 종성의 차별을 나타낸 것이다. 그게 아니라면 장애에
무슨 차별의 원인이 있어, / 없앨 수 있는 자와 없앨 수 없는 (9중)
자가 있겠는가? 만약 본래 이 장애의 차별이 있는 것이라고
말한다면, 무루법 종자도 또한 그러하다고 왜 인정하지 않
는가?
然無漏種微隱難知, 故約彼障顯性差別. 不爾彼障有何別因,
而有 / 可害不可害者? 若謂法爾有此障別, 無漏法種寧不許 (9중)
然?

그렇다면 『유가사지론』은 왜 5종성의 차별을 무루종자가 아니라 장애를 가지고 설명하였는가? 무루종자는 미세하고 은밀하여 알기 어려운 데 반해, 장애는 더 거칠게 드러나는 것이므로 장애를 갖고서 종성의 차별을 나타냈다는 것이다. 장애의 차별 자체가 무루종자의 유무로 인해 생겨나는 것이므로, 장애의 차별을 갖고 종성 차별을 논한 것이

결국은 무루종자의 유무로써 종성 차별을 논하는 것과 다를 바 없다는 것이다.

나아가 만약 각 종성을 만드는 장애의 차이가 무루종자 때문이 아니라 그냥 본래 있는 것이라고 주장한다면, 무루종자의 있고 없음도 또한 본래 그렇게 차이가 있는 것이라고 인정할 수 있어야 한다고 논한다. 장애의 차이가 그냥 있는 것이라는 말이 타당하다면, 무루종자 유무의 차이도 또한 그냥 있는 것이라는 말이 가능하다는 것이다. 그렇게 각 중생 내의 무루종자는 본래 그렇게 그냥 있는 것이라는 말이다.

그런데 『성유식론』은 무루종자의 본유성을 증명하기 위해 왜 종성차별을 논하는 것인가? 무루종자의 본유성을 주장함에는 두 가지 측면이 있다.

a. 본유 무루종자가 있되 5종성에 따라 차별되게 있음. 따라서 5종성차별이 성립함
b. 본유 무루종자가 있어 성불 가능성이 있음. 따라서 모든 중생을 일천제로 여겨서는 안 됨

여기까지는 a. 무루종자가 본유로서 존재한다는 것을 5종성차별에 입각해서 논한 것이다. 즉 무루종자가 본유로서 존재하되 모든 인간이 다 똑같이 무루종자를 갖는 것은 아니라는 것이다. 만약 무루종자가 훈습으로 생겨나는 것이라면 누구나 다 새로 훈습함으로써 모두 다 같은 무루종자를 갖게 될 수 있으므로 종성 차별을 주장할 수 없게 된다는 뜻이 포함된다. 이하에서는 무루종자의 본유성을 논하되 b. 모든 중생을 본유의 무루종자가 없는 일천제(一闡提, icchantika)로 취급해서는 안 된다는 것을 강조한다.

만약 무루법의 종자가 본래 전무하다면, 모든 성도는 영원히 일어날 수 없을 것이다. 누가 장차 능히 2장의 종자를 없앨 수 있어, 장애에 의거하여 종성 차별을 말할 수 있겠는가? 이미 저 성도가 일어날 수 있는 의미가 필히 없게 되니, 장차 일어날 수 있다고 말하는 것도 또한 반드시 이치가 아닐 것이다.
若本全無無漏法種, 則諸聖道永不得生. 誰當能害二障種子, 而說依障立種姓別? 旣彼聖道必無生義, 說當可生亦定非理.

만약 본유의 무루종자를 부정한다면, 이는 곧 모든 유정을 5종성 중 무루종자가 전무한 일천제라고 규정하는 것과 같은 말이 된다. 모두가 무루종자가 없다면, 그중에서 누가 어떻게 수행을 해서 성자가 되고 부처가 될 수 있단 말인가? 그러므로 만약 본유의 무루종자가 없다면, '누가 2장을 없앨 수 있겠는가?' 라고 반문한다. 누군가 2장의 종자를 없애서 성도를 일으킬 수 있다는 것은 본유의 무루종자가 있다는 말이 된다. 그러므로 본유의 무루종자를 부정하면서 오직 장애의 유무를 따라 종성의 차이를 건립할 수는 없다는 것이다. 본유의 무루종자가 없다면 성도가 일어날 수 없었을 것이고 앞으로도 계속 일어날 수 없게 된다는 것이다.

이처럼 여기에서 무루종자의 본유를 주장하는 방식은 5종성의 차별에 입각한 a의 방식과는 다른 b의 방식이다. 즉 여기에서는 본유 무루종자를 부정하는 것은 곧 일체 유정을 일천제로 만드는 것이 되어 버린다는 것이다. 이와 같이 b의 방식으로 본유 무루종자를 주장한다면, 그것은 반드시 a와 같이 5종성차별을 인정해야 하는 것이 아니다. 즉 본유 무루종자가 있다고 해서 그 무루종자가 유정마다 차별적으로 다르게 존재한다거나, 본유 무루종자가 전무한 일천제가 있다는 것을 주장하는 것은 아닌 것이다.

일천제(一闡提)는 범어 이찬티카(icchantika)의 음역으로 '욕망을 가진 세간인' 을 뜻하며, 불교에서 일천제는 선근을 끊은 자, 단선근(斷善根)을 의미한다. 선근을 끊은 자라는 것은 곧 불교의 신심이 없는 자인 신불구족(信不具足), 그리고 대승법을 비방하는 자, 그래서 깨달음의 성품 내지는 부처가 될 성품인 불성(佛性)이 없는 자를 뜻한다. 그러나 불교는 본래 『열반경』이 논하듯 '일체중생개유불성(一切衆生悉有佛性)'을 주장한다. 일천제는 스스로 자신의 불성에 대한 믿음이 없어 자신의 불성을 부정하는 자라고 할 수 있다. 그러니까 결국 불성이 실현되지 않아 부처가 될 수 없게 된다. 한마디로 일천제는 무루종자가 없는 자가 아니라 자신 안에 무루종자가 있음을 믿지 않는 자라고 할 수 있다.

그러나 성교의 여러 곳에서 본유종자가 있다고 설하는 것은 모두 저 설과는 다르다. 그러므로 오직 신훈종자(시기종자)만 있다는 것은 이치와도 어긋나고 교설과도 어긋난다. 이로부터 모든 법종자에는 각각 본유와 신훈 두 종류의 종자가 있음을 마땅히 알아야 한다.
然諸聖教處處說有本有種子皆違彼義. 故唯始起理教相違. 由此應知諸法種子各有本有始起二類.

유루종자이든 무루종자이든 모든 종자에는 본유도 있고 신훈도 있다는 결론을 내린다. 따라서 일체 종자가 모두 본유라고 하는 본유설도 부정하고, 모두 신훈이라고 하는 신훈설도 부정하며, 그 둘이 함께하는 신훈본유합생을 설한다.

4. 종자의 조건: 종자6의(義)

그런데 종자의 의미에는 대략 여섯 가지가 있다.

然種子義略有六種.

종자가 갖추어야 할 여섯 가지 조건:

① 찰나멸(刹那滅): 찰나에 멸함 - 종자(인) → 종자(과)
② 과구유(果俱有): 인과 과가 동시 - 종자(인) → 현행(과)
③ 항수전(恒隨轉): 구경위까지 이어짐 - 종자 → 종자 → … → 종자
④ 성결정(性決定): 선악이 결정됨 - 선종자 → 선법, 악종자 → 악법, 무기종자 → 무기법
⑤ 대중연(待衆緣): 중연을 기다림 - 종자 + 중연 → 현행
⑥ 인자과(引自果): 자기 과를 이끔 - 색종자 → 색법, 심종자 → 심법

① 첫째는 '찰나에 멸함'(찰나멸)이니, 즉 체가 생기자마자 간격 없이 필히 멸하면서 수승한 공력이 있어야 비로소 종자가 된다. 이것은 상법(常法)을 배제하니, 항상하여 전변이 없는 것은 능히 생성하는 작용이 없기 때문이다.

① 一刹那滅, 謂體纔生無間必滅有勝功力方成種子. 此遮常法, 常無轉變不可說有能生用故.

찰나멸 ↔ 상법(常法): 진여 등 무위법

찰나멸은 종자가 한 찰나에 생하고 바로 그다음 찰나에 멸한다는 것을 의미한다. 종자는 찰나에 멸함으로써 다음 것을 일으킬 수 있는 작용력을 갖으며, 그런 작용력을 갖지 않는 것은 종자가 아니다. 따라서 찰나생멸하지 않는 상법(常法)은 종자가 될 수 없기에 종자에서 배제된다. 종자의 찰나생멸은 '종자생종자'에 해당한다. 종자의 찰나생멸의 흐름은 종자(인)에서 종자(과)로의 흐름을 형성하면서 인과이시(因果

異時)로 성립한다.

```
과        •  →  ◦                종자(과)
          ↑                      ↗
인  • → ◦                   종자(인)
   t1    t2                    t1     t2
 〈인과이시〉   -   종자에서의 시간 흐름  -  〈자류(自類) 상속의 흐름〉
```

여기에서 찰나의 의미를 두 가지로 구분해 볼 수 있다. a. 찰나가 길이가 없는 점이라면 한 찰나와 다음 찰나가 구분되지 않을 것이며 이 경우 생멸은 동시생멸이 될 것이다. 즉 무엇이든지 한 찰나에 생하고 바로 그 찰나에 동시에 멸하므로 결국 아무것도 생기하지 않는다는 말이 된다. 이는 곧 현상화가 일어나지 않은 적멸, 불생불멸의 경지와 다르지 않을 것이다. b. 반면 시간의 최소 단위로서의 찰나가 길이가 없는 점이 아니라 시간적 길이인 지속을 가지는 찰나라면 한 찰나는 그다음 찰나와 구분되며, 이 경우 한 찰나에 생하고 그다음 찰나에 멸하는 것이 가능할 것이다. 현상세계의 근거로서의 시간은 바로 이러한 지속의 찰나로서 이루어진다고 볼 수 있다. 아뢰야식 내의 유루종자가 지속으로서의 시간을 만든다. 그것이 바로 가상의 근거로서 아뢰야식의 시간화 활동 내지 시간지평의 구성이다. 이 시간화 위에서 비로소 가상의 현상세계가 만들어진다.

우리는 지속으로서의 시간 위에 펼쳐지는 현상세계 속에 살지만 그러면서도 시간 흐름이 멎는 점으로서의 찰나의 의미를 안다. 이는 곧 우리의 마음이 생멸하는 시간 흐름 너머 불생불멸의 지점에 있다는 것을 의미한다. 우리가 죽음의 의미를 아는 것은 우리의 마음이 이미 삶의 지평 너머에, 생사 너머의 그 지점에 있기 때문일 것이다.

② 둘째는 '결과와 함께 있음'(과구유)이니, 즉 a. 생겨나는 현행의 과법과 함께 나타나면서 b. 화합해야 비로소 종자가 된다. 이것은 전후 관계 및 반드시 서로 떠남을 배제한다. 현행과 종자는 다른 종류이므로 서로 거스르지 않고 한 몸에 함께할 때 능히 생성하는 작용이 있다.

② 二果俱有, 謂 a. 與所生現行果法俱現 b. 和合, 方成種子. 此遮前後及定相離. 現種異類互不相違, 一身俱時, 有能生用.

과구유: a. 인(종자)과 과(현행)가 동시 ↔ 인과이시(경량부, 상좌부)
b. 인과 과가 서로 화합 ↔ 인과 과가 별개(대자재천 외도)

과구유는 종자가 인(因)으로서 과(果)와 함께 있다는 말이니, 〈종자생현행〉의 경우를 말한다. a. 종자(인)에서 현행(과)으로의 인과관계는 인과동시로서 성립한다. 종자와 현행은 서로 다른 종류로서 서로 다른 차원의 존재이므로 둘이 동시에 존재할 수 있다. 즉 현상의 근거와 현상의 관계이므로 동시에 성립할 수 있는 것이다.[4]

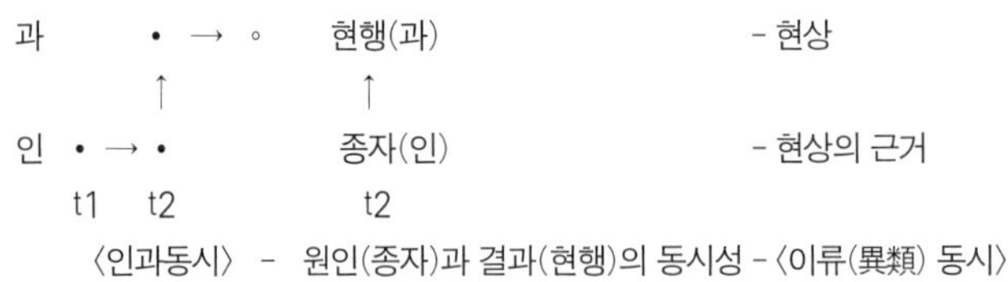

4 종자와 현행의 관계가 인과동시로서 성립한다는 것은 곧 현상(현행)으로부터 그 현상의 근거(종자)로 차원을 옮겨 가는 수행은 시간 흐름을 따라서가 아니라 한 찰나에 이루어져야 한다는 것을 뜻한다고 볼 수 있다. 시간 흐름이 가상의 현상세계를 형성하는 마음활동이라면, 그러한 환으로부터의 벗어남은 그러한 시간 흐름 속의 마음활동을 통해서가 아니라 그런 시간 흐름을 끊는 찰나적 활동, 돈오의 활동으로 성취될 수 있음을 함축한다.

종자와 현행이 다른 종류라는 것에 대해서 『술기』는 이렇게 설명한다.

색법과 같은 경우 현행은 막힘(질애)이 있고, 종자는 막힘이 없다. 심의 연려 등도 이에 준해서 알아야 한다. 인과 과의 체성이 유사하지 않으므로 '다른 종류'라고 말한다. 서로 위배되지 않으므로 동시에 있을 수 있다.[5]

『술기』는 여기에서 현(現)의 세 가지 의미를 구분해서 설명한다. 현현(顯現)과 현재(現在)와 현유(現有)가 그것이다. "현현은 과에 있고, 현유는 인에 있고, 현재는 인과 과에 공통된다."[6]라고 말한다.

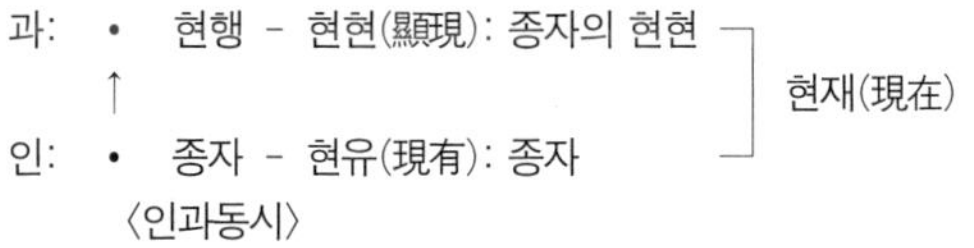

과: • 현행 - 현현(顯現): 종자의 현현 ┐
↑ 현재(現在)
인: • 종자 - 현유(現有): 종자 ┘
〈인과동시〉

b. 종자(인)와 현행(과)이 서로 떠나 있지 않다는 것은 곧 인과 과는 하나의 몸에서 발생한다는 것을 말한다. 인과 과를 서로 다른 몸으로 간주할 수 없다는 것이다. 『술기』에서 "외도가 '대자재천(창조자)이 일체 유정을 생기게 하니, 유정의 인연이다.' 라고 설하는 것은 모두 성립하지 않는다."[7]라고 말한다. 인과 과를 서로 떠난 것으로 보는 것, 인을 결과의 밖에서 찾는 것은 타당하지 않다는 것이다. 이처럼 『술기』는 여기에서 다른 몸을 나 아닌 다른 타자의 몸이 아니라, 아예 인간 밖의 다른 존재로 설명한다.

---

5 『술기』, 310상, "且如色法, 現行有礙, 種子無礙. 心緣慮等准此應知. 因果體性不相似故, 名爲異類. 不相違故得同時有."

6 『술기』, 309하, "顯現唯在果, 現有唯在因, 現在通因果."

7 『술기』, 310상, "外道說 '大自在天生一切有情, 有情因緣' 者, 皆不成也."

(과구유는) 종자가 같은 종류로서 서로 생겨나게 해 전후로 서로 거슬려서 필히 함께하지 않는 것과 같지 않다. 비록 인과 과는 함께 있기도 하고 함께 있지 않기도 하지만, 현재일 때에만 인의 작용이 있을 수 있다. 아직 생하지 않은 것과 이미 멸한 것은 자체가 없기 때문이다. 현행의 과를 일으킴에 의거해서 종자의 이름을 세운 것이지, 자류를 이끄는 것에 의거해서 종자를 이름한 것이 아니다. 그러므로 마땅히 '결과와 함께 있다'고 말해야 한다.
非如種子自類相生前後相違必不俱有. 雖因與果有俱不俱, 而現在時可有因用. 未生已滅無自體故. 依生現果立種子名, 不依引生自類名種. 故但應說與果俱有.

과구유 = 인과 이류: 〈종자 → 현행〉 인과동시: 인과 구(俱) - 이에 '종자'라고 명함

↕

찰나멸 = 자류 상속: 〈종자 → 종자〉 인과이시: 인과 불구(不俱)

과구유는 〈종자생현행〉 관계로서 인인 종자가 과인 현행과 동시에 함께 있다는 말이다. 따라서 이것은 〈종자생종자〉에서 인과 과가 둘 다 종자로서 같은 종류이기에 둘이 동시에 있을 수 없는 것과 같지 않다. 〈종자생종자〉에서는 앞 종자가 멸하면서 뒤 종자가 생하여 이어진다. 그렇게 자류로서 생할 때는 둘이 함께 있지 않다. 반면 〈종자생현행〉의 경우는 인인 종자와 과인 현행이 서로 다른 종류이므로 둘이 동시에 있을 수 있다. 이렇게 종자인 인이 현행의 과와 함께 있는 것을 '과구유'라고 한다.

인으로서의 종자가 현재 있을 때 그 현행의 과가 있을 수도 있고 없을 수도 있지만, 현행의 과가 있기 위해서는 현재의 인이 작용해야 한다. 현재의 인이 없으면 현재의 과가 있을 수 없다. 과거의 인이나 미래

의 인이 현재의 과를 낼 수는 없기 때문이다.

③ 셋째로 '항상 따라 전전함'(항수전)이니, 즉 반드시 오랜 시간 구경위에 이르기까지 한 종류로 상속해야 비로소 종자가 된다. 이것은 전식(7전식)을 배제하니, 바뀜(전역)과 끊어짐(간단)이 있음은 종자법과 상응하지 않기 때문이다. 이것은 종자가 자기 종류를 생기게 하는 것을 보여 준다.
③ 三恒隨轉, 謂要長時一類相續至究竟位方成種子. 此遮轉識, 轉易間斷與種子法不相應故. 此顯種子自類相生.

항수전: 바뀜(전역), 끊어짐(간단) 없음 ↔ 7전식, 6식(경량부는 6식이 종자 지닌다고 주장)

항수전(恒隨轉)은 항상 따라서 전전함을 말한다. 선·악·무기 중 한 종류로 상속해서 구경위에 이르도록 자류(自類)로 계속 생겨나는 것을 뜻한다. 이것은 7전식을 배제하는 것이다. 7전식은 선·악·무기의 3성이 바뀌기도 하고, 연속되지 않고 끊어지기도 하기 때문이다. 7전식과 달리 종자는 오래도록 한 종류로 상속해서 구경위에 이르도록 전전한다. 종자는 생멸을 거듭하되, 선·악·무기에서 바뀜이나 끊어짐이 없이 계속 이어진다는 것이다.

④ 넷째로 '성이 결정되어 있음'(성결정)이니, 즉 인의 세력에 따라 선·악 등을 생기게 하는 공능이 결정적이어야 비로소 종자가 된다. 이것은 다른 부파에서 다른 성의 인이 다른 성의 과를 일으키는 것에도 인연의 의미가 있다고 고집하는 것을 배제한다.

④ 四性決定, 謂隨因力生善惡等功能決定方成種子. 此遮餘部執異性因生異性果有因緣義.

성결정: 선악 결정 ↔ 인과 과에서 선 · 악 · 무기가 바뀜(유부)

성결정은 선과 악 등을 일으키는 능력이 결정되어 있다는 것이다. 선·악·무기의 종자는 각각 선·악·무기의 종자로 성을 유지하다가 현행할 때에도 각각 선·악·무기의 결과를 낳는다는 것이다.

그런데 이러한 성결정은 종자가 인으로 작용하는 〈종자생종자〉의 경우와 〈종자생현행〉의 경우에만 해당한다. 종자가 인이 아니고 과로 생성되는 〈현행훈종자〉에서는 종자가 등류종자가 아니고 이숙종자일 경우 선·악의 현행이 무기의 이숙종자를 훈습하므로 인과 과가 동류가 아니기 때문이다.

⑤ 다섯째는 '중연을 기다림'(대중연)이니, 즉 이것(종자)은 필히 자기의 중연의 화합을 기다려 공능이 수승해져야 비로소 종자가 된다. 이것은 a. 자연의 인이 중연을 기다리지 않고 항상 갑자기 과를 생하게 한다는 외도의 고집을 배제한다. b. 또는 연이 항상 없는 것이 아니라는 다른 부파를 배제한다. 기다려지는 연은 항상 있는 성품이 아니라는 것을 나타낸다. 그러므로 종자는 과를 항상 단박에 생기게 하는 것이 아니다.

⑤ 五待衆緣, 謂此要待自衆緣合功能殊勝方成種子. a. 此遮外道執自然因不待衆緣恒頓生果. b. 或遮餘部緣恒非無. 顯所待緣非恒有性. 故種於果非恒頓生.

대중연: 중연을 기다림 ↔ a. 자연인이 중연 없이 과를 생함(외도, 대범천 주장)
b. 연이 항상 있어 과를 생함(다른 부파)

대중연은 종자가 현상의 인이지만 그 인이 과의 현상으로 현행할 수 있기 위해서는 중연을 기다려야 한다는 것을 말한다. 종자(인)인 잠재태가 구체적인 현실태(과)로 현행하기 위해서는 여러 조건(연)이 갖추어져야 한다. 연을 기다린다는 것은 a. 연이 필요 없다는 것과 b. 연이 항상 있어서 기다릴 필요가 없다는 것, 두 가지를 부정한다.

a. 중연 없이 그 자체로 과를 나타내는 인, 저절로 과를 낳는 인을 '자연인(自然因)' 이라고 하며, 유식은 이런 자연인을 부정한다. 인인 종자는 저절로 현행하는 것이 아니라, 현행하기 위해 이런저런 연이 갖추어져야 한다. 그래서 유식은 원인인 인연 이외에 증상연, 등무간연, 소연연을 함께 논한다. 이것들이 중연을 이루는 것이다. 인이 중연을 기다려야 한다는 것은 인이 저절로 과를 내는 '자연인' 이 아니라는 것이다.

b. 인이 현행하기 위해 연이 필요하긴 하지만, 연이 항상 갖추어져 있으므로 연을 기다리는 것은 아니라는 설도 부정한다. 언제나 연이 갖추어져 있으면, 종자가 그 즉시 현행해야 하지만, 그렇지 않기 때문이다.

⑥ 여섯째는 '자기 과를 이끎' (인자과)이니, 즉 갖가지 색과 심 등의 과를 각각 이끌어 생기게 해야 비로소 종자가 된다. 이것은 a. 유일한 인(因)이 일체의 세계를 생기게 한다는 외도의 고집을 배제한다. b. 또는 색과 심 등이 서로 인연이 된다는 다른 부파를 배제한다.

⑥ 六引自果, 謂於別別色心等果各各引生方成種子. a. 此遮外道執唯一因生一切果. b. 或遮餘部執色心等互爲因緣.

인자과: 색심 각별론 ↔ a. 유일인 주장(대자재천 주장)
b. 색심 호훈설(경량부)

인자과는 색법과 심법의 현행을 이끄는 종자가 각각 따로 있다는 것이다. 색법 종자가 색법의 결과를 이끌고, 심법 종자가 심법 결과를 이끈다. 그러므로 a. 우주 창조자로서의 대자재천과 같은 하나의 인이 모든 결과를 이끈다는 설을 부정한다. b. 또한 색법과 심법이 서로 인이 된다는 설도 부정한다. 이것은 색과 심이 서로 인연이 된다는 색심 호훈을 주장하는 경량부를 비판한 것이다.

오직 본식 중의 공능차별만이 이 6의를 가져서 종자가 되지 다른 것은 아니다. 바깥의 곡식이나 보리 등은 식소변이므로 임시적으로 / 종자라는 이름을 세운 것이지 실제 종자가 아니다. (9하)

唯本識中功能差別具斯六義成種非餘. 外穀麥等識所變故, 假立 / 種名非實種子. (9하)

이와 같은 여섯 가지 조건을 갖추고 있는 것만이 종자일 수 있는데, 이 조건을 갖춘 것은 오직 제8식 안에 함장된 공능차별자일 뿐이다. 따라서 차별적 결과를 낳을 수 있는 잠재 능력인 그것을 종자라고 부른다. 우리가 일상적으로 종자라고 부르는 곡식이나 보리 등의 외종자는 아뢰야식 내 종자가 현행된 결과물, 즉 식의 전변의 산물인 식소변이지 엄밀한 의미의 종자가 아니다.

이 종자의 세력이 가까운 '해당하는 과'(정과)를 내는 것을 '생하는 인'(생인)이라고 이름하고, 먼 '나머지 과'(잔과)를 이끌어서 단박에 끊어지지 않게 하는 것을 '이끄는 인'(인인)이라고 이름한다.
此種勢力生近正果, 名曰生因, 引遠殘果令不頓絶, 卽名引因.

종자 ┌ 생인(生因) → 근 정과(正果)
　　 └ 인인(引因) → 원 잔과(殘果)

생인으로 인한 정과와 인인으로 인한 잔과의 구분을 『술기』는 이렇게 설명한다.

무성은 (『섭대승론석』에서) '내식의 종자가 현식 등을 생하는 것을 근과라고 하고, 이것이 생인이다. 멀리 명색 등을 보면 원과이고, 이것이 인인이다. 외종도 싹을 보면 근과이고, 이것이 생인이다. 줄기 등을 보면 원과이고, 이것이 인인이다.' 라고 말한다. 세친은 (『섭대승론석』에서) '내종이 정과를 생하는 것을 생인이라고 하고, 잔과를 생하는 것을 모두 인인이라고 한다. 즉 현재의 종자가 현재의 몸을 생하는 것은 생인이고, 6처 등을 생하는 것도 모두 생인이다. 남겨진 마른 시체 등을 이끄는 것은 인인이다. 비록 다른 계 등에 태어나도 세분력(勢分力) 때문에 나머지 몸이 계속 있다.' 고 말한다. … 그러나 지금 논하는 생인과 인인의 둘은 다른 체가 있지 않고, 하나의 체를 다르게 보아 둘로 말한 것이다.[8]

		무성의 〈섭론석〉		세친의 〈섭론석〉
종자	생인(生因) → 근 정과(正果):	현행식/ 싹	—	현재의 몸, 6처
	인인(引因) → 원 잔과(殘果):	명색/ 줄기	—	남겨지는 시체

8 『술기』, 312상, "無性云, '如內識種生現識等, 名近果是生因. 望名色等是遠果是引因. 外種望芽是近果是生因. 望莖等是遠果是引因.' 天親云, '如內種子生正果名生因, 生殘果名引因. 卽現在種生現在身名生因, 生六處等皆名生因. 引餘枯喪屍骸等名引因. 雖生他界等勢分力故, 餘骸尙有.' … 然今兩說生引二因俱無別體, 一體望別故說二也."

종자가 현행하여 현상의 구체적 모습으로 드러나면, 그 종자가 생인이고 그렇게 드러난 모습이 정과이다. 그리고 그 정과와 연결되어 이어져서 나타나는 것을 잔과라고 한다. 하나의 인이 정과를 일으킨다는 측면에서 '생인'이라고 불리고, 잔과를 일으킨다는 측면에서 '인인'이라고 불리므로, 생인과 인인은 다른 체가 아니고 하나의 인이다.

그런데 무엇을 정과라고 하고, 무엇을 그것에 이어지는 잔과라고 할 것인지에 대해서는 무성과 세친이 의견을 달리한다. 무성은 현행식을 정과로 보고, 명색을 잔과로 본다. 반면 세친은 식이 명색과 6처를 모두 포함한다고 보므로 현재의 몸이나 6처를 정과로 보고, 식이 떠난 뒤에 남겨지는 시체를 잔과로 본다.

내종은 반드시 훈습에 의해 생기고 증장하여 친히 과를 낳으므로 인연성이다. 외종은 훈습이 있기도 하고 없기도 하며 증상연이 되어 생겨날 과를 도울 수 있으나 반드시 내종이 그것(과)의 인연이 되니, (과는) 공상종에 의해 생겨난 과이기 때문이다.

內種必由熏習生長, 親能生果是因緣性. 外種熏習或有或無, 爲增上緣辦所生果, 必以內種爲彼因緣, 是共相種所生果故.

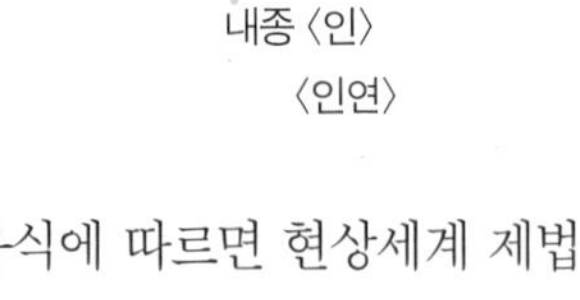

현상 → 현상〈과〉 → 현상
〈증상연〉 ↑
내종〈인〉
〈인연〉

유식에 따르면 현상세계 제법은 모두 아뢰야식 내 종자가 인연이 되어 그 과로서 현상화된 식소변이다. 그러므로 제법의 친인연은 바로 내종이며, 현상세계 내 다른 사물들은 서로 증상연으로서 작용할 뿐이다.

5. 아뢰야식과 종자의 관계

지금까지 제8아뢰야식 내 종자가 어떤 존재인지를 밝혔다면, 이제부터는 그러한 종자의 훈습이 어떻게 성립하는지를 밝힌다. 종자를 능히 훈습하는 것이 능훈(能熏)이고, 그러한 종자의 훈습을 받는 것이 소훈(所熏)이다. 이하에서는 소훈의 조건과 능훈의 조건이 각각 무엇인지를 밝힌다. 소훈의 조건을 밝힘으로써 그러한 조건을 모두 충족시키는 제8아뢰야식이 바로 소훈식이라는 것을 논하고, 능훈의 조건을 밝힘으로써 그러한 조건을 모두 충족시키는 7전식이 바로 능훈식이라는 것을 논한다.

능훈: 현행 능훈식 = 7전식
↓〈훈습〉
소훈: 종자 소훈처 = 제8아뢰야식

어떤 의미에 의거해서 훈습이라는 이름을 세우는가? 소훈과 능훈이 각각 종자를 생기게 하고 증장하게 하는 네 가지 의미를 가지므로 훈습이라고 이름한다.
依何等義立熏習名? 所熏能熏各具四義令種生長, 故名熏習.

훈습의 의미가 무엇인지를 알기 위해서는 어떤 것이 훈습하고 또 어떤 것이 훈습을 받는지가 밝혀져야 한다. 이하에서는 소훈4의와 능훈4의를 각각 설명한다.

1) 소훈처의 조건: 소훈4의

무엇이 소훈의 네 가지 의미인가?
何等名爲所熏四義?

소훈처가 될 수 있는 4조건:

① 견주성(堅住性): 견고하게 머무는 성품
② 무기성(無記性): 무기의 성품
③ 가훈성(可熏性): 훈습받을 수 있는 성품
④ 능훈과의 화합성(和合性): 능훈과 화합하는 성품

① 첫째로 '견고하게 머무는 성품'(견주성)이다. 만약 법이 처음부터 끝까지 한 종류로 상속하여 훈습된 기운(습기)을 지닐 수 있으면, 이것이 바로 소훈이다. 이것은 전식 내지 소리나 바람 등을 배제하니, 그 성이 견주하지 않으므로 소훈이 아니다.
① 一堅住性. 若法始終一類相續能持習氣, 乃是所熏. 此遮轉識及聲風等, 性不堅住故非所熏.

견주성: 일류 상속 ↔ 7전식(심소 포함) + 색법(근+진+법처소속색)

끊어짐이 없이 하나로 상속해야지 그 안에 종자를 유지하고 있을 수 있다. 7전식이나 그 상응심소 그리고 소리나 바람 등의 색법은 한 종류로 상속하지 않으므로 소훈이 될 수 없다. 7전식이나 색법이 일류 상속하지 않음에 대해 『술기』는 이렇게 설명한다.

소리나 바람 등이라는 것은 근(根)과 진(塵)과 법처소속색 등을 배제하는 것이다. 무색계에 태어나면 색이 없기 때문이며, 멸진정 등에 들면 심법(7전식) 또한 없기 때문에, 그 성이 견주하지 않다고 하는 것이다. 〈문〉 이 중에서 왜 다만 바람이나 소리만을 말하는가? 〈답〉 끊어짐의 모습이 드러나기 때문이지, 거기에서 색 등을 말하지 않은 것이 아니다.[9]

종자의 훈습을 받을 수 있으려면 하나의 종류로 끊어짐 없이 상속해야 한다. 그런데 색법은 무색계에서 끊어지게 되고, 7전식 등의 심법은 멸진정에서 끊어진다. 그렇게 끊어짐이 있어 견고하게 머무르지 않는 것은 소훈처가 될 수 없다. 7전식이나 색법은 견주성이 없으므로 소훈처가 될 수 있는 가능성에서 배제된다.

② 둘째로 '무기의 성품'(무기성)이다. 만약 법이 평등하여 거스르는 바가 없어 능히 습기를 수용할 수 있으면, 이것이 바로 소훈이다. 이것은 선과 염오의 세력을 배제하니, 세력이 강해서 용납될 수 있는 것이 없으므로 소훈이 아니다. 이 때문에 여래의 제8정식은 오직 옛 종자를 가지고 있을 뿐 새롭게 훈습을 받지 않는다.
② 二無記性. 若法平等無所違逆能容習氣, 乃是所熏. 此遮善染勢力强盛, 無所容納故非所熏. 由此如來第八淨識唯帶舊種非新受熏.

무기성: 평등하여 거스름 없음 ↔ 제8정식. 불과의 제8식의 대원경지: 선성

9 『술기』, 312하, "聲風等者卽遮根塵法處色等. 生無色界, 色卽無故, 入滅定等, 心亦無故, 名性不堅. 〈문〉 此中何故但言風及聲? 〈답〉 簡斷相顯故, 非謂色等此中不說."

소훈처가 선이면 악에 거스르므로 악의 종자를 훈습받을 수 없게 되고, 염오(악 또는 유부무기)면 선에 거스르므로 선의 종자를 훈습받을 수 없게 된다. 그러므로 선·악·무기의 모든 종류의 종자를 훈습받을 수 있기 위해서는 소훈처가 선도 아니고 염오도 아니어야 한다. 여래의 제8식은 청정식으로서 선이기에 그 자체 훈습받는 소훈처가 될 수 없다.

③ 셋째로 '훈습받을 수 있는 성품'(가훈성)이다. 만약 법이 a. 자재하고 b. 성이 견밀하지 않아 습기를 수용할 수 있으면, 이것이 바로 소훈이다. 이것은 심소 내지 무위법을 배제하니, 의타이거나 견밀하므로 소훈이 아니다.
③ 三可熏性. 若法 a. 自在 b. 性非堅密, 能受習氣, 乃是所熏. 此遮心所及無爲法, 依他堅密故非所熏.

가훈성	a. 자재	↔ 심소법: 비자재. 즉 심왕에 의지하는 의타성	
	b. 비견밀	↔ 무위법: 견밀	- 기신론의 진여수훈과 대비

a. 다른 것에 의거하지 않고 스스로 활동하는 자재성이 있어야지 훈습을 받을 수 있다. 제8식의 심소법은 심왕을 따라 일어나는 것이므로 자재하지 못해서 소훈이 되지 못한다. 제8식의 심왕도 물론 심소를 갖고 일어나지만, 심왕으로서 자재한 것이라고 할 수 있다.

b. 또한 그 성이 견밀하지 않고 비어 있어야지 훈습을 받을 수 있다. 돌처럼 비어 있지 않고 견밀하면 훈습받을 수 없다는 것이다. 허공도 오히려 틈 없이 견밀하기에 훈습받지 못한다고 논한다. 이로써 진여를 포함한 무위법이 소훈에서 배제된다. 바로 이 점에서 유식론은 진여가

무명에 의해 훈습받는다고 논하는 기신론과 구분된다.

④ 넷째로 '능훈과 함께하는 성품'(화합성)이다. 만약 능훈과 동시이고 동처이어서 하나이지도 않고 분리되지도 않으면, 이것이 바로 소훈이다. 이것은 다른 몸이나 찰나 전후를 배제하니, 화합의 의미가 없으므로 소훈이 아니다.
④ 四與能熏共和合性. 若與能熏同時同處不卽不離, 乃是所熏. 此遮他身刹那前後, 無和合義故非所熏.

능소 화합성: 능훈과 부즉불리 ┌ 동처 ↔ 타인의 몸: 다른 장소
└ 동시 ↔ 찰나 전후: 다른 시간(경량부 비판)

나의 현행식이 남의 몸의 식에 훈습할 수는 없다. 나의 현행식과 남의 몸의 식이 다른 공간에 있기 때문이다. 그리고 나의 현재의 현행식에 훈습받을 수 있는 것은 현재에 존재하는 것이다. 현재의 현행식이 그 이전의 과거의 식이나 그 이후의 미래의 식에 훈습할 수 없다. 소훈처는 훈습하는 능훈식과 동일한 곳에 있으면서 또 동시에 존재해야 하는 것이다.

이것은 제8아뢰야식이 우리 모두에게 공통적인 하나의 식이되, 각각의 개별자를 떠난 추상적 실체가 아니라 각 개별자의 몸을 통해 현실화되는 구체적 식이라는 것을 보여 준다. 이처럼 심층 아뢰야식은 각각의 식이되 서로 하나로 공명하는 하나의 식이기에 '일즉다 다즉일'이 성립한다.

오직 이숙식만이 이 4의를 갖추어 소훈이 될 수 있고, 심소 등은 아니다.
唯異熟識具此四義可是所熏非心所等.

위의 네 가지 조건을 모두 만족시켜서 훈습받는 소훈처가 될 수 있는 것은 바로 이숙식이라고 정리한다. 견고하게 머무르고 선이나 악이 아닌 무기이면서 능훈과 함께하여 훈습받을 수 있는 것은 7전식이나 색법도 아니고 심소법도 아니고 여래의 무루식도 아니고, 오직 각각의 중생의 제8아뢰야식이라는 것이다.

2) 능훈식의 조건: 능훈4의

무엇이 능훈의 네 가지 의미인가?
何等名爲能熏四義?

능훈식이 될 수 있는 4조건:
① 유생멸(有生滅): 생멸이 있음
② 유승용(有勝用): 수승한 작용이 있음
③ 유증감(有增減): 증감이 있음
④ 소훈과의 화합(和合): 소훈과 화합함

① 첫째는 '생멸이 있음'(유생멸)이다. 만약 법이 항상되지 않아 능히 습기를 생기게 하고 성장하게 하는 작용이 있으면, 이것이 바로 능훈이다. 이것은 무위를 배제하니, 전후로 불변하여 생장하게 하는 작용이 없으므로 능훈이 아니다.

① 一有生滅. 若法非常能有作用生長習氣, 乃是能熏. 此遮無爲, 前後不變無生長用故非能熏.

유생멸: 생멸하여 작용력이 있음 ↔ 무위법(진여): 전후 불변 – 기신론의 진여훈습과 대비

능훈의 첫 번째 조건은 무위법처럼 상주(常住)가 아니고 유위의 생멸이어야 한다는 것이다. 이로써 상주불변의 무위(진여)는 능히 훈습하는 것에서 배제된다. 이 점에서 유식론은 진여가 무명을 훈습하는 진여훈습을 논하는 기신론과 구분된다.

② 둘째는 '수승한 작용이 있음'(유승용)이다. 만약 생멸이 있고 세력이 증성하여 능히 습기를 이끌 수 있으면, 이것이 바로 능훈이다. 이것은 이숙심과 심소 등을 배제하니, 세력이 미약하므로 능훈이 아니다.
② 二有勝用. 若有生滅勢力增盛能引習氣, 乃是能熏. 此遮異熟心心所等, 勢力羸劣故非能熏.

유승용: 세력이 강성(强盛) ↔ 이숙식, 심소: 세력이 리열

생멸하는 것이 작용력을 통해 훈습할 힘을 갖게 되므로, 능히 훈습하는 것은 수승한 작용이 있다고 말한다. 이러한 수승한 작용이 무엇인가에 대해 『술기』는 이렇게 설명한다.

수승한 용에는 두 가지가 있다. ① 첫째는 능히 반연하는 세력의 용이다. 그런즉 모든 색을 배제하니, (색은) 상분으로서 훈습해도 능히 반연하는 훈습은 아니다. ② 둘째는 강성하여 수승한 용이니, 임운하게 일어나는 것이 아닌 것을 말한다.

그런즉 다른 종류의 이숙심 등을 배제하니, 연려의 용은 있지만 강성한 용은 아니다. a. 이 때문에 색등은 강성용이 있지만 능연용이 없고, b. 이숙심 등은 능연용은 있지만 강성용이 없고, c. 불상응법은 두 용이 다 없으니, 모두 능훈이 아니다. d. 그런즉 수승한 세력의 작용만이 훈습을 해낼 수 있다.[10]

두 가지 승용:	① 능연세용 (능연의 세력)	② 강성승용 (임운하게 일어남 아님)
a. 색법	×	○
b. 이숙식	○	×
c. 불상응행법	×	×
d. 7전식	○	○

③ 셋째는 '증감이 있음'(유증감)이다. 만약 수승한 작용으로 증가하거나 감소할 수 있어 습기를 거두어 심으면, 이것이 바로 능훈이다. 이것은 불과(佛果)를 배제하니, 원만한 선법으로서 증감이 없으므로 능훈이 아니다. 저것(불과)이 능훈이라면, 곧 원만하지 않고 전후의 불과에 마땅히 수승함과 열등함이 있어야 할 것이다.
③ 三有增減. 若有勝用可增可減攝植習氣, 乃是能熏. 此遮佛果, 圓滿善法無增無減故非能熏. 彼若能熏, 便非圓滿前後佛果應有勝劣.

유증감: 증감하여 습기를 거두어 심음 ↔ 불과(佛果): 원만 선법. 우열이 없음

수승한 작용을 하면 증감이 있게 된다. 그러므로 능히 훈습하는 것은

10 『술기』, 313하, "勝用有二, ① 一能緣勢用. 卽簡諸色爲相分熏非能緣熏. ② 二强盛勝用謂不任運起. 卽簡別類異熟心等, 有緣慮用無强盛用. a. 由斯色等有强盛用無能緣用, b. 異熟心等有能緣用無强盛用, c. 不相應法二用俱無皆非能熏. d. 卽勝勢用可致熏習."

증감이 있다고 말한다. 따라서 훈습은 증감의 변화가 있는 인위(因位)에서만 일어나지, 이미 부처의 경지에 이른 불과에서는 더 이상 수행상의 증감이나 우열이 없기에 훈습이 일어나지 않는다.

> ④ 넷째로 '소훈과 화합하여 전전함'이다. 만약 소훈과 동시이고 동처이어서 하나이지도 않고 분리되지도 않으면, 이것이 바로 능훈이다. 이것은 다른 몸과 찰나 전후를 배제하니, 화합의 의미가 없으므로 능훈이 아니다.
> ④ 四與所熏和合而轉. 若與所熏同時同處不卽不離, 乃是能熏. 此遮他身刹那前後, 無和合義故非能熏.

능소 화합전: 소훈과 부즉불리
- 동처 ↔ 다른 몸: 다른 처
- 동시 ↔ 찰나 전후: 다른 시

종자가 심겨질 소훈인 아뢰야식과 같은 시간 같은 장소에 있어 서로 화합하면서, 소훈처인 아뢰야식과 같은 것도 아니고 분리되어 있는 것도 아닌 것이어야 능훈이 될 수 있다. 능훈의 7전식이 소훈인 제8아뢰야식과 동시 동처의 존재이어야 함을 말한다. 『술기』는 화합한다는 것은 곧 상응한다는 뜻이라고 설명한다.

> 오직 7전식과 / 그 심소만이 수승한 세력의 작용이 있고 증가하거나 감소함이 있어 이 4의를 갖추므로 능훈이 될 수 있다. (10상)
> 唯七轉識 / 及彼心所有勝勢用而增減者, 具此四義可是能熏. (10상)

이상 네 가지 조건을 다 갖춘 것은 7전식이다. 색법은 능연의 용이 없고, 이숙식은 강승의 용이 없고, 불상응법은 둘 다 없어 배제되므로, 결국 수승한 용을 가진 7전식만이 능훈식이 될 수 있다.

이와 같이 능훈식과 소훈식이 함께 생하고 함께 멸해서 훈습의 의미가 성립한다. 소훈 중에 종자를 생기게 하고 성장하게 하는 것이 마치 참깨를 훈습함과 같으므로 훈습이라고 이름한다.
如是能熏與所熏識俱生俱滅熏習義成. 令所熏中種子生長如熏苣藤, 故名熏習.

능훈식: 7전식
↓〈훈습〉
소훈식: 제8아뢰야식

종자를 훈습하는 능훈식은 7전식이고, 종자가 훈습되어지는 소훈식은 제8아뢰야식이다. 7전식이 제8아뢰야식 안에 종자를 생겨나게 하고 성장하게 하는 것을 훈습이라고 한다. 거승(苣藤)은 호마(胡麻)라고도 하고 참깨를 말한다. 음식에 참깨의 향을 스며들게 하듯이, 제8아뢰야식에 종자를 심어 그 기운이 자라나게 하는 것을 훈습이라고 하는 것이다.

① 능훈식 등이 종자로부터 생겨나면, 곧 ② 능히 인이 되어 다시 훈습해서 종자를 이루니, 세 가지 법(종자·현행·종자)이 전개된다. ①② 인과 과의 동시는 마치 심지(주)가 불꽃(염)을 생하고 불꽃이 생겨 심지를 태우는 것과 같으며, 또 마치 갈대 묶음이 곧 서

로 의지하는 것과 같으니, 인과 과가 함께 함에 이치가 기울지 않는다. ② 능훈이 종자를 생하고 ① 종자가 현행을 일으킴이 구유인(俱有因)이 사용과(士用果)를 얻는 것과 같다. ③ 종자가 전후로 자류를 생함은 마치 동류인(同類因)이 등류과(等流果)를 이끄는 것과 같다. 이 두 가지(③ 인과이시의 인 + ①② 인과동시의 인)가 과에 대해 인연성이다. 이것을 제외한 나머지 법은 모두 인연이 아니다. 설혹 인연이라고 이름해도 가설임을 마땅히 알아야 한다. 이것이 일체 종자의 모습을 간략히 설한 것이다.

① 能熏識等從種生時, ② 卽能爲因復熏成種, 三法展轉. ①② 因果同時, 如炷生焰焰生焦炷, 亦如蘆束更互相依, 因果俱時理不傾動. ② 能熏生種, ① 種起現行, 如俱有因得士用果. ③ 種子前後自類相生, 如同類因引等流果. 此二於果是因緣性. 除此餘法皆非因緣. 設名因緣應知假說. 是謂略說一切種相.

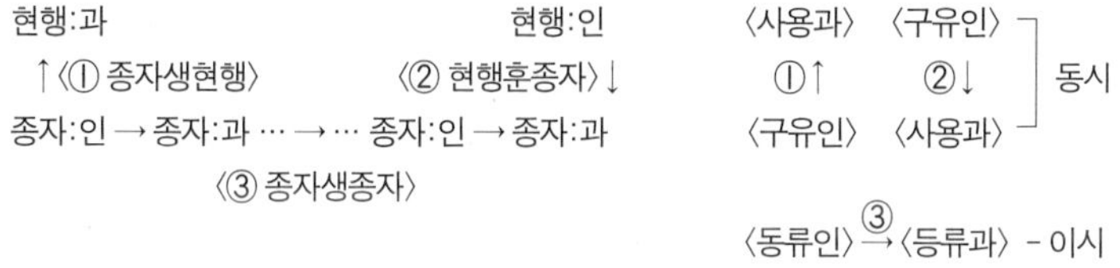

현행:과 현행:인
↑〈① 종자생현행〉 《② 현행훈종자》↓
종자:인 → 종자:과 … → … 종자:인 → 종자:과
《③ 종자생종자》

〈사용과〉 〈구유인〉
①↑ ②↓ 동시
〈구유인〉 〈사용과〉

〈동류인〉 →(③) 〈등류과〉 - 이시

① 〈종자생현행〉과 ② 〈현행훈종자〉는 인과동시이고, ③ 〈종자생종자〉는 인과이시이다. 여기서 인은 모두 인연성을 뜻한다. ①과 ②에서는 종자와 현행이 동시에 함께 있으므로 인을 '함께 있는 법'으로서 '구유인(俱有因)'이라고 하고, 그 과를 '인간 작용의 결과'라는 의미에서 '사용과(士用果)'라고 한다. ③ 〈종자생종자〉처럼 같은 종류 내지 같은 차원의 것들 간의 인과 과는 둘이 등류라는 의미에서 '동류인'과 '등류과'라고 부른다.

이와 같이 동시인과로서 작용하는 ① 현행을 일으키는 종자나 ② 종자를 심는 현행 그리고 이시인과로서 작용하는 ③ 다음 종자를 낳는 종자만이 엄밀한 의미에서 인(因)이고, 그 이외에 우리가 인이라고 부르는 것은 모두 가설로서 시설한 개념에 지나지 않는다. 즉 그 이외의 나머지 법들은 모두 엄밀한 의미의 인이 아니고 단지 임시적으로 그렇게 부른 것에 지나지 않는다는 것이다.

①②③의 인연이 아니면서 인연이라고 불리는 것들로는 12지 연기에서의 각 지를 생각할 수 있다. 〈 … 명색 → 육입처 → 촉 → 수 … 〉 등은 제법의 친인으로서의 종자를 논한 것이 아니라, 〈종자생현행〉의 결과로서 현상에 드러난 제법들 간의 관계를 논한 것이기에, 여기에서의 연(緣)은 엄밀한 의미의 인(因)이 아니라 증상연(增上緣)에 해당한다. '나머지 법'에 대해 『술기』는 이렇게 말한다.

> 이것(종자와 현행)을 제외한 나머지 법인 7전식 등을 인연이라고 이름하고, 그 대법 제4권에서 12연기도 모두 인연이라고 이름하지만, 가설일 뿐이고 실제 인연이 아님을 마땅히 알아야 한다. 체를 분별하는 것이 아니기 때문이며, 친히 가까운 것(친인, 근인)이 아니기 때문이다.[11]

7전식은 〈현행훈종자〉에 있어서 종자에 대한 인으로 작용하는 것이지, 이미 현행으로 드러난 다른 현상 제법에 대해 인으로 작용하는 것은 아니다. 12지 연기의 각 지 또한 이미 현행으로 드러난 현상 제법을 뜻하므로 엄밀한 의미의 인은 아닌 것이다.

---

11 『술기』, 315상, "除此餘法七轉識等名爲因緣, 彼對法第四, 十二緣起皆名因緣, 應知假說非實因緣. 非辨體故, 非親近故."

6. 아뢰야식의 염과 정: 8식설과 9식설

8식설을 주장하는 유식은 인간에게 6종의 식만 있다는 설, 또는 8가지 식이 있어도 그 체가 하나라는 설, 나아가 식체가 9가지라는 9식설도 비판한다. 『능가경』 9권에 "모든 사념(邪念)의 법에 의거하므로, 식이 일어날 때 여덟 내지 아홉 종류의 식이 생긴다. 마치 물에 (일어나는) 모든 파도와 같다."[12]고 하여 '9식'의 개념이 등장한다. 이에 대해 『술기』는 설명한다.

> 『능가경』에서는 겸하여 식의 성품을 설하기도 하고, 혹 제8식을 염과 정으로 별도로 나누어 9식을 말하기도 하지만, 이것은 의타기의 식체에 아홉 가지가 있다는 것도 아니고, 또 체의 종류에 별도로 아홉 식이 있다는 것도 아니다.[13]

〈겸설(兼說)〉 〈별설(別說)〉

제8식 ┌ 염 - 제8식
　　　 └ 정 - 제9식

다른 것에 의거하여 일어나는 의타기의 식체는 8종이며 의타기할 때 염오와 청정이 함께한다. 이 염과 정 둘을 겸하여 설하면 8식설을 세우게 된다. 『능가경』에서 제9식을 말한 것은 제8식의 청정과 염오를 별도로 분류해서 염오를 제8식으로, 그 제8식의 성품인 청정 진여를 제9식이라고 칭한 것이지, 의타기하는 식체가 아홉 가지가 있다는 주장은 아니라는 것이다. 9식을 말하여도 의타기의 식체는 여덟 가지이므로 결국 8식설 안에 포함된다는 것이다.

---

12 『능가경』, 권9, "依諸邪念法是故有識生, 八九種種識如水中諸波."

13 『술기』, 239상, "『楞迦經』中兼說識性, 或以第八染淨別開故言九識, 非是依他識體有九, 亦非體類別有九識."

『대승기신론』에서는 "'심의 생멸'이라고 하는 것은 여래장에 의거하기 때문에 생멸심이 있는 것이다. 이른바 불생불멸과 생멸이 화합하여 하나도 아니고 다르지도 않으니, [이것을] '아뢰야식'(아리야식)이라고 이름한다."[14]고 하여 제8아뢰야식을 생멸과 불생불멸의 두 측면을 포괄하는 것으로 설명한다.

제8아뢰야식	생멸(심의 생멸):	심의 생멸상	- 염의 측면
		↑〈현상화〉	
	불생불멸(생멸의 심):	심 자체(진여심/여래장/일심)	- 정의 측면

이와 같이 유식이나 여래장사상이나 모두 제8식까지를 식체로 인정하며 거기서 더 나아가 제9식을 언급하는 것은 제8식 중 염오 부분을 제외하고 청정한 진여의 측면만을 드러내기 위해서일 뿐이다.

14 『대승기신론 강해』 46쪽, "心生滅者依如來藏故有生滅心. 所謂不生不滅與生滅和合非一非異, 名爲阿梨耶識."

2

아뢰야식의 행상과 소연

본 장에서는 제8식의 소연과 행상이 무엇인가를 논하는데, 이것은 『유식30송』의 제3게송 중 전반부를 해석하는 것이다.

3. 알기 어려운 집수와 처와 료이다.

3. 不可知執受, 處了.

1. 아뢰야식의 활동

앞장에서 논한 대로 제8아뢰야식은 종자의 소훈처이다. 아뢰야식 내에 머물러 있던 종자의 잠재적 에너지가 중연을 만나 구체적 모습으로 현실화하는 것을 '현행화'라고 한다. 아뢰야식은 식이므로 능히 반연하는 능연(能緣)과 반연되는 소연(所緣)으로 이원화된다. 능연은 소연을 능히 반연하고, 소연은 능연에 의해 반연된다. 능연은 식의 활동적 모습이기에 '행상'이라고 한다. 이 행상에 의해 반연되는 것이 '소연'이다. 이하에서는 현행 아뢰야식에서 그 행상과 소연이 무엇인가를 설명한다.

<문> 이 식(아뢰야식)의 행상과 소연은 무엇인가? <답1> 즉 알기 어려운 ① 집수와 ② 처와 ③ 료이다.
<문> 此識行相所緣云何? <답1> 謂不可知 ① 執受 ② 處 ③ 了.

〈답1〉『유식30송』의 답변:

소연 ┌ ① 집수(執受, upādāna) ┐
　　　└ ② 처(處)　　　　　　　│ 셋 다 불가지
행상 ─ ③ 료(了)　　　　　　　 ┘

아뢰야식의 활동방식인 행상은 료이고, 활동대상인 소연은 종자와 유근신과 기세간이다. 그런데 이하에서 30송을 설명하는 『성유식론』에서의 〈답〉은 다음과 같이 그 순서를 달리 한다.

〈답2〉『성유식론』의 답변:

행상 ─ ① 료 - 요별
소연 ┌ ② 처 - 기세간(器世間) - 의보(依報)
　　　└ ③ 집수 ┌ ③-1. 종자: 상(相) 분별습기+명(名) 분별습기
　　　　　　　　└ ③-2. 유근신(有根身): 색근(승의근)+의지처(부진근) - 정보(正報)

본송(유식30송)의 〈답1〉과 본론(성유식론)의 〈답2〉에서 답하는 순서가 뒤바뀐 것에 대해 『술기』는 이렇게 설명한다.

답에 둘이 있는데, 앞은 게송으로 답하고, 뒤는 (논에서) 별도로 해석하였다. 논

의 물음은 대상(의)에 의거해 물은 것이니, 불가지는 별도의 체가 없기에 묻지 않았다. 그런데 유식의 전변의 차례는 앞이 행(行)이고 뒤가 경(境)인데, 차례는 답에선 생략하였다. 본송에 의거해서 글을 쓴 아래 해석에서 뒤로부터 앞으로 물음을 해석한 것은 무슨 이유인가? a. 본송의 선후는 법상(法相)을 구하기 때문이니, 마음은 경계에 의거하여 비로소 일어나기 때문이다. b. 장행(본론)의 선후는 의미(의취意趣)를 구하기 때문이니, 그 경은 반드시 식소변이기 때문이다.[1]

본송의 순서(〈답1〉)는 우리의 일상적인 경험적 의식의 순서(법상)에 따라 〈소연과 행상〉 순으로 답한 것이고, 본론의 순서(〈답2〉)는 유식의 논리(의취)에 따라 식의 행이 있고 그에 따라 식소변으로서의 경이 있기에 〈행상과 소연〉 순으로 논한다는 것이다. 마음활동인 행은 a. '경계(식소변)를 있게 하는 행' 과 b. '경계에 의해 일어나는 행' 으로 구분할 수 있다. 물론 견분(능연)과 상분(소연)은 동시에 일어나기에 a와 b의 구분은 의미상의 구분이지 시간상의 구분은 아니다.

a. 경을 있게 하는 행	→	경(식소변)	→	b. 경을 잡고 일어나는 행
능변(能變)의 행		행(식)의 소변		능연(能緣)의 행
상분 이전의 행		상분		상분 이후의 행

1 『술기』, 315중, "答中有二, 初擧頌答, 後自別解. 論問起中依義爲問, 以不可知無別體故不爲問也. 然以唯識轉變次第, 先行後境, 次略答中. 依頌而牒下解釋中, 從後向前依問而解所以者何? a. 本先後法相求故, 心依境因方得起故. b. 長行先後意趣求故, 其境要是識所變故."

1) 행상: 료(了)

<답2> ① 료는 요별을 뜻하니, 곧 행상이다. 식이 요별을 행상으로 삼기 때문이다.
<답2> ① 了謂了別卽是行相. 識以了別爲行相故.

료는 요별을 뜻하며, 이것이 곧 제8식의 행상이며 견분이다. 견분은 상분을 요별하는 것이다. 앞서 『술기』에서 '행이 우선이고 경이 다음'이라는 것은 곧 견분이 우선이고 소연(상분)은 다음이라는 말이다. 이 경우 견분인 행은 경계를 잡고 일어나는 활동이 아니라, 스스로 경계를 형성하는 활동이 된다.

행상/견분 → 소연/상분
요별

행상인 견분의 활동 결과 드러나는 상분이 소연이다. 행상이 요별이므로, 소연은 그 행상에 의해 요별되는 것이라고 할 수 있다.

2) 소연: 처와 집수(종자와 유근신)

② 처는 처소를 뜻하니, 곧 기세간이다. 유정이 의지하는 처소이기 때문이다.
② 處謂處所卽器世間. 是諸有情所依處故.

아뢰야식의 소연 중에서 처는 기세간이다. 우리가 일상에서 외경이라고 생각하는 것이 바로 아뢰야식의 소연이다. 우리 모두가 함께 의거해서 사는 이 세계 우주 만물이 모두 소연으로서 식소변이기에 유식이 성립한다. 처인 기세간에 대해서는 뒤(3절, 식의 소연)에서 다시 상술한다.

③ 집수에는 둘이 있으니, 곧 종자와 유근신이다.
③ 執受有二, 謂諸種子及有根身.

집수는 다시 종자와 유근신으로 나뉜다. 처가 외경이라면, 집수는 내경이라고 할 수 있다. 『술기』는 설명한다.

> 집(執)은 거둠(섭)의 뜻과 지님(지)의 뜻이고, 수(受)는 받아들임(령)의 뜻과 각성(각)의 뜻이다. 자체를 거두어 지녀 무너지지 않게 하여 안위를 함께하며(안위공동), 영납(영수)하고 능히 각성(각수)을 생기게 하니 집수라고 이름한다.[2]

집수(執受):
- 집(執): 거둠(섭攝) + 지님(지持) – 안위공동(安危共同)
- 수(受): 영납(령領) + 각성(각覺) – 영수(領受) + 각수(覺受)

종자와 유근신은 아뢰야식에 의해 섭지되고 영납되어 각성 가능한 것이기에 집수라고 한다. 아뢰야식이 이들을 집수하고 있으므로 종자와 유근신이 무너지지 않고 유지된다. 아뢰야식은 이들 집수와 더불어 편안함과 위태로움을 함께하므로 '안위공동'이라고 말하며, 영납된 것에 대한 각성이 있기에 '각수'라고 말한다.

2 『술기』, 315하, "執是攝義持義, 受是領義覺義. 攝爲自體持令不壞, 安危共同而領受之能生覺受, 名爲執受."

③-1. 종자는 상(相)과 명(名)과 분별의 습기(習氣)이다.

③-1. 諸種子者謂諸相名分別習氣.

종자: → 제6경(법경)
- 명(名)습기: 심종자 → 6식
- 상(相)습기: 색종자 → 5근+5경
- 분별습기: 망분별종자(아집종자) → 제6근(의근/말나식)

명(名)은 명색(名色)의 명으로 심리적 내지 개념적인 것을 의미하고, 상(相)은 모양 내지 형상으로서 물리적인 색(色)을 의미한다. 『술기』는 종자의 상(相)과 명(名)을 이렇게 설명한다.

> ① 상(相)은 곧 색온이니, (색온이) 상이 있게 나타나기 때문이다. 명(名)은 색 아닌 4온(수상행식)이다. … ② 또 해석하면 상은 곧 집수와 처이니, 모두 상이라고 이름한다. 상은 곧 상분이며, 견분의 소취이다. 명은 4온이며, 곧 심과 심소법이다.[3]

상(相)		명(名)
① 색온	-	수상행식온
② 집수+처: 상분	-	심+심소법: 견분
↑		↑
색종자(상분종자)		심종자(견분종자)
종자		

색온의 상(相)으로 변현하는 것은 상습기로서 색종자이고, 수·상·행·식온의 명(名)으로 변현하는 것은 명(名)습기로서 심(心)종자이다. 이 종자들이 아뢰야식 안에 훈습되어 있다가 아뢰야식이 현행화할 때

3 『술기』, 316상, "相者卽色蘊, 有相顯故, 名謂非色四蘊. … 又解. 相者卽執受處, 俱名爲相. 相卽相分, 見分所取. 名者四蘊, 卽心心所法."

아뢰야식의 행상(견분)에 의해 상분으로 취해지며, 이 종자 에너지로부터 6근, 6경, 6식의 일체 현상 제법이 형성된다.

이와 같이 현상 차원의 색과 심의 구분은 종자 차원에서도 성립하며, 종자의 훈습과정에서도 성립한다. 유식은 심종자와 색종자가 각각 따로 훈습된다고 논한다. 소연종자인 색종자를 훈습하는 것이 상분훈습이고, 능연종자인 심종자를 훈습하는 것이 견분훈습이다. 말하자면 상분훈습은 7전식 자체분이 자신의 상분으로 하여금 아뢰야식에 자신의 상분종자(색종자, 소연종자)를 훈습하게 하는 것이고, 견분훈습은 7전식 자체분이 자신의 견분으로 하여금 아뢰야식에 자신의 견분종자(심종자 내지 능연종자)를 훈습하게 하는 것이다.

7전식의 자증분이
- 자신의 상분에게 상분종자(색종자, 소연종자)를 훈습하게 함: 상분훈습
- 자신의 견분에게 견분종자(심종자, 능연종자)를 훈습하게 함: 견분훈습

③-2. 유근신은 색근(승의근)과 그 근의 의지처(부진근)이다.
③-2. 有根身者謂諸色根及根依處.

유근신도 근본식에 의해 반연되고 유지되기에 집수이다. 유근신이 '색근과 근의 의지처'라는 것은 승의근(勝義根)으로서의 근과 그 근이 자리하고 있는 부진근(扶塵根)으로서의 근을 구분해서 한 말이다.

유근신의 근은 색근인 5근에 한정된다. 의근은 제8아뢰야식의 식소변으로서의 유근신에 포함되지 않는다. 제8식의 식소변은 인연변의 결과이며 의타기의 산물로서 존재한다고 할 수 있는데, 개별적 자아의 아집을 일으키는 의근은 그런 의미의 식소변에 속하지 않는다는 뜻이다.

그러므로 의근의 자아식인 제7말나식은 결국 분별아집종자의 세력만으로 존재하는 망식이라고 할 수 있다.

> 이 둘(종자와 유근신)은 식에 의해 집수된다. 식이 포섭해서 자체로 삼아 안(安)과 위(危)를 함께하기 때문이다.
> 此二皆是識所執受. 攝爲自體同安危故.

종자와 유근신을 합해서 집수라고 부르는 것은 그것이 기세간과 달리 제8식에 의해 집지되고 유지되며 또 각성되기도 하기 때문이다. 그래서 제8식의 유정은 집수와 더불어 편안함과 위태로움을 함께한다. 식의 소연인 종자와 유근신이 편안해야 내가 편안하고, 종자와 유근신이 위태로우면 나도 위태롭게 느낀다.

제8식의 집수인 종자와 유근신 그리고 기세간은 다 함께 제8식의 소연 내지 상분이라고 불리지만, 그들의 존재론적 위상은 서로 다르다. 우선 종자는 아뢰야식 내에 훈습되거나 본유적으로 있는 잠재적 에너지인 공능차별로서 아직 현상 제법으로 구체화된 것이 아니다. 잠재적 에너지로서의 종자가 아뢰야식 내에 포섭되고 유지되며, 아뢰야식의 견분에 의해 반연되기에, 아뢰야식의 소연 내지 상분이라고 부르는 것이다. 종자는 심종자(명습기)와 색종자(상습기)로 구분되어 있으며, 그 각각이 중연을 만나 구체화될 때 각각 견분과 상분으로 현행화된다. 심종자가 현행화된 것이 제8식의 견분(행상)인 요별이며, 색종자가 현행화된 것이 제8식의 상분(소연)인 유근신과 기세간이다. 그러므로 똑같이 아뢰야식의 소연(상분)이라고 불려도 잠재적 에너지로서의 종자와 그 종자가 현행화된 구체적 산물로서의 유근신과 기세간은 그 존재론적 위상이 서로 같지 않다.

견분2/행상2 ⇨ 상분2/소연2: 유근신 + 기세간

↖ ↗ 현행화

(명습기) (상습기)

견분1/행상1 ⇨ 상분1/소연1: 공능차별로서의 종자

↖ ↗

아뢰야식의 자체분

그러나 공능차별로서의 종자(소연1) 이외에 현행화된 상분으로서의 종자(소연2)도 있지 않을까? 우리의 의식대상 중 5경(색경)을 제외한 사유대상으로서의 법경이 바로 그것에 해당할 것이다. 의식의 사유대상으로서의 법경은 자상의 5경과 달리 공상(共相)의 개념 내지 명언(名言)이며, 이는 곧 명언종자의 명언이다. 우리의 사유대상인 명언(개념)이 우리의 생각을 이루며, 우리의 생각은 곧 우리 자신과 안위를 함께 한다고 할 수 있다. 또한 우리의 개념에는 심리적 개념도 있고 물리적 개념도 있으며, 따라서 개념을 명습기와 상습기로 구분할 수 있다. 이렇게 보면 종자는 공능차별로서의 종자(소연1)와 현행화된 소연으로서의 종자(소연2)의 둘로 구분된다고 볼 수 있다.

제8식 내 〈종자1〉 ──(현행화)──▶ 식소변

심종자(명습기) → 견분(능연) = ① 요별

색종자(상습기) → 상분(소연) ┌ ② 기세간

└ ③ 집수 ┌ ③-1 유근신

└ ③-2 〈종자2〉 ┌ 명습기

└ 상습기

〈종자1〉 공능차별로서의 종자1(소연1) 〈종자2〉 현행화된 소연으로서의 종자2(소연2)

그러나 『성유식론』에서 종자를 이런 두 가지 의미로 구분해서 논하지는 않는다. 논서에서 종자는 현행화되기 이전 공능차별로서의 종자(소연1)를 의미할 뿐이며, 따라서 종자의 현행화 결과로서의 상분(소연2)으로는 오직 유근신과 기세간을 논할 뿐이다. 유근신은 5근으로, 기세간은 5경으로 이루어지므로, 아뢰야식의 상분(소연2)은 오직 색법으로 이루어진다고 할 수 있다. 따라서 이하에서 아뢰야식의 소연(상분)으로서 현행화한 산물을 말할 때에는 잠재태로서의 종자나 법경으로서의 종자는 제외하고 오직 색법으로서의 유근신과 기세간만을 논한다.

집수와 처가 모두 소연이다. 아뢰야식이 인연력에 의해 자체가 생할 때, 내적으로는 종자와 유근신으로 전변하고 외적으로는 기세간으로 전변한다. 그런즉 소변을 자신의 소연으로 삼는데, 행상이 그것(소변)을 잡고 일어날 수 있기 때문이다. 이 중 료라는 것은 이숙식이 자신의 소연에 대해 요별의 용이 있는 것을 말한다. 이 요별의 용은 견분에 포섭된다.
執受及處俱是所緣. 阿賴耶識因緣力故自體生時, 內變爲種及有根身, 外變爲器. 卽以所變爲自所緣, 行相仗之而得起故. 此中了者謂異熟識於自所緣有了別用. 此了別用見分所攝.

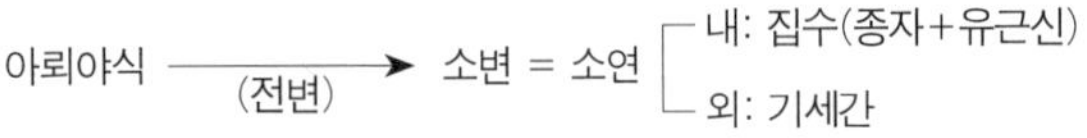

아뢰야식 —(전변)→ 소변 = 소연 ┌ 내: 집수(종자+유근신)
└ 외: 기세간

아뢰야식이 종자와 유근신과 기세간으로 변한다고 할 때, 이 변(變), 변위(變爲)는 곧 전변(轉變)이고 변현(變現)이다. 전변은 pariṇāma이다. 아뢰야식은 그 안에 함장된 종자의 인연력에 의해 전변하며, 그 전변 결과 현상으로 나타나는 것은 유근신과 기세간이다. 종자 또한 아뢰야식에 의해 포섭되고 유지된다는 의미에서 아뢰야식의 소연에 포함시킨 것이다.

여기에서는 아뢰야식이 자신의 식소변을 자신의 소연으로 삼는다고 말한다. 아뢰야식이 반연하여 대상(소연)으로 삼는 것이 바로 자기 자신이 전변한 결과물인 소변이라는 것이다. 능히 반연하는 활동이 바로 아뢰야식의 행상(인식 방식)인데, 행상이 소변을 붙잡고 일어나므로 소변이 곧 소연이 된다. 이 행상을 요별이라고 한다. 아뢰야식의 행상은 아뢰야식의 식소변인 소연을 요별하는 것이며, 요별은 소연을 보는 견분에 해당한다. 『술기』에서는 이렇게 설명한다.

> 본식의 행상은 필히 경을 붙잡고 생긴다. 경은 오직 소변일 뿐이니, 심 바깥에 법이 있어 본식이 필히 실법을 연해서 생기는 것은 아니기 때문이다. 만약 상분이 없으면 견분도 생기지 않는다. 이것이 본송을 경-행으로 해석한 까닭이다. 장은 장탁을 말하니, 이 뜻은 견분이 상분에 의탁해서 생김을 보여 준다.[4]

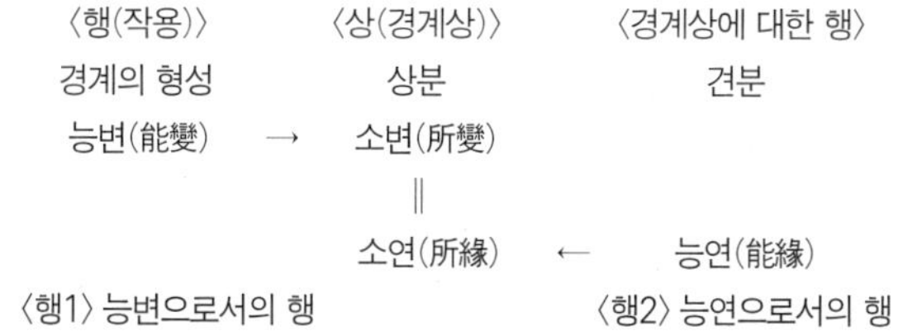

〈행(작용)〉		〈상(경계상)〉		〈경계상에 대한 행〉
경계의 형성		상분		견분
능변(能變)	→	소변(所變)		
		‖		
		소연(所緣)	←	능연(能緣)
〈행1〉 능변으로서의 행				〈행2〉 능연으로서의 행

'행상(견분)이 소변(경/상분)을 잡고 일어난다', '견분이 상분에 의탁해서 생긴다'는 위의 구절에 따르면 제8식의 견상이원화에서 우선

4 『술기』, 317상, "本識行相必杖境生, 此唯所變, 非心外法本識必緣實法生故. 若無相分, 見分不生. 卽解本頌先境後行之所以也. 杖謂杖託, 此意總顯見託相生."

상분이 있고 그다음 견분이 있다(상분 → 견분). 『성유식론』의 견분과 상분은 『대승기신론』의 능견상과 경계상에 해당하는데, 기신론에 따르면 무명업상에 근거해서 우선 능견상이 일어나고 그다음 경계상이 일어난다(능견상 → 경계상). 즉 견분의 활동이 있고 그 결과 상분이 있다(견분 → 상분). 이렇게 보면 둘의 설명이 다른 것 같다.

그렇지만 『술기』에서 '경계상을 형성함이 행상'이라고 논하듯이 행상은 경계상을 형성하는 능변작용을 뜻하기도 한다. 이렇게 보면 행상에 해당하는 견분의 의미가 이중적으로 사용되었음을 알 수 있다. 즉 경계 자체를 형성하는 행상은 능변(能變)으로서의 행상이고, 그렇게 형성된 경계를 소연으로 잡고 일어나는 행상은 능연(能緣)으로서의 행상이다. 능변으로서의 행상을 견분으로 보면, 본론이나 기신론이나 모두 〈견분 → 상분〉을 주장한다. 『술기』에서는 변의 의미를 두 가지로 구분해서 설명한다.

> 변에는 두 가지가 있다. ① 첫째는 생변(生變)이니, 전변(轉變)의 의미이다. 앞에서 설명하였듯이 변은 인과 과가 차별적으로 생기고 성숙함을 말한다. 등류와 이숙 2인(因) 습기가 인능변이고, 생겨나는 8식의 드러난 갖가지 상이 과능변이다. 그러므로 능히 생하는 인을 능변이라고 한다. ② 둘째는 연(緣)을 변(變)이라고 이름한 것이니, 변현(變現)의 의미이고, 과능변이다. 또 제8식은 오직 종자 내지 유근신 등으로 전변하니, 안식 등의 전식이 색 등으로 변현한 것이 이것이다. 이 중에 오직 연을 말하여 변이라고 한 것이다.[5]

5 『술기』, 317상, "變有二種, ① 一者生變卽轉變義. 如次前說變謂因果生熟差別. 等流異熟二因習氣名因能變, 所生八識現種種相是果能變. 故能生因說名能變. ② 二緣名變卽變現義, 是果能變. 且第八識唯變種子及有根身等, 眼等轉識變色等是. 此中但言緣故名變."

변(變):
① 생변(生變) = 전변(轉變): 인능변(습기) + 과능변(8식의 종종상)
② 연변(緣變) = 변현(變現): 전변된 결과인 연을 말함

아뢰야식의 인연력 ——〈생변(전변) + 연변(변현)〉——▶ 식소변

생변은 종자생현행의 과정, 즉 종자가 구체적 현실태로 전전하여 바뀌는 과정을 말하고, 연변은 그렇게 전변하여 갖가지 상으로 나타나는 측면을 말한다.

2. 식의 전변구조: 4분설

1) 견분과 상분

그런데 유루식 자체가 생겨날 때, 모두 소연상과 능연상으로 사현한다. 저 상응법(심소법)도 또한 그러함을 마땅히 알아야 한다. 사현된 소연상을 상분이라고 이름하고, 사현된 능연상을 견분이라고 이름한다.
然有漏識自體生時, 皆似所緣能緣相現. 彼相應法應知亦爾. 似所緣相說名相分, 似能緣相說名見分.

식 ——(전변/사현)——▶
- 사현된 소연상 = 상분
- 사현된 능연상 = 견분

유루식이 일어날 때 식 자체가 능과 소로 이원화되면서 능연으로서의 상과 소연으로서의 상이 나타나는데, 그 각각의 상이 바로 상분과 견분이다. 식이 견분과 상분으로 이원화된다는 것은 이원화되기 전의 식 자체분을 전제한 말이다. 견분과 상분의 이분설과 여기에 자체분을

더한 3분설에 대해 『술기』는 이렇게 말한다.

> 안혜 등 옛 대승논사는 대부분 오직 식의 자증분만 있고 상분과 견분은 없다고 설하였다. 호법이 나오고 나서 견분과 상분이 있다고 설하였다. (진나의) 『집량론』 등에서 비로소 이를 나타냈기 때문이다.[6]

식 자체분이 상분과 견분으로 이원화되는데, 상분은 소연(객관적 대상)인 것처럼 나타나고 견분은 능연(주관적 자아)인 것처럼 나타난다. 그런데 이와 같은 식의 전변이라는 것을 사상하고서 서로 대립되는 능과 소, 세계와 자아가 따로 있는 것처럼 생각하여 실아와 실법을 주장하게 된다. 이것은 우리가 왜 식소변에 근거해서 아와 법을 주장하게 되는지를 보여 준다.

〈견상이원화 결과의 식소변〉		〈아와 법으로의 실체화〉
상분: 유근신, 기세간	- 객관처럼 나타남	- 실법으로 간주
견분: 료	- 주관처럼 나타남	- 실아로 간주

식 바깥에 소연(법)이나 능연(아)이 따로 있고 식이 그것에 대해 소연을 닮은 상인 상분, 능연을 닮은 상인 견분을 만든다는 말이 아니다. 오히려 반대로 식 자체가 이원화해서 상분과 견분으로 나뉘는데, 그 식 자체의 활동성을 망각하고서 상분을 마치 식 바깥에 따로 실재하는 법(객관)인 것처럼 여기고, 견분을 마치 식 바깥에 따로 실재하는 아(주관)인 것처럼 여기는 것, 그렇게 아와 법으로 실유화 내지 실체화하는

6 『술기』, 317하, "安惠等古大乘師, 多說唯有識自證分, 無相見分. 護法出已說見相有. 依集量論等方顯發之" 『집량론』은 세친의 문인으로서 3분설을 세운 진나의 저술인데 현재 전하지 않는다고 한다.

것을 문제 삼는 것이다. 유식은 심왕과 심소에 소연의 모습과 능연의 모습이 다 포함되어 있다는 것, 그렇게 능연과 소연이 실은 모두 식소변이라는 것을 강조한다.

이하에서는 우리의 식 자체 안에 소연상과 능연상이 모두 있다는 것을 논한다. 소연상이 곧 식소변 중 상분이고, 능연상이 곧 식소변 중 견분이므로, 결국 견분과 상분이 식과 함께 있다는 것이다. 이로써 견분과 상분을 부정하고 식 자체분만을 있는 것으로 인정하는 안혜의 식1분설을 비판하는 것이라고 볼 수 있다.

<상분> 만약 심과 심소에 소연상이 없다면, a. 마땅히 자신의 소연경을 능히 반연하지 못할 것이다. b. 또는 (식) 하나하나가 능히 일체를 반연할 것이다. c. 자신(식)의 경이 다른 것(식)의 경과 같고, 다른 것(식)의 경이 자신(식)의 경과 같을 것이기 때문이다. 若心心所無所緣相, a. 應不能緣自所緣境. b. 或應一一能緣一切. c. 自境如餘, 餘如自故.

소연경은 상분에 해당한다. 식의 소연상이 식에 포함된다는 것을 세 가지로 논한다.

a. 식에 소연상이 없다면, 식이 소연경을 반연하지 못할 것이다. 『술기』에서는 "청색을 반연할 때에 심과 심소에 소연상의 모습이 없다면, 바로 그 때 일어나는 자기 심의 소연의 경계를 마땅히 반연할 수 없을 것이다."[7]라고 설명한다.

7 『술기』, 317하, "如緣青時若心心所上無所緣相貌, 應不能緣當正起時自心所緣之境."

b. 각 식 안에 그 식의 소연상이 포함되어 있는 것이 아니라면, 각 식이 일체 경계를 모두 반연할 수 있게 될 것이다. 그러나 안식은 색경만을 반연하고, 이식은 성경만을 반연하는 식의 제한이 있으니, 각 식에 상응하는 소연경이 따로 있다는 말이다.

c. 그렇지 않고 각 식에 소연상이 없다면, 각각의 식에 상응하는 경이 따로 있는 것이 아니게 되어, 결국 안식의 경과 이식의 경이 구분되지 않을 것이다. 그러나 실제로는 그런 구분이 있으므로 식에 소연상이 있다는 것이다.

<견분> 만약 심과 심소에 능연상이 없다면, 마땅히 허공처럼 능히 반연하지 못할 것이다. 또는 허공 등도 능히 반연하는 것이어야 할 것이다.
若心心所無能緣相, 應不能緣如虛空等. 或虛空等亦是能緣.

능연상은 견분에 해당하다. 식에 능연상이 있어야지 식이 허공과 달리 반연하는 작용을 할 수 있으므로 능연상을 인정하지 않을 수 없다는 것이다. 이에 대해 『술기』에서 이렇게 설명한다.

청변도 이렇게 말하였다. '만약 승의를 따라 제법이 모두 공이라면, 오직 환화(幻化)처럼 허위(虛僞)만 있을 뿐이다. 만약 세속을 따라 견·상이 모두 있다면, 외경이 있음을 허락하는 것이니, 유식이 아니다. 식이 경을 떠나서 어찌 체용이 있겠는가? 그러므로 제법은 경이 있고 심이 없다. 만약 심 등에 반연하는 작용이 있다고 말하여 실의 작용이 있다고 허락하면, 불자가 아니고 성교에도 어긋난다.' 이것은 또한 일체가 오직 경일뿐이어서 능연상은 결정코 없다는 너에게도 위배된다. 소승의 논사들에게 이 상(능연상)은 모두 있으니, 이 뜻은 심·심소가 일어날 때는 반드시 능연의 상이 있는 것이 마치 거울에 반드시 능조의 상이 있는 것과 같다. 그렇지 않다면 다시 앞의 말과 같은 과실이 있다. 실제 작용의 체가 있고 없지 않다는 외도와 소승과 다르다. 이 중 비량(比量)은 이에 준해 이해해야 한다. 이러하다면, 거울은 마땅히 능연이라 불려야 한다.[8]

청변(490-570)은 공을 강조하는 중관사상가로서 식소변으로서의 견분과 상분을 유로 인정하지 않는다는 점에서 안혜와 상통한다. 반면 호법은 거울에 스스로를 비추는 능조의 모습이 있듯이, 우리의 식에서 능히 연하는 작용인 능연상을 배제할 수는 없다는 것을 강조한다. 식에 상분과 더불어 견분이 포함되어 있음을 부정할 수 없다는 것이다.

그러므로 심과 심소에는 필히 두 가지 상이 있다.
故心心所必有二相.

위에서 논하였듯이 심과 심소에는 소연상인 상분과 능연상인 견분이 함께 있다는 것이다. 이와 같이 식에 소연경과 능연상이 모두 있음을 논하는 것에 대해 『술기』는 이렇게 정리한다.

① 첫 번째는 정량부 등을 논파하고, ② 두 번째는 청변을 논파하고, ③ 합해서 안

8 『술기』, 318상, "清辨亦云, 若約勝義諸法皆空, 唯有虛僞如幻化等. 若約世俗見相俱有, 許有外境, 故非唯識. 識離於境有何體用? 故知諸法有境無心. 若言心等有緣作用, 許有實作用. 便非釋子亦違聖教. 今且違汝一切唯境故能緣相決定是無. 小乘諸師此相皆有, 此義意言心心所生必有能緣之相, 如鏡必有能照之相. 不爾便有如前說過, 不同外道小乘有實作用體仍非無. 此中比量准之可解. 若爾卽鏡應名能緣."

혜 등을 논파한 것이다.[9]

① 소연상(상분)이 있음	↔	소연상 부정: 정량부	③ 둘 다 부정: 안혜
② 능연상(견분)이 있음	↔	능연상 부정: 청변	

첫 번째는 소연상인 상분을 인정하지 않는 것을 비판한 것이고, 두 번째는 능연상인 견분을 인정하지 않는 것을 비판한 것이다. 결국 합해서 견분과 상분을 함께 인정하지 않은 안혜를 비판하는 것이 된다. 이처럼 식 자체에는 능연상과 소연상, 즉 견분과 상분이 포함되어 있으며, 이 점에서 일체가 식인 유식이 성립한다.

경에서 말한다.

일체는 오직 각(식)이 있을 뿐이다. 소각인 대상(義)은 모두 없다.

/ 능각분과 소각분은 각각 자연히 전전한다. (10중)

如契經說,

一切唯有覺. 所覺義皆無.

/ 能覺所覺分, 各自然而轉. (10중)

소연상과 능연상이 식 안에 있으므로 오직 식만 있다는 '유식'을 강조한 말이다. 여기서는 식을 각(覺)이라고 하였다. 인식되어지는 소각은 식소변으로만 존재하지 식 바깥의 외경인 의(義)로 존재하지 않는다는 말이다. 능각분(능연상)과 소각분(소연상), 즉 견분과 상분이 모

9 『술기』, 318상, "① 第一別破正量部等, ② 第二別破清辨, ③ 合破安惠."

두 식이 전전한 결과인 식소변인 것이다. 『술기』에서 설명한다.

> 『후엄경』을 인용한 것으로, 앞의 두 구는 내심이 있고 외경이 없음을 밝히고, 뒤의 두 구는 자기 내심에 견분과 상분이 있음을 밝힌다. 즉 능연상과 소연상처럼 나타나는 것이 그것이다. '각각 자연히 전전한다.'는 것은 견분과 상분이 각각 자연적으로 그 인연 화합에 따라 일어나는 것이지, 마음 밖의 경을 기다리거나 혹 대자재천에 의해 지어져서 비로소 전전할 수 있다고 계탁할 필요가 없다는 말이다. 지금 저것(외경이나 대자자천에 의함)과 다르기에 '자연'이라고 말한다. 그러므로 거북털을 연해도 마음에는 영상이 일어나니, 이것이 2분이 있음을 증명한다.[10]

유식을 알지 못하고 식 바깥에 아와 법이 실유로 존재한다고 여기는 입장은 아뢰야식이 대상으로 삼는 소연이 아뢰야식의 식소변인 상분이 아니라 그 상분 바깥의 대상이라고 여긴다. 즉 식 바깥에 따로 외경이 있거나 또는 신이 그런 외경을 만들었다고 생각하며, 우리의 식은 그런 외경을 대상으로 삼는다고 주장하는 것이다. 반면 유식은 아뢰야식의 소연은 바로 우리 자신의 식소변인 상분이며, 식 바깥에 외경이 따로 없다고 말한다. 유식이 이렇게 말할 수 있는 것은 견분과 상분을 포괄하는 식 자체분을 자증분으로 놓기 때문이다.

---

10 『술기』, 318중, "引『厚嚴經』上之二句明內心有, 外境是無, 下之二句明自內心見相二分有, 謂卽似能所緣相是. 各自然而轉者, 謂見相分各各自然從其因緣和合而起, 不必須待心外之境, 或計大自在天之所作故方乃得轉. 今異於彼說自然言. 故緣龜毛心影像起, 此證有二分也."

2) 자증분

유식의 관점에서 상분과 견분이 함께 의거하는 것이 자증분이다. ① 식 너머의 외경을 설정하며 유식을 부정하는 자는 자증분을 말하지 않고, ② 식 너머의 외경을 인정하지 않는 유식론자들은 전변하는 식 자체를 자증분으로 논한다. 이하에서는 ① 〈비유식론자〉와 ② 〈유식론자〉를 대비시켜 논한다.

a. 견·상 2분의 공동 소의

① <비유식론자> 식을 떠난 소연경이 있다고 집착하는 자는 설한다. a. 외경이 소연이며, b. 상분은 행상이라고 이름하고, c. 견분은 사(事)라고 이름하니, 이것(사)이 심과 심소의 자체상이기 때문이다. 심과 심소는 소의와 소연이 같고 행상이 서로 유사하다. 사(事)는 비록 수적으로 같지만 상(相)이 각각 다르니, 식·수·상 등이 서로 각각 다르기 때문이다. ② <유식론자> 식을 떠난 소연경이 없다고 통달한 자는 설한다. a. 상분이 소연이며, b. 견분은 행상이라고 이름하고, c. 상분과 견분의 소의인 자체는 사(事)라고 이름하니, 즉 자증분이다.

① <비유식론자> 執有離識所緣境者, 彼說 a. 外境是所緣, b. 相分名行相, c. 見分名事, 是心心所自體相故. 心與心所同所依緣, 行相相似. 事雖數等而相各異, 識受想等相各別故. ② <유식론자> 達無離識所緣境者, 則說 a. 相分是所緣, b. 見分名行相, c. 相見所依自體名事, 卽自證分.

〈의식〉 – 〈의식작용〉 – 〈의식대상〉
①비유식: c. 사 b. 행상 a. 소연
〈견분 상분〉 외경
= 심 자체상

②유식: b. 행상 – a. 소연
〈견분 상분〉
c. 자체(āśraya)=사(dravya)
〈자증분〉

'식을 떠나 따로 경이 없다'(유식무경)는 관점이 유식이고, '식을 떠나 따로 소연경이 있다'고 집착하는 관점이 비유식이다. 비유식의 관점은 7전식의 관점이며, 유식의 관점은 제8아뢰야식의 관점이다. 7전식은 존재를 인식하는 식이고 제8식은 존재를 형성하는 식이므로, 각 관점에서 소연과 행상의 이해가 서로 다르다.

7전식의 상분은 7전식의 '견분의 행(行)에 의해 그려진 상(相)'이란 의미의 상분인 '영상상분'이고, 그 7전식의 바깥에 실제 대상(소연)인 사물 자체(본질상분)가 식을 떠난 소연경으로서 따로 있다. 그러므로 7전식에서 보면 a. 7전식 바깥의 경(외경)이 소연이고 b. 7전식 내의 상분(영상상분)이 행상이며 c. 식 자체(사)가 견분이다.

그렇지만 7전식의 소연(본질)이 되는 현상 사물 자체는 제8식의 상분이다. 그러므로 제8식에서 보면 a. 제8식의 상분이 소연이고 b. 견분이 행상이며 c. 견상통합의 식 자체(사)는 식의 자증분이다.

7전식의 관점: c. 사 –b. 행상 a. 소연
– 상분(영상상분) = 본질상분
= 견분 = 친소연(親所緣) = 소소연(疎所緣)
사(事): 견분

제8식의 관점: b. 행상 a. 소연
= 견분 = 상분(영상) – 본질 따로 없음
사(事): 자증분

이처럼 식을 떠난 경을 인정하는가 부정하는가의 차이는 결국 경을 바깥에 두는 7전식에 머무르는가 아니면 경을 포괄하는 제8식의 관점에 서는가의 차이라고 볼 수 있다. 경으로 변현하는 제8식을 모르는 채 7전식의 관점에서 보면 외부세계는 식(7전식) 너머의 외경이 되고, 경으로 변현하는 제8식을 알고 그 관점에서 보면 외부세계는 그 식의 상분일 뿐 외경이 아닌 것이 된다. 결국 우리 마음의 식을 어느 깊이까지 알아차리는가의 차이라고 할 수 있다.

서양철학자 칸트(I. Kant, 1724-1804)에서도 마찬가지의 구분을 발견할 수 있다. 우리의 일상 의식인 '경험적 의식'은 현상세계 우주 만물을 식 바깥에 존재하는 '물자체(Ding an sich)'로 전제하지만, 그보다 더 심층에서 작용하는 '초월적 의식'에서 보면 우주 만물은 초월적 의식의 선험적 형식에 따라 구성된 식 내재적 '현상(Erscheinung)'이다. 그러므로 우주 만물은 '경험적 의미의 물자체'이면서 동시에 '초월적 의미의 현상'이다. 속제(俗諦)로서 유(有)이면서 동시에 진제(眞諦)로서 가(假)인 것과 같다. 이런 의미에서 칸트는 자신의 입장을 '경험적 실재론'이면서 동시에 '초월적 관념론(Transzendentaler Idealimus)'이라고 하였다. 마찬가지로 후설(E. Husserl, 1859-1938)은 현상세계를 '내실적 외재(reell transzendent)'이면서 동시에 '지향적 내재(intentional immanent)'라고 논하였으며, 그러한 자신의 관점을 '초월적 현상학(Transzendentale Phänomenologie)'이라고 부른다.

		〈표상: 영상상분〉	〈사물: 본질상분〉	
칸트	의식 차원:	경험적 현상	경험적 물자체	- 경험적 실재론
	심층 차원:		초월적 현상	- 초월적 관념론
후설	의식 차원:	내실적 내재	내실적 외재	
	심층 차원:		지향적 내재	- 초월적 현상학

자증분은 견분과 상분이 의거하는 자체분이다. 견분과 상분이 각각 독립적 체를 갖는 것이 아니라 그 둘을 하나로 통합하는 기저의 체가 식 자체로 있다는 것이다. 만일 이 둘을 포괄하는 하나의 체가 없다면, 견분과 상분이 각각 독립적인 체가 되고, 그러면 심과 색, 아와 법이 각각 독립적 실체가 되어 유식이 성립하지 않을 것이다. 유식은 그렇지 않고 견분과 상분이 공동의 소의처인 식 자체에 의거하고 있다는 것이다. 결국 견분과 상분을 통합하는 자체분이 있음으로써 유식이 성립한다. 이렇게 견분과 상분이 함께 의거하는 총체적 소의가 식 자체라는 것을 『술기』는 다음과 같이 설명한다.

> 이 둘(견·상)의 소의인 자체를 사(事)라고 이름한다. 소의(所依)라는 것은 의거해 멈춘다는 뜻이니, 상분이 견분을 떠나 별도의 그러한 각별의 자체가 없음을 말한다. 이 둘(견·상)에 만약 하나의 총체적인 소의가 없다면, 상분은 견분을 떠나서도 마땅히 있어야 하니, 심과 심소처럼 두 개의 법이기 때문이다. 그러나 (둘은) 별도의 체가 없고 단지 두 공능일 뿐이다. 그러므로 마땅히 별도로 하나의 소의의 체가 있어야 한다. 두 가지 용이 일어나는 것은 이 체가 있기 때문이다. 따라서 '상분과 견분의 자체는 사라고 이름하니, 곧 자증분이다.' 라고 말한다.[11]

견·상을 통합하는 자체분이 없다면, 견분만 마음의 작용이 되고 상분은 마음 바깥의 별도의 체가 되어 유식이 성립하지 않게 된다. 따라서 자체분으로부터 견분과 상분의 이원화가 일어난다는 것은 곧 식 바깥에 경이 따로 없음을 말한다. 그러므로 『술기』는 이렇게 말한다.

---

11 『술기』, 318하, "此二所依自體名事. 言所依者是依止義, 謂相離見無別條然各別自體. 此二若無一總所依者, 相離見應有, 是二法故, 如心與所. 然無別體但二功能, 故應別有一所依體. 起二用時由有此體, 故言相見自體名事, 卽自證分."

만약 자증분이 없다면, 상·견 2분은 의거하는 사가 없기 때문에, (각각) 별도의 체를 이루게 되고, 마음 밖에 경이 있게 될 것이다. 이제 소의가 있다고 말하기 때문에 심을 떠나 경이 없으며, 곧 하나의 체이다.[12]

b. 자기 기억의 근거로서의 자증분

이것(자증분)이 만약 없다면, 마땅히 심과 심소법을 스스로 기억하지 못할 것이다. 일찍이 겪지 않은 경은 반드시 기억할 수 없는 것과 같기 때문이다.
此若無者, 應不自憶心心所法. 如不曾更境必不能憶故.

자증분의 존재를 증명하는 또 다른 단서가 기억(憶)이다. 대상(상분)뿐 아니라 대상의 경험(견분)을 기억한다는 것은 그 경험의 순간에 식이 이미 자신을 반연하고 있었음(자증분)을 말해 주기 때문이다. 자증분이 있기에 이 자증분이 마음 작용(심)과 그 양상(심소)을 기억할 수 있다. 심과 심소는 곧 자증분으로부터 생긴 견분에 해당한다. 심과 심소는 마음 작용으로서 그 대상인 상분을 반연한다. 그런데 그렇게 상분을 보는 마음 작용(견분)을 기억할 수 있다는 것은 이미 견분을 알아차리는 마음활동이 있었다는 말이며, 그것이 바로 자증분에 해당한다. 즉 견분이 상분을 볼 때 그렇게 상분을 보는 견분을 보는 자증분이 이미 있는 것이다. 그래야 견분을 다시 기억해 낼 수 있기 때문이다. 이처럼 심과 심소의 견분작용을 기억할 수 있다는 것은 곧 그렇게 견분(심과 심소)을 알아차리는 자증분이 있다는 말이 된다.

---

12 『술기』, 319중, "若無自證分, 相見二分無所依事故, 卽成別體心外有境. 今言有所依故, 離心無境卽一體也."

식 자체가 이미 견분을 알아차리는 자증분으로 활동한다는 것은 무슨 의미인가? 자증분은 견분이나 상분과 구분되는 자기의식의 역할을 한다. 견분이 상분을 반연하여 아는 것이라면, 자증분은 식 자체를 아는 것이다. 식이 자증분을 갖는다는 것은 곧 식이 식 자신을 안다는 것이다. 그러나 다른 것을 보는 식이 어떻게 식 자신을 볼 수 있는가? 다른 것을 베는 칼이 어떻게 스스로를 자를 수 있는가? 다른 사람을 넘어뜨리는 장사가 어떻게 자신을 넘어뜨릴 수 있는가? 이 물음에 대해서는 두 가지 입장이 가능하다. 자증분을 인정하지 않는 입장과 인정하는 입장이다.

〈자증분을 부정하는 입장〉		〈자증분을 인정하는 입장〉
심은 스스로를 반연할 수 없다.	↔	심은 스스로를 반연할 수 있다.
니야야, 바이세시카, 설일체유부		진나
대상화 의식만 인정		비대상화의 자기의식 인정
반성론의 아포리아		직접적 자기의식 주장

이처럼 유식이 견·상 2분의 근거에 자체분을 두는 것은 마음이 자기 자신을 스스로 직접 안다는 것을 의미하며, 따라서 마음 자체분을 자증분이라고 하는 것이다. 『술기』는 이 점을 강조한다.

> 대승은 마음이 스스로를 반연할 수 있어 별도로 자체분을 세워 사(事)로 삼는다. 그러므로 견분을 행상이라고 이름한다. 반면 소승은 사 자체가 견분이고 자증분을 세우지 않으니, 자신을 반연함(반연返緣)이 없기 때문이다. 대승과 소승이 말하는 것이 각각 다르다. 그러나 저것(심의 자기반연)이 말하기 어렵고, 칼이 자신을 해하지 않는다면, 어떻게 마음이 능히 자신을 반연할 수 있고 따로 자증분을 세울 수 있겠는가?[13]

13 『술기』, 318하, "大乘心得自緣, 別立自體分卽以爲事. 故以見分名行相. 卽小乘事體是見分, 不立自證分, 無返緣故. 大小二乘所說各別. 然彼難云, 刀不自割, 如何心能自

소승은 마음이 마음 스스로를 알지 못한다고 보므로 자증분을 세우지 않는 데 반해, 유식은 마음이 마음 스스로를 안다고 보므로 마음 자체를 자증분으로 간주하는 것이다.

심과 심소는 소의의 근이 같고 소연은 서로 유사하며 행상은 각각 다르니, 요별과 영납 등의 작용이 각각 상이하기 때문이다. 사(事)는 비록 수적으로는 같지만 상(相)은 각각 다르니, 식·수 등 자체에 차별이 있기 때문이다.
心與心所同所依根, 所緣相似行相各別, 了別領納等作用各異故. 事雖數等而相各異, 識受等體有差別故.

심의 작용과 거기에 상응하는 심소의 작용이 일어날 때, 그 둘이 의거하는 근은 같다. 심왕이든 심소든 하나의 식체의 활동이기 때문이다. 그들이 반연하는 대상은 유사하지만 다만 반연하는 방식인 행상은 서로 다르다고 한다.

아뢰야식 심왕의 행상이나 심소인 작의나 수나 상 등의 행상은 각각 서로 다르다. 심왕은 대상을 아는 것이지만, 수(受)는 대상의 상(相)을 영납하는 것이고, 상(想)은 그 상을 알아차리는 것으로 그 마음 작용의 양상(행상)이 서로 다르다는 것이다.

緣別立自證分?"

c. 인식 결과(량과)로서의 자증분

> 그런데 심과 심소가 하나씩 일어날 때 이론적으로 따져 보면 각각 3분이 있다. 소량·능량·량과가 다르기 때문이다. 상분과 견분은 반드시 소의가 되는 체가 있기 때문이다.
> 然心心所一一生時, 以理推徵各有三分. 所量能量量果別故. 相見必有所依體故.

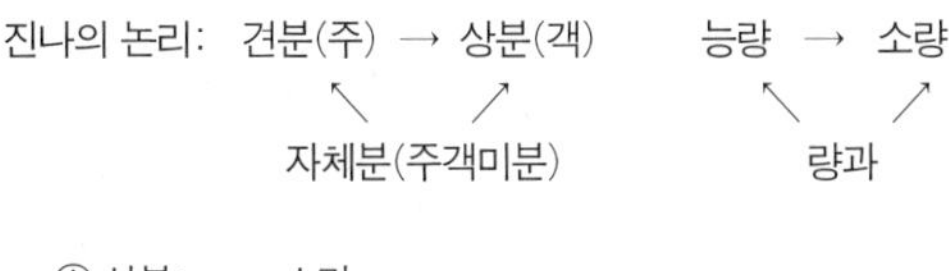

① 상분: 소량
↑
② 견분: 능량
↑
③ 자증분: 〈량과〉

량(量)은 사량(思量), 계량(計量), 측량(測量)에서처럼 헤아리는 인식을 뜻한다. 능히 헤아려 인식하는 것을 능량(能量)이라고 하고, 헤아려지는 것을 소량(所量), 헤아려진 결과를 량과(量果)라고 한다. 우리가 어떤 것을 인식(량)할 때 능히 인식하는 쪽은 능량(能量)인데, 능량에 의해 인식되는 것에 대해서는 둘을 구분할 수 있다. 즉 능량이 인식하고자 목표로 삼는 인식 대상x와 그 인식 대상에 대해 인식하게 된 결과y가 그것이다. 이 중 전자를 인식 대상x인 소량(所量)이라고 하고, 후자를 인식 결과y인 량과(量果)라고 한다. 예를 들어 내가 눈앞의 사과를 인식한다면, 그것은 곧 내가 눈앞의 둥글고 빨간 어떤 것x를 바로 사과y라고 인식하는 것이다. 그렇게 나의 인식(능량)이 지향하는 어떤 것x(소량)와 그 인식 활동에 의해 알려진 사과y(량과)는 서로 구분된다. 우리의 인식이 x를 y로 아는 것이기에, 즉 어떤 것x를 사과y로 아는 것이기에, 결과적으로 x와 y, 소량과 량과를 구분하지 않고 하나로 놓지만, 인식과정에서 보면 둘은 구분된다. 능량은 소량을 자신 밖에 두면서 자신 아닌 그 소량을 알고자 하는 것이고, 실제 인식이 일어날 때는 그 둘이 다시 관계 맺게 된다. 그러므로 능량이 견분이고, 소량이 상분이면, 그 둘 사이에서 인식이 성립한다는 것은 곧 견분(능량)과 상분(소량) 이외에 량과로서 제3의 분이 있다는 말이 된다.

그런데 이 제3의 것은 인식의 결과이면서 동시에 인식을 성립시키는 근거로서 견상을 포괄하는 것이어야 한다. 예를 들어 내가 사과를 보고 알면, 사과 밖의 나는 견분, 나 밖의 사과는 상분이다. 그런데 이 둘이 각각의 체로 분리되어 있다면 인식은 성립하지 않는다. 내가 사과를 안다는 것은 곧 사과는 나 바깥의 사과에 머무르지 않고 내게 알려진 사과가 되며, 그만큼 나는 견분에 머무르지 않고 견분과 상분을 아우르는 식(識)이어야 한다. 이처럼 능량의 견분이 소량의 상분을 인식하여 량과에 이를 수 있는 것은 곧 식 자체가 견분과 상분을 아우르는 것이기 때문이다. 견분이 상분을 인식한 인식 결과인 량과는 결국 견상이원화 이전의 식 자체분인 것이다. 그래서 식 자체의 자증분을 견분이 상분을 인식한 결과인 량과(量果)라고 하는 것이다. 『술기』는 이렇게 설명한다.

> 상분과 견분과 자체분 세 가지는 곧 소량과 능량과 량과로서 다른 것이다. 다음과 같이 이를 배대하면 자로써 사물을 측량할 때 사물은 소량이고, 자는 능량이며, 숫자를 아는 지혜는 량과라고 불리는 것과 같다. 심 등이 경을 아는 것(량)도 마땅히 이와 같으므로 따라서 세 가지를 세운다.[14]

---

14 『술기』, 319상, "相分見分自體三種卽所能量量果別也. 如次配之, 如以尺丈量於物時, 物爲所量, 尺爲能量, 解數之智名爲量果. 心等量境類亦應然, 故立三種."

① 상분: 소량 - 사물(측량 대상) - 인식 대상(어떤 것x)
↑
② 견분: 능량 - 자(측량 기준) - 인식 주관(x를 y로 인식하는 자)
↑
③ 자증분: 〈량과〉 - 지혜(측량 결과) - 인식 결과(알려진 것y)

자로 측량할 때 측량되는 것(소량)인 사물은 상분, 측량하는 자(능량)인 자는 견분, 그러한 측량 결과인 수의 인식(량과)은 자증분이라는 것이다. 량과의 과에 대해 『술기』는 말한다.

> 이제 이 세 가지(소량·능량·량과)는 체가 하나의 식이다. … 과(果)는 무슨 뜻인가? 인(因)을 성만하게 하는(성만인) 뜻이다. … 능량에 과가 없다면, 경을 측량하는 것이 무슨 이익이 있겠는가?[15]

능과 소의 분별을 넘어 그 둘이 서로 연관지어져 그 결과로서 인식이 성립하자면 그 둘의 공통의 근거가 있어야 하며, 그것이 바로 식 자체분이고 그것이 또한 인식 결과(량과)로서의 자증분인 것이다.

『집량론』 게송에서 말하는 것과 같다.
경 같은 상(상분)은 소량이고, 능히 상을 취하는 것(견분)과 자증(자증분)은
곧 능량과 량과이다. 이 셋은 체가 다름이 없다.
如『集量論』伽他中說.
似境相所量, 能取相自證,

15 『술기』, 319상, "今此三種體是一識 … 果是何義? 成滿因義. … 能量無果, 量境何益?"

卽能量及果. 此三體無別.

『집량론』은 진나의 논서로 여기에서 진나는 3분설을 주장한다. 『술기』는 "이것(3분)은 곧 진나 보살이 경에 의거해서 이치를 세운 것이다."[16]라고 말한다. 위의 게송은 견분과 상분을 포괄하는 식 자체가 자증분으로 존재하지만, 이 셋이 결국 하나의 체라는 것을 강조한 말이다. 즉 하나의 체인 식 자체분으로부터 견분과 상분의 이원화가 일어나는 것이다.

3) 증자증분

견분과 상분과 자증분 너머 증자증분이 있다. 증자증분은 자증분을 증득하는 부분이다. 이렇게 해서 호법은 4분설을 주장한다. 『술기』는 "호법 이후에 비로소 이것(증자증분)을 세우기 시작했다."[17]고 말한다.

a. 능량으로서의 증자증분

또한 심과 심소를 세밀히 분별하면 마땅히 4분이 있어야 한다. 3분은 앞과 같고, 다시 제4의 증자증분이 있다. 이것(증자증분)이 만약 없다면, 무엇이 제3(자증분)을 증득하겠는가? 심의 분은 이미 같으므로 마땅히 모두 증득되어야 하기 때문이다.

又心心所若細分別應有四分. 三分如前復有第四證自證分. 此若無者, ① 誰證第三? 心分旣同應皆證故.

16 『술기』, 319상, "此卽陳那菩薩依經立理."

17 『술기』, 319중, "護法以後方始立之."

① 상분: 소량
↑
② 견분: 능량 소량
↑
③ 자증분: 능량 소량
↑
④ 증자증분: a. 능량

a. 자증분을 증득하는 것이 있어야 함 - 능량으로서의 증자증분

견분을 증득하는 자증분이 있듯이, 다시 그 자증분을 증득하는 것이 있어야 한다. 그런데 견분이 자증분을 증득할 수는 없다. 왜냐하면 견분은 비량일 때도 있는데, 자증분을 증득하는 것은 언제나 참인 현량이어야 하기 때문이다. 그러므로 자증분을 증득하는 증자증분은 견분도 아니고 자증분도 아닌 제4의 분이며, 이것을 '자증분을 증득하는 것' 이라는 의미에서 '증자증분' 이라고 부른다.

b. 량과로서의 증자증분

또 (증자증분이 없다면) 자증분이 마땅히 과가 없게 될 텐데, 모든 능량은 반드시 과가 있어야 하기 때문이다. 견분이 제3(자증분)의 과일 수는 없으니, 견분은 간혹 비량(非量)에 포함되기 때문이다.

又自證分應無有果, 諸能量者必有果故. 不應見分是第三果, 見分或時非量攝故.

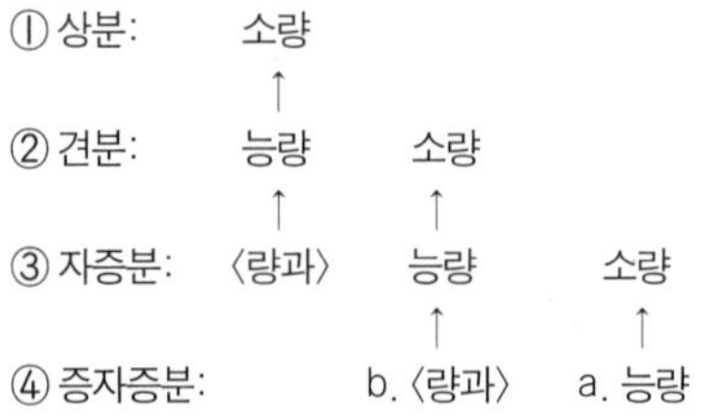

① 상분:	소량		
	↑		
② 견분:	능량	소량	
	↑	↑	
③ 자증분:	〈량과〉	능량	소량
		↑	↑
④ 증자증분:		b. 〈량과〉	a. 능량

a. 자증분을 증득하는 것이 있어야 함 - 능량으로서의 증자증분

b. 자증분이 능량일 때 량과가 있어야 함 - 량과로서의 증자증분

량과는 현량이어야 해서 가끔 비량(非量)인 견분은 안 됨

자증분이 견분을 인식하는 능량으로 활동할 때, 그 인식의 결과를 견분에서 찾을 수는 없다. 견분은 바른 인식이 아니라 잘못된 인식인 비량(非量)일 수도 있기 때문에 그러한 견분이 자증분이 인식한 결과인 자증분의 량과가 될 수는 없다. 자증분의 인식 결과는 비량일 수 없고 항상 바른 인식이어야 하기 때문이다.

자증분을 증득하는 증자증분이 있어야 하는 것은 그래야 자증분이 견분을 인식할 때 그 량과가 있게 되기 때문이다. 즉 자증분과 견분을 포괄하는 것이 있어야 하며, 이것이 바로 그 둘을 포괄하는 증자증분이다. 자증분이 현량으로서의 식이니, 이 자증분의 량과 또한 필히 현량이어야 한다. 그러므로 때로 비량이기도 한 견분이 자증분의 량과일 수는 없고, 자증분의 량과가 되는 증자증분이 따로 있어야 하는 것이다.

이 때문에 견분은 제3(자증분)을 증득할 수 없다. 자체(자증분)를 증득하는 것은 필히 현량이어야 하기 때문이다.

由此見分不證第三. 證自體者必現量故.

비량이기도 한 견분은 a. 자증분을 증득하는 능량일 수도 없고, b. 자증분을 인식한 결과인 량과일 수도 없으므로, 결국 자증분을 증득하고 또 자증분의 량과가 되는 제4의 분인 증자증분이 존재해야 한다.

> 이 4분 중 앞의 둘(상분·견분)은 외(外)이고, 뒤의 둘(자증분·증자증분)은 내(內)이다. ① 처음의 하나는 오직 소연이고, 뒤의 셋은 둘(소연·능연)에 통한다. 즉 ② 제2분(견분)은 단지 제1(상분)만을 반연하고, 혹 량이거나 비량(非量)이거나 혹 현량이거나 비량(比量)이다. ③ 제3분(자증분)은 능히 제2(견분)와 제4(장자증분)를 반연한다. ④ 증자증분(제4분)은 오직 제3(자증분)만을 반연하니, 제2(견분)를 반연하지 않는 것은 그럴 필요가 없기 때문이다. 제3과 제4는 모두 현량에 속한다.
> 此四分中前二是外, 後二是內. ① 初唯所緣, 後三通二. 謂 ② 第二分但緣第一, 或量非量, 或現或比. ③ 第三能緣第二第四. ④ 證自證分唯緣第三, 非第二者以無用故. 第三第四皆現量攝.

① 상분: 외(外) - 소량(소연) - 량(능연)이 아님
↑
② 견분: 외(外) - 능량(능연) 소량 - 현량 + 비량(比量) + 비량(非量)
↑
③ 자증분: 내(內) 능량 능량 소량
↓ ↑ 오직 현량
④ 증자증분: 내(內) 소량 능량

상분을 외(外)라고 하는 것은 상분이 식의 인식 대상인 소연으로 작용하며 능연이 아니기 때문이다. 그리고 그 상분을 반연하는 견분도 외라고 하는 것은 견분이 외의 상분을 향한 능연으로서만 작용하지 안의

자증분이나 증자증분으로 향하지는 않기 때문이다. 『술기』에서 "견분은 외(상분)와 비슷하고 외를 반연하기에 외라고 이름하는 것이지 그 자체가 외라는 것은 아니다."[18]라고 말한다. 반면 자증분과 증자증분은 자체도 안이면서 안의 서로를 반연하므로 안이라고 말한다.

여기에서는 4분이 각각 어떤 방식으로 능연과 소연으로 연결되는지를 밝힌 것이다. 능연은 곧 능량이며 대상을 헤아려 아는 것이다. 그리고 소연은 그렇게 헤아려지는 소량이다. 상분은 견분에 의해 연해지는 소연이며, 견분은 상분을 헤아리는 능연이며, 자증분은 다시 그러한 견분을 헤아리는 능연이고, 증자증분은 다시 그 자증분을 헤아리는 능연이다.

그렇다면 그 증자증분을 헤아리는 것은 무엇인가? 그것이 다시 제5분으로서 설정되어야 하는 것은 아닌가? 이에 대한 답변이 위에서 말한 "제3분(자증분)은 능히 제2(견분)와 제4(증자증분)를 연한다."는 것이다. 즉 제4증자증분을 연하는 것은 제3자증분이기에 다시 제5분을 설정할 필요가 없다는 것이다.

c. 무한소급 없음

그러므로 심과 심소는 4분이 합하여 이루어지고, 소연과 능연을 갖추어 무궁(무한소급)의 과오가 없다. 비즉비리이어서 유식의 이치가 이루어진다.

故心心所四分合成, 具所能緣無無窮過. 非卽非離唯識理成.

18 『술기』, 319하, "但由見分似外緣外, 故名爲外非體是外."

① 상분:	소량			
	↑			
② 견분:	능량	소량		
	↑	↑		
③ 자증분:	〈량과〉	능량	소량+〈량과〉	능량
		↑	↑	↓
④ 증자증분:		b.〈량과〉	a.능량	c. 소량+〈량과〉

c. 자증분이 증자증분을 증득할 수 있으므로 제5분(증증자증분)을 둘 필요 없음.

인간의 인식작용은 상분과 견분과 자증분과 증자증분의 4분으로 모두 완전하게 해명되며, 제4분을 증득하는 제5분, 다시 그 제5분을 증득하는 제6분이 있어야 한다는 식의 무한소급은 일어나지 않는다. 앞에서 논한 대로 자증분이 증자증분을 증득하기에, 다시 증자증분을 증득하는 제5분을 설정할 필요가 없기 때문이다.

자증분을 증득하는 것으로서 증자증분이 있어야 하듯이, '그럼 증자증분을 증득하는 것으로서 증증자증분이 있어야 하는 것 아닌가?' 라고 물을 수 있는데, 그렇게 되면 곧 무한소급으로 나아가게 된다. 즉 증자증분을 증득하는 증증자증분을 설정하면, 다시 또 그 증증자증분을 증득하는 증증증자증분을 설정해야 할 것이며, 이것은 끝없이 무한으로 이어지게 되기 때문이다. 이것이 바로 무궁(無窮)의 과오, 즉 무한소급의 과오이다.

이에 대해 유식은 증자증분을 증득하는 것은 자증분이라고 설명한다. 자증분은 견분이 외(상분)를 반연하는 것과 달리 본래 내(견분)를 반연하는 식분이며, 따라서 자증으로서 언제나 현량이다. 그러므로 자신(자증분)을 반연하는 증자증분을 스스로 다시 반연할 수가 있다. 이렇게 증자증분을 증득하는 것이 자증분이어서, 자증분과 증자증분이 서로를 증득할 수 있게 되면, 식분은 4분으로 충분하게 된다. 즉 증자증분을 증득하는 증증자증분을 다시 설정하고, 또 그 증증자증분을 증득하는 증증증자증분을 다시 설정하는 식의 무한소급이 일어나지 않게 된다.

여기서 4분이 비즉비리라는 것은 4분이 서로 동일한 것도 아니고 다른 것도 아니라는 것이다. 4분이 작용하는 능력 내지 공능이 서로 다르므로 동일한 것도 아니지만, 그렇다고 각기 다른 체가 있는 것이 아니라 하나의 식체로부터 분화된 것이므로 서로가 각각 별개의 것으로 분리되어 있는 것도 아니다.

그러므로 경에서 게송으로 말한다.

중생의 마음은 두 가지 성품이니, 내와 외의 일체분이

/ 소취와 능취로 얽혀 있고 견(見)에 갖가지 차별이 있다. (10하)

是故契經伽他中說.

衆生心二性, 內外一切分,

/ 所取能取纏, 見種種差別. (10하)

상분 견분	외	소연 능연 + 소연	– 현량(現量)+비량(比量)+비량(非量)의 차별 있음
자증분 증자증분	내	능연 + 소연 소연 + 능연	

이 게송의 출처에 대해 『술기』는 "『불지경론』에도 있으니, 곧 『후엄경』이다."[19]라고 말한다. 중생심이 내와 외의 두 성품으로 되어 있다는 것은 중생심이 자증분과 증자증분의 내와 상분과 견분의 외로 이루어져 있다는 것이다. 또한 이 4분이 서로 능연과 소연, 능량과 소량, 한마디로 능취와 소취로 얽혀 있는 것이다.

19 『술기』, 320중, "『佛地論』有, 卽『厚嚴經』."

이 게송의 뜻은 이러하다. 중생의 심성은 2분이 합해서 이루어지니, 내(內)든 외(外)든 모두 소취와 능취로 얽히고 묶여 있어서(전박), 견에 갖가지의 량 또는 비량(非量), 현량 또는 비량(比量)의 많은 차별이 있다. 이 중 견이라는 것은 견분이기 때문이다.
此頌意說. 衆生心性二分合成, 若內若外皆有所取能取纏縛, 見有種種或量非量或現或比多分差別. 此中見者是見分故.

전박(纏縛): 심신을 얽어매는 번뇌=계박(繫縛): 전(纏): 현행의 번뇌 ↔ 수면(隨眠): 잠재적 번뇌

얽힘의 전(纏, paryavasthāna)은 매임의 계(繫, grantha) 또는 묶임의 박(縛, bandhana)과 같은 의미이다. 흔히 번뇌로 심신이 얽매임을 계박이라고 한다. 『술기』는 전박에 대해 이렇게 말한다.

이것은 오직 중생의 4분이므로 전박이라고 말하니, 상박과 추중박 2박을 갖고 있기 때문이다. 무루심 등은 비록 4분이 있지만 전박이 아니다.[20]

전박(纏縛):
- 상박(相縛): 상분에의 얽매임, 법집(法執)에 따른 번뇌
- 견박(見縛) = 추중박(麤重縛): 견분에의 얽매임, 아집(我執)에 따른 번뇌.

전박은 상박과 추중박을 포함한다. 상박은 상분에의 얽매임으로 법집을 말하고, 추중박은 견박이라고도 할 수 있는 견분에의 얽매임으로 아집 내지 아견을 말한다. 상박의 법집에 비해 아집이 더 거칠고 무겁게 작용하므로 추중박이라고 한다. 견분이 현량과 비량(比量) 및 비량(非量) 등 다양한 분별작용을 일으키므로, 이에 대한 얽매임이 대상에

20 『술기』, 320중, "此唯衆生四分故言纏縛, 相及麤重二縛具故. 無漏心等雖有四分而非纏縛."

대한 집착(상박)보다 더 거칠고 무겁게 작용한다는 뜻이다.

3량(量, pramana):

량 ┌ 1. 현량(現量, pratyaksa): 감각과 지각: 자상(自相, svalaksana)을 인식
　 └ 2. 비량(比量, anumana): 판단과 추리: 공상(共相, samanyalaksana)을 인식

비량 − 3. 비량(非量)

불교는 량을 제대로 된 량(量)과 잘못된 량인 비량(非量)으로 나누고, 제대로 된 량은 다시 직접적이고 현재적인 량으로서 자상(自相)을 인식하는 현량(現量)과 간접적이고 추리적인 량으로서 공상(共相)을 인식하는 비량(比量)으로 구분한다. 법칭은 『니야야빈두』에서 현량을 다시 네 가지로 구분하고 있다.

현량(現量):

a. 감관지(indriyajnana): 전5식 ┐
b. 의근지(manovijnana): 제6의식 │ 세간의 현량
c. 자기인식(svasamvedana): 제식의 자증분(?) ┘
d. 요가현량(정관, yogipratyaksa): 제식의 증자증분(?) − 출세간의 현량

여기에서는 지금까지 논한 식의 4분 중 견분이 현량·비량·비량의 3량을 갖는다고 말한다. 상분은 아예 량이 없고, 자증분과 증자증분은 자증적인 것으로서 항상 현량이기 때문이다. 4분이 3량과 어떻게 연결되는지, 그리고 전5식, 제6의식, 제7말나식, 제8아뢰야식 각각이 3량과 어떻게 연결되는지에 대해 일본의 중산은 『사분의극략사기』에서 이렇게 말한다.

① 상분은 능연상이 아니기 때문에 3량에 포함되지 않는다. ② 견분은 외부를 연하기에 3량에 통한다. ③④ 후의 2분은 직접 자체를 증하므로 오직 현량일 뿐이다. … 〈문〉 ② 견분이 3량에 통한다면 8식의 견분이 모두 그렇다는 것인가? 〈답〉

그렇지 않다. 전5식과 제8식의 견분은 오로지 현량일 뿐이고, 제7식의 견분은 오로지 비량(非量)일 뿐이며, 오직 제6식의 견분만이 3량에 통한다.[21]

4분 중에서 ① 상분은 능연이 아니고 소연일 뿐이므로 량을 갖지 않는다. ② 견분은 제6의식의 경우 전5식과 동일한 대상(자상)을 연하는 의식(솔이심/감각의식)일 경우 현량이고, 개념(공상)을 연하는 판단이나 추리의 경우 비량(比量)이며, 대상 없는 상상이나 공상의 의식일 경우 비량(非量)이기에, 그와 같이 3량에 통한다고 한다. 제7식의 견분은 제8식을 아(我)로 집착하는 식이므로 언제나 잘못된 식인 비량(非量)이다. 반면 제8식은 현전하는 상분을 연하므로 항상 현량이고, 전5식 또한 현전하는 경을 상분으로 연하므로 항상 현량이다. ③ 자증분과 ④ 증자증분은 항상하는 식 자체를 증하므로 늘 현량이다. 이상은 다음과 같이 정리된다.

	전5식	제6의식	제7말나식	제8아뢰야식
① 상분	×	×	×	×
② 견분	현량	현량(現量): 5구동연의식(감각의식)	비량(非量)	현량
		비량(比量): 부동연의식(판단)		
		비량(非量): 상상, 꿈		
③ 자증분	현량	현량	현량	현량
④ 증자증분	현량	현량	현량	현량

어느 식이나 자증분이나 증자증분은 항상 현량이다. 문제는 견분인

21 중산, 『사분의극략사기』, (『대정장』 71권, 465중, 하), "① 相分以非能緣性, 三量所不攝. ② 見分緣外, 故通三量. ③④ 後二分親證自體故, 唯現量也. … 〈問〉 見分通三量者, 八識見分, 一向皆爾耶? 〈答〉 不然. 五八識見分, 一向現量, 第七識見分, 一向非量, 唯第六識見分, 通三量."

데, 전5식이나 제8식의 견분은 항상 현량인 데 반해 제6의식의 견분은 현량일 수도 있지만 비량(比量) 또는 비량(非量)일 수 있고, 제7식은 항상 비량(非量)이라는 문제가 있다. 즉 제6의식은 개념적 추리작용일 경우 비량(比量)이고, 상상이나 꿈일 경우 비량(非量)이지만, 제7식은 언제나 비량(非量)이기에 망식(妄識)이라고 부른다.

이와 같이 4분은 a. 혹 포섭되어 셋이 되기도 하니, 제4가 자증분에 포섭되어 들어가기 때문이다. b. 혹 포섭되어 둘이 되기도 하니, 뒤의 셋이 함께 능연성이어서 모두 견분에 포섭된다. 이때 견이라고 하는 것은 능연의 의미이다. c. 혹 포섭되어 하나가 되기도 하니, 체에 차별이 없기 때문이다.
如是四分, a. 或攝爲三, 第四攝入自證分故. b. 或攝爲二, 後三俱是能緣性故皆見分攝. 此言見者是能緣義. c. 或攝爲一, 體無別故.

4분	a. 3분	b. 2분	c. 1분
상분	상분	상분(소연)	하나의 체
견분	견분	견분(능연)	
자증분	자증분		
증자증분			

각 식이 작용할 때 4분으로 나뉘므로 '4분설'이라고 말하지만, 4분은 다른 기준으로 보면 다시 3분, 2분, 1분으로 정리될 수 있다.

『입능가경』의 게송에서 말하는 것과 같다.

자기 마음의 집착으로부터 마음이 외적 대상으로 전사한다.

저 보여진 것은 있지 않으니, 이 때문에 유심(唯心)이라고 말한다.

如『入楞伽』伽他中說.

由自心執著, 心似外境轉.

彼所見非有, 是故說唯心.

식전변하여 나타나는 견분과 상분에 대한 견박과 상박의 집착으로 인해 우리는 그 각각을 주관적 자아와 객관적 세계, 아와 법이라고 간주한다. 외경이 실유라는 생각은 마음의 집착에서 온 것일 뿐, 실제 마음 바깥의 외경은 있지 않다. 그러므로 마음 바깥의 외경은 없고 오직 식 내지 마음만 있다는 '유심'을 말하게 된다. 『술기』는 이 게송의 의미를 이렇게 설명한다.

외경이 없으므로 오직 일심(一心)이 있다. 집착하기 때문에 외경으로 전사한다. 반드시 외경이 없으므로 자심이 있음을 허락한다. 마음을 떠나지 않으므로 총체적으로 하나의 식이라고 말한다. 심소는 심과 상응하고, 색법은 심의 소변이며, 진여는 식의 실성이다.[22]

이와 같이 곳곳에서 오직 일심뿐이라고 말한다. 이 일심이란 말은 또한 심소도 포함한다. 그러므로 식의 행상은 곧 요별이고, 요별은 곧 식의 견분이다.

22 『술기』, 320하, "外境無故唯有一心. 由執著故似外境轉. 定無外境許有自心. 不離心故總名一識. 心所與心相應. 色法心之所變. 眞如識之實性."

如是處處說唯一心. 此一心言亦攝心所. 故識行相卽是了別, 了別卽是識之見分.

식 자체가 견상으로 이원화하는 것이므로 일체가 모두 마음이며, 마음밖에는 아무것도 없다. 그러므로 오직 하나의 마음, 일심(一心)이 있을 뿐이다. 이 한마음에는 심소도 포함된다. 식의 행상인 요별은 식의 견분으로 심에 포섭된다.

지금까지 논한 4분설은 제8아뢰야식에 국한되지 않고 식 전체를 논한 것이다. 견분이 단지 현량이 아니고, 비량(比量) 또는 비량(非量)일 수 있는 것은 아뢰야식에 해당하는 말이 아니기 때문이다. 비량(比量)으로 추리하는 식은 제6의식이며, 가끔 비량(非量)의 잘못된 인식을 하는 것도 제6식이고, 반면 항상 잘못된 인식을 하는 것은 제7말나식이다. 전5식이나 제8식의 요별은 늘 현량이다. 자증분이나 증자증분이 항상 현량이라는 것은 모든 식에 적용되는 말이다.

그런데 7전식은 제8식의 식소변(소연)에 의거해서 그 식소변을 본질(소소연)로 삼아 자신의 상분(친소연)을 형성하고, 또 제8식의 행상인 요별에 의거해서 자신의 요별작용을 일으킨다. 그러므로 『술기』는 "이 요별의 체는 곧 제8식의 견분이다."[23]라고 말한다. 7전식의 모든 요별작용이 제8식의 견분에 의거한 것이며, 따라서 그 체는 결국 제8식의 견분인 것이다.

4) 2가지 상분과 3가지 경

인식은 인식 주관이 인식 대상인 경(境)을 인식하는 것이다. 경을 인

23 『술기』, 320하, "此了別體卽是第八識之見分."

식하는 주관적 부분이 견분이고, 견분에 의해 인식되는 대상에 해당하는 객관적 부분이 상분이다. 각 식은 그 자체분에 의해 견분과 상분으로 이원화되지만, 각 식이 그렇게 견상으로 이원화될 때 그 식들 간에 상관관계가 없지 않다.

각 식이 견상으로 이원화하는 것을 변(變)이라고 하는데, 식의 변은 크게 두 종류로 구분된다. 하나는 인연 세력(종자)에 의해 각자의 유근신과 공통의 기세간을 산출해 내는 인연변(因緣變)이고, 다른 하나는 그렇게 형성된 근과 경에 의거해서 이런 저런 분별계탁을 일으키는 분별변(分別變)이다.[24] 인연변은 식이 경을 산출하는 존재론적 전변인 반면, 분별변은 경을 영상으로 인식하는 인식론적 전변이라고 할 수 있다. 제8아뢰야식의 활동은 경을 산출하는 인연변의 변이다. 그 아뢰야식의 견분이 요별이고 상분이 유근신과 기세간이다. 그리고 그렇게 형성된 기세간을 인식하는 식의 활동이 바로 분별변이다. 7전식의 활동은 모두 아뢰야식의 식소변인 기세간을 대상으로 삼아 인식하는 분별변의 변이다.

7전식에서 식 자체가 견상 이원화해서 나타나는 상분은 7전식의 견분과 동시에 일어나는 상분으로 이것을 '영상상분'이라고 한다. 7전식은 현상 사물을 형성하는 식이 아니라 현상 사물을 인식하는 식이며, 따라서 7전식의 상분은 사물 자체가 아니라 사물의 영상이기에 그것을 '영상상분'이라고 하는 것이다. 그 영상의 근거가 되는 사물 자체를 '본질' 내지 '본질상분'이라고 하며, 이 본질상분이 바로 제8식의 식소변인 기세간이다. 상분은 '반연되는 경'(소연경)이다. 7전식의 직접적 상분인 영상상분을 가까운 소연이란 의미에서 '친소연(親所緣)'이라고

24 인연변과 분별변의 구분은 『성유식론』 권2(『대정장』 권31, 11상)에 나오며, 이 책 제3장 제3절에서 다시 논한다.

하고, 7전식의 간접적 상분인 본질상분을 더 먼 소연이란 의미에서 '소소연(疎所緣)'이라고 한다.

〈영상상분〉 ↔ 〈본질상분〉
표상 물자체
친소연 소소연

7전식 자체의 견상이원화로부터 형성되는 상분인 영상상분 내지 친소연은 7전식 자체에 속하는 것이고, 그 식의 소소연인 본질상분은 그 식 바깥의 것, 제8식의 식소변인 기세간이다. 반면 제8식은 그 식 바깥의 경이 따로 있지 않으므로 제8식에 관해서는 영상과 본질, 친소연과 소소연의 구분이 성립하지 않는다.

견분 + 상분 = 영상상분(친소연) ↔ 본질상분(소소연) = 제8식의 식소변
↖ ↗ 〈사물의 표상〉 〈사물 자체〉
7전식: 자체분

견분 + 상분: 영상뿐이고 그 너머 본질이 따로 없음: 인식=존재이므로
↖ ↗
제8식: 자체분

7전식의 분별적 인식은 어떤 것x를 연하여 그것을 어떤 것y로 인식하는 것이다. y는 7전식 각 식의 소변으로서 친소연인 영상상분에 해당하고, x는 그 식이 지향하는 대상으로서 소소연인 본질상분에 해당한다. 제7말나식은 아뢰야식의 견분(x)을 연하여 자아(y)로 인식하고, 제6의식은 아뢰야식의 상분인 유근신과 기세간(x)을 연하여 자아와 세계(y)로 인식한다. 전5식은 아뢰야식의 상분을 그 자체 세계로 받아들인다고 할 수 있다.

7전식의 분별: x를 y로 분별인식
본질상분 영상상분
(소소연) (친소연)
= 제8식의 소연

이러한 본질과 영상의 구분에 입각해서 현장과 규기는 인식 대상인 경(境)을 세 가지 종류로 구분하여 논한다. 3류경을 설명하는 현장의 게송(삼장가타)을 규기는 『성유식론장중추요』 1권 말, 『성유식론의림장』 4권 말에서 소개한다.[25]

① 성경(性境)은 심(心)을 따르지 않고,
② 독영경(獨影境)은 오직 견분(見分)만을 따르며,
③ 대질경(帶質境)은 정(情)과 본질(本質)에 통하니,
성(性)과 종(種) 등이 각 경우에 다르다.[26]

① '성경(性境)'이 심을 따르지 않는다는 것은 그것이 견분에 따라 일어난 영상상분이 아니고 실제 종자로부터 변현한 본질, 즉 본성의 경이라는 것을 의미한다. 규기는 『성유식론장중추요』에서 성경을 이렇게 설명한다.

첫 번째는 성경이다. 진실한 법의 체를 성경이라고 부른다. 색이 진실한 색이고, 심이 진실한 심이다.[27]

---

25 이하 3류경에 대한 좀 더 상세한 설명은 박인성, 『법상종 논사들의 유식사분의 해석』, 도서출판 b, 2015, 57쪽 이하 참조.

26 규기, 『성유식론장중추요』(『대정장』 43권, 610상), "性境不隨心, 獨影唯從見, 帶質通情本, 性種等隨應."

27 규기, 『성유식론장중추요』(『대정장』 43권, 610상), "一者性境. 諸眞法體名爲性

제8식 내 종자로부터 변현한 5진의 경이 곧 성경이다. 색종자로부터 변현한 진실한 색, 심종자로부터 변현한 진실한 심은 그 자체로 성경이라는 것이다. 전5식과 5구동연의식은 성경인 본질을 그대로 자상(自相)으로 인식하므로 전5식과 5구동연의식의 상분도 성경에 포함시킨다.

② 독영경이 견분만을 따른다는 것은 본질이 없거나 본질과 상관없는 인식 대상이라는 것을 말한다. 규기는 『성유식론료의증』에서 이렇게 설명한다.

> (독영경은) 예를 들어 제6식이 거북의 털·허공의 꽃·석녀의 자식·무위·다른 계를 반연할 때의 경이다. 이런 부류는 모두 심을 따르기에 별도의 체와 용이 없다. 가(假)의 경에 속하기에 독영이라고 한다.[28]

있지 않은 것을 있다고 잘못 아는 것(거북털, 허공꽃), 논리적으로 모순되게 아는 것(석녀자), 실제적 증득 없이 개념으로만 아는 것(무위, 다른 계) 등이 독영경이다. 본질과 합당하지 않고 의식 차원에서 임의로 일으킨 대상이기에 본질은 없고 오직 영상만 있을 뿐이다.

③ 대질경이 정과 본질에 통한다는 것은 자상(본질)을 공상(정)을 따라 분별하여 아는 대상이라는 것을 뜻한다. 본질을 따라 맞게 알 수도 있고, 망정을 따라 잘못 알 수도 있는 대상이 대질경이다. 규기는 『성유식론장중추요』에서 대질경의 예로 제7식의 견분이 제8식을 연하는 것을 든다.

境. 色是眞色, 心是眞心."

28 규기, 『성유식론료의증』(『대정장』 43권, 620중), "如第六識緣龜毛·空花·石女·無爲·他界緣等所有諸境. 如是等類皆是隨心無別體用. 假境攝故名爲獨影."

세 번째 대질경은 이 영상에 실제 본질이 있는 것이다. 인위 중에 제7식 소변의 상분은 본질을 따라 무부무기일 수 있고 또 견분을 따라 유부에 속할 수도 있다. 또한 본질종자를 따라 생한다고 말할 수도 있고 또 견분종자를 따라 생한다고 말할 수도 있다. 의미가 일정하지 않기 때문이다.[29]

대질경은 본질을 따라가면서 알게 되는 경인데, 본질을 따라 바르게 알 수도 있고 식의 견분을 따라 잘못 알 수도 있는 경우의 대상이다. 구생기아집이 모두 극복되는 보살7지에 이르기까지는 제7식이 항상 비량(非量)이지만, 그 이후에는 전식득지가 일어나 평등성지로써 본질을 바르게 아는 것이 가능해진다. 이상 세 가지 경은 다음과 같이 정리 가능하다.

3류경:
1. 성경(性境): (x를 x로 앎) x(본질) 자체를 인식
   예) 제8식의 상분. 전5식, 동연의식의 상분
2. 독영경(獨影境): (x 없이 y로 분별) x 없이 y를 상상
   예) 거북털, 허공꽃, 석녀자, 사유대상으로서의 진여 등
3. 대질경(帶質境): (x를 y로 분별) x(본질)를 y(망정/견분) 따라 인식
   예) 노끈을 보고 노끈으로 알거나 또는 뱀으로 잘못 아는 경우

3. 아뢰야식의 소연

제8식의 소연은 처와 집수이며, 집수는 종자와 유근신이다. 종자는 제8식에 함장되어 있는 공능차별로서의 소연(소연1)이며, 유근신과 처(기

29 규기, 『성유식론료의증』(『대정장』 43권, 620중), "三者帶質之境謂此影像有實本質. 如因中第七所變相分得從本質是無覆無記等, 亦從見分是有覆所攝. 亦得說言從本質種生, 亦得說言從見分種生. 義不定故."

세간)는 그러한 종자가 현행화되어 드러난 식소변으로서의 소연(소연2)이다. 따라서 여기에서는 공능차별로서의 종자와 그 종자가 현행화된 유근신과 기세간의 관계를 밝힌다. 즉 어떤 종자가 기세간으로 변현하고, 어떤 종자가 유근신으로 변현하는가를 설명한다. 기세간은 그 안에 사는 유정이 모두 함께 공유하는 것으로서 각각의 이숙식 내 공상종자의 세력으로부터 형성되는 것이고, 유근신은 각각의 이숙식이 개별적으로 갖는 것으로 각각의 이숙식 내 불공상종자의 세력으로부터 형성되는 것이다. 이하에서 논의될 것을 미리 도표화해 보면 다음과 같다.

공상종자 ——(전변)——→ 공: 기세간 ┌ 기세간1: 외4대 - 공중공
　　　　　　　　　　　　　　　　　　　└ 기세간2: 4대소조색- 공중불공

불공상종자 ——(전변)——→ 불공: 유근신 ┌ 승의근: 내4대 - 불공중불공
　　　　　　　　　　　　　　　　　　　　　└ 부진근: 4대소조색 - 불공중공

1) 처(處): 기세간

> 처라고 하는 것은 이숙식이 공상종자의 성숙한 세력으로부터 색 등의 기세간상으로 변사한 것을 말한다.
> 所言處者謂異熟識由共相種成熟力故, 變似色等器世間相.

이숙식 내 공상종자(인) ——(변사)——→ 처: 기세간

처는 기세간이다. 기세간은 각각의 이숙식이 변현하여 형성한 것이지만 모두가 함께 공유하는 하나의 세계가 되므로, 그것을 낳는 종자를 '공상종자' 라고 한다. 처는 공상종자로부터 변현되어 기세간의 모습으

로 나타난 것이다. 기세간은 살아 있는 중생이 의거해 살 수 있는 터전이 되는 색법에 속한다. 『술기』에서 말한다.

> 자신의 종자를 인연으로 삼음으로써 본식이 전변하여 기세간의 모습이 되니, 오직 외적인 것이고 유정이 아니다. 이것은 능조색(4대) 및 소조색이다. 외에 처하므로 외대종이라고 말한 것이지 마음 밖의 법은 아니다.[30]

처는 종자가 인연 세력이 되어 아뢰야식이 전변하여 이룩한 것이다. 기세간의 인으로 작용하는 종자가 공상종자이다. 『술기』는 공통의 기세간으로 전변하는 공상종자와 각각의 유근신으로 전변하는 불공상종자를 다음과 같이 구분하여 설명한다.

> 모든 종자는 총체적으로 두 가지 종류가 있다. 첫째는 공상이고 둘째는 불공상이다. ① 어떤 사람에 의해 공상이 되는가? 많은 사람에 의해 감수되기 때문이다. 비록 사람마다 소변이 각각 다르기에 유식이 성립함을 알지만, 그러나 상사하여 공동으로 수용되는 뜻이 있어 공상이라고 이름한다. 실제로는 자(自)의 변을 타가 수용할 수 있는 것이 아니다. 만약 수용할 수 있다면, 이는 곧 마음 밖의 법을 반연한다는 말이 되기 때문이다. 그러나 나의 이 물(소변)이 증상연이 되어 다른 사람으로 하여금 공동으로 수용할 수 있게 하는 것을 공상이라고 이름하니, 산이나 강 등과 같다. ② 불공상이라는 것은 만약 유식의 이치가 오직 자기 마음이 전변한 것을 불공물이라고 이름한다면, 일체가 모두 불공이다. 타의 변은 타의 것이며 자는 수용할 수 없으니, 또한 불공상이라고 불린다. 그러나 이제 자신만 수용할 수 있고 타는 수용할 수 없는 것을 갖고 불공이라고 이름하니, 노비 등

---

30 『술기』, 321중, "由自種子爲因緣故, 本識變爲器世間相, 唯外非情. 此卽能造及所造色, 在外處故言外大種, 非心外法."

과 같다.[31]

① 공상종자: 상사하여 공동으로 수용. 자소변이 증상연이 되어 타도 수용. (산이나 강 등) - 기세간

② 불공상종자: 자소변은 자신만 수용, 타는 수용 못 함. (노비 등) - 유근신

유식의 원리에 따르면 나의 식은 나의 식소변을 소연으로 삼아 수용한다. 그러므로 나의 식소변을 타가 공동으로 수용할 수는 없다. 타가 자기 소변이 아닌 나의 소변을 소연으로 삼는다면 자기 식 바깥의 것을 연한다는 말이 되므로, 유식이 성립하지 않기 때문이다. 그러므로 유식에서는 자의 식소변을 타가 수용한다고 말할 수 없다. 만약 자소변을 자만 수용하는가, 타도 함께 수용하는냐를 기준으로 삼아 불공과 공을 나눈다면, 종자는 모두 불공이라고 말해야 한다. 자의 소변을 타가 수용할 수는 없기 때문이다. 유식에 따르면 내가 반연하는 이 강산은 모두 나의 식소변인 것이다.

그러나 현상적으로 보면 나의 식소변인 이 강산은 나만 지각하고 나만 수용하는 것이 아니라 다른 사람들도 함께 지각하고 함께 수용한다. 말하자면 내가 보는 내 식소변인 이 산을 남들도 똑같이 보고 걸어가며, 내 식소변인 이 강을 남들도 함께 건너간다. 내가 내 식소변만을 반연하듯, 그도 그의 식소변만을 반연할 텐데, 어떻게 그가 나의 식소변을 보고 듣고 할 수 있는 것일까?

여기에서는 각자의 소변이 '상사(相似)' 하기에, 즉 서로 유사하기에

31 『술기』, 321중, "諸種子總有二種. 一是共相, 二不共相. ① 何人爲共相? 多人所感故, 雖知人人所變各別名爲唯識, 然有相似共受用義說名共相. 實非自變他能用之. 若能用者, 此卽名緣心外法故. 然我此物爲增上緣, 令多人可共受用名共相如山河等. ② 不共相者, 若唯識理唯自心變名不共物, 一切皆是. 他變是他物, 自不能用亦名不共相. 然今但約自身能用他不得用名爲不共如奴婢等."

공동으로 수용되는 뜻이 있으며, 나의 식소변이 증상연이 되어 다른 사람이 공동으로 수용할 수 있게 된다고 설명한다. 그러나 나의 식소변이 어떻게 다른 사람에게 증상연으로 작용할 수 있는 것일까? 각자의 식소변을 각자가 수용함에도 불구하고, 그 식소변이 서로 유사하여 서로에게 증상연으로 작용할 수 있는 것은 어떻게 가능한 것인가?

유식의 관점에서 가능한 답은 하나이다. 즉 각자의 식소변인 기세간이 서로 유사하며, 그 안에서 만물이 서로 증상연으로 작용하는 하나의 공동의 세계가 될 수 있는 것은 그렇게 기세간으로 전변하는 각각의 식이 서로 다르지 않은 하나의 식, 하나의 마음, 일심(一心)이기 때문이다. 다시 말해 내 식소변을 타도 수용하는 것처럼 보이는 것은 나의 식소변과 그의 식소변이 서로 다르지 않은 하나의 기세간, 하나의 공동의 기세간을 이루기 때문이며, 이것은 결국 기세간으로 전변하는 나의 식과 너의 식이 서로 다르지 않은 하나의 식이기 때문이다.

그러므로 기세간으로 전변하는 종자가 공종자인 것은 내 식소변인데 그 식소변을 남도 수용하기에 공종자인 것이 아니라, 그 종자가 하나의 공동의 기세간을 이루는 공동의 종자이기 때문이다. 나의 기세간을 이루는 내 안의 종자와 그의 기세간을 이루는 그 안의 종자가 서로 다르지 않은 종자이기에, 그 소변인 기세간이 하나의 동일한 기세간이 되는 것이다. 기세간으로 전변하는 동일한 에너지가 각자의 마음에서 동일하게 작동하는 것이다. 이 점에서 유식의 심(아뢰야식)은 각자가 자기만의 세계를 만들어 각각 자기 세계 안에 사는 유아론(唯我論)의 심이 아니라, 모두가 하나의 공동의 세계를 만들어 그 안에 함께 사는 보편적 일심이다.

이어 『술기』는 『유가사지론』에 입각해서 공과 불공을 다시 또 각각 공과 불공으로 세분하여 네 가지 경우를 들어 공·불공을 설명한다.

여러 교설에 의거하면 공·불공이 총체적으로 넷으로 나뉜다. 『유가사지론』 66권의 말과 같다. ① 공 중에 둘이 있다. ①-1. 공중공이니, 산과 강 등과 같다. 오직 한 취만이 수용하여 다른 취는 수용할 수 없는 그런 것이 아니다. ①-2. 공중불공이니, 자기 밭이나 집 내지 귀신에 의해 보이는 맹화 등의 사물과 같다. 사람은 물로 보지만 다른 취나 다른 인간은 능히 수용하지 않기 때문이다. 다른 방이나 옷 등도 이에 준하면 알 수 있다. 이하에서 유근신과 처를 널리 해석함과 같다. ② 불공상 중에도 두 가지가 있다. ②-1. 불공중불공이니, 안 등의 근과 같다. 오직 자기 식이 의거하여 수용하는 것이고 타가 의거하여 수용하는 것이 아니기 때문이다. ②-2. 불공중공이니, 자기 부진근과 같다. 타도 역시 수용하기 때문이다. 근이 이렇지 않다면, 아래 문장을 말하기 어렵다. 비록 타의 근으로 변화해도 자기 식은 타의 근에 의거할 수 없기 때문이다. 이 때문에 단지 불공중불공이라고 이름하며, 이제는 바른 뜻에 의거하여 5근을 취해 불공중공이라고 하지 않는다. 여기서 처가 말하는 공상종자라는 것은 곧 공중공이다.[32]

① 공상 - 처(기세간)
  ①-1. 공중공: 여러 취가 공동으로 수용 (산, 강 등) - 기세간1 - 외4대
  ①-2. 공중불공: 다른 취는 수용 못 함 (내 집, 귀신이 보는 불 등) - 기세간2 - 4대소조색
② 불공상 - 유근신
  ②-1. 불공중불공: 자기 식이 의거하고 수용하는 것 (안 등 승의근) - 승의근 - 내4대
  ②-2. 불공중공: 타도 수용 (부진근) - 부진근 - 4대소조색

32 『술기』, 321중, "然依諸教共不共中總分爲四. 且如瑜伽六十六卷. ① 共中有二, ①-1. 一共中共, 如山河等. 非唯一趣用他趣不能用. ①-2. 二共中不共, 如己田宅及鬼等所見猛火等物. 人見爲水, 餘趣餘人不能用故, 餘房衣等准此可知. 如下廣解有根身處. ② 不共相中亦有二種. ②-1. 一不共中不共. 如眼等根. 唯自識依用非他依用故. ②-2. 二不共中共. 如自扶根塵. 他亦受用故. 根卽不爾下文難言. 雖亦變他根, 自識不能依他根故. 由此但名不共中不共, 今據正義不取五根爲不共中共. 此中處言共相種者卽共中共."

공상종자는 기세간을 형성하는 종자이고, 불공종자는 유근신을 형성하는 종자이다. 그런데 위의 도표로 표시되듯이 기세간은 다시 공중공과 공중불공으로 나뉘고, 유근신은 다시 불공중불공과 불공중공으로 나뉜다. 이하에서는 먼저 기세간을 설명한다.

즉 '외적인 대종'(외대종) 및 '그것으로 만들어진 색법'(소조색)이다.
卽外大種及所造色.

처(기세간): 공상종자의 식소변
- 기세간1: 4대종(지수화풍): 공중공
- 기세간2: 4대소조색: 공중불공

제8식의 식소변인 처로서의 기세간을 외대종 및 그 소조색이라고 한다. 대종은 지수화풍 4대(大)를 말하며, 그것을 '외대종'이라고 한 것은 그것이 외적 기세간을 형성하는 기본 세력이기에 '외(外)'와 '종(種)'이라고 한 것이다. 『술기』는 "외처에 있기 때문에 외대종이라 말한 것이지, 심외의 법인 것은 아니다."[33]라고 강조한다. 그다음의 '소조색'은 기세간을 구성하는 제법인 색법을 말한다. 일체 색법은 지수화풍 4대에 의해 만들어지기에 4대소조색이라고 한다. 4대가 있으면, 곧 그 4대에 의해 만들어지는 소조색이 있다. 그러므로 제8식의 식소변인 처는 4대종과 그 소조색이 된다.

그런데 『술기』는 4대종과 그 소조색의 존재론적 위상을 다시 구분하

33 『술기』, 321중, "在外處故, 言外大種, 非心外法."

여 논한다. 제8식이 직접적으로 연하는 것은 4대종일 뿐이고 그 소조색은 아니라는 것이다. 『술기』에 따르면 4대는 실법이고, 소조색은 의식이 연하는 가법에 속한다.

〈문〉 색법 중 형(形)이나 영(影)의 가법을 제8식이 반연하는가, 아닌가? 〈답〉 반연하지 않는다. 소조의 촉을 반연하는 것 같지만, 단지 나타나는 본래 실물을 반연할 뿐이다. 즉 촉처 중에서 제8식의 소변은 오직 능조(4대)이지 소조(4대소조색)가 아니니, (소조는) 체가 없기 때문이고, 다만 그것으로 나타나는 데에 함께 있는 4대를 반연할 뿐이기 때문이며, 이것은 4대가 실제로 촉처를 만들지 않아서 과가 가(假)이기 때문이다. 다만 5근과 4진(색향미촉)을 만드는 4대가 있을 뿐이다. 장(長) 등을 반연할 때 아울러 청(靑) 등을 반연하며, 다시 청 등을 떠난 그 밖의 별도의 긴 것 등을 별도로 반연하지 않으니, 의식이 별도로 가를 반연할 수 있는 것과는 다르다. 이것(의식)에는 반연할 수 없는 별도의 체가 없으니, 병이나 분도 이와 같다. 그런즉 이것이 크거나 작게 변화할 때, 다만 저 청 등의 대소를 따라 반연하는 것일 뿐 별도로 긴 것 등이 있는 것이 아니다. 만약 본래의 실을 따라 말한다면, 장 등을 반연할 수 있는 것 또한 이에 준해야 하며, 촉처 또한 마땅히 이렇게 말해야 한다. 그런데 소조의 촉은 4대종의 분위차별이다. 소조를 연할 때는 4대를 연한다. 가(假)는 실(實)에 의거하기 때문이며, 장 등과 같다.[34]

---

34 『술기』, 321하, "〈問〉曰, 且如色中形影假法, 第八緣不? 〈答〉曰, 不緣. 如所造觸若緣, 但緣本實物著. 卽觸處中第八所變唯能造非所造, 以無體故, 但緣著彼俱有四大故, 此由四大實不造觸處以果假故. 但有造五根四塵四大. 緣長等時, 幷緣青等, 更不別緣離青等外別有長等, 非如意識別得緣假. 此無別體不可緣故, 瓶盆亦爾. 卽是若變爲大小時, 但隨彼青等大小而緣, 非別有長等. 若從本實說, 亦得緣長等由此准, 觸處亦應作是說. 然所造觸是四大種分位差別. 緣所造時卽緣四大. 假依實故如長等同."

제8식의 소연인 기세간:

┌ 4대: 지수화풍 = 견습난동 - 실(實, 유체) - 공중공
└ 4대소조색: 유형의 영상(影像) - 가(假, 무체): 개념화된 것 - 공중불공

4대: 촉처소섭 ⇨ 4대소조색: 4대분위차별:5근+4진
제8식의 소연 제6의식의 소연
실(實) 가(假)
예) 청(靑) 장(長) - 청을 떠나 장이 따로 없음

4대는 지·수·화·풍인데 이는 곧 견·습·난·동의 성(性)으로서 지(持)·섭(攝)·숙(熟)·장(長)의 작용을 일으키는 힘, 세력, 에너지를 뜻하지, 눈에 보이는 구체적 사물로서의 땅과 물과 불과 바람을 뜻하지 않는다. 따라서 4대는 안식 대상인 색처에 속하지 않으며, 나아가 촉처에 속한다고 해도 이때 촉처는 오직 (4대소조색을 능히 형성하는) 능조의 촉처이지, (4대로 형성된) 소조의 촉처가 아니다. 촉경은 가견(可見)의 색경과 달리 불가견(不可見)이다.[35] 일체 현상 제법을 형성하

35 『술기』는 색법을 설명하는 자리에서 유대(有對)를 다음과 같이 구분하여 논한다. "유대(有對)에 세 가지가 있으니, 소연 · 장애 · 경계이다. ① 첫째는 소연유대이니, 심심소가 자기 소연에 대해서이고, ② 둘째는 장애유대이니, 10색계(5근 5경)가 자가 타처에서 장애 입어 일어나지 않는 것으로 손이 손을 장애함과 같고, ③ 셋째는 경계유대이니, 12계(6근 6식)와 법계 일부(심상응심소)의 경계를 가진 법이 색 등의 경에 대해서이다. ① 소연유대와 ③ 경계유대의 차이는 심심소법이 저것을 잡고 일어나면, 저것(잡힌 것)이 심심소에 대해 소연이라고 이름한다. 만약 저 법(잡힌 것)에 대해 이것(심심소)이 공능이 있으면, 저것(소연)이 이 법의 경계가 된다고 말한다. (5근은 경계유대이지만 소연유대가 아님) 『구사론』 2권 등에서 그 상을 널리 설한 것과 같다. 그런데 이 중에서 설하는 대는 대애(장애유대)이니, 장애유대를 취해서, 10처는 유대이고, 법처는 무대라고 하였다. 구사론이나 유식론이나 공히 성립한다. (對有三種謂卽所緣·障礙·境界. ① 初所緣有對謂心心所於自所緣. ② 次障礙有對謂十色界自於他處被礙不生如手礙手等. ③ 後境界有對謂十二界法界一分諸有境法於色等境. ①③ 初後別者, 心心所法執彼而起, 彼於心等名有所緣. 若於彼法此有功能, 卽說彼爲此法境界. 如俱舍第二等廣說其相. 然此中說對謂對礙, 取障礙有對, 十處名有對, 法處名無對, 彼此共成.)" 『술기』, 266하.
유대(有對)의 세 가지:

는 4대는 불가견의 힘인 종자 에너지의 발현으로서 아직 가시적인 영상으로 형태화 내지 입자화되기 이전의 에너지 파동이라고 볼 수 있다.

위에서 『술기』가 강조한 것은 제8식의 소연은 엄격히 말해 4대이지 4대소조색이 아니라는 것이다. 4대소조색은 4대로서 만들어진 가법이며, 제8식이 그것을 반연하는 것 같아도 실은 그 안의 4대를 연할 뿐이라는 것이다. 4대는 식소변으로서 실(實)이지만, 소조색은 4대의 배합으로 형성된 가법이며, 따라서 제8식은 4대소조 이전의 4대를 반연한다는 것이다.

제8아뢰야식의 소연이 4대 자체일 뿐이고 형(形)이나 영(影)으로 드러나는 4대소조색은 아니라는 것은 무엇을 의미하는가? 제8식의 소변으로 형성되는 처는 기본적으로 우리 의식이 분별하는 대로의 자기동일성을 갖는 사물(체)이 아니라 의식의 분별 안에 다 포착되지 않는다는 것을 뜻한다고 본다. 다시 말해 제8식의 소변으로서의 기세간은 가시적으로 규정된 입자적 사물이 아니라 비가시적으로 작용하는 에너지 파동으로 존재한다. 그 4대의 에너지를 어떤 형태와 모습으로 구체화해서 파악하는가는 각 중생의 감각기관인 5근(根) 및 그것을 개념화해서 포착하는 사유기관인 의(意)에 따라 달리 규정될 것이다. 따라서 4대로서의 기세간은 모든 취(趣)가 함께 연하고 수용하는 '공중공'으로서의 기세간인 반면, 4대소조색으로서의 기세간은 취마다 다르게 보고, 인간취 중에서도 개념에 따라 서로 다르게 보는 영상으로서의 기세

① 소연유대: 심 심소의 자기 소연
② 장애유대: 10색계(5근 5경): 자가 타처에서 장애 입어 안 일어남
③ 경계유대: 12계(6근 6식)과 법계 일부(심상응심소): 경계를 가진 법은 색 등 경을 가짐

간이 될 것이다. 불교에서 형(形)과 영(影)은 다음과 같이 구분된다.

색의 구분:

1. **현색(顯色)**varna-rūpa(12): 색깔 – 안식 대상
   청(靑), 황(黃), 적(赤), 백(白) – 본색
   운(雲), 연(煙), 진(塵)rajas, 무(霧) ┐ 본색의 차별
   영(影)chāyā, 광(光)ātapa, 명(明)āloka, 암(闇)andhakāra – 공계색(空界色) ┘
2. **형색(形色)**samsthāna-rūpa(8): 모양과 크기 – 안식과 촉식 대상
   장(長)dīrgha, 단(短)hrasva, 방(方)aturaśra, 원(圓)vrtta
   고(高)unnata, 하(下)avanata, 정(正)śāta, 부정(不正)viśāta

유부에서는 공(空)도 현색에 들어가며 따라서 거리가 안식의 대상이라고 주장하였다. 반면 경량부는 현색을 가진 극미는 실재하지만, 형색은 언어적 가립이라는 형색가립론을 주장하였다.[36] 나아가 유식은 형색도 가립이지만, 극미도 마찬가지로 가립이라고 주장한다. 본색 이외에 영(影)도 형(形)도 모두 가립이라는 것이다. 극미와 극미화합의 방식 그리고 극미를 통해 형성된 것의 존재론적 위상 및 그것에 대한 우리의 인식에 대해 유부와 경량부는 의견을 달리한다.[37]

---

36 『구사론』, 제13권(대정장, 제29권, 68중), "形非實有, 謂顯色聚, 一面多生, 卽於其中, 假立長色. 待此長色, 於餘色聚, 一面少中, 假立猯色...."

37 극미와 극미화합의 방식 그리고 극미를 통해 형성된 것의 존재론적 위상 및 그것에 대한 우리의 인식에 대해 유부와 경량부는 의견을 달리한다. 나아가 극미가 사물의 공간적 최소 단위라면, 시간적 최소 단위는 찰나인데, 찰나에 대해서도 유부와 경량부는 의견을 달리한다.

	〈극미〉	〈조대(粗大)한 것〉	〈실재하는 것〉	〈감각대상〉
유부:	무방분(方分) +무대(對)	간격 갖고 적집. 유방분 유대	극미 =	극미
경량부:	유방분 +유대	간격 없이 적집 = 가	극미 ↔	화집상 = 가

	〈찰나〉	〈찰나멸하는 것〉
유부:	생주이멸로 이루어진 것. 길이를 가짐	법체가 드러나는 작용만 멸
경량부:	무간(無間)으로 멸하는 것	법체 자체가 멸

		유부		경량부		유식
극미		실		실	→	가
현색	본색	실		실		가
	본색 차별	실				가
형색		실	→	가		가

유식은 4대종도 우리의 심을 떠난 것이 아니듯이, 극미라는 것도 실재하지 않는 가립일 뿐이라고 논한다. 색법을 심 밖의 실유로 간주하는 것이 법집이며, 유식은 그러한 법집을 극복하기 위해 설해진 것이다.

> 비록 모든 유정의 소변이 a. 각각 다르지만 b. 상(相)이 상사하여 처에 다름이 없으니, 마치 여러 등(燈)의 빛이 각각 두루 비치되 하나처럼 보이는 것과 같다.
> 雖諸有情所變, a. 各別, b. 而相相似處所無異, 如衆燈明各遍似一.

모든 유정의 소변이 a. 각각 다르고(각별)
b. 서로 유사함(상사)

각각의 유정의 제8식이 기세간으로 변현하는데, 그 기세간은 그 안에 사는 모든 유정에게 공통의 것이다. 이것을 각각 다른 광원으로부터 나온 빛이 서로 구분되지 않은 채 한곳에 함께하는 것과 같다고 비유적으로 설명한다. 『술기』는 여러 광원에서 나와 한 방에 함께 있는 빛이 어째서 a. 각각으로 다르고, b. 그럼에도 하나처럼 보이는지를 설명한다.

이것은 공통의 과가 함께 한 처에 있어 서로 장애가 되지 않음을 해석한 것이다.

즉 외적인 기세간의 모습은 마치 많은 등의 빛이 한 방에 함께 있어 a. 각각 두루하여 하나하나가 서로 다르되, b. 모습이 유사해서 처에 차이가 없는 것과 같다. a. 어떻게 이것이 각각 다른 줄 아는가? 한 등이 나가도 그 빛은 여전히 두루하다. 만약 함께 하나라면, 한 등이 나가면 마땅히 나머지 밝음도 두루하지 않아야 할 것이다. b. 또 서로 이르러 들어가되 막히고 장애되지 않으니, 하나처럼 나타난다. 많은 등을 배치하면, 사람의 영상(그림자)이 많기 때문이다.[38]

한 방 안에 비친 빛은 a. 그 하나가 사라져도 전체 빛에 영향을 주지 않으므로 각각의 등의 빛과 전체 등의 빛은 구분된다. 그러므로 각각의 빛은 서로 다른 빛이라고 할 수 있다. b. 그렇지만 빛들이 서로 장애가 되지 않으므로 각각의 빛이 서로 하나처럼 보여 상사라고 말할 수 있다.[39]

---

38 『술기』, 321하, "此釋共果同在一處不相障礙. 謂外器相如小宗中衆多燈明共在一室, a. 各各遍一一自別, b. 而相相似處所無異. a. 此如何知各各別也? 一燈去時其光尙遍. 若共爲一, 是則應將一燈去已餘明不遍. b. 又相涉入不相隔礙, 故見似一. 置多燈已人影多故."

39 후키우라 세이븐도 『유식삼십송 풀이』에서 이 점을 다음과 같이 강조한다. "공업이라든가 공변이라든가 하고 말하지만 그 업은 다수의 유정의 공동의 업이 아니라 각자 따로따로의 업이다. 또 그 변(變)도 마찬가지로 공동의 변이 아니라 따로따로의 변임을 알지 않으면 안 된다. 그럼에도 불구하고 그것을 공이라고 말하는 것은 각 유정의 부류가 같은 유사한(류동상사) 업력이 자조(資助)하기에 그 현행한 경상(境相)도 부류가 같은 유사한 것이기 때문이다. 따라서 유정 각자가 따로따로 만유를 변출해서 각각 자기 소변의 경상을 수용하고, 다른 유정의 소변에 하등 간섭하는 바가 없다. 달리 말하면 갑은 갑 스스로의 제8식으로부터 만유를 변출해서 그것을 수용하고 을은 을 스스로의 제8식으로부터 만유를 변출해서 그것을 수용하는 것이니, 각자 자기 소변의 범위 내에서의 유식소변을 말하는 것이다. 뢰야연기설이 상대적 또는 개인적 유심론이라고 말할 수 있는 것은 이것 때문이다. 다만 이러한 소변은 각자 따로따로의 법이지만 그것이 동시 동처에 무애섭입해서 흡사 일법인 것처럼 존재하고 각자에게 동일한 모습으로 수용된다. 그 상(狀)이 흡사 천 개의 등이 한 집에서 빛을 내는 것과 같다. 즉 천 개의 등의 빛은 각각 따로따로 실내를 비추지만 낱낱의 빛의 모습이 상사(相似)해서 무애섭입하기에 마치 하나의 빛과 같아서 결코 다수의 빛을 드러내지 않는다." 후키우라 세이븐(저), 박인성(역), 『유식삼십송 풀이』, 서울: 운주사, 2012,

각각의 식이 하나처럼 보이는 기세간으로 변현한다는 것에 대해 『술기』는 자문자답한다. 하나의 식이 전변한 산과 강 등의 색법은 서로 장애가 되는데, 많은 각각의 식이 산하대지로 전변한 것들이 모두 한곳에 있다면, 그것들이 어떻게 서로 장애하지 않고 한곳에 함께 있을 수 있냐는 것이다.

〈문〉 만약 그러하다면, 한 사람의 마음에서는 나무와 돌이 서로 막혀 장애가 되니 유대법이기 때문인데, 어째서 중생이 많아 각자 산하대지 등으로 전변하는데, 서로 장애되고 막히지 않고 한 처에 함께 있는가? 〈답〉 업으로 인한 상사는 상사가 아니기 때문이고 또한 자심으로 인한 장애는 장애가 아니기 때문이다. … 산하 등과 같은 업은 뭇 인간이 서로 유사하여 마음이 공히 수용하여 장애가 없으므로 서로 장애하지 않는다. 한마음에서 목(木) 등에 의해 초감된 업은 각각 다르므로, 심의 수용에 장애가 있고 마침내 서로 막히게 된다. 〈문〉 만약 많은 사람이 공히 목 등을 감한다면, 어째서 서로 장애가 있는가? 〈답〉 저것이 타심상을 장애하지 않고 다만 자심만을 장애하는 것은 마음의 등이 백 천을 밝혀도 장애가 되지 않고, 밝힘에 서로 위배되지 않는 것과 같다.[40]

194-195쪽 참조. 각자 자기 식의 소변을 자기가 수용한다는 것은 맞지만, 그러니까 유식이 개인적 유심론이라고 말하는 것은 정확하지 않다. 오히려 유식의 통찰에 근거해서야 비로소 우리는 각 소변으로 전변하는 아뢰야식이 모두에게 하나인 진여일심과 다르지 않다는 것, 따라서 유아론(唯我論)이 아니라는 것을 말할 수 있다.

40 『술기』, 321하, "〈問〉曰, 若爾且如一人心上木石更互相隔以是障礙有對法故. 何故衆多各變山河及大地等不相障隔同在一處? 〈答〉 由業相似不相似故, 亦由自心礙不礙故. … 如山河等業, 衆人並相似及心於上共用無礙, 故不相障. 一心上木等所感業各別, 及心受用自有礙故, 遂令相隔. 〈問〉曰, 若爾多人共感木等, 何故亦互相礙? 〈答〉 彼不礙他心上者但礙自者, 如心上燈明百千不礙與明相違."

자의 기세간A 타의 기세간B
(a와 b가 장애됨) (a와 b가 장애됨)
↑ ↑
자의 공종자 타의 공종자

- A와 B는 상사이고, 따라서 서로 장애 안 됨
- a와 b는 상사 아니고, 따라서 서로 장애됨

갑의 식소변인 기세간A와 을의 식소변인 기세간B를 '상사' 라고 하지, 한 개인의 기세간A 안에 나타나는 사물들 a와 b를 '상사' 라고 말하지 않는다. 그러므로 "업으로 인한 상사는 상사가 아니다"라고 말한다. A와 B의 관계와 하나의 A 안에 나타나는 사물들 a와 b의 관계는 서로 같지 않다는 것이다. 그리고 자심의 식소변 안에 등장하는 것들, 예를 들어 나무와 돌은 서로 장애가 되지만, 자심의 소변과 타심의 소변이 함께함에 있어서는 서로 장애가 되지 않는다. 그렇듯 각각 자심의 소변이라는 것으로부터 장애가 성립하지는 않기에, "자심으로 인한 장애는 장애가 아니다"라고 말한다.

누구의 이숙식이 이 모습(기세간)으로 전변하는가?
誰異熟識變爲此相?

제8식이 전변하여서 기세간이 된다고 하면, 과연 그렇게 전변하는 유정은 어떤 유정인가를 묻고 있다. 즉 누가 기세간으로 전변하는가, 능변자를 묻는 것이다. 『술기』는 "묻는 것은 이것이다. a. 범인가 성인가? b. 자취(趣)인가 타취인가? c. 자계(界)인가 타계인가? d. 자지(地)인가 타지인가? e. 오직 자변(變)인가 타변이기도 한가?"[41]

41 『술기』, 322상, "問也, a. 爲凡爲聖, b. 爲此趣爲他趣, c. 爲自界爲他界, d. 爲自地爲他地, e. 爲唯自變爲他亦變."

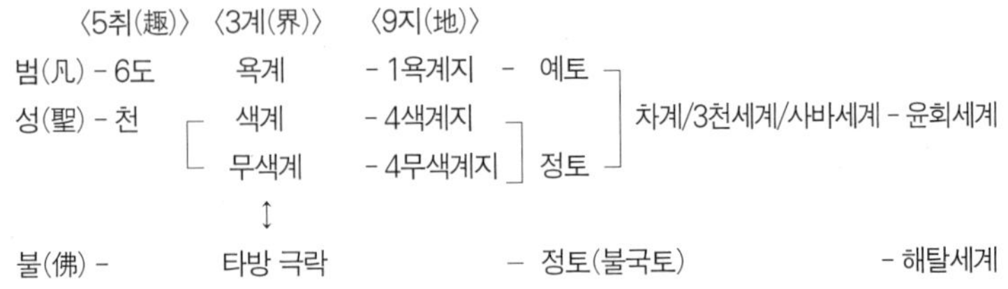

〈5취(趣)〉	〈3계(界)〉	〈9지(地)〉		
범(凡) - 6도	욕계	- 1욕계지	- 예토	차계/3천세계/사바세계 - 윤회세계
성(聖) - 천	색계	- 4색계지	정토	
	무색계	- 4무색계지		
	↕			
불(佛) -	타방 극락		- 정토(불국토)	- 해탈세계

누구의 이숙식이 전변해서 우리가 사는 이 기세간이 형성되는가에 대해 이하에서는 세 가지 입장을 제시한다. 즉 이 기세간을 형성하는 이숙식은 어떤 유정의 이숙식인가?

〈입장1〉	〈입장2〉	〈입장3〉
모든 유정	기세간 내 현재+미래의 유정	기세간+타방에 태어나는 유정
월장		호법

<입장1: 월장> 이런 입장이 있다. 일체(이숙식)이다. 왜 그러한가? 경전에서 말하듯이 (기세간은) 일체 유정의 업의 증상력으로 함께 일으켜지기 때문이다.
有義一切. 所以者何? 如契經說, 一切有情業增上力共所起故.

우리가 사는 이 기세간이 일체 유정에 의해 함께 형성된다는 것이다. 즉 일체 유정의 업의 증상력에 따라 기세간이 일으켜진다는 말이다. 여기에서의 일체 유정을 『술기』는 이렇게 설명한다.

일체라는 말은 곧 범과 성, 5취의 유정, 자와 타의 계와 지에서의 자기 몸 및 그 밖의 몸에 통한다는 말이다. 어떻게 아는가? 경전에서 말하기 때문인데, 바로 『입세경』이다.[42]

기세간을 형성하는 일체 유정은 곧 6도윤회하는 6취 중생 전부와 범부뿐 아니라 색계 무색계의 성자까지도 모두 포함한다는 것이다. 범과 성, 5취를 가리지 않고 모든 중생의 이숙식이 이 기세간을 형성한다는 것이다.

<입장2> 이런 입장이 있다. <입장1 비판> 만약 그러하다면 a. 불과 보살이 마땅히 실제로 이 잡다한 예토로 전변해야 하고, b. 범부 등이 마땅히 타방과 이 세계의 모든 청정한 신묘한 국토로 전변해야 할 것이다. c. 또 성자는 유색을 싫어하여 떠나서 무색계에 태어나 필히 하계에 태어나지 않는데, 이 토(土)로 전변하는 것이 다시 무슨 소용이 있겠는가?
有義若爾, a. 諸佛菩薩應實變爲此雜穢土, b. 諸異生等應實變爲他方此界諸淨妙土. c. 又諸聖者厭離有色生無色界必不下生, 變爲此土復何所用?

〈입장1〉을 비판하는 〈입장2〉의 주장: 전변의 제한

a. 불과 보살 - 예토로 전변할 수 없음 (유루종자가 없으므로)
b. 범부와 2승과 소보살 - 타방이나 차계의 정묘토로 전변할 수 없음
c. 성자 - 이 토(기세간)로 전변 수용 안 됨 (무색계에 태어나므로)

〈입장2〉의 관점에서 〈입장1〉을 비판한다. 즉 모든 중생이 다 함께 전변하여 이 기세간을 형성한다는 것을 비판하는 것이다. 불보살과 성자와 범부가 전변하는 것이 서로 다르다고 보기 때문이다.

42 『술기』, 322상, "此言一切卽通凡聖 · 五趣有情 · 自他界地 · 已及外身. 何以知者? 契經說故卽『立世經』."

a. 범과 성이 함께 전변한다고 하면, 불과 보살도 일반 범인과 마찬가지로 이 기세간인 예토로 전변한다는 말이 된다. 그런데 불과 보살에게는 유루의 염오종자가 없는데 어떻게 예토로 전변할 수 있겠는가? 『술기』는 이렇게 설명한다.

> 불과 보살이 만약 화하여 변하는 것이라면(화생하는 것이라면) 내가 반대할 것이 없지만, 만약 실제로 변하는 것이라면 이치나 교설에 위배된다. 잡예종자를 이미 오래전에 멸했기 때문이다.[43]

만약 불보살이 중생구제의 원(願)에 따라 이 예토로 화생(化生)하는 것이라면 종자가 없어도 가능할 것이다. 그러나 종자 세력에 의해 전변하는 것이라면 불보살은 이미 예토로 전별할 유루종자를 멸했으므로 예토인 이 기세간으로 전변하는 것은 가능하지 않다는 것이다.

b. 일체 중생이 함께 똑같이 전변하여 하나의 세계를 이룬다면, 범부나 2승들도 부처처럼 신묘한 정토로 전변해야 할 것이다. 그러나 범부나 2승의 제8식은 유루종자를 갖고 있어 예토로 현행할 뿐이다. 따라서 모든 유정의 이숙식이 다 함께 똑같은 기세간으로 변현한다고 할 수 없다. 『술기』의 설명이다.

> 여기서 (범부 등의) '등(等)'은 2승과 소보살을 함께 취한 것이다. 타방은 3천계 바깥이고, 차계는 이 사바세계이다. 저 '마땅히 타방과 자계의 정묘토로 전변해야 한다'는 것은 만약 불과 보살이 신통력이 더해져서 변화하여 짓는 것이라면, 나도 배제할 것이 없으니, 또 실제로 논한 것이기 때문이다. 그런데 정묘한 국토

43 『술기』, 322상, "諸佛菩薩若化變爲, 我所不諱. 若實變爲卽違理教, 雜穢種子久已亡故."

로 별도의 타방에는 극락 등이 있고 이 계에는 영취산 등이 있다. 유루의 정토 이외의 법으로 중생은 마땅히 전변할 수 없다. 수용할 수 없기 때문이다.[44]

범부나 2승은 이곳의 땅으로만 전변할 수 있다. 그들은 영취산이나 극락과 같은 정묘한 국토로는 전변할 수 없다. 그것은 부처와 보살에게만 가능한 것이다.

c. 성자가 유색계(욕계와 색계)를 떠나 무색계에 태어나려 하는데, 왜 이 기세간으로 전변하겠는가? 무색계에 태어나고자 하는 성자는 이 기세간으로 전변한다 해도 수용하는 바가 없으므로 의미가 없다는 것이다.

결국 〈입장1〉이 주장하듯 일체 중생이 모두 함께 하나의 기세간으로 전변하는 주장은 옳지 않다는 말이다.

<입장2의 주장> 그러므로 현재 거하는 자와 미래에 태어날 자의 저 이숙식이 이 세계로 전변한다. 경에서 일부에 의거해서 일체라고 말하는 것은 업이 동일한 자가 모두 같이 전변하기 때문이다.

是故現居及當生者彼異熟識變爲此界. 經依少分說一切言, 諸業同者皆共變故.

모든 이숙식이 아니라 〈현 거주자와 미래 태어날 자〉의 이숙식이 이 세계로 전변함

44 『술기』, 322상, "此中言等等取二乘諸小菩薩. 他方者三千界外, 此界者此娑訶界. 彼應實變爲他方自界諸淨妙土, 若佛菩薩神力所加變化所作, 我亦無遮, 且論實故. 然淨妙土有別他方如極樂等, 亦在此界靈鷲山等. 有漏淨土外法異生亦不應變不能用故."

이 세계로 전변하는 자는 범·성을 포함한 일체 중생 전부가 아니라, 범·성 중에서 현재 이 세계에 살고 있는 자와 앞으로 이 세계에 태어날 자라고 한정하는 설명이다. 위의 『입세경』에서 일체라고 말한 것은 현재 거주하는 자와 미래에 태어날 자를 합해서 그들을 일체라고 말했다는 것이다. 이들이 공동의 기세간으로 변현하게 되는 것은 그들이 모두 업이 동일한 자들이기 때문이다. 업이 동일하다는 것은 업으로 인한 종자의 세력이 동일하다는 것을 의미한다. 업이 동일하지 않은 자들은 이 세계로 변현하지 않는다.

<입장3: 호법> 이런 입장이 있다. <입장2의 비판> 만약 그러하다면, a. 기세간이 장차 무너지려고 할 때, 현재 거하는 자나 미래에 태어날 자가 이미 없는데, 누구의 이숙식이 이 계(界)로 전변하겠는가? b. 또 모든 범부가 유색을 싫어하여 떠나면 무색계에 태어나 현재 색신이 없는데, 미리 국토로 전변해도 이것이 무슨 소용이 있겠는가? c. 설혹 색신이 있다고 해도 다른 지(地)의 기세간과는 추함과 세함이 현격히 달라 서로 의거하지 않는데, 이것이 저것으로 전변함이 또한 무슨 이익이 있겠는가?

有義. 若爾, a. 器將壞時旣無現居及當生者, 誰異熟識變爲此界? b. 又諸異生厭離有色生無色界, 現無色身預變爲土, 此復何用? c. 設有色身, 與異地器麤細懸隔不相依持, 此變爲彼亦何所益?

〈입장2〉의 문제점:

a. 당생자는 성(成), 현거자는 주(住)로 전변하는데, 누가 괴(壞)의 기세간으로 전변하는가?

b. 모두 무색계에 태어나면 색신이 없는데, 국토로 전변한들 소용이 있겠는가?

c. 색신이 있어도 이 기세간의 색과 다른데, 전변한들 이익이 있겠는가?

〈입장3〉의 관점에서 〈입장2〉를 비판한다. 즉 현 거주자와 미래 태어날 자의 이숙식이 이 기세간으로 전변한다고 하면 다음과 같은 문제점이 제기된다.

a. 기세간은 성주괴공(成住壞空)을 겪는다. 기세간이 성(成)할 때는 장차 거기 태어날 중생들의 이숙식에 따라 기세간이 생겨날 수 있고, 기세간이 주(住)일 때에는 거기 살고 있는 중생들의 이숙식에 따라 기세간이 생겨난다고 할 수 있다. 그렇다면 기세간이 괴(壞)할 때에는 과연 누구의 이숙식이 전변하여 그 기세간을 있게 하는가? 이 문제를 『술기』는 이렇게 보충한다.

> 앞의 말과 같이 현재 거하는 자가 전변하여 국토가 된다면, 기세간이 장차 괴할 시에는 현재와 미래의 중생이 없는데, 누가 이 국토로 전변하는가? 즉 '무너지는 기세간으로 전변하지 않음'의 과오가 있는 것이다. 현재의 다른 욕계가 변해서 된 것이라면, 어째서 현재 머무는 자라고만 하고 일체 욕계 중생이 공동으로 이 세계로 전변한다고 말하지 않는가? 또 기세간이 성(成)할 때 타방 3선 등의 유정이 장차 태어나고 또 감득하는데, 어째서 다만 이 세계 유정과 장차 태어날 자가 전변한다고만 말하는가?[45]

이 기세간이 무너지는 시기에 있을 때는 이미 현재 거주하는 중생도 앞으로 거주할 중생도 없으므로 기세간이 그 두 부류의 중생의 이숙식이 전변한 결과라고 볼 수 없다는 것이다. 이 기세간 안의 현재 또는 미래의 중생뿐 아니라 다른 욕계의 중생 및 3선천 등의 유정의 이숙식이

45 『술기』, 322중, "若如前言現所居者變爲土者, 器將壞時無現當生, 此土誰變? 卽有壞器不變之過. 現他欲界變爲故者, 何故但言現所居者, 而不說言切欲界同此界變? 又成器時他方三禪等有情當生亦有感得, 何故但言此界有情當生者變?"

이 기세간으로 함께 전변한다는 것이다.

b. 현 기세간에 살던 유정이 모두 무색계에 태어나게 되면 색신이 없으므로 색으로 이루어진 이 기세간으로 전변할 수 없을 뿐 아니라 전변한다고 해도 색신이 없어 아무 소용이 없다는 것이다. 그러므로 현재 또는 미래의 유정만으로 이 기세간의 존재를 설명할 수는 없다는 것이다.

> 모든 범부가 무색계에 나면 장차 변현하는 것의 수용이 없으니, 현재 몸(신)이 없기 때문이다. 유정천에 태어나면 수명이 8만 겁이며, 욕계가 수없이 성하고 괴함을 방해하지 않으니, 그것(기세간)으로 전변해도 무슨 소용이 있겠는가?[46]

무색계에 태어난 중생은 색신이 없으니 욕계의 성주괴공에 기여할 수 없게 된다는 것이다.

c. 설혹 색신이 있다고 해도 그것은 미세한 정색의 몸이므로 이 거친 예토의 기세간과는 상이하므로 이 기세간으로 전변할 수 없으며, 전변한다고 해도 소용이 없다.

> 설혹 네가 대중부처럼 무색계에도 색신이 있고 나아가 몸이 유색의 상지에 태어난다고 주장해도, 전변은 이미 이익이 없다. 추와 세가 현격히 달라 서로 의지하지 않기 때문이다. 마치 범왕 이하가 전변하여 지(地)가 되어도 이 다른 지의 몸은 수용할 수 없듯이, 전변은 무용하다.[47]

---

46 『술기』, 322중, "諸異生生無色界預變無用, 現無身故. 生有頂天壽八萬劫不妨欲界數度成壞, 變之何用?"

47 『술기』, 322하, "設縱汝宗如大衆部無色有色身及身生有色上地, 既變無益. 麤細懸隔不相依持. 如梵王下別變爲地, 此異地身不能受用, 故變無用."

<입장3의 주장> 그런데 변현된 국토는 본래 색신이 의지하고 수용하기 위한 것이므로, 만약 몸(신)이 의지하고 수용할 수 있으면 곧 그것(국토)으로 변현한다. 이 때문에 가령 타방의 자기 땅에 태어나더라도 그 / 식은 또 이 국토로 변현 (11상)
할 수 있다. 그러므로 기세간은 장차 무너질 때나 처음 생겨날 때 비록 유정이 없어도 역시 현재 있는 것이다.

然所變土本爲色身依持受用, 故若於身可有持用便變爲彼. 由是設生他方自地, 彼 / 識亦得變爲此土. 故器世界將壞初 (11상)
成, 雖無有情而亦現有.

소변의 기세간(국토) = 색신이 의지(依持)하고 수용(受用)하는 것
타방(他方)의 자지(自地)에 태어나는 식도 이 국토로 전변이 가능함

이 기세간의 국토는 지수화풍으로 이루어진 것으로서 일체 색신의 의지처이고 수용처이다. 이 욕계와는 다른 색계나 무색계 또는 타방 극락에 태어난다고 해도, 그 식은 이 국토로 변현할 수 있고, 이 국토는 그 색신의 의지처가 되고 수용처가 된다는 것이다. 『술기』는 다음과 같이 설명한다.

자기의 지(地)로 전변함에 과실이 없기에, 기세간이 무너지거나 이루어지려고 할 때에도 현재 있는 것이다. 〈문〉 만약 그렇다면 성자는 범궁의 자기 지 및 지옥의 자기 지에 대하여, 범부는 다른 삼천세계의 욕계들 중의 자기 지에 대하여 수용이 없을 것이다. 몸을 의지할 수 없는데, 지(地)로 전변함이 어찌 유익하겠는가? 〈답〉 지금 이 말의 의미는, 현재 비록 수용이 없어도 만약 몸이 그곳으로 간다면 몸을 의지할 수 있기 때문에 전변하여 짓는다는 것이다. 이는 현재의 몸이 곧 견지수용할 수 있게 한다는 것은 아니니, '견지수용하는 것이 가능하다' 고 말하기

때문이다. 또 만약 성자가 가령 지옥에 간다면, 어찌 거기에 의지하여 머물 수 없겠는가? 범부가 가령 타방의 욕계에 간다면 또한 몸을 의지할 수 있을 것이다. 업이 같기 때문이며, 거침과 미세함이 현격하게 다르지 않기 때문이다.[48]

기세간의 성주괴공 과정 중 기세간이 생겨나는 성(成)과 괴(壞)가 어떻게 가능한지를 설명한 것이다. 즉 그 안에 살고 있는 유정이 없을 때, 누구의 식으로 인해 기세간이 무너지고 또 생겨날 수 있는가 하는 문제인데, 이에 대해 타방의 유정도 이 기세간으로 변현하는 것이 가능하다고 답한다. 즉 이 기세간에 현재 거주하는 중생 및 앞으로 태어날 중생이 없어도 타방에 있는 식으로 말미암아 이 국토가 그 식의 소변으로 있을 수 있다는 것이다. 그러나 타방의 식이 현재 이 기세간으로 전변한다는 말이 아니라, 몸을 움직여 이곳으로 온다면 전변할 수 있고 수용할 수 있다는 의미이다. 즉 업의 힘이 같으면, 이 기세간으로 전변할 수 있다는 말이다.

이것을 일체가 공동으로 수용한다고 설한 것이다. 만약 별도로 수용한다면, 이에 준해 알아야 한다. 아귀나 인간이나 천인 등은 보는 바가 다르기 때문이다.
此說一切共受用者. 若別受用准此應知. 鬼人天等所見異故.

48 『술기』 322하-323상. "由自地變無過失故, 器世壞成而亦現有. 〈문〉 若爾聖者於梵宮自地及地獄自地, 若諸異生他三千界欲界等中自地無用. 不能持身變之何益? 〈답〉 今此義言現雖無用, 身若往彼可得持身故須變作. 非謂現身卽令得持用, 言可持用故. 且如聖者設往地獄中豈亦不得依彼而住? 異生設往他方欲界亦得持身. 以業同故, 以麤細等不是懸隔."

공동의 기세간은 일체 유정의 식이 공동으로 전변하고 따라서 공동으로 수용하는 것이며, 이것은 공중공에 해당한다. 4대종으로서의 기세간(기세간1)을 뜻한다. 반면 인간계나 천계나 아귀계 등 각각 서로 다르게 수용하는 것은 4대소조색으로서의 기세간(기세간2)이며, 이것은 공중불공에 해당한다. '일수사견(一水四見)'을 말할 때는 함께 수용하지 못하는 차이를 말하는 것이다. 상계에서 하계로는 구제를 위한 원력에 따라 내려올 수 있지만, 하계에서 상계로는 갈 수 없기에 중생은 류에 따라 보는 것에 차이가 있다.

기세간:
- 4대종: 공중공 - 일체 취가 공동으로 수용 가능
- 4대소조색: 공중불공 - 각 취마다 서로 다르게 수용

2) 종자: 유루종자

종자라는 것은 이숙식에 의해 유지되는 일체 유루법의 종자를 말한다. 이 식의 성품에 속하므로 소연이다.
諸種子者謂異熟識所持一切有漏法種. 此識性攝故是所緣.

유루종자: 아뢰야식 내 함장된 잠재적 공능차별로서의 종자

종자는 일체 제법으로 현행화될 수 있는 공능차별로서의 잠재적 에너지이다. 종자가 제8아뢰야식 안에 함장되어 있으며 아뢰야식의 견분에 의해 반연되기에 아뢰야식의 소연이라고 한다. 아뢰야식의 견분에 의해 반연되는 소연으로서의 종자는 유루종자이다. 유루의 7전식에 의해 아뢰야식 내에 훈습되고 다시 중연이 갖추어지면 유루의 현상 제법으로 현행화되기에 유루종자이다.

여기에서는 아뢰야식에 의해 반연되는 소연으로서의 유루종자는 아뢰야식의 성품과 다르지 않음을 강조한다. 아뢰야식의 성품과 다르지 않기에 종자가 아뢰야식의 '소연'이 된다는 것이다. 아뢰야식의 성품이 무엇을 뜻하는지를 『술기』는 다음과 같이 세 가지로 설명한다.

세 가지 성의 유루종자가 모두 소연이니, 이 식의 성에 속하기 때문이다. 즉 a. 성이라고 말한 것은 체이다. 체는 본식이며, 종자는 용이다. 앞에서 말했듯이 제법의 체용의 이치가 마땅히 이와 같기 때문이다. 용은 체에 속한다. b. 또 성이라고 말한 것은 성의 종류를 말하니, 모두 유루이다. 류가 같으므로 서로 위배되지 않아서 소연이 될 수 있다. c. 또 성은 성품이다. 만약 본식에 머무르면, 같이 무기성이다. 그러므로 그것을 반연할 수 있으니, 이것은 식의 상분에 속한다.[49]

유루종자가 따르는 본식의 성:

	a. 〈체〉	b. 〈종류〉	c. 〈성품〉
본식:	체	유루	무기
유루종자:	용	유루	무기

무루법의 종자는 이 식에 의탁하긴 하지만 이 성에 속하지 않으므로 소연이 아니다. 비록 소연이 아니어도 서로 떠나 있는 것은 아니므로 진여성과 같이 유식에 위배되지 않는다.

49 『술기』, 323상, "三性有漏種子俱是所緣, 此識性攝故. a. 謂性者體也. 體卽本識, 種子是用, 如前已說諸法體用理應爾故. 用是體攝. b. 又言性者謂是性類, 其並有漏. 以類同故不相違背得爲所緣. c. 又性者性也. 若住本識同無記性, 故能緣之, 然是識之相分所攝."

無漏法種雖依附此識, 而非此性攝故非所緣. 雖非所緣而不相離, 如眞如性不違唯識.

		〈체용〉	〈성〉	〈연〉
본식		체	유루	
종자	유루종자	용	유루	소연(상분)
	무루종자	용 아님	무루(선)	소연 아니지만 본식에 의탁 - 유식(唯識)

유루종자는 유루의 제8식에 의탁하면서 그 성도 본식과 마찬가지로 유루이고 무기이기에 제8식의 소연이지만, 무루종자는 제8식에 의탁하긴 하되 유루성에 포함되지 않으므로 소연이라고 하지 않는다. 무루종자가 왜 제8식의 소연이 아닌지에 대해 『술기』는 이렇게 설명한다.

> (유루)식을 대치하기 때문이고, 체와 성이 다르기 때문이고, 서로 수순하지 않기 때문이다. 그러므로 소연이 아니다.[50]

무루종자는 제8식과 성이 다르므로 소연이 아니다. 그러나 소연이 아니어도 무루종자 또한 본식에 의탁하여 있고 본식을 떠나 있지 않으므로 유식에 위배되지 않는다. 무루종자가 소연이 아니어도 본식을 떠나 있지 않은 것은 진여가 그런 것과 마찬가지이다. 진여는 심 자체의 청정성이고, 무루종자는 그 청정성을 자각하게 하는 깨달음의 종자이다.

50 『술기』, 323중, "對治識故, 體性異故, 不相順故. 故非所緣."

3) 유근신

> 유근신이라는 것은 이숙식이 불공상종자의 성숙한 세력으로부터 색근(승의근)과 '근의 의지처'(부진근)로 변사한 것을 말한다.
> 有根身者謂異熟識不共相種成熟力故, 變似色根及根依處.

기세간과 유근신:

공상종자 → 기세간: 색 등 기세간상
불공상종자 → 유근신: 색근 및 그 의지처

처인 기세간이 이숙식 내 공상종자의 성숙력으로부터 색 등 기세간상으로 전변된 것이라면, 유근신은 이숙식 내 불공상종자의 성숙력으로부터 색근 및 그 의지처로 전변된 것이다. 여기서의 '불공상종자'는 앞에서 언급한 '불공종자'와 같은 말이다. 불공상종자의 변현 결과인 유근신을 색근과 그 근의 의지처 둘로 구분하는데, 전자는 인식 능력으로서의 승의근(勝義根)을 의미하고, 후자는 승의근이 의거해 있는 물리적 기관으로서의 부진근(扶塵根)을 의미한다. 『술기』는 승의근은 앞서 구분한 불공중불공에 해당하고, 부진근은 불공중공에 해당한다고 설명한다.

> 여기서 말하는 불공상종자가 앞에서 말한 '불공중불공'이면 바로 자신의 근과 같고, '불공중공'이면 신(身)에서의 색 등과 같다. 지금 여기에서는 둘 다를 말한다.[51]

---

51 『술기』, 324상, "此中所言不共相種, 若如前說不共中不共, 如卽自根, 不共中共, 如在身色等. 今此具二."

불공 ┌ 불공중불공: 자신의 근 = 승의근
　　 └ 불공중공: 몸에서의 색 = 부진근

불공종자가 유근신으로 전변하는데, 이때 유근선이 승의근을 의미하면 여기서의 불공은 곧 '불공중불공'이고, 유근신이 승의근의 의지처로서의 부진근을 의미하면 여기서의 불공은 '불공중공'에 해당한다. 부진근은 외적으로 드러난 몸으로서 인간이 함께 수용하는 기세간과 다를 바 없기에, 나나 타인이 함께 공동으로 수용할 수 있어 '불공중공'에 해당한다.

즉 '내적인 대종'(내대종) 및 '그것으로 만들어진 색법'(소조색)이다.
卽內大種及所造色.

기세간과 유근신:

공상종자 →기세간: 외대종 및 그 소조색: 공 ┌ 공중공: 외4대(기세간1)
　　　　　　　　　　　　　　　　　　　　　 └ 공중불공: 4대소조색(기세간2)

불공상종자 → 유근신: 내대종 및 그 소조색: 불공 ┌ 불공중불공: 내4대(승의근)
　　　　　　　　　　　　　　　　　　　　　　　　 └ 불공중공: 4대소조색(부진근)

기세간이 지수화풍 4대로서 촉처 소속인 외대종과 그들 4대소조색인 기세간상으로 존재하듯이, 유근신은 지수화풍 4대의 내대종으로 이루어진 5근(승의근)과 그 5근이 자리하고 있는 의지처인 4대소조색의 부진근으로 존재한다.

승의근은 눈에 보이는 물리적 기관이 아니라 그 안에서 활동하는 인식 능력을 의미하며, 따라서 각각의 제8식이 자신의 승의근으로 전변하고 각자 자신의 승의근을 수용할 수 있다. 반면 부진근은 그런 승의

근이 의거하는 물리적 기관으로서 눈에 보이는 몸을 이룬다. 따라서 부진근은 모두가 공동으로 수용할 수 있는 기세간과 마찬가지로 다른 사람도 함께 변현하여 수용하는 것이다.

이상과 같이 유근신에서 내대종으로서의 승의근과 내대종 소조색으로서의 부진근을 구분하고 난 후 이하에서는 그 둘 중 어떤 것은 전변자 자신만 수용할 수 있고 어떤 것은 자신뿐 아니라 타인도 함께 수용할 수 있는 것인지를 논한다.

공상종자(불공중공)의 성숙한 세력이 있기 때문에 다른 사람의 신(身)의 처에서 저것(타신)으로도 변사한다. 그렇지 않다면 타를 수용한다는 의미가 없을 것이다.
有共相種成熟力故, 於他身處亦變似彼. 不爾應無受用他義.

공과 불공의 4가지:

- 공
  - 공중공: 외4대(기세간1)
  - 공중불공: 4대소조색(기세간2) - 부진근은 기세간에 속하는 몸
- 불공
  - 불공중불공: 내4대(승의근)
  - 불공중공: 4대소조색(부진근) - 부진근

승의근은 '불공중불공' 종자에 의해 형성되며 자신만이 수용할 수 있는 몸인데 반해, 부진근은 '불공중공' 종자에 의해 형성되며 타도 수용할 수 있다. 부진근으로서의 몸은 타인과 공유하는 처(기세간)에 나타나므로 기세간에 포함되는 것으로서 다른 사람도 그것을 수용할 수 있기 때문이다. 여기에서는 부진근으로 전변하는 종자가 불공 중에서 불공 아닌 공, 즉 불공중공이기에 '공상종자' 라고 부른 것이다. 『술기』의 말이다.

불공중공을 공상종자라고 이름한 것이다. 타를 수용하므로 타의 몸으로 변현한다. 즉 앞의 불공(공중불공)을 여기에서 공(불공중공)이라고 이름한 것이다.[52]

유근신으로 전변하는 불공종자 중 부진근으로 전변하는 종자가 '불공중공' 이어서 이를 '공상종자' 라고 부른다는 것이다. 부진근은 내대종 소조색의 색법으로서 기세간에 드러나는 신(身)이며, 따라서 외대종 소조색인 기세간(공중불공종자의 산물)과 본질적으로 다르지 않다. 인간이 기세간을 공동으로 수용하듯이, 부진근은 자와 타가 함께 수용한다.

그런데 유식의 원리에 따르면 제8식이 어떤 것을 수용한다는 것은 곧 제8식이 그것으로 전변한다는 뜻이다. 결국 내가 타의 신을 수용할 수 있는 것은 나의 본식이 타의 신으로 전변하기 때문이다. 따라서 윗글에서 '불공중공종자의 세력으로 타신으로도 변사한다' 고 말한 것이다.

이하에서는 타신으로 변사한다는 의미에 대해 두 가지 상이한 입장을 제시한다. 즉 나의 본식은 타신 중 어떤 근으로 변현하는가?

〈입장1〉	〈입장2〉
타의 승의근+부진근으로 변현	타의 부진근으로만 변현
안혜	호법

<입장1: 안혜> 이 중 이런 입장이 있다. 근(승의근)으로도 변사한다는 것이다. 『변중변론』에서 '자와 타의 신(身)의 5근으로 사현

52 『술기』, 324상, "不共中共名共相種. 由受用他故變他身. 即前不共今名爲共."

한다.' 고 설하기 때문이다.
此中有義. 亦變似根.『辯中邊』說, '似自他身五根現' 故.

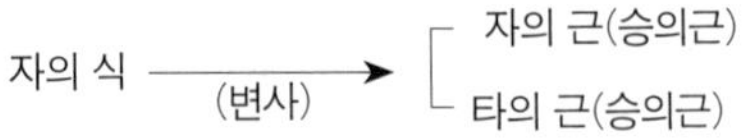

자의 식 ——(변사)——→ [자의 근(승의근) / 타의 근(승의근)]

나의 종자로부터 나의 승의근뿐 아니라 남의 승의근으로도 변현한다고 보는 관점으로 안혜의 주장이다. 이에 대해 『술기』에서 말한다.

'이미 타의 근으로도 사현한다고 말하므로 (승의근으로의) 변현을 인정한 것이다.' 이것은 어떤 의미인가? … 타신의 의지처(부진근)를 수용하고자 하므로, 타의 근(승의근)으로 변현하는 것이다. 근이 만약 없다면, 의지처도 또한 없기 때문이다. 색계에 매인 비와 설의 의지처에 만약 근이 없다면, 의지처 또한 없다. 아니라면 저 계에 응당 두 근이 없을 것이다. 오직 의지처가 몸을 장엄한다. 수용하기 위해 근으로 사현하므로 본식의 변이 모두 실제의 수용이 있는 것이다.[53]

자근이 타의 〈승의근〉으로 전변한다고 보는 이유:
- 타의 근(승의근)으로 전변해야 타의 의지처(부진근)도 수용이 가능
- 승의근 있어야 부진근도 있음

『변중변론』의 '자와 타 신의 5근으로 사현한다' 는 것을 나의 본식이 나의 5근뿐 아니라 타신의 5근(승의근)으로도 전변한다는 것으로 해석한 것이다. 승의근이 있는 곳에 부진근이 있으니, 나의 식이 타의 부진근으로 변현하고 수용할 수 있으려면 우선 타의 승의근으로 변현하고

53 『술기』, 324상, "旣言亦似他根, 故許變也. 此有何義? … 爲欲受用他身依處, 故變他根. 由根若無時, 依處亦無故. 如色界繫鼻舌依處, 根若無者, 依處亦無. 不爾彼界, 應無二根. 唯有依處, 莊嚴身故. 由爲受用, 亦變似根, 又本識變, 皆有實用."

수용해야 한다고 보기 때문이다. 그러나 이하에서는 이것을 부정하며 이 구절을 달리 해석한다.

<입장2: 호법> 이런 입장이 있다. 오직 의지처(부진근)로만 변사한다. 타근은 자기에서 수용될 수 있는 것이 아니기 때문이다. '자와 타의 신의 5근으로 사현한다.'는 것은 자와 타의 식이 각각 자기(5근)로 변현한다는 뜻이다.
有義. 唯能變似依處. 他根於己非所用故. 似自他身五根現者, 說自他識各自變義.

자의 식 —(변사)→ 자의 5근(승의근)

타의 식 —(변사)→ 타의 5근(승의근)

호법의 입장이다. 『변중변론』의 '자와 타의 신의 5근으로 사현한다'는 구절은 자의 본식은 자의 신의 5근으로 변현하고, 타의 본식은 타의 신의 5근으로 각각 변현한다는 것이지, 자의 본식이 자신의 5근과 타신의 5근으로 변현한다는 말은 아니라고 해석한다. 따라서 자의 본식이 타의 신의 근으로도 변현한다고 할 때의 타신의 근은 5근인 승의근이 아니라 5근의 의지처가 되는 부진근에 국한된다고 보는 것이다. 부진근은 누구나 보고 수용할 수 있는 색법에 속하기 때문이다.

『변중변론』: 자타의 신의 5근으로 전변
안혜 - 자의 식이 자와 타의 5근(승의근)으로 전변+자와 타의 〈부진근〉으로 전변
↕
호법 [자의 식이 자의 5근(승의근)으로 전변 / 타의 식이 타의 5근(승의근)으로 전변] +자와 타의 〈부진근〉으로 전변

> 그러므로 타의 지(地)에 태어나거나 혹은 열반에 들어도 그 남은 시체(시해)는 여전히 상속해서 보여진다.
> 故生他地或般涅槃, 彼餘尸骸猶見相續.

남의 몸의 승의근은 나의 식소변일 수 없지만, 남의 몸의 부진근은 나의 식소변으로 내가 반연하고 수용할 수 있다. 그러므로 그가 타방에 태어나거나 열반에 들어도 부진근으로서의 그의 몸은 내게 남겨져 보일 수 있다는 것이다.

> 이상은 업력에 의해 전변된 외부 기세간과 내부 유근신의 계(界)와 지(地)의 차별을 말하였다. 만약 선정 등의 힘으로 전변된 기세간과 유근신이라면 계와 지의 자와 타는 결정적이지 않다.
> 前來且說業力所變外器內身界地差別. 若定等力所變器身, 界地自他則不決定.

	〈업력에 의한 소변〉	〈선정 등에 의한 소변〉
기세간과 유근신	자·타 결정	계와 지의 자·타가 비결정

지금까지 논한 제8식의 기세간이나 유근신으로의 전변은 제8식 안에 함장된 유루종자의 세력으로 진행되는 전변을 말한 것이고, 선정 등의 힘으로 전변하는 것은 또 다르다는 말이다. 여기서 '선정 등의 힘'이 의미하는 것은 선정력뿐 아니라 그 외의 다른 힘들도 포함한다. 『술기』는 이렇게 설명한다.

a. 선정 등이라는 것은 b. 신통력이나 c. 식을 빌려 일어남(제2,3,4선에서 초선의

식을 빌려 안·이·신식을 일으킴)이나 d. 대원력이나 e. 법위력을 함께 말한다. 이것은 모든 식에 대해 다섯 가지 힘이 있는 것이고, 제8식의 전변이라면 오직 선정과 신통만 있거나 혹 4력을 말한다. 대원은 곧 법력으로 별도의 능력이 없기 때문이다.[54]

업력과 구분되는 힘:
- a. 선정력(정)
- b. 신통력(통)
- c. 차식기(借識起)
- d. 대원력 = 법력
- e. 법위력

업력에 의한 전변의 결과는 그 힘에 따라 제한되는 것이 있지만, 선정이나 신통력 또는 법력 등에 의한 전변은 일체 제한을 넘어선다는 것이다.

> 전변된 유근신과 기세간은 대부분 항상 상속한다. 전변된 소리나 빛 등은 대부분 잠시이니, 현재의 연의 힘을 따라 격발하여 일어나기 때문이다.
> 所變身器多恒相續. 變聲光等多分暫時, 隨現緣力擊發起故.

식소변
- 유근신과 기세간: 대부분은 상속
- 빛이나 소리: 잠시만 유지

제8식의 식소변인 유근신과 기세간은 현상적으로 이어지기에 대부

54 『술기』, 324하, "言 a. 定等者等取 b. 通力 c. 或借識起 d. 或大願力 e. 或法威力. 此通諸識有五種力, 若第八變唯有定通, 或總四力. 大願卽法力更無別能故."

분 상속한다고 말한다. 그러나 기세간 중에서 우리가 인식하는 소리나 빛 등 오직 잠깐 동안만 유지되는 것도 있음을 밝힌다.

4. 식소변의 경이 오직 색인 이유

아뢰야식의 소연(소연1)인 종자가 현행화된 아뢰야식의 식소변으로서의 소연(소연2)은 유근신과 기세간이며, 이 둘은 모두 색법에 속한다. 이하에서는 제8식의 소연은 왜 모두 색법일 뿐이고 심법이나 심소법 또는 불상응행법이나 무위법이 아닌지를 설명한다. 유식의 5위법은 다음과 같다.

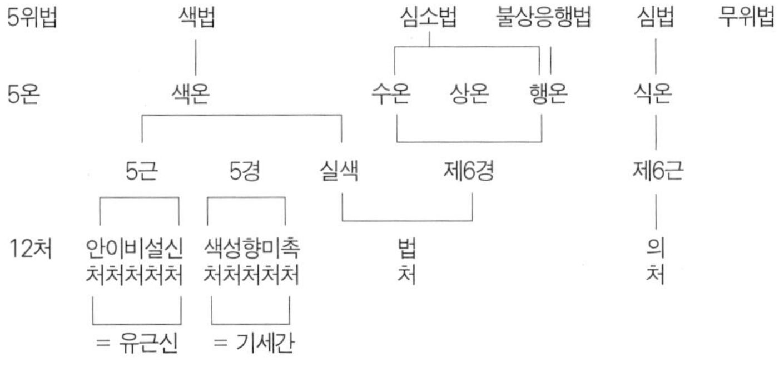

> 이 식이 전변된 경을 간략히 말하자면 ① 유루종자와 ② 10개의 유색처와 ③ 법처에 포함되어 나타나는 실색이다.
> 略說此識所變境者, 謂 ① 有漏種 ② 十有色處及 ③ 墮法處所現實色.

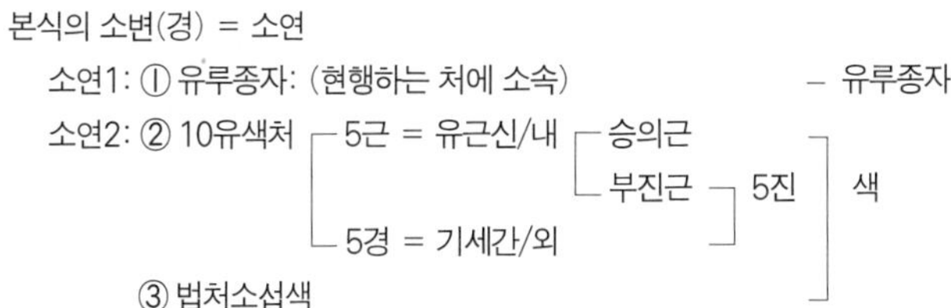

제8아뢰야식의 소변은 능연인 견분과 소연인 상분인데, 이 중 소연인 상분이 '전변된 경'이다. 아뢰야식의 소연은 앞서 논했듯이 크게 두 종류로 나뉜다. 하나는 ① 견분에 의해 반연되는 상분(소연1)이되 잠재적 공능차별로서의 종자이고, 다른 하나는 그 종자에 의해 현실화된 현행 제법으로서의 상분(소연2)이다. 소연2에 속하는 것은 ② 10처의 색법인 유근신과 기세간과 ③ 법처 소속의 색이다.

① 제8식의 소연(소연2)인 유근신과 기세간 및 법처소속색이 모두 색법이라면, 또 다른 소연(소연1)인 유루종자는 어떤 처에 속하는가? 『술기』는 아뢰야식 소연인 종자는 모두 현행하는 처에 따라 그 소속을 말해야 한다고 주장한다.

〈문〉 종자는 어느 처에 속하는가? 〈답〉 어느 처에 따라 속하는지는 비록 오직 의가 반연하지만, 현행의 실법과 결정코 다르지 않으므로, 현행에 따라 속한다. 이 중에 난점이 있으면 마땅히 이치에 따라 사유해야 한다.[55]

종자 중에서 색종자는 색법으로 현행하므로 색처에 속한다고 할 수 있고, 심종자는 심법 내지 심소법으로 현행하므로 의처나 법처에 속한다고 할 수 있다. 즉 종자가 어느 처에 속하는가는 그 종자가 어느 법으

55 『술기』, 325하, "〈문〉 種子何處攝? 〈답〉 隨何處攝雖唯意緣, 以與現行實法不定異故隨現行攝. 此中有難如理應思."

로 현행하는가를 따라 말할 수 있다는 것이다.

② 유근신 중 승의근은 내4대의 5근이고, 부진근은 4대조소색인 색성향미촉 5진이다. 그리고 기세간은 외4대와 그 소조색으로 모두 5진이다. 따라서 유근신과 기세간은 모두 5근과 5경으로서 색처 소속의 10색이다.

③ 제8식 소변의 경에는 10개 유색처 이외에 법처소속색이 있다. 『술기』는 이 '법처소섭색'을 선정에서 나타나는 실색이라고 설명한다.

> 제8식은 또 법처의 실색을 반연하니, 위덕정(威德定)에 나타나는 경의 색으로 『유가사지론』 54권에서 세밀히 분별하는 것과 같으므로 마땅히 그에 따라 이해해야 한다. '타(墮)'라는 것은 속한다는 의미이므로 '법처섭색'의 다른 이름이다.[56]

법처소섭색: 『대승아비달마집론』에서 논의

1. 극략색(極略色) = 극미(極微). 유부는 색처소섭, 유식은 가법으로 법처소섭으로 간주
2. 극형색(極迥色) = 극미의 현색(顯色). 유부는 색처소섭, 유식은 가법으로 법처소섭으로 간주
3. 수소인색(受所引色) = 업의 결과 형성되는 무표색, 무표업, 유식의 종자에 해당
4. 변계소기색(遍計所起色) = 제6의식의 변계(계탁분별)로 생긴 색, 거북털, 토끼뿔 등
5. 정자재소생색(定自在所生色) = 정과색(定果色), 선정의 힘으로 생긴 색. 8지 이상에서 수행 결과 얻는 색은 가법이 아닌 실법(實法)

여기에서의 법처소섭색은 선정의 힘으로 생기는 색, 즉 선정 결과의 색인 '정과색(定果色)'이라고 한다. 업(業)의 결과로 생기는 업과색(業果色)과 대비되는 것이다. 정과색을 낳는 선정을 위덕정(威德定)이라고

---

56 『술기』, 325하, "第八亦緣法處實色, 謂威德定所行境色, 如『瑜伽論』五十四卷, 彼極分別, 應如彼會. 言隨者是攝義, 卽是法處攝色之異名也."

한다. 정과색은 무색계의 성자가 나타내는 색인데, 아직 3계 내 유루위의 성자이므로 제8식 소변의 경에 포함시켜 논한 것이다.

무엇 때문에 이 식(제8식)은 심과 심소 등으로 사현하여 소연으로 삼을 수 없는가?
何故此識不能變似心心所等爲所緣耶?

5위법: 아뢰야식의 식

1. 심법 = 요별
2. 심소법
3. 색법 = 유근신+기세간+정과색 - 제8식의 소연(상분) = 식소변의 경(境)
4. 불상응행법
5. 무위법

제8식 내의 종자가 현행하여 유근신과 기세간 및 법처소속색으로 사현한다. 제8식은 5위법 중에서 왜 오직 색법으로만 사현하고, 나머지 심법과 심소법 및 불상응행법과 무위법 등으로 사현하지는 않는 것일까? 이에 답하기 위해서는 식의 작용력을 살펴봐야 한다. 이를 위해 『성유식론』은 우선 유루식의 변(變)을 두 가지로 구분하여 설명한다.

유루식의 변(變)은 크게 두 가지가 있다. ① 첫째는 인연의 세력을 따라 전변하는 것이고, ② 둘째는 분별의 세력을 따라 전변하는 것이다. ① 처음은 필히 작용이 있고, ② 후자는 다만 경이 될 뿐이다.
有漏識變略有二種. ① 一隨因緣勢力故變. ② 二隨分別勢力故變. ① 初必有用, ② 後但爲境.

유루식의 변(變):
① 인연변: 인연력(종자)에 따라 변. 소변의 경(본질상분)은 체(실)와 용이 있음
② 분별변: 분별력(작의)에 따라 변. 소변의 경(영상상분)이 있을 뿐

능변식의 전변 활동은 인연변과 분별변이라는 두 종류로 구분된다. ① 인연변은 종자의 세력에 의해 저절로(임운하게) 작의 없이 변현하는 것이고, ② 분별변은 인위적인 분별심에 따라 대상을 계탁하여 분별하는 것이다. ① 인연변은 제8식 내 종자가 현행하여 유근신과 기세간을 형성하고(제8식), 그렇게 형성된 기세간을 있는 그대로를 감각하는(전5식) 전변이고, ② 분별변은 그러한 식소변의 경에 대해 임의적으로 사량하고 계탁하여 분별(주탁)하는 제7식과 제6의식 일부의 활동이라고 할 수 있다.

다시 말해 ① 인연변은 제8식 내 종자의 세력을 따라 경(境)인 현상세계를 형성하는 존재론적 전변 활동이고, ② 분별변은 그렇게 형성된 대상을 사량분별하고 계탁분별하여 인식하는 인식론적 전변 활동이다. 인연변의 결과인 경은 실제적 세계로서 작용력이 있지만, 분별변의 대상인 경은 그 세계의 영상이기에 작용력이 없다고 할 수 있다.

유루식의 전변:
① 인연변: 인연력(종자)에 따라 세계(본질상분)로 변현하는 존재론적 전변
- 인연변의 대상(상분)은 본질로서 세계 자체. 그러므로 작용이 있음
② 분별변: 분별력(작의)에 따라 세계를 표상(영상상분)으로 인식하는 인식론적 전변
- 분별변의 대상(상분)은 세계의 영상. 그러므로 작용이 없음

이러한 인연변과 분별변을 『술기』는 각각 다음과 같이 구분하여 설명한다.

① 인연생이란 이전의 업(業) 및 명언의 실제 종자에 의하는 것을 말한다. 반드시

힘이 있고, 오직 저절로 일어나는 마음(임운심)이지 작의에 의해 그 마음이 일어나는 것이 아니다. 곧 a. 전5식과 제8식은 그 증상연을 따라 이숙인이 연(緣)이 되고 명언종자가 인(因)이 되어 경으로 변현한다. b. 8식과 함께하는 5심소는 수승한 힘이 없으므로 설혹 임운하게 일어나도 경계에 실제 작용이 없다. 인연변의 법은 반드시 실체가 있다. 멋대로 계탁하는 것이 아니기 때문이고, 작용이 없지 않기 때문이다.[57]

인연변: 업과 종자 따라 임운하게 생. 작의에 의한 것 아님. 실체 있고 작용 있음
- a. 제8식, 전5식: 이숙인(증상연) + 명언종자(인연) 의해 경으로 변현
- b. 8식 변행심소: 임운히 일어나도 경에 실제 작용 없음

② (분별변은) 작의하여 일어나는 마음이고, 헤아려 계탁(籌度)하는 마음이다. 제6식과 제7식이 자신의 분별에 따라 작의하여 일어나는 것이기 때문이다. a. 이 때문에 제6식과 제7식이 무(無) 등을 반연할 때의 영상상분(影像相分)은 실체가 없으므로, 반드시 작용이 있는 것은 아니다. b. 또한 분별 때문에 전변한다고 설한다고 해서 경의 체가 반드시 없는 것은 아니니, 유(有)를 반연할 수도 있기 때문이다.[58]

분별변: 작의로 생. 계탁하는 마음.
- 제6식, 제7식
  - a. 무를 반연 – 영상상분이 실체 없고 작용 없음
  - b. 유를 반연 – 소소연의 경(본질상분)이 체가 있음

57 『술기』, 326중, "因緣生者謂由先業及名言實種, 卽要有力唯任運心, 非由作意其心乃生. a. 卽五八識隨其增上異熟因爲緣, 名言種爲因故變於境. b. 八俱五數卽無勝力, 設任運生境無實用. 因緣變法必有實體, 非橫計故, 非無用故."

58 『술기』, 326중, "(分別變)謂作意生心是籌度心. 卽六七識隨自分別作意生故. a. 由此六七緣無等時, 影像相分無有實體未必有用. b. 亦非由說分別故變, 境體定無亦緣有故."

이상과 같이 ① 인연변은 종자의 힘에 의해 경으로 전변함으로써 변현된 경에 체가 있고 작용력이 있는 전변을 말한다. ② 분별변은 작의에 따라 계탁하는 것인데, 유를 반연하면 경의 체가 있고 작용력도 있지만, 무를 반연하면 경의 체가 없어 작용력도 없다.

이 두 전변이 각각 어느 식에 해당하는가에 대해 『술기』는 ① 인연생은 전5식과 제8식과 제6의식 일부의 변이고, ② 분별변은 제7말나식과 제6의식 일부의 변이라고 설명한다.

> ① 처음 것(인연변)은 전5식과 제8식의 전부 및 제6식의 일부에 통하고, ② 뒤의 것(분별변)은 제7식의 전부와 제6식의 일부에 통한다.[59]

① 인연변: 인연력(종자)에 따라 변. 제8식+전5식+제6식 일부(현량:5구의식)
② 분별변: 분별력(작의)에 따라 변. 제7식+제6식 일부(비량比量:5후의식+독두의식)

<색법> 이숙식의 전변은 단지 인연에 따를 뿐이며, 전변된 색 등은 반드시 실제적 작용이 있다.
異熟識變但隨因緣, 所變色等必有實用.

이숙식의 전변(인연변) 결과:
색은 제8식의 소연(상분) - 색으로서 실제적 작용이 있음

위에서 인연변과 분별변을 구분하면서 제8식의 전변은 인연변으로서 그 결과의 소연은 작용력이 있음을 밝혔다. 이제 이에 근거해서 제8

59 『술기』, 326중, "初通五八全及第六少分, 後第七全通第六少分."

식의 소연이 왜 색일 뿐이고, 심법과 심소법 그리고 무위법이 아닌지를 설명한다. 즉 색법만이 제8식의 소연으로서 작용력을 가질 수 있다는 것이다.

<심·심소법> 만약 심 등으로 전변한다면 곧 실제적 작용이 없을 것이니, 상분의 심 등은 반연할 수 없기 때문이다.
若變心等便無實用, 相分心等不能緣故.

심·심소는 제8식의 소연 아님 – 소연(상분)이라면, 능연 작용이 없어 실용이 없게 됨

심·심소는 이숙식이 반연하는 소연이 아니다. 심·심소가 소연(상분)에 그친다면, 능연의 작용이 없게 될 것인데, 실제로 심과 심소는 능연의 작용이 있기 때문이다. 그러므로 심과 심소는 이숙식의 소연이 아니다. 『술기』는 이렇게 설명한다.

상분으로서의 심·심소는 화심(化心) 등과 같다. 그러므로 그것(심·심소)을 반연하지 않으니, 반연한다면 곧 작용이 없게 된다. 『해심밀경』에서 '모든 변화심에는 자신에 의거하는 마음이 없고, 타에 의거하는 마음이 있다.' 고 한다. 『불지경론』 제6권과 여기의 제10권에서도 '스스로 연려하는 실체의 마음이 없고, 견분을 따라 전변된 상분의 사연려의 마음이 있으니, 거울 속의 불과 같다.' 고 하며 넓게 설하였다.[60]

60 『술기』 327상. "相分心心所如化心等. 故不緣之, 緣便無用. 『深密經』說, '諸變化心無自依心有依他心.' 『佛地論』第六卷, 此第十亦云, '無自緣慮實體之心, 有隨見分所變相分似慮之心如鏡中火', 乃至廣說."

제8식에 의해 상분(소연)으로 반연된 심·심소는 '화심(化心)'과 같다고 한다. 제8식이 만든 화심(변화심)은 식의 대상(소연)으로서의 마음이지 실제 심으로 작용하는 능연의 마음이 아닌 것이다. 그런 소연으로서의 화심은 작용력이 없어 마치 거울 속 불과 같다는 것이다. 이에 반해 일반적인 심·심소는 능연의 작용이 있다. 능연으로서의 심 · 심소는 견분의 작용력을 갖으며, 따라서 화심이나 거울 속 불과 같은 제8식의 소연(상분)이 아니라는 것이다. 이와 같이 심·심소는 제8식의 소연이 아니다.

그렇지만 저것(심·심소)의 실제적 작용은 별도로 이것(제8식)을 따라 생겨나야 한다.
須彼實用別從此生.

심 · 심소는 ┌ 제8식의 소연은 아님
└ 제8식을 따라 생김(인연변) - 그래서 실용이 있음

7전식의 심·심소는 능연으로서 작용하므로 제8식의 소연(상분)이 아니다. 그러나 그렇다고 해서 7전식의 심·심소가 제8식과 무관한 것은 아니다. 7전식의 심·심소는 제8식의 소연(상분)이 아니지만, 제8식에 의거하여 일어나는 마음 작용이기 때문이다. 위의 문장에 대해 『술기』는 이렇게 설명한다.

〈문〉 만약 그렇다면 무엇 때문에 심·심소법이 제8식을 따라 생기는가? … 〈답〉 무릇 7전식 등은 경계를 수용하므로 제8식을 따라 생겨나야 한다. (제8식이) 반연하지 않는다고 (전식을) 일어나지 않게 하는 것이 아니다. 무루심도 또한 (제8식

을) 따라 일어나는 것과 같기 때문이다.[61]

7전식의 심·심소는 제8식의 소연은 아니지만 제8식에 의거하여 일어난다는 것이다.

<무위법> (이숙식이) 무위법 등으로 전변한다면, (무위법) 또한 실제적 작용이 없을 것이다. 그러므로 이숙식은 심 등을 반연하지 않는다.
變無爲等亦無實用. 故異熟識不緣心等.

무위법: 제8식의 소연 아님 – 소연이라면, 증득 안 된 사(似)무위로서 실용이 없을 것

무위법도 심·심소법과 마찬가지로 제8식의 전변 결과의 상분(소연)은 아니지만 제8식에 의거하여 일어난다. 무위법도 무루종자가 아뢰야식 내에 있어 아뢰야식을 떠나 있지 않지만 그렇다고 아뢰야식의 소연(상분)으로 있는 것은 아니다. 심·심소가 아뢰야식으로 인해 일어나지만 아뢰야식의 소연은 아닌 것처럼 무위법도 그러하다는 것을 『술기』는 이렇게 설명한다.

〈문〉 만약 실체가 있는 것은 곧 제8식이 반연하는 것이라고 한다면, 무위도 실체가 있으므로 제8식이 반연해야 할 것이다. 〈답〉 만약 제8식이 실제의 무위를 반연한다면, 무위가 작용이 없을 것이니, 아직 증득되지 않았기 때문이다. 만약

---

61 『술기』, 327상, "〈問〉 若爾, 何故心心所法從第八生? … 〈답〉 須七識等受用於境從第八生. 非不緣故卽不令起, 如無漏心亦從起故."

사(似)무위라면, 실제의 무위가 아니므로 (제8식이) 변현한 것이 아니다.[62]

심·심소와 마찬가지로 무위법도 제8식으로 인해 일어나며 제8식을 떠나 있지 않지만, 제8식이 전변하여 경으로 형성한 상분(소연)은 아니라는 것이다. 그러므로 유루위의 지위에서 제8식의 변현 결과로서의 소연(소연2)은 오직 색법뿐이라는 것이다.

무루위에 이르면 수승한 지혜와 상응한다. 비록 무분별이지만 맑고 청정하기 때문에, 설사 실제적 작용이 없다고 해도 또한 저(심·심소+무위) 영상을 나타낸다. 그렇지 않다면 부처가 '두루하는 지혜'(변지)가 아니어야 할 것이다.
至無漏位勝慧相應. 雖無分別而澄淨故, 設無實用亦現彼影. 不爾諸佛應非遍知.

무루위에서 제8식의 소연(영상으로 증득): 심·심소 + 무위

무루위에서 상응한다고 하는 승혜(勝慧)는 곧 별행심소인 승해(勝解)를 말한다. 일체 번뇌를 멸한 상태에서 사태를 여실하게 아는 수승한 앎을 뜻한다. 무루위는 2승 여래지 또는 불지이다. 무루위에서 갖는 무분별의 청정한 지혜에는 영상이 나타나는데, 이 영상은 앞서 유루위에서의 이숙식이 반연하지 못하는 심·심소 및 무위법의 영상이다. 즉 유루의 이숙식은 색법만을 반연하는 데 반해, 무루위의 무분별지혜는 심·심소와 무위를 반연한다는 것이다. 이러한 무루위의 지혜에 대해

62 『술기』, 327상, "〈문〉 若有實體第八卽緣, 無爲有體應第八緣. 〈답〉 若第八緣實無爲者, 無爲無用, 此未證故. 若似無爲, 非實無爲故不變也."

『술기』는 설명한다.

> 무루위에서는 승혜(勝慧)와 상응한다. 비록 주탁(계탁)하여 상을 취하는 분별은 없지만, 맑고 청정하기 때문이니, 유루위의 체가 더럽고 혼탁한 것과 같지 않다. 지금(무루위에서) (심·심소+무위 등이) 작용이 없다고 해도 저 영상을 나타낸다. 즉 무(無)나 심(心) 등의 영상과 무위(無爲)의 영상 등을 반연한다. 친히 증득하기 때문이고, 무가 무임을 알기에 무 등을 반연한다고 한다.[63]

무루위에서 제8식의 소연: 심·심소, 무위, 무(無) 등의 영상

무루위에서 부처의 제8식이 일체지를 갖추므로 그 무분별지혜에 영상이 나타난다. 그렇게 무나 심이나 무위 등의 영상을 반연하여 증득하므로 부처의 변지 내지 일체지가 성립한다. 그래서 『술기』는 "무를 알지 못한다면 두루하는 지혜(변지遍智)가 아니다. 부처의 제8식은 제법의 영상을 나타내므로 일체지라고 이름하니, 변지이기 때문이다."[64]라고 말한다. 우리 일반 범부의 유루위에서는 단지 능연의 작용이 있을 뿐인 심·심소를 무루위의 부처는 영상(소연)으로 증득하여 알고, 진여나 무(허공)도 직접 증득하여 안다는 것이다.

> 그러므로 유루위에서 이 이숙식은 단지 기세간과 유근신과 유루 / 종자만을 반연한다. (11중)

---

63 『술기』, 327중, "於無漏位勝慧相應. 雖無籌度取相分別而澄淨故, 非如有漏體是滓濁. 今設無用亦現彼影. 卽緣於無及心等影無爲影等. 以親證故, 知無是無故緣無等." 『술기』에 혜(惠)로 나온 것을 혜(慧)로 수정하였다.

64 『술기』, 327중, "不知無故非遍智也. 由佛第八現諸法影, 名一切智是遍知故."

故有漏位此異熟識但緣器身及有漏/種. (11중)

유루위에서 이숙식의 소연: 기세간 + 유근신 + 유루종자

무루위에서 제8식의 소연: 심 · 심소 + 무위 + 무

무루위와 달리 유루위에서의 이숙식은 오직 색과 유루종자만을 반연한다.

욕계와 색계에서는 세 가지 소연을 모두 갖추고, 무색계에서는 유루종자만을 반연한다. 색을 싫어하여 떠나므로 '업의 결과의 색'(업과색)은 없지만 '선정 결과의 색'(정과색)은 있으니, 이치에 어긋나지 않는다. 저 식(무색계의 식)은 또한 이 색을 반연하여 경으로 삼는다.
在欲色界具三所緣, 無色界中緣有漏種. 厭離色故無業果色, 有定果色於理無違. 彼識亦緣此色爲境.

유루위에서 이숙식의 소연:
욕계·색계: 유루종자 + 업(業)과색(기세간 + 유근신)
무색계: 유루종자 + 정(定)과색
무루위에서 제8식의 소연:
무루종자 + 심 + 무위 + 무

업의 결과의 색은 염오의 염색이고, 선정의 결과의 색은 청정한 정색이다. 무색계의 식은 염색을 반연하지 않고 오직 선정 결과의 색(정과색)만을 반연한다. 『술기』는 이렇게 설명한다.

만약 선정의 신통력이면 같은 세계와 같은 처이든 다른 세계와 다른 처이든 일체

의 처를 반연한다. (『유가사지론』) 53권에서 '무색계의 선정은 일체의 색법에 대해서 자재를 얻는다.' 고 하였다.[65]

5. 소연과 행상이 불가지인 이유

게송 중의 '불가지 집수·처·료' 에서 집수와 처와 료가 불가지인 까닭을 설명한다.

불가지라는 것은 이 행상이 극히 미세하기 때문에 알기 어렵다는 것이다. 또는 이 소연 중 내적 집수(종자+유근신)의 경계도 또한 미세하기 때문에, 외적 기세간의 량은 측정하기 어렵기 때문에, 불가지라고 말한다.
不可知者謂此行相極微細故難可了知. 或此所緣內執受境亦微細故, 外器世間量難測故, 名不可知.

불가지: 료·집수·처
행상 – ① **료** - 미세해서
소연 ┌ 내적 **집수**(② 종자 + ③ 유근신) - 미세해서
└ ④ 외적 기세간(**처**) - 측량 어려워서

처음 게송에서 언급한 '불가지' 가 행상과 소연 둘 다에 해당하는 것임을 밝힌다. 미세(微細)는 범어 ŝukşama이다. 의식 차원의 분별에 포착되지 않는 것을 미세하다고 한다. ① 아뢰야식의 행상인 료별은 의식보다 더 심층의 마음활동으로 미세하게 진행되므로 의식의 분별에 쉽게

65 『술기』, 327하, "若定通力同界同地異界異地緣一切處. 五十三云, '無色界定於一切色得自在故.'"

포착되지 않는다. ② 아뢰야식의 소연 중 내적 집수인 종자도 의식에 잘 드러나지 않기에 알기 어렵다. ③ 또 다른 집수인 유근신의 승의근은 미세한 불가견의 4대종으로 이루어져 있으므로 그 미세함으로 인해 알기 어렵다. 반면 ④ 외적 기세간은 우주 전체를 말하므로 그 양이 한계 없이 무량하여 측정하기 어렵다는 의미에서 알기 어렵다고 말한다.

<문> 소연경을 취하는 이 식의 행상이 어째서 알기 어려운가?
<답> 멸진정 중에 몸을 떠나지 않는 식이 있는 것같이 (식이) 있다는 것을 마땅히 믿어야 한다.
<문> 云何是識取所緣境行相難知? <답> 如滅定中不離身識應信爲有.

아뢰야식의 행상 - 불가지
멸진정의 미세식의 작용 - 불가지

행상이 불가지라는 것에 대한 설명이다. 행상은 식의 작용인데, 식의 작용이 불가지라면 식의 작용이 없다는 말과 같지 않는가라는 반문이 가능하기에 설명을 덧붙인 것이다. 『술기』는 이러한 반문은 유부나 경량부가 제기하는 물음이라고 설명한다. 이에 대해 멸진정을 들어 답한 것은 경량부 또한 멸진정에서도 남아 있는 미세한 마음을 인정하는데, 이 미세한 마음 또한 일상 의식이 분별하여 알기 어려운 것이기 때문이다. 그렇듯이 우리의 마음 작용 중에는 불가지의 작용이 있으며, 바로 아뢰야식의 행상이 그러하다는 것이다.

이것은 비유를 들어 답한 것으로 경량부에 답한 것이다. 저 말파(경량부)는 멸진정에도 마음이 있다고 인정하므로 이 예를 들어 답한 것이다. 멸진정 중에 몸을 떠나지 않는 식의 행상을 알기 어려운 것과 같다. 제8식이 항상 체가 있다고 마땅히 믿어야 한다. 이것은 상좌부 및 말파 경량부에 답한 것이다. (그들은) 미세식이 있다고 하니, 이에 동의할 수 있을 것이다.[66]

경량부도 인정하는 미세식과 같이 불가지의 마음 작용이 있으며, 아뢰야식의 행상이 그러하다는 것이다. 멸진정은 의식이 끊기는 5지위 중의 하나이다.

의식이 중단하는 5지위:

1. 수면(睡眠): 꿈 없는 잠
2. 민절(悶絶): 명종(命終), 수생(受生) 포함
3. 무상정(無想定) ┐ 무심정(無心定) - 제6의식 중단, 범부와 외도가 닦음
4. 멸진정(滅盡定) ┘ 무심정(無心定) - 제7말나식 중단, 성자가 닦음
5. 무상이숙: 무상정(無想定)을 닦아 무상천에 태어난 이숙

그런데 멸진정에도 식이 있음을 반드시 마땅히 인정해야 하니, 유심위의 시기와 같이 유정에 속하기 때문이다. 무상정 등의 지위도 또한 이러함을 마땅히 알아야 한다.
然必應許滅定有識, 有情攝故如有心時. 無想等位當知亦爾.

앞의 답변이 멸진정에도 미세식의 작용이 있다는 것을 인정한 경량부에게 하는 답변이라면, 여기에서는 그러한 미세식을 인정하지 않는

66 『술기』, 327하. "此擧喩答, 此答經部. 彼末計許滅定有心, 故以例答. 如滅定中不離身識行亦難知. 應信第八識恒體有. 此答上座及末經部. 有細意識於此可然."

유부에게 말하는 것이다. 멸진정에도 그러한 식이 있다는 것을 부정할 수 없으니, 멸진정도 무상정이나 수면이나 민절 등과 마찬가지로 유정의 유심위에 속하는 것이기 때문이다. 의식이 멈추었다가 되돌아와도 같은 유정일 수 있는 것은 유정의 식이 상속하기 때문이다. 그러므로 의식보다 더 깊고 미세한 심의 작용이 있음을 인정해야 한다는 것이다. 무루위의 성자가 되어야 비로소 명료히 알 수 있지만, 우리 범부에게도 이미 작용하고 있는 그런 불가지의 마음 작용이 있다는 것이다.

3
아뢰야식의 상응심소

본 장에서는 『유식삼십송』의 다음 게송을 설명한다.

> 3. 항상 촉과
>
> 작의와 수와 상과 사와 상응하고, 오직 사수이다.
>
> 3. 常與觸,
>
> 作意受想思, 相應唯捨受.

1. 심소의 의미와 종류

지금까지 제8아뢰야식의 심에 대해 논하였으며, 이하에서는 제8아뢰야식에 상응하는 심소를 논한다. 심소는 유식의 존재론적 분류인 〈5위100법〉의 5위 중의 하나이다. 유식의 5위100법의 분류는 설일체유부의 존재분류법인 5위75법의 5위의 틀을 그대로 수용하면서 그 각각에 속하는 법을 좀 더 세분화한 것이다. 다만 색법으로 시작하는 유부의 5위와 달리 유식의 5위는 심법으로부터 시작하며, 유식은 불상응행법과 색법과 무위법을 심·심소법을 떠나지 않은 것으로 설명한다는 점에서 유부와 차이를 보인다.

유식의 5위:

1. 심법(8): 전5식, 제6의식, 제7말나식, 제8아뢰야식
2. 심소법(51)
3. 불상응행법(24)
4. 색법(11)
5. 무위법(6)

이 중에서 심소법이 51가지인데 제8아뢰야식과 상응할 수 있는 심소는 변행심소 다섯 가지이다. 나머지 심소가 모두 상응할 수 있는 식이 6식이기에 『성유식론』에서는 심소가 무엇이고 심소에 어떤 종류가 있는지 등을 제3능변식인 6식을 다루는 곳에서 상술한다. 그곳에 나오는 심소 전반에 대한 설명이다.

a. 항상 심에 의지해서 일어나고, b. 심과 상응하며, c. 심에 매여서 속하기 때문에 '심소'라고 이름한다. 나에게 속한 물건에 '아소(我所)'라는 이름을 붙이는 것과 같다. 심은 소연에 대해 오직 총상만 취하고, 심소는 그것에 대해 별상도 취한다. 심의 일을 돕기에 심소라는 명칭을 얻는다. 비유하면 화가인 스승과 제자가 (스승은) 형태를 만들고, (제자는) 색을 메우는 것과 같다.[1]

---

1 『성유식론』, 제5권, 26하, "a. 恒依心起, b. 與心相應, c. 繫屬於心, 故名心所. 如屬我物立我所名. 心於所緣唯取總相, 心所於彼亦取別相. 助成心事得心所名. 如畫師資作模塡彩."

심소의 조건:
  a. 심에 의지
  b. 심과 상응: ① 시간 · ② 의지처가 같고, ③ 소연(상분) · ④ 사(자체분)가 상사
  c. 심에 매여 속함(계속繫屬)

심소는 심에 의지해서 일어나서 심과 상응하며 심에 매여 있는 상태이다. 유식은 이러한 심소를 크게 여섯 가지로 구분한다.

> ① (변행심소는) 모든 심에 반드시 일어날 수 있기 때문이고, ② (별경심소는) 갖가지 대상을 반연하여 일어나기 때문이며, ③ (선심소는) 오직 선한 심에 일어날 수 있기 때문이다. ④ (번뇌심소는) 본성이 근본번뇌에 포함되기 때문이고, ⑤ (수번뇌심소는) 오직 번뇌의 등류성이기 때문이며, ⑥ (부정심소는) 선과 잡염 등에 대해서 모두 일정하지 않기 때문이다.[2]

심소법:
  ① 변행심소: 모든 심에 두루 상응하는 심소
  ② 별경심소: 대상을 반연하는 심소
  ③ 선심소: 선한 심에 함께하는 심소
  ④ 번뇌심소: 근본번뇌에 속하는 심소
  ⑤ 수번뇌심소: 부수적 번뇌의 심소
  ⑥ 부정심소: 선과 잡염 등으로 규정되지 않은 심소

이상 여섯 부류의 51개 심소를 모두 나열하면 다음과 같다.

---

2 『성유식론』, 26하-27상, "① 一切心中定可得故, ② 緣別別境而得生故, ③ 唯善心中可得生故. ④ 性是根本煩惱攝故, ⑤ 唯是煩惱等流性故, ⑥ 於善染等皆不定故."

심소법: 6위(位) 51법(法)

1) 변행(遍行)심소(5): 촉(觸), 작의(作意), 수(受), 상(想), 사(思)

2) 별경(別境)심소(5): 욕(欲), 승해(勝解), 념(念), 정(定), 혜(慧)

3) 선(善)심소(11): 신(信), 참(慚), 괴(愧), 무탐(無貪), 무진(無瞋), 무치(無癡), 정진(精進), 경안(輕安), 불방일(不放逸), 행사(行捨), 불해(不害)

4) 근본번뇌심소(6): 탐(貪), 진(瞋), 치(癡), 만(慢), 의(疑), 악견(惡見)〈신견(身見)+변견(邊見)+사견(邪見)+견취견(見取見)+계금취견(戒禁取見)〉

5) 수번뇌심소(20):

소수번뇌심소(10): 분(忿), 한(恨), 부(覆), 뇌(惱), 간(慳), 질(嫉), 해(害), 광(誑), 첨(諂), 교(憍)
중수번뇌심소(2): 무참(無慚), 무괴(無愧) ─ 불선(12)

대수번뇌심소(8): 방일(放逸), 불신(不信), 해태(懈怠), 혼침(昏沈), 도거(掉擧), 망념(妄念), 부정지(不正知), 산란(散亂) ─ 염(불선+유부무기)

6) 부정심소(4): 심(尋), 사(伺), 회(悔)=오작, 수면(睡眠) ─ 선 또는 염

2. 아뢰야식의 상응심소: 변행심소

<문> 이 식은 몇 가지 심소와 상응하는가? <답> 항상 촉·작의·수·상·사와 상응한다. 아뢰야식은 무시이래로부터 아직 전의가 일어나기 전까지 일체의 지위에서 항상 이 다섯 심소와 상응하니, 이것이 변행심소에 속하기 때문이다.

<문> 此識與幾心所相應? <답> 常與觸·作意·受·想·思相應. 阿賴耶識無始時來乃至未轉於一切位, 恒與此五心所相應, 以是遍行心所攝故.

제8아뢰야식에 상응하는 심소는 51개의 심소 중 다섯 개의 변행심소뿐이다. 변행심소는 모든 마음 작용과 두루 상응하기에 '변행(遍行)'이라고 부르는 것이다. 그러므로 이 다섯 변행심소가 제8아뢰야식과도

상응한다. 51개의 모든 심소는 수와 상을 제외하면 5온의 색·수·상·행·식의 행 중 상응행법에 포함된다. 심과 상응하는 심소이기에 상응행법이다.

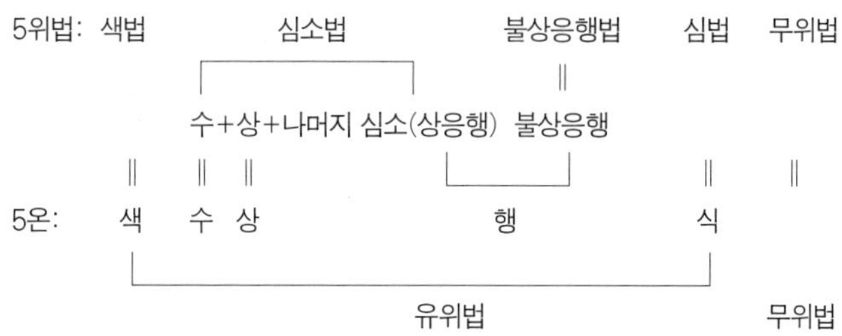

제8식이 촉·작의·수·상 · 사의 다섯 변행심소와만 상응하는 것은 제8식이 전의를 이루어 불과에 이르기 전까지이다. 일체 번뇌가 제거되는 무루위의 불과에 이르면 제8식이 전의되어 대원경지를 이루고, 이때 제8식은 5변행심소뿐 아니라 5별행심소 그리고 11선심소와도 상응하게 된다. 이하에서는 제8아뢰야식과 상응하는 다섯 가지 변행심소를 상세히 설명한다.

1) 촉(觸)

> 촉(觸)은 셋이 화합하여 변이(變異)하고 분별(分別)하는 것이다. 심과 심소를 경과 접촉하게 하는 것이 성이고, 수·상·사 등의 소의가 되는 것이 업이다.
> 觸謂三和分別變異. 令心心所觸境爲性, 受想思等所依爲業.

〈성〉 〈업〉
심을 경과 촉하게 함 → 수 · 상 · 사(행)의 소의가 됨

촉: 3사(근+경+식)가 화합하여서
변이: 근 · 경 · 식이 이전과 달리 심작용 일으킬 수 있는 공능이 생김
분별=상사(相似): 근·경·식에 심작용이 일어남, 즉 식이 근에 의거하여 경을 취하게 됨

화합하게 될 근과 경과 식은 모두 제8식의 전변에 기반하여 성립하는 것들이다. 근은 제8식의 불공종자가 현행한 유근신의 근이고, 경은 제8식의 공종자가 현행한 기세간이며, 식은 제8식 및 이에 의거한 7전식이다. 이 근·경·식이 서로 작용할 수 있게끔 함께 모이는 것이 3사화합이다. 이 3사화합으로부터 촉이 일어난다.

촉은 근·경·식 3사가 화합하여 심이 경으로 향하는 심작용이 일어날 수 있게 하는 것이다. '화합'은 근·경·식 3사가 함께하는 것이고, '변이'는 심소를 일으킬 수 있게끔 근이 경을 따라 바뀌어 가는 과정이며, '분별'은 그 근의 변이를 닮아감으로써 식이 경을 취하게 되는 과정이다. 이와 같이 3사가 화합해서 변이하고 분별하는 것이 촉이다. 한마디로 촉은 식이 근에 의거해서 경을 취하는 과정이다. 이러한 촉심소에 의거해서 그 이후의 다른 심소인 수·상·사 등도 일어나게 된다.

그런데 3사화합과 촉의 관계에 대해 설일체유부와 경량부는 서로 다른 주장을 한다. 유부는 근·경·식의 세 가지가 화합함으로써 촉이 새롭게 생겨난다고 하는 '삼화생촉설(三和生觸說)'을 주장하고, 경량부는 근·경·식 세 가지의 화합 자체가 그대로 촉이고 별도로 새롭게 촉이 생겨나지 않는다는 '삼화성촉설(三和成觸說)'을 주장한다. 이하에서 호법은 유부처럼 3사화합으로 인해 촉이 새롭게 일어난다는 관점에서 3사화합과 촉의 관계를 설명한다.

즉 근·경·식이 다시 서로 수순하기 때문에 셋의 화합이라고 이름한다.

謂根境識更相隨順, 故名三和.

3사화합: 근 · 경 · 식 3사의 상호 수순 → **근**에 의거해서 **경**을 취하여 **식**이 생김

3사(事): ① 시(時)
1. 근(根) = ② 의(依)
2. 경(境) = ③ 소연(상분)
3. 식(識) = ④ 사(자체분)
〈심왕과 심소 상응의 조건〉

촉은 근·경·식 3사화합으로 일어난다. 화합은 세 가지가 서로 수순한다는 것을 뜻한다. 수순에 대해 『술기』는 이렇게 설명한다.

바로 3화합의 체는 근과 경과 식이며, 체가 다르므로 셋이라고 한다. 서로 어긋나지 않고 다시 서로 교섭하므로 수순한다고 한다. 식이 생기지 않거나 근과 경이 혹 일어나지 않으면 어긋남이라고 한다. 또는 이근과 안식과 향경처럼 3법이 어긋나면 3화합이라고 하지 않는다. 만약 서로 수순하면, 셋이 필히 모두 생한다. 이미 서로 거스르지 않으므로 수순이라고 이름한다. 근은 의(依)가 될 수 있고, 경은 취(取)가 될 수 있고, 식은 둘로 인해 생겨서 근에 의거해서 경을 취한다. 이와 같이 교섭함을 3화합의 체라고 이름한다.[3]

3사화합: 근 + 경 → 식
의(依) 취(取) 소생: 요별(了別)

---

3 『술기』, 328중, "正三和體謂根境識, 體異名三. 不相乖返更相交涉名爲隨順. 如識不生根境或起名爲乖返. 又如耳根眼識香境三法乖返不名三和. 若相順者三必俱生. 旣不相違故名隨順. 根可爲依, 境可爲取, 識二所生可依於根而取於境, 如此交涉名三和體."

서로 수순하는 근과 경과 식이 함께 있으면 셋이 함께하여 일어나게 되는 것이 촉이다. 식은 근에 의거해서 경을 취하는데, 식에 대해 근은 의지처이고 경은 취해지는 것이다. 이러한 작용이 일어날 수 있게 하는 것이 바로 촉이다. 촉은 식이 근을 의지처로 삼아 경을 취하게 하는 작용력을 말한다. 식으로 하여금 근에 의거해 대상을 취하게 하는 식의 작용이 촉이다.

① 촉이 저것(3사)에 의거하여 일어나고, ② 저것(3사)을 화합하게 하므로, 저것(3사)으로 설명한다.
① 觸依彼生, ② 令彼和合, 故說爲彼.

① 근 · 경 · 식 화합 → 촉
② 촉 → 근 · 경 · 식 화합

촉과 근·경·식 3사화합의 관계에 대해서 두 가지를 말한다. ① 촉이 근·경·식에 의거해서 일어난다고 보면, 근·경·식이 촉의 근거가 되고, ② 촉이 근·경·식을 화합하게 한다고 보면, 근·경·식의 화합이 촉의 결과가 된다. 『술기』는 근·경·식 3사의 화합과 촉이 서로 인이 되고 과가 되는 이중 관계를 다음과 같이 설명한다.

두 가지 의미에 의해 촉을 3화합이라고 이름한다. ① 첫째는 (촉이) 저것에 의해 생기는데, 저것이 근 등으로 촉의 원인이다. 3화합에 의거하므로 3화합이라고 이름하는 것이다. 그러므로 성교에서 '3화합이 촉을 낳는다' 고 말한다. 대법에서도 '3화합에 의거한다' 고 말한다. ② 둘째는 (촉이) 저것을 화합하게 하는데, 저것이 근 등으로 촉의 결과이다. 즉 촉이 능히 근 등의 3법이 화합하여 의(근)와 취(경)

와 소생료별(식)이 되게 한다. 이 3화합이 촉으로부터 그렇게 되므로, 촉이 능히 3법을 화합하게 한다고 말한다.[4]

〈인〉 → 〈과〉
① 근 · 경 · 식 화합 → 촉
〈인〉 → 〈과〉
② 촉 → 근 · 경 · 식 화합

① 촉이 근·경·식 3사의 화합으로 인해 생긴 것이라고도 할 수 있고, ② 촉으로 인해 근·경·식 3사의 화합이 일어난다고 말할 수도 있다는 것이다.

세 가지가 화합하는 지위에서 모두 수순하여 심소를 생하는 공능이 있으므로 '변이'라고 이름한다. 촉이 저것(변이)과 유사하게 일어나므로 '분별'이라고 이름한다. 근의 변이력이 촉을 이끌 시에 저 식과 경보다 수승하기에 『집량론』 등에서 '근의 변이를 분별한다'라고만 말하였다.
三和合位皆有順生心所功能說名變異. 觸似彼起故名分別. 根變異力引觸起時勝彼識境, 故『集論』等但說分別根之變異.

4 『술기』, 328중, "卽由二義觸名三和. ① 一依彼生, 彼卽根等是觸之因. 依三和故亦名三和. 故聖教言三和生觸. 對法亦云依三和合. ② 二令彼合, 彼亦根等卽觸之果. 謂觸能令根等三法合爲依取所生了別. 此三和合由觸故然, 故說觸能和合三法."

3법: 종자로 있거나 화합 이전	→	3사화합의 공능	→	촉의 공능
심소 생하는 작용 없음		심소 생하는 공능작용 생김		근의 변이를 따라 닮아감
〈근·경·식 3사가 각자 있음〉		〈**경**을 따라 **근**이 변이함〉		〈**식**이 근의 변이를 분별함〉
				= 식이 경을 닮아감
		〈변이〉		〈분별〉

근·경·식 세 가지가 화합하지 않고 있다가 서로 수순함으로써 화합하여 변이와 분별이 일어나는 것이 촉이다. 3사가 화합하게 되면 셋 모두에 새로운 심소를 일으킬 수 있는 공능이 생겨나는데, 이렇게 새롭게 공능이 생하는 것을 변이라고 한다. 근·경·식 3사화합으로 변이가 일어나는데, 근의 변이가 식이나 경의 변이보다 수승하기에 '근의 변이를 분별한다.' 고 말할 수도 있다는 것이다. 경에 따른 근의 변이를 식이 분별한다고 말할 수 있다. 이 변이(變異)에 대해 『술기』는 이렇게 설명한다.

> 근·경·식 3화합의 지위라고 하는 것은 화합하지 않은 지위를 배제하므로 화합의 지위라고 말한다. 이 셋 상에 모두 수순하여 일체 심소를 일으킬 공능 작용이 있음을 변이라고 이름한다. 즉 이 3법이 종자로 있을 때나 아직 화합하기 전에는 모두 수순하여 심소를 일으키는 작용이 없으며, 3화합의 지위가 되어야 공능이 생긴다. 이전과 다르므로 변이라고 이름한다.[5]

근·경·식 각각이 종자로 있거나 서로 수순하여 화합하기 전에는 심소를 일으킬 공능 작용이 없고, 촉으로써 수순하여 화합하면 그 공능 작용이 생기게 되는 것이 변이이다. 이 변이에 따라 일어나는 분별(分

---

5 『술기』, 328하, "謂根境識三和合位, 除未合時故言和位, 此三之上皆有順生一切心所功能作用名爲變異. 謂此三法居種子時及未合前, 皆無順生心所作用, 於三合位功能乃生. 旣與前殊說名變異."

別)은 무엇인가?

분별의 작용은 촉의 공능이다. 즉 촉 상에 앞의 셋과 유사하게 심소를 일으킬 수 있는 변이의 작용의 공능을 분별이라고 이름한다. 분별은 곧 령사(領似, 닮음)의 다른 이름이다.[6]

근·경·식이 심소를 일으키는 공능 작용으로 변이하면, 촉도 그렇게 닮아가서 심소를 일으키는 공능 작용을 갖게 되는 것을 분별이라고 한다. 그러므로 심작용이 일어나는 최초의 심소가 촉이다.

일체의 심과 심소를 화합하게 하여 함께 경계에 촉하게 하는 것이 촉의 자성이다. 이미 수순하여 심소를 일으키는 공능과 유사하므로 수 등의 소의가 되는 것이 업이다. 『기진경』에서 '수·상·행온의 일체가 모두 촉을 연으로 삼기 때문이다.' 라고 말한다. 이 때문에 식과 촉과 수는 둘과 셋과 넷의 화합으로 인해 생긴다고 말한다. 『유가사지론』에서 '수·상·사
의 소의가 된다.' 고 말한 것은 사가 행온에서 / 주가 되어 수 (11하)
승하므로 이것(사)을 들어 나머지를 포함하기 때문이다.

和合一切心及心所, 令同觸境是觸自性. 旣似順起心所功能, 故以受等所依爲業. 『起盡經』說, '受想行蘊一切皆以觸爲緣故.' 由斯故說識觸受等, 因二三四和合而生. 『瑜伽』但說, '與
受想思爲所依' 者, 思於行 / 蘊爲主勝故擧此攝餘. (11하)

---

6 『술기』, 328하, "分別之用是觸功能. 謂觸之上有似前三順生心所變異用功能說名分別. 分別卽是領似異名."

〈근 + 경〉 (2) → 식
〈근 + 경 + 식〉 (3) → 촉
〈근 + 경 + 식 + 촉〉 (4) → 수

촉: 일체 심소의 근거 → 수+상+행온 『기진경』
→ 수+상+사(행온의 주) 『유가사지론』

모든 마음 작용에 있어 경계로 나아가 경계와 부딪치게 하는 것이 바로 촉심소의 작용이다. 근·경·식 화합으로 일어나는 심작용의 출발점이 촉이다. 심소 중 수심소는 수온, 상심소는 상온에 속하고, 수와 상을 제외한 나머지 심소는 모두 행온에 속한다. 느낌 내지 감각의 수와 지각의 상은 모든 식의 활동에 두루 하는 심소이므로 변행심소라고 한다. 그런데 나머지 심소들도 모두 심소로서 작용하기 위한 조건으로서 촉에 의거한다고 할 수 있다. 촉이 일체 심소작용의 근거이므로 촉은 모든 심소의 근거라고도 말할 수 있고, 수·상·행온의 근거라고도 말할 수 있다. 또 수·상·사의 근거라고 말한 것은 사가 행온의 기본이기 때문이다.

『집량론』 등에서 '수의 소의가 된다.'고 말한 것은 촉이 수를 생기게 함이 가깝고 수승하기 때문이다. 말하자면 촉에 의해 취해진 가의(可意) 등의 상과 수에 의해 취해진 순익(順益) 등의 상(相)이 극히 서로 인접하여 가깝고 이끌어 일으킴이 수승하기 때문이다.
『集論』等說, '爲受依'者, 以觸生受近而勝故. 謂觸所取可意等相與受所取順益等相, 極相隣近引發勝故.

촉(觸)	→	수(受)	
가의(可意)의 상		순익(順益)의 상	: 두 행상이 상사
가의, 불가의, 중립		순익, 손해, 중립	

촉이 수의 소의가 되는 것을 촉과 수가 서로 근접하고 이끌어 일으키기 때문이라고 설명한다. 『술기』는 이렇게 설명한다.

촉에 의해 취해진 가의·불가의 및 둘 다 갖춘 상과 거스르는 상 그리고 수에 의해 취해진 순익 · 손해 및 둘 다 갖춘 상과 거스르는 상이 서로 극히 가깝다. '서로 가깝다' (상인근)는 것은 '서로 비슷하다' (상사)는 것이다. 즉 가의 등의 상과 순익 등의 상이 행상이 극히 비슷하기 때문에 '서로 가깝다' 고 이름한 것이다.[7]

그러나 촉의 자성은 실(實)이지 가(假)가 아니다. a. 6×6의 법 중 심소의 성품이기 때문이고, b. 식(食)에 포섭되기 때문이고, c. 능히 연(緣)이 되기 때문이다. 수 등의 성품과 같이 3화인 것이 아니다.
然觸自性是實非假. a. 六六法中心所性故, b. 是食攝故, c. 能爲緣故. 如受等性非卽三和.

촉의 자성이 실(實)인 근거:

a. 36가지 법 중 6수나 6애처럼 6촉도 심소이므로 실
b. 4식 중의 하나에 들어가므로 실
c. 12지 연기지 중의 하나이므로 실

7 『술기』, 329하-330상, "觸之所取可意不可意及俱相違相, 與受所取順益損害及俱相違相, 極相隣近. 相隣近者是相似義. 卽可意等相與順益等相, 行相極相似故名爲相隣."

촉은 3사화합의 심소이지만 실(實)이라고 주장하며, 왜 가가 아니고 실인가에 대해 세 가지 근거를 제시하여 설명하였다. a. 수와 애가 실이듯이 촉도 실이라는 것이며, b. 4식 중의 하나인 촉식의 촉이기에 실이고, c. 12지 연기에도 촉이 포함되므로 촉은 실이라는 것이다. 36법, 4식, 12지 연기는 다음과 같다.

a. 6×6법(36법): 6식, **6촉**, 6수, 6상, 6사, 6애
b. 4식(食): 단식(段食), **촉식**(觸食), 사식(思食), 식식(識食)
c. 12지 연기: 무명, 행, 식, 명색, 육입처, **촉**, 수, 애, 취, 유, 생, 노사

이상에서 촉은 3사화합 자체가 아니라 3사화합으로 인해 새롭게 일어나는 심소로 설명된다. 결국 촉에 관한 한 호법은 '3사화합이 곧 촉'이라는 경량부적 관점을 비판하고, '3사로부터 촉이 일어난다'는 유부적 관점을 지지한다고 볼 수 있다. 촉은 3사화합 자체가 아니라 3사화합으로부터 일어나는 실유의 존재라는 것이다.

2) 작의(作意)

작의(作意)는 능히 심을 경각시키는 것이 성이고, 소연경으로 심을 이끄는 것이 업이다. 즉 이것(작의)은 일어나야 할 심의 종자를 경각시키고 이끌어서 경으로 향하게 하므로 작의라고 이름한다. 비록 이것이 심소도 이끌어 일으키지만, 심이 주이므로 다만 심을 이끈다고 말한다.

作意謂能警心爲性, 於所緣境引心爲業. 謂此警覺應起心種引令趣境, 故名作意. 雖此亦能引起心所, 心是主故但說引心.

〈성〉 〈업〉
심 안의 종자를 경각시킴 → 종자가 현행화됨 → 심을 소연경으로 이끔
〈종자경각〉 〈현행경각〉

작의는 심을 경각시키는 것이다. 심을 경각시킨다는 것은 곧 심 안의 종자를 경각시켜 현행으로 만든다는 것이다. 종자가 현행화되면 마음은 그 현행화된 것을 반연하게 되니, 작의가 심을 소연경으로 이끈다고 말한다. 『술기』는 다음과 같이 말한다.

> 작의 등이 모두 아직 일어나지 않은 지위에서 그 작의의 종자가 마땅히 일어나야 할 심의 종자를 의(義)로써 경각시켜 일어나 경으로 나아가게 할 수 있게 한다. 일체의 심의 종자를 경각하는 것은 아니니, 저 아직 연에 이르지 않은 것은 결코 일어나지 않기 때문이다. 작의가 심을 경각함에는 두 가지 공력(功力)이 있다. ① 첫째는 아직 일어나지 않은 심을 바로 일어나게 하는 것이고, ② 둘째는 심을 일으켜 경계로 나아가게 한다. 경각은 마땅히 심종자를 일으켜 이끌어서 경으로 나아가게 하기 때문이다.[8]

작의 = 경각:
① 심을 일으킴 = 종자를 경각시킴 = 종자를 현행화함 - 종자경각
② 일으켜진 현행화한 심을 경계로 나아가게 함 - 현행경각

작의의 경각을 둘로 구분한 것이다. ① 하나는 작의의 종자가 다른 심·심소 종자를 경각시켜서 현행하게 하는 것이고, ② 다른 하나는 작의의 종자가 현행하는 심·심소를 경계로 나아가게 하는 것이다. 묘주

8 『술기』, 330중하, "作意等並未生位, 其作意種義警應生心之種曰可起趣境. 非警一切心之種子. 彼未逢緣不定生故. 作意警心有二功力. ① 一者令心未起正, ② 二者令心起已趣境故. 言警覺應起心種引令趣境故."

는 "작의는 경각(警覺)의 뜻이다. 이 경각에는 '종자경각(種子警覺)' 과 '현행경각(現行警覺)' 의 두 가지가 있다."[9]고 하여, ①을 종자경각이라고 부르고 ②를 현행경각이라고 부른다.

<이설> 이런 설도 있다. a. 심을 다른 경으로 돌려 향하게 하거나 또는 b. 한 경에 심을 지녀 머물게 하므로 작의라고 이름한다는 것이다. <이설의 비판> 이것은 모두 이치가 아니니, (이럴 경우) a. 변행이 아니어야 하고, b. 정(定)과 다르지 않아야 하기 때문이다.
<이설> 有說. a. 令心迴趣異境, b. 或於一境持心令住, 故名作意. <이설의 비판> 彼俱非理, a. 應非遍行, b. 不異定故.

〈정설〉 작의: 심(심의 종자)을 경각시켜 경으로 향하게 함. 모든 마음 작용이 이러함
↕
〈이설〉 〈이설의 비판〉
a. 작의는 심을 한 경에서 다른 경으로 돌리는 것 ↔ 그럴 경우 돌리기 전은 작의가 아님
b. 작의는 심을 하나의 경에 머물게 하는 것 ↔ 이것은 정(定)이지 작의가 아님

a. 작의는 '심의 종자를 경각시키고 경으로 향하게 하는 것' 으로 모든 마음 작용에 작동하는 변행심소이다. 그런데 작의를 '이 경계에서 저 경계로 돌리는 것' 으로 규정하면, 돌리기 이전 이 경계로 향할 때는 작의가 없다는 말이 된다. 그럴 경우 작의가 변행심소가 아니게 되므로, 작의를 그렇게 규정해서는 안 된다. 매 순간의 마음 작용이 모두 작의의 양상이므로 작의가 변행심소인 것이다.

---

9 묘주 역, 『성유식론』, 103쪽, 주21.

b. 작의를 심이 한 대상에 머물러 있게 하는 것으로 규정하면, 그것은 작의가 아니라 정(定)이 된다. 작의는 모든 마음 작용에 함께하는 변행심소인 데 반해, 정(定)은 그렇게 경각된 심이 이런저런 대상으로 향해 산만해 있지 않도록 하나의 대상을 향해 거기 머물게 하는 특정한 심소이다. 정은 산만심에서는 있지 않고 산만하지 않을 때만 작동하는 별경심소이며, 따라서 변행심소로서의 작의와는 구분된다. 심을 한 대상에 머무르게 하는 것은 정이지 작의가 아니므로 작의를 그렇게 규정해서는 안 된다.

3) 수(受)

> 수(受)는 순경상과 위경상과 둘 다 아닌 경상을 영납하는 것이 성이고, 애(愛)를 일으키는 것이 업이다. 능히 합하거나 떠나거나 둘 다 아닌 욕(欲)을 일으키기 때문이다.
> 受謂領納順違俱非境相爲性, 起愛爲業. 能起合離非二欲故.

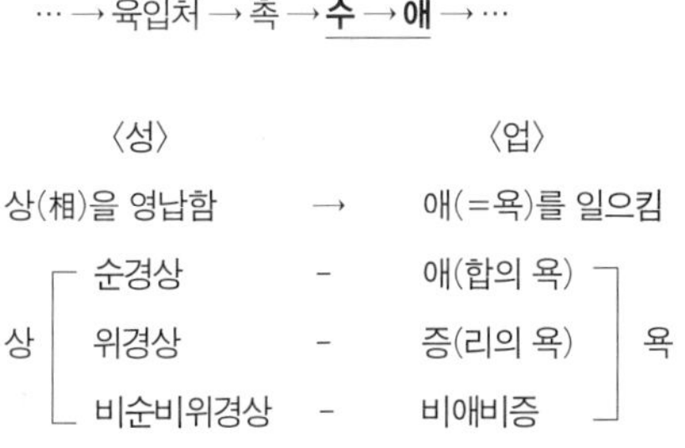

수는 경계상을 영납하는 것이다. 나에게 수순하는 경계상을 영납하면 락수이고, 나에게 거스르는 경계상을 영납하면 고수이고, 수순도 거스름도 아닌 경계상을 영납하면 비고비락의 사수이다. 이로부터 락수의 대상과는 합하고자 하는 욕인 애, 고수의 대상과는 멀리하고자 하는 욕인 증이 일어나므로, 애증을 일으킴을 수의 업이라고 한다. 이와 같이 수는 곧 경계상을 영납하는 것으로서, 이를 '경계수'라고 할 수 있다.

<이설> 이런 설을 말하는 사람이 있다. 수에는 두 가지가 있으니, ① 첫째는 경계수로서 곧 소연을 영납하는 것이고, ② 둘째는 자성수로서 곧 함께하는 촉을 영납하는 것이다. 오직 자성수가 수의 자상이니, 경계수는 다른 상과 공통되기 때문이다.
<이설> 有作是說. 受有二種, ① 一境界受謂領所緣, ② 二自性受謂領俱觸. 唯自性受是受自相, 以境界受共餘相故.

수(受):
① 경계수: 소연경을 영납 - 〈호법의 설〉
② 자성수: 촉을 영납 - 〈이설〉 경계를 영납하는 것은 다른 심소도 마찬가지
∴ 촉을 영납하는 자성수만이 수의 자상

수를 근·경·식의 촉으로 인해 생겨나는 순경상과 위경상과 비순비위경상을 영납하는 것이 아니라, 다른 방식으로 논하는 입장을 소개한다. 그들은 수를 ① 경계인 소연을 영납하는 것(경계수) ② 촉을 영납하는 것(자성수) 두 가지로 보면서, 모든 심작용이 다 소연경을 영납하므로 수의 특징은 소연경의 영납이 아닌 촉의 영납이라고 주장한다. 즉 ① 경계수 아닌 ② 자성수가 수의 자상이라는 것이다. 이처럼 수를 경계상의 영납이 아니라 촉의 영납이라고 보는 것이 왜 옳지 않은지를 이하에서 논한다.

<이설의 비판> 저 설은 이치가 아니다. a. 수는 함께 생기는 촉을 필히 반연하지 않기 때문이다. b. 만약 촉과 유사하게 일어나는 것을 촉을 영납하는 것이라고 이름한다면, 인과 유사한 과는 모두 수의 성을 가진 것이 될 것이다.
彼說非理. a. 受定不緣俱生觸故. b. 若似觸生名領觸者, 似因之果應皆受性.

〈이설〉의 주장: 〈육입처 → **촉 → 수** → 애〉에서 수가 촉을 영납

〈이설〉 수는 촉을 영납 ↔ 〈호법의 설〉 수는 촉으로 인해 생긴 상(〈경계상=소연)을 영납
a. 구생촉을 영납 　　촉을 연하여 일어나지 촉을 반연(영납)하지는 않음
b. 유사촉을 영납 　　그럴 경우 등류의 인과관계가 모두 수(受)가 됨

수를 촉으로 인해 일어나는 순경상·위경상·비순비경상을 영납하는 것이 아니라, 촉 자체를 영납하는 것이라고 주장하는 이설은 옳지 않다고 반박한다. 수가 촉을 영납하는 것이라고 할 수 없는 이유는 a. 수는 촉을 인연으로 하여 일어나기는 하지만, 그 촉을 반연하는 것이 아니라 촉의 결과 일어나는 상(相)인 경계상을 반연하기 때문이다. 또 b. 유사하게 일어나는 것을 영납한다고 할 수는 없으니, 만일 그럴 경우 인(因)과 유사하게 일어나는 과(果, 등류과)가 모두 다 수(受)라고 불리게 되기 때문이다.

c. 또 이미 인(因)을 수(受)하면 마땅히 인수(因受)라고 이름해야 하는데, 어째서 자성이라고 이름하는가? d. 만약 왕이 나라의 모든 마을을 먹는다고(식읍) 말하는 것처럼, 수가 능히 촉으로 인해 생겨난 수 자체를 영납하므로 자성수라고 이름한다면, 이치 또한

이렇지 않으니, 자신의 주장(자소집)에 위배되어 스스로 증명하지 못하기 때문이다. e. 만약 자성을 버리지 않기에 자성수라고 이름한다면, 마땅히 일체법이 모두 자성수가 될 것이다. 그러므로 저 설은 단지 어린이나 유혹할 뿐이다.

c. 又旣受因應名因受, 何名自性? d. 若謂如王食諸國邑, 受能領觸所生受體, 名自性受, 理亦不然, 違自所執不自證故. e. 若不捨自性名自性受, 應一切法皆是受自性. 故彼所說但誘嬰兒.

〈이설〉의 주장: 〈육입처 → **촉 → 수** → 애〉에서 촉이 인(因), 수가 과(果)

〈이설〉 수가 촉을 영납	↔	〈호법의 설〉 수는 촉으로 인해 생긴 상(경계상)을 영납
c. 촉으로 인(因)한 수		그럼 '인수' 지 왜 '자성수' 냐?
d. 촉의 결과인 수를 영납 (수가 수 자신을 영납)		너희는 심이 자신을 영납하지 않는다며?
e. 자성을 안 버리기에 자성수		그럼 일체법이 다 자성수가 되게?

여기에서는 '자성수' 라는 이름이 바른 이름이 아니라고 비판한다. c. 촉으로 인해서 수가 생기는 것에 입각해서, 그 촉인 인(因)을 수(受)하는 것이라고 부른다면 이때 수는 '인수(因受)' 이지 '자성수' 가 아니라는 것이다.

d. 자성수를 주장하는 사람은 다시 왕이 '읍으로 인한 곡식을 먹음' 을 '식읍(食邑)' 이라고 하듯이, 수가 '촉으로 인해 생긴 수를 영납함' 을 '촉을 영납함' 이라고 할 수 있고, 그 촉의 결과인 수를 영납하기에 '자성수' 라고 이름한다고 말한다. 『술기』는 자성수를 주장하는 사람의 입장을 이렇게 설명한다. "촉은 토지와 같고, 수는 곡식과 같다. 수는 촉의 결과이고 촉은 수의 원인이다. 수(왕)가 능히 촉(토지)의 소생인 수(곡식)의 체를 받으면, 스스로를 받아들인다는 뜻이므로 자성수라고

이름한다."[10]

왕이 읍을 먹음(식읍)　　　　　　　　수가 촉을 영납
　= 읍(토지)에서 나온 곡식을 먹음　　　　= 촉으로 인한 수를 영납
　촉(인)　　　　수(과)　　　　　　　　∴ '자성수' 라고 부름

그런데 이런 주장이 '자신의 주장(자소집)에 위배된다' 는 것이다. 『술기』는 이렇게 설명한다. "그들은 심왕이 스스로를 반연할 수 없다고 계탁한다. 따라서 스스로를 반연한다고 설하는 것은 자기(주장)에 위배되는 과실이 있다."[11] 즉 식이 스스로를 반연하지 않으니, 자신을 수한다는 '자성수' 를 말할 수 없다는 것이다.

e. 이에 다시 자성수를 주장하는 사람은 "자신을 영납한다고 말하는 것이 곧 자신을 반연한다고 말하는 것은 아니다. 자상을 버리지 않으므로 '자성수' 라고 이름한다."[12]고 주장한다. 그러나 그럴 경우 모든 법이 다 자상을 버리지 않기에 모두 다 자성수가 되므로, 수의 설명으로 타당하지 않다는 것이다.

> 그런데 경계수는 다른 상과 공통적인 것이 아니다. 수순하는 등의 상을 영납하여 반드시 자신에게 귀속시키는 것을 경계수라고 이름하니, 다른 것들과 공통적이지 않기 때문이다.
> 然境界受非共餘相. 領順等相定屬己者名境界受, 不共餘故.

10 『술기』, 331중, "觸如土田, 受如禾稼. 受是觸果, 觸是受因. 受能領觸所生受體. 卽自領義, 名自性受."

11 『술기』, 331중, "彼計心等不能自緣. 故說自緣便違自失."

12 『술기』, 331하, "言自領者非謂自緣. 不捨受自相名自性受故."

앞서 언급한 〈이설〉의 주장, '오직 자성수가 수의 자상이니, 경계수는 다른 상과 공통되기 때문이다.'에 대한 비판이다. 다시 말해 〈이설〉이 모든 심작용을 경계를 받아들이는 '경계수'로 간주함으로써 경계수가 다른 상들에 공통적이라고 주장한 것에 대해 그렇지 않다고 비판하는 것이다.

호법은 수 이외의 다른 심작용은 단지 소연을 취할 뿐이지, 소연을 자기에게 섭속(攝屬)시키지는 않는다고 논한다. 소연이 자기 경계에 순인지 역인지 비순비역인지에 따라 고나 락이나 비고비락 등의 느낌을 일으켜야 소연을 자기에 섭속시킨 것이 되며, 그래야 수(受)라고 할 수 있다. 이렇게 보면 '경계수'는 다른 심소와 구분되는 수의 특징이라고 할 수 있다.

4) 상(想)

상(想)은 곧 경에서 상(像)을 취하는 것이 성이고, 갖가지 명언을 시설하는 것이 업이다. 즉 반드시 경의 '부분적 한계의 상'(分齊相)을 안립하여야 비로소 그에 따라 갖가지 명언을 일으킬 수 있다.
想謂於境取像爲性, 施設種種名言爲業. 謂要安立境分齊相, 方能隨起種種名言.

〈성〉		〈업〉
경에서 상(像)을 취함	→	명언을 시설
= 경의 분제상(分齊相)을 안립		= 명언을 일으킴

상(想)은 지각이다. 경으로부터 특정한 상을 취하는 것이 지각이다. 예를 들어 눈앞의 대상을 보면서 '빨강', '둥글음', '사과' 등의 상을 취

하는 것이 지각이다. 그렇게 대상으로부터 부분적으로 한계지어서 얻어 낸 상이 바로 대상의 '분제상'이다. 대상에 대해 분제상을 형성하는 것을 '안립(安立)'이라고 한다. 분제상을 안립하는 것은 곧 공상(共相)을 형성하고 공상을 취하는 것이다. 분제상을 취함으로써 비로소 그 상을 특징짓는 갖가지 개념인 명언(名言)을 시설하게 된다. 그러므로 상을 취하는 지각인 상(想)으로부터 개념을 시설하게 된다고 말한다. 『술기』에서 설명한다.

> 이 중 안립(安立)은 상을 취함의 다른 이름이니, 즉 '이것은 청이다', '청 아닌 것이 아니다' 등이다. 이 부분적 한계(분제)를 지어 공상(共相)을 취하는 것을 안립이라고 이름한다. 이 상을 취함으로써 곧 '이것은 청이다' 등의 명언을 일으킨다.[13]

개념에 따른 시설의 지각활동이 모든 심작용에 함께 일어난다. 제8식은 자상의 기세간을 형성하는 것이지만, 그 종자가 이미 명언종자이므로 그 안에 명언(공상)을 시설하는 힘이 함께 작용하고 있다고 볼 수 있다.

5) 사(思)

> 사(思)는 곧 심으로 하여금 조작(造作)하게 하는 것이 성이고, 선품 등에 심을 쓰는 것이 업이다. 즉 경의 정인(正因) 등의 상(相)을 능히 취하여 자신의 심을 써서 선(善) 등을 짓게 하는 것이다.

13 『술기』, 332상, "此中安立取像異名, 謂此是青, 非非青等. 作此分齊而取共相, 名爲安立. 由取此像便起名言此是青等."

思謂令心造作爲性, 於善品等役心爲業. 謂能取境正因等相, 驅役自心令造善等.

〈성〉 〈업〉
심을 조작하게 함 → 선품 등에 심을 씀

마음으로 선이나 악 등의 경계의 상을 요별하고 그중 어느 하나로 마음을 먹는 것, 마음을 만들어 짓는 것이 사(思)이다. 따라서 사의 요별과 조작으로부터 선이나 악 등의 행을 일으키게 된다. 『술기』는 사에서 행으로 나아가는 것을 의업에서 구업·신업으로 나아가는 것으로 설명한다.

『유가사지론』 제3권에서 '이 사(邪)·정(正)·둘 다 아닌(구상위) 행의 인상(因相)을 사(思)로부터 요별한다.' 고 설한다. 즉 사와 정 등의 행은 곧 신업과 어업을 말하고, 이 행의 인(因)은 곧 선과 악의 경을 말한다. 이 경의 상을 요별하기 때문에 사(思)가 업을 지어서 선과 악 등의 일을 일으키므로 '경의 정인 등의 상을 취하는 것이 사의 업이다.' 라고 말한다.[14]

사(思) = 의업 어업 + 신업
선 · 악의 경상의 요별: 행의 인(因) → 행: 정 · 사 · 비정비사의 행

어업이나 신업 등의 행에 앞서 행의 인이 되는 선 등의 경의 상을 요별하고 선택하여 취하는 것이 사(思)이다. 사는 의업에 해당하며, 이것이 이로부터 일어나는 어업이나 신업의 행의 인(因)이라고 하는 것이다.

---

14 『술기』, 332중, "『瑜伽論』第三卷說, '卽此邪正俱相違行因相, 由思了別.' 謂邪正等行卽身語業, 此行之因卽善惡境. 由了此境相故, 思作諸業起善惡等事故, 言 '取境正因等相是思之業.'"

3. 변행(遍行)과 상응(相應)의 의미

1) 변행의 의미

> 이 다섯 가지는 이미 변행심소에 속한다. 그러므로 장식(藏識)과 결정코 상응한다. 그 변행의 상은 후에 널리 해석할 것이다.
> 此五旣是遍行所攝. 故與藏識決定相應. 其遍行相後當廣釋.

변행심소는 언제 어디에서나 두루 일어나는 심소로서 제8식의 활동에도 항상 함께한다. 변행이 뜻하는 바 두루 일어남의 의미는 다음과 같다.

변행(遍行)이 함축하는 일체성:
① 일체 성(性): 선, 불선, 무기의 3성에 다 일어남
② 일체 지(地): 3계 내지 9지에 다 일어남
③ 일체 시(時): 무심이든 유심이든 8식이 작용하는 전체 시간에 다 일어남
④ 일체 구(俱): 다섯 심소가 동시에 함께 일어남

마음 작용이 선이든 악이든, 마음이 어떤 수행 지위에 있든, 언제나 이 다섯 가지 심소는 함께 작동하고 있다. 다시 말해 마음은 그것이 마음인 한, 변행심소의 작용을 계속 일으키고 있는 것이다. 마음이 마음으로 작동하는 한, 촉·작의·수·상·사가 끊임없이 일어나고 있다.

제8식이 소연(상분)으로 형성한 근과 경, 그리고 그 행상(견분)인 식이 끊임없이 서로 함께하면서(3사화합) 변이와 상사(相似, 분별)작용을 일으키는 것이 촉이고, 그렇게 해서 종자가 경각되어 현행으로 깨어 있게 함이 작의이다. 식은 촉과 작의의 심소작용에 의해 각성된 마음상태를 말한다. 이렇게 각성된 마음은 수와 상과 사의 작용을 가진

다. 수는 3사화합으로 인해 일어나는 느낌이고, 상은 지각하여 아는 인식(사고)이고, 사는 마음의 방향을 결정하는 의지이다. 다섯 가지가 변행심소라는 말은 우리의 모든 마음 작용에는 근경식이 함께하면서 식이 깨어 있고 따라서 느낌과 인식과 의지작용이 함께하고 있음을 말한다.

〈제8식과 함께 작동하는 마음 작용: 5가지 변행심소〉

1. 촉(觸): 근·경·식이 함께 작동
2. 작의(作意): 심의 깨어 있음
3. 수(受, vedana): 느낌
4. 상(想, sanna): 인식, 사고
5. 사(思, vitakka): 의지, 결정

변행심소는 어디에서나 두루하는 심소로서 모든 식과 상응하며 따라서 제8식과도 상응한다. 여기서 상응(相應)은 마음 작용인 심소가 마음 자체인 심왕과 함께하는 것을 말한다. 이하는 상응의 의미를 설명한다.

2) 상응의 의미

이 촉 등의 다섯 심소는 이숙식과 행상이 비록 다르지만, ① 시간과 ② 의지처가 같고 ③ 소연과 ④ 사(자체분)가 동등하므로 상응이라고 이름한다.

此觸等五與異熟識行相雖異, 而 ①時 ②依同, ③所緣 ④事等, 故名相應.

상응의 의미:

① 시(時)가 동(同): 심소가 이숙식과 동일한 시간에 일어남	- 일(一)	등(等)=상응
② 의(依)가 동(同): 심소가 이숙식과 동일한 의지처(**근**)에 의거	- 일(一)	
③ 소연이 등(等): 심소가 이숙식과 동등한 소연(상분/**경**)을 반연	- 상사(相似)	
④ 사(事)가 등(等): 심소가 이숙식과 동등한 사(자체분/**식**)에 입각	- 상사(相似)	
⑤ 행상은 이(異): 심왕과 심소의 견분	- 이(異)	

동(同)은 동일(同一)이고, 등(等)은 상사(相似)이다. 부파에서는 이 네 가지 외에 행상도 비슷하다고 보아 〈5의 평등〉을 주장하는 데 반해, 여기에서는 네 가지만 상응하고 심왕과 심소의 행상은 다르다고 논한다. 말하자면 같은 시간에 같은 근에 의거하여 일어나는 식의 작용으로 식 자체(사)와 식의 상분(소연)은 마찬가지이고 다만 식의 행상(견분) 양태가 다르다. 이러한 네 가지를 『술기』는 이렇게 설명한다.

(『유가사지론』) 55권에서 '넷이 등(等)이므로 상응이라고 이름하니, ④ 사등, ③ 처등, ① 시등, ② 소의등을 말한다. ④ 사와 ③ 처는 상사이므로 등이라고 이름하고, ① 시와 ② 의는 반드시 하나이므로 등이라고 이름한다.' 고 말하니, 이것과 꼭 같다. 이제 ⑤ 견분을 행상으로 하고, ③ 영상상분을 소연으로 삼고, ④ 자체를 사라고 이름하며 등은 상사의 의미이다. ④ 체가 각각 오직 하나이고, ③ 경이 서로 상사하므로 소연과 사를 모두 '등' 이라고 이름한다. 촉 등의 5상이 본식의 상에 의탁하여 일어나고, 소연이 이미 상사하므로 '등' 이라고 이름한다. 유식을 으뜸으로 삼으므로 본질(본질상분) 아닌 것을 소연이라고 이름하거나, 또 영상(영상상분)을 행상이라고 이름하지 않는다. ① 시는 찰나이며, 반드시 동일한 시간이다. ② 의는 의거하는 근이며, 함께 있고 간격이 없다.[15]

---

15 『술기』, 332중하, "五十五說, '由四等故說名相應, 謂 ④ 事等 ③ 處等 ① 時等 ② 所依等. ④③ 事處相似名之爲等, ①② 時依定一名之爲等.' 正與此同. ⑤ 今約見分爲行相, ③ 影像相分爲所緣, ④ 自體名事. 等者相似義, ④ 體各唯一, ③ 境相相似, 故所

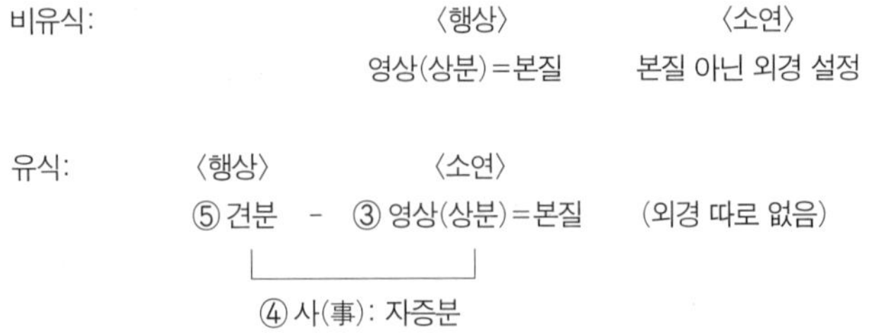

비유식: 〈행상〉 〈소연〉
영상(상분)=본질 본질 아닌 외경 설정

유식: 〈행상〉 〈소연〉
⑤ 견분 - ③ 영상(상분)=본질 (외경 따로 없음)
④ 사(事): 자증분

이렇게 보면 심과 심소는 식의 ④ 체(사)가 유사하고 그 ③ 소연(상분)도 유사하며 그 ⑤ 행상만 다르다. '④ 체가 각각 오직 하나(체각유일)'라는 것은 심과 심소가 체가 다르다는 '왕소체각별'의 입장을 반영한 말이라고 본다. 체가 다르지만, 상사하기에 '등(等)'이라고 한 것이다.

3) 사수(捨受)와만 상응

3. 오직 사수(捨受)이다.

3. 唯捨受.

이 식(제8아뢰야식)은 / a. 행상이 매우 명료하지 않고 b. 위경상과 순경상을 분별할 수 없으며 c. 미세하고 d. 한 종류(이숙무기)이며 상속하여 전전한다. 이런 까닭에 오직 사수와만 상응한다. (12상)

此識 / a. 行相極不明了, b. 不能分別違順境相, c. 微細 d. 一類相續而轉. 是故唯與捨受相應. (12상)

緣事皆名爲等. 以觸等五相託本識相生, 所緣旣相似, 故名爲等. 唯識爲宗, 不約本質名爲所緣, 亦非影像名爲行相. ③ 時謂刹那定同一世. ④ 依謂依根俱有無間."

제8식: 사수(捨受)	↔	고수 · 락수 · 우수 · 희수
a. 행상이 불명료		명료
b. 위경상과 순경상 분별 못 함		위경상 또는 순경상
c. 미세함		두드러짐
d. 한 종류로 상속 전전		바뀌고 벗어남(역탈), 끊어짐

제8식의 심소로 촉·작의·수·상·사가 함께 작동하지만 이 심소의 활동은 극히 불명료하고 미세하며, 그 경계가 위경상인지 순경상인지가 뚜렷하게 분별되지 않는다. 고수나 락수와 같은 분별이 일어나지 않는 것이다. 그러므로 근·경·식이 함께하여 촉이 일어나고 작의로 인해 마음이 현행식으로 깨어 있어도 미세한 마음상태로서 고수나 락수가 아닌 사수에 머문다.

또 이것(사수)과 상응하는 것은 오직 이숙(진이숙)이다. (진이숙만이) 앞의 인업을 따라 전전하며 현행의 연을 기다리지 않고 선업·악업의 세력에 머물러 전전하기 때문에 오직 사수이다. 고수와 락수는 이숙생(異熟生)이지 진이숙이 아니니, 현행의 연을 기다리기 때문에 이것(사수)에 상응하는 것이 아니다.
又此相應受唯是異熟. 隨先引業轉不待現緣, 住善惡業勢力轉故, 唯是捨受. 苦樂二受是異熟生非眞異熟, 待現緣故非此相應.

진이숙(인업/총업 따라 전전): 제8식	- 사수와 상응	- 현행의 연을 기다리지 않음
이숙생(만업/별업 따라 전전): 6식	- 고수 또는 락수	- 현행의 연을 기다림

진이숙으로서의 제8식은 사수와 상응하며, 이숙생으로서의 6식은 고수 또는 락수와도 상응한다. 이는 곧 진이숙으로서의 아뢰야식 자체는 고수도 아니고 락수도 아닌 사수이며, 고락은 오직 이숙생으로서의

6식이 느끼는 것임을 말해 준다. 『술기』는 "이숙은 총업으로 초감된 것이므로 오직 사수와만 함께한다."[16]고 설명한다.

또 이 식은 항상되고 전변이 없기 때문에 유정이 항상 집착해서 자신의 내적 자아로 삼는다. 만약 고수와 락수와 상응한다면 곧 전변이 있는 것이니, 어떻게 자아로 집착하겠는가? 그러므로 이것(이숙식)은 오직 사수와만 상응한다.
又由此識常無轉變, 有情恒執爲自内我. 若與苦樂二受相應, 便有轉變, 寧執爲我? 故此但與捨受相應.

제8식:

┌ 항상됨(상속함): 상(常) ┐
└ 전변 없음(한 부류): 일(一) ┘ ∴ 사수 ↔ 락수나 고수: 전변 있음

∴ 제7말나식이 이것을 집착해서 자내아로 삼음

제8식은 일류 상속하여 전변이 없으므로 제7말나식이 그것을 자아로 여겨 집착한다. 일류로 이어져서 전변이 없다는 것이 곧 사수와 상응한다는 말이다. 사수가 아니라 고수나 락수와 상응한다면 전변이 있게 되므로, 결국 말나식이 그것을 상일한 자아라고 여길 수 없을 것이다.

<문> 만약 이러하다면, 어째서 이 식(이숙식)은 또한 악업의 이숙이기도 한가? <답> 이미 선업이 사수를 부를 수 있음을 허락한다

16 『술기』, 333상, "異熟總業所招, 故唯捨並."

면, 이것(악업) 또한 마땅히 그래야 한다. 사수는 고·락의 성과 위배되지 않기 때문이니, 무기법이 선·악 모두에 의해 초감되는 것과 같다.

<문> 若爾如何此識亦是惡業異熟? <답> 旣許善業能招捨受, 此亦應然. 捨受不違苦樂品故, 如無記法善惡俱招.

업 ──〈초(招)〉──▶ 과
선업 · 악업　　　무기: 이숙식

사수는 적정(寂靜)이므로 선업의 결과일 수 있지만, 어떻게 악업으로부터도 무기와 상응하는 식이 귀결될 수 있는가? 이런 반론에 대해 선업에 의해 사수가 결과될 수 있듯이, 악업에 의해서도 그럴 수 있다고 답한다.

4) 다른 심소와 상응하지 않는 이유

어째서 이 식은 별경심소 등의 심소와는 상응하지 않는가? 서로 거스르기 때문이다. 즉 ① 욕(欲)은 즐거울 만한 일을 희망하여 전전하지만, 이 식은 임운하여 소망하는 바가 없다. ② 승해(勝解)는 결정된 일을 새겨 지녀(인지印持) 전전하지만, 이 식은 몽매하여 새겨 지니는 바가 없다. ③ 념(念)은 일찍이 습이 된 일을 오직 분명히 기억하여 전전하지만, 이 식은 어둡고 미약해서 분명히 기억하지 못한다. ④ 정(定)은 능히 심으로 하여금 오로지 하나의 경에 머무르게 하지만, 이 식은 임운하여 찰나마다 달리 연한다. ⑤ 혜(慧)는 오직 덕 등의 일을 간택하여 전전하지만, 이 식은 미세하고 어두워 간택하지 못한다. 그러므로 이 식은 별경심소와 상응하지 않는다.
如何此識非別境等心所相應? 互相違故. ① 謂欲希望所樂事轉, 此識任運無所希望. ② 勝解印持決定事轉, 此識瞢昧無所印持. ③ 念唯明記曾習事轉, 此識昧劣不能明記. ④ 定能令心專注一境, 此識任運刹那別緣. ⑤ 慧唯簡擇德等事轉, 此識微昧不能簡擇. 故此不與別境相應.

별경심소:	↔	〈이숙식〉
① 욕(欲): 소락사를 희망하여 전전		임운하여 희망 안 함
② 승해(勝解): 결정사를 인지(印持)하여 전전		몽매하여 인지 없음
③ 념(念): 증습사를 명기(明記)하여 전전		매열하여 기억 못 함
④ 정(定): 일경에 머무름		임운하여 찰나마다 달리 연함
⑤ 혜(慧): 덕(德)이나 실(失)을 간택하여 전전		미매하여 간택 못 함

제8식이 다섯 가지 별경심소와 상응하지 못하는 이유를 설명한다. 욕의 희망(希望), 승해의 인지(印持), 념의 명기(明記), 정의 전일(專一), 혜의 간택(簡擇) 등은 제8식이 갖지 못한 능력이다. 따라서 제8식에서 그런 마음 작용이 일어나지는 못하므로, 제8식은 그런 심소와 상응하지 않는다.

이 식은 오직 이숙성이므로 선과 염오 등의 심소와도 역시 상응하지 않는다. 오작 등의 네 가지 심소는 무기성이어도 끊어짐이 있기 때문에 결코 이숙이 아니다.
此識唯是異熟性故, 善染汚等亦不相應. 惡作等四無記性者, 有間斷故定非異熟.

심소:

변행심소(5)	
별경심소(5)	
선심소(11)	— 선
근본번뇌심소(6)	염오(악 또는 유부무기)
수번뇌심소(20)	
부정심소(4)	— 무기여도 끊어짐 있음: 심(尋), 사(伺), 오작(惡作), 수면(睡眠)

심소법(51)에는 변행심소(5), 별경심소(5), 선심소(11), 근본번뇌심소(6), 수번뇌심소(20), 부정심소(4)가 있다. 위에서 이숙식은 오직 변행심소와만 상응하고, 별경심소와는 상응하지 않는다고 논하였다. 그리고 남는 심소는 선심소, 근본번뇌심소, 수번뇌심소 그리고 부정심소이다. 이숙식은 무기이므로 선이나 염오와는 상응하지 않으므로, 선심소와 근본번뇌심소, 수번뇌심소가 제8식 상응심소가 되지 못한다. 그렇다면 부정심소는 왜 상응하지 않는가? 부정심소는 선인지 염오인지가 아직 정해지지 않았다는 의미에서 부정심소이며, 그 점에서 무기라고 할 수 있다. 그러나 부정심소는 비록 무기라고 할지라도 끊어짐이 있기 때문에 이숙식과 상응하지 않는다.

4

아뢰야식의 성과 명칭의 변화

본 장에서는『유식삼십송』중 제4게송을 설명한다.

4. 무부무기이며, 촉 등의 심소도 또한 그러하다.
   항상 전전함이 폭류와 같다. 아라한의 지위에서 버려진다.
4. 是無覆無記, 觸等亦如是.
   恒轉如瀑流. 阿羅漢位捨.

1. 아뢰야식의 3성

본 절에서는 아뢰야식의 성에 관한 다음 게송을 설명한다.

4. 무부무기이며, 촉 등의 심소도 또한 그러하다.
4. 是無覆無記, 觸等亦如是.

여기에서 아뢰야식이 무부무기라고 하는 것은 아직 부처의 지위에 이르지 못한 수행 과정에서의 성을 말한다. 수행 과정의 인위(因位)와 수행 결과 부처의 지위에 오른 과위(果位)에서의 아뢰야식은 그 성이 다르다. 즉 무기에서 선으로 바뀐다.

아뢰야식
- 인위(因位) = 불지 이전: 무부무기(유루) - 중생심
- 과위(果位) = 대치 이후: 무루의 선 - 진여심

1) 아뢰야식의 무부무기성

법에는 네 가지 종류가 있다. 즉 선·불선·유부무기·무부무기이다. 아뢰야식은 어느 법에 속하는가? 이 식(아뢰야식)은 오직 무부무기이니, 이숙성이기 때문이다.
法有四種, 謂善·不善·有覆無記·無覆無記. 阿賴耶識何法攝耶? 此識唯是無覆無記, 異熟性故.

		제8아뢰야식	제7말나식	6식
선				○
불선 (염오)				○
무기	유부무기 (염오)		○	○
	무부무기	○		

선도 불선도 아닌 무기에 두 가지가 있으니 유부무기와 무부무기가 그것이다. 부(覆)는 덮여 가린다는 의미이다. 유부무기는 청정성을 가린다는 점에서 염오에 속하는 반면 무부무기는 그렇게 가리는 염오성을 갖지 않는다. 제7식은 아집과 법집이 청정심을 가리므로 유부무기성이다. 반면 제8아뢰야식과 그에 상응하는 심소는 선도 염오도 아닌

무부무기성이다.

a. 만약 이숙식이 선이나 염오라면 유전과 환멸이 마땅히 이루어질 수 없을 것이다. b. 또 이 식은 선과 염오의 의지처이기 때문이니, 만약 선이나 염오라면 서로 거스르기 때문에 마땅히 둘 모두에 대해 의지처가 되지 않을 것이다. c. 또 이 식은 훈습되는 성이기 때문이니, 만약 선과 염오라면 극히 향기 나거나 악취 나는 것 같아 마땅히 훈습을 받지 못할 것이다. 훈습이 없다면, 염과 정의 인과가 모두 성립하지 않을 것이다. 그러므로 이 식은 오직 무부무기이다.

a. 異熟若是善染汚者, 流轉還滅應不得成. b. 又此識是善染依故, 若善染者互相違故, 應不與二俱作所依. c. 又此識是所熏性故, 若善染者如極香臭, 應不受熏. 無熏習故, 染淨因果俱不成立. 故此唯是無覆無記.

제8식(이숙식)이 무부무기인 이유:
- a. 유전문과 환멸문의 근거이기 때문
- b. 선과 염오의 의지처이기 때문
- c. 선종자와 염오종자의 소훈처이기 때문

a. 유전문이나 환멸문이 성립하기 위해서는 이숙식이 무부무기여야 한다. 제8식이 선성이라면 유전문이 가능하지 않고, 이숙식이 염오성이라면 환멸문이 가능하지 않을 것이다.

b. 선이나 염오의 의지처가 될 수 있기 위해서는 그 자체가 선도 염오도 아니어야 한다. 의지처가 선이라면 염오가 의지할 수 없고, 의지처가 염오라면 선이 의지할 수 없기 때문이다. 그러므로 선과 염오의

의지처로서의 제8식은 그 자체 선도 염오도 아닌 무부무기여야 한다.

c. 제8식은 훈습을 받아들이는 소훈처이다. 선도 염오도 아닌 무기만이 선·악·무기의 종자를 훈습을 받을 수 있다. 그러므로 제8식은 소훈처로서 무기이다.

그런데 '왜 꼭 훈습이 있어야 하는가? 훈습이 없어도 되지 않은가?' 라는 반문에 대해 훈습이 없다면 훈습되는 종자가 없다는 말이고, 그렇게 된다면 일체의 인과가 성립하지 않게 되므로 옳지 않다고 말한다. 그러므로 소훈처로서의 제8식은 무기이다.

> ① 부(覆)는 염법을 말하니, a. 성도를 장애하기 때문이고 b. 또 능히 심을 덮어서 청정하지 못하게 하기 때문이다. 이 식은 염이 아니므로 무부라고 이름한다. ② 기(記)는 선악을 말하니, a. 애와 비애의 과를 갖고 나아가 b. 수승한 자체로서 기별할 수 있기 때문이다. 이 식은 선·악이 아니어서 무기라고 이름한다.
>
> ① 覆謂染法, a. 障聖道故, b. 又能蔽心令不淨故. 此識非染故名無覆. ② 記謂善惡, a. 有愛非愛果, b. 及殊勝自體可記別故. 此非善惡故名無記.

① 부(覆) = 청정을 가림: 염법 ↔ 무부(無覆)
② 기(記) = 기별: 선, 악 ↔ 무기(無記)
(무부·무기) 이숙식

② 기(記) ― 선 / 악
↕
무기 ― 유부무기 / 무부무기
(악·유부무기) ① 부(覆) = 염: a. 성도(聖道) 장애. b. 청정을 방해
↕
무부무기 - 무부 - 이숙식은 청정한 성도로 나아갈 수 있음

부(覆)는 염법으로 두 가지 의미가 있다. a. 하나는 성도를 장애하는 것이고, b. 청정심을 가리는 것이다. a. 성도는 견도 이후의 수행자의 길을 말하고, b. 청정심은 아뢰야식의 본래 성품인 청정성을 말한다.

유부무기인 말나식에는 구생기의 아집과 법집이 있어 수행자가 견도 이후 성도로 나아가는 것을 방해한다. 반면 유부 아닌 무부무기의 이숙식은 중생이 성도로 나아감을 방해하지 않으며, 따라서 이숙식의 활동 안에서 우리는 마음의 청정성에 이를 수 있다.

2) 아뢰야식의 심소가 아뢰야식 자체와 마찬가지인 점

이하에서는 본송 중의 '촉등역여시'를 놓고, 촉 등의 심소가 제8식과 마찬가지라는 말이 본송 중 어디서부터 어디까지를 의미하는 것인지를 밝힌다.

2게송: 초아뢰야식, 이숙일체종(初阿賴耶識, 異熟, 一切種).
3게송: 불가지집수, 처료상여촉(不可知, 執受, 處了, 常與觸),
작의수상사, 상응유사수(作意受想思, 相應, 唯捨受),
4게송: 시무부무기, **'촉등역여시'**(是無覆無記, 觸等亦如是).

제8식의 심소는 심(제8식)과 어떤 점에서 '역여시'인가?

〈입장1〉 〈입장2〉 〈입장3〉
무부무기 5가지 6가지
(이숙/불가지/3경:집수처 5가지 + 〈일체종〉
5심소상응/무부무기)
〈입장3-1〉 〈입장3-2〉
(종자를 훈습받음) (유사종자를 반연)
호법 난타

<입장1> / '촉 등의 심소도 또한 이와 같다'는 것은 아뢰야식이 오직 무부무기성에 속하는 것과 같이 촉·작의·수·상·사도 또한 그러하다는 것을 말한다. 모든 상응하는 법이 필히 같은 성이기 때문이다. (12중)
<입장1> / 觸等亦如是者謂如阿賴耶識唯是無覆無記性攝, 觸作意受想思亦爾. 諸相應法必同性故. (12중)

게송의 구절인 '촉 등의 심소도 또한 이와 같다(촉등역여시)'의 의미를 촉 등의 심소가 무부무기라는 점에서 아뢰야식과 같은 것이라고 해석한다. 심소가 심에 상응하는데, 상응하는 법은 그 성이 같으므로 제8식의 심소는 제8아뢰야식과 마찬가지로 무부무기라는 것이다.

<입장2: 호법> 또 a. 촉 등의 다섯 심소는 아뢰야식과 같이 역시 a. 이숙이고, b. 소연과 행상이 모두 불가지이며, c. 세 가지 경을 반연하고, d. 다섯 법과 상응하며, e. 무부무기이다. 그러므로 '촉 등도 또한 이와 같다'고 말한다.
<입장2> 又觸等五如阿賴耶亦是 a. 異熟, b. 所緣行相俱不可知, c. 緣三種境, d. 五法相應, e. 無覆無記. 故說觸等亦如是言.

아뢰야식 상응심소가 아뢰야식과 같은 점 5가지:

a. 이숙
b. 소연과 행상이 불가지
c. 세 가지 경을 반연
d. 다섯 법과 상응
e. 무부무기

게송의 구절 '촉 등의 심소도 또한 이와 같다(촉등역여시)'가 의미하는 것은 촉 등의 심소가 단지 무부무기라는 것뿐만 아니라 그 앞에 논한 네 가지를 더해서 총 다섯 가지 점에서 아뢰야식과 같다는 뜻이라고 해석한다.

a. 이숙이라는 것은 선이나 악이 아닌 무기라는 것이다.

b. 소연과 행상이 불가지라는 것은 제8식의 상응심소들이 모두 제8식의 작용이기에 은미하여 알기 어렵다는 것이다.

c. 세 가지 경은 아뢰야식의 3소연인 처, 종자, 유근신을 말한다. 심소 또한 이 세 가지를 반연한다는 것이다.

d. 다섯 법과 상응한다는 것은 하나의 심소가 나머지 4개의 심소 및 심왕과 상응한다는 것이다. 심과 심소의 작용이 항상 함께하기 때문이다.

e. 무부무기라는 것은 무기이되 청정한 본성을 갖고 성도로 나아갈 수 있기 때문이다.

<입장3-1: 난타> 이런 입장이 있다. 촉 등 (심소)도 아뢰야식과 같이 또한 이숙이며 f. 일체종까지 널리 말하고 나아가 무부무기라고 주장한다. '또한 이와 같다'는 말은 가려낼 것이 없다는 말이기 때문이다.

<입장3-1> 有義. 觸等如阿賴耶亦是異熟及一切種廣說乃至無覆無記. '亦如是'言無簡別故.

〈입장3〉 심소도 제8식처럼 a. 이숙 ~ e. 무부무기이며 f. 일체종이다.

게송의 구절 '촉 등의 심소도 역시 이와 같다(촉등역여시)'에 근거해서 제8식의 심소가 a. 이숙에서 e. 무부무기까지의 다섯 가지뿐 아니라 f. 일체종자식이라는 점에서도 아뢰야식과 마찬가지라고 주장하는 입장이다. 『술기』는 이것이 난타 등의 입장이라고 설명한다. 이하에서는 이런 입장이 성립할 수 없다고 비판한다. 즉 심소는 종자를 훈습하고 유지하는 '일체종' 은 아니라는 것이다.

<입장3-1 비판> 이 설은 이치가 아니다. 무슨 까닭인가? a. 촉 등은 식에 의거하며 자재하지 않기 때문에 탐(貪)이나 신(信) 등처럼 훈습을 받을 수 없다. 어떻게 식과 동일하게 종자를 유지할 수가 있겠는가? b. 또한 만약 촉 등도 또한 능히 훈습을 받을 수 있다면, 마땅히 하나의 유정에 여섯 가지 체가 있어야 할 것이다. c. 만약 이렇다면 과가 일어나는 것은 어떤 종자를 따라 일어나는 것이겠는가? 이치상 여섯 종자를 따라 일어난다고 말해서는 안 된다. 여러 종자로부터 하나의 싹이 나오는 것을 본 적이 없기 때문이다. d. 만약 과가 오로지 하나의 종자로부터 생기는 것이라고 말한다면, 그런즉 나머지 다섯 종자는 곧 소용이 없게 된다. e. 또한 차례로 과를 생한다고 말할 수도 없다. 훈습은 동시이고 세력이 같기 때문이다. f. 또 여섯 과가 한꺼번에 생긴다고 말할 수도 없다. 한 유정에게서 한 찰나에 안식 등 여섯 식이 동시에 생기지는 않기 때문이다. 누가 촉 등도 또한 훈습받아 종자를 유지할 수 있다고 말하겠는가?

<입장3-1 비판> 彼說非理. 所以者何? a. 觸等依識不自在故, 如貪信等不能受熏. 如何同識能持種子? b. 又若觸等亦能受熏, 應一有情有六種體. c. 若爾果起從何種生? 理不應言從六種起. 未見多種生一芽故. d. 若說果生唯從一種, 則餘五種便爲無用. e. 亦不可說

次第生果. 熏習同時勢力等故. f. 又不可說六果頓生. 勿一有情一剎那頃六眼識等俱時生故. 誰言觸等亦能受熏持諸種子?

촉 등 심소가 종자를 훈습받아 지니는 '일체종' 일 수 없는 이유:

a. 심소는 식처럼 종자를 훈습받거나 종자를 지니지 않음
b. 심소가 종자를 훈습받는다면, 종자소훈처의 체가 제8식과 5심소로서 여섯이 됨
c. 종자의 소훈처가 여럿이라면, 하나의 현행(과)에 대해 여러 인을 두게 됨
d. 여러 종자 중 하나만이 인이라면, 나머지 종자가 무용한 것이 됨
e. 여러 종자들이 차례로 과를 낸다고 할 수 없음. 인과 과는 동시이므로
f. 여러 과가 동시에 생긴다고 할 수 없음. 6식은 한 찰나에 한 식만 일어나므로

제8식과 거기 상응하는 심소는 여러 측면에서 같기는 하지만, 종자를 훈습받고 유지하는 것까지 같다고는 할 수 없다. 즉 제8식은 종자를 훈습받고 지니는 소훈처이지만, 그 식에 상응하는 심소는 종자를 훈습받는 것은 아니다. 만일 제8식과 거기 상응하는 각 심소마다 종자가 훈습된다면, 종자로부터 현행이 일어날 때 종자와 현행의 1대1 관계가 깨어지게 되는 문제가 생긴다. 그러므로 촉 등 심소는 제8식처럼 종자를 지니는 것이 아니라, 제8식의 종자가 현행할 때 비로소 일어나는 심의 작용이라고 할 수 있다.

<입장3-2> 그렇지 않다면 어째서 촉 등을 식처럼 일체종이라고 이름하였겠는가. 촉 등의 다섯 심소가 '유사종자(사종)의 상(상분)'이 있어서 일체종이라고 이름한 것이다. a. 촉 등이 식과 소연이 같기 때문이고, b. 무색계의 촉 등도 소연이 있기 때문이고, c. 친소연연이 반드시 있기 때문이다. 이 유사종자의 상분이 인연이 되어 현식 등을 일으키는 것은 아니니, 촉 등에서 유사안근 등이 식의 소의처가 아닌 것과 같고, 또 유사불이 능히 태우는 용이 없

는 것과 같다.
不爾如何觸等如識名一切種. 謂觸等五有似種相名一切種. a. 觸等與識所緣等故, b. 無色觸等有所緣故, c. 親所緣緣定應有故. 此似種相不爲因緣生現識等, 如觸等上似眼根等非識所依. 亦如似火, 無能燒用.

〈입장3-2〉 심소가 '유사종자'(소연)를 반연하기에 '일체종'임
a. 심소가 식과 소연이 같음
b. 무색계의 촉 등도 소연이 있음
c. 친소연연이 있음

진종(眞種): 심의 소연. 진종 —(현행)→ 소소연 - 작용력 있음
↕
사종(似種): 심소의 소연. 사종 —(현행)→ 친소연 - 작용력 없음

앞의 〈입장3-1〉이 촉 등의 심소가 제8식처럼 종자를 훈습받고 유지한다는 의미에서 '일체종'이라고 주장한다면, 여기에서의 〈입장3-2〉는 촉 등의 심소가 제8식처럼 종자를 소연으로 가진다는 점에서 '일체종'이라고 주장한다. 다만 제8식의 종자는 구체적 결과를 낳을 수 있는 진짜 종자인 진종(眞種)인 데 반해, 심소의 소연이 되는 종자는 그런 작용이 없으므로 그와 유사한 '사종(似種)'이라는 점이 다를 뿐이다. 진종이 인이 되서 현행화한 경은 본질상분인 소소연(疏所緣)연이지만, 사종이 인이 돼서 현행화한 경은 그와 달리 영상상분인 친소연(親所緣)일 뿐이다.

이처럼 심소가 소연으로 삼는 유사종자는 친종자와 같은 결과를 일으키지는 않지만, 그래도 식과 동일하게 종자를 반연하므로 '일체종'이라고 부를 수 있다는 것이다. 그러나 호법은 이런 논리도 문제가 있음을 아래에서 밝힌다.

<입장3-2 비판> 저 구제도 이치가 아니다. 촉 등의 소연인 유사 종자 등의 상은 이후 집수의 위치에서 비로소 식과 비교되어야 하기 때문이다. 이 때문에 앞에 말한 일체종이라는 말은 반드시 훈습을 받아 능히 종자를 지님을 말한다. 그렇지 않다면 본송에 말을 반복한 과실이 있는 것이 된다.
彼救非理. 觸等所緣似種等相後執受處方應與識而相例故. 由此前說一切種言定目受熏能持種義. 不爾本頌有重言失.

본송	초아뢰야식, 이숙, **일체종**. 불가지**집수**, 처료. 상여촉, 작의수상사, 상응, 유사수. 시무부무기, '촉등역여시.'	일체종: 종자를 훈습받아 지님 집수: 종자를 소연으로 가짐	둘은 다른 의미

촉 등에 친소연(유사종자)이 있는 것을 '일체종'의 의미로 간주할 수는 없다는 것이다. 게송에서 '일체종'은 제8식이 종자를 훈습받아 지닌다는 의미로 쓰였고, 종자를 소연으로 반연한다는 의미는 '집수'라는 개념으로 설명되고 있기 때문이다. 진종이든 사종이든 종자를 소연으로 반연한다는 것은 '집수'로서 논하고 있기에, '일체종'을 그 의미로 볼 수 없다는 것이다. 그렇게 '일체종'과 '집수'가 다른 의미를 갖고 있으므로 심소가 유사종자를 소연으로 가진다는 것으로부터 그러니까 심소가 일체종이라고 말할 수는 없다는 것이다.

종자를 지님으로서의 '일체종'과 종자를 소연으로 가짐의 '집수'의 두 의미를 구분하지 않으면, 게송이 같은 것을 중복해서 말하는 과실을 범한 것으로 오독하는 것이 된다. 한마디로 말해 심소가 소연(종자)을 가진다고 해서, 일체종자식으로 불릴 수 있는 것이 아니라는 것이다. 심소가 심의 예(例)가 된다는 것은 심소와 심이 서로 같은 종류로 비교된다는 말이다.

또 저기서 언급된 '역시 이와 같다'는 말은 가려낼 것이 없기 때문에 모두 비교가 된다는 것은 결코 증거가 되지 않는다. 촉 등의 다섯 심소도 능히 요별하고, 촉 등도 또한 촉 등과 상응한다고 말할 수는 없다. 이로부터 '역시 이와 같다'는 말은 마땅한 것을 따라 말한 것이지 일체를 말한 것이 아님을 알아야 한다.
又彼所說亦如是言無簡別故咸相例者定不成證. 勿觸等五亦能了別, 觸等亦與觸等相應. 由此故知亦如是者隨所應說非謂一切.

가려내는 바가 있음:
- 촉 등 심소가 심과 같아서 '또한 이와 같다'에 포함되는 것:
  a. 이숙, b. 소연과 행상이 불가지, c. 세 가지 경 반연, d. 다섯 법과 상응, e. 무부무기
- 촉 등 심소가 심과 같지 않아서 '또한 이와 같다'에 포함되지 않는 것:
  f. 일체종, g. 촉 등과 상응함

'또한 이와 같다'는 말은 제8아뢰야식과 그 심소가 모든 면에서 서로 같다는 말이 아니라, 제한적으로 읽혀야 한다는 것이다. 말하자면 촉의 심소는 제8아뢰야식처럼 일체종이지도 않고 또 촉 등과 상응하지도 않는다. 그러므로 아뢰야식의 모든 특징을 심소도 똑같이 갖는 것은 아니라는 것이다.

2. 아뢰야식의 인과(因果) 비유

본 절에서는 다음 게송을 풀이하여, 아뢰야식이 일류로 상속한다는 것이 무슨 의미인지를 밝힌다.

4. 항상 전전함이 폭류와 같다.

4. 恒轉如瀑流.

1) 항전하는 폭류에의 비유: 비단비상

아뢰야식은 단(斷)인가, 상(常)인가? 단도 아니고 상도 아니니, 항상(恒) 전전(轉)하기 때문이다. ① a. 항(恒)은 이 식이 무시이래로 한 종류로 상속하여 항상되고 / 끊어짐이 없는 (12하) 것을 말한다. b. 이것이 3계, 6취, 4생을 시설하는 근본이기 때문이고, c. 성이 견고하게 종자를 지녀 잃어버리지 않게 하기 때문이다. ② a. 전(轉)은 이 식이 무시이래로 념념이 생멸하여 전후로 다르게 바뀌는 것을 말한다. b. 인이 멸하고 과가 생겨서 상이거나 하나이지 않기 때문이고, c. 전식이 종자를 훈습하여 자라게 할 수 있기 때문이다.

阿賴耶識爲斷爲常? 非斷非常以恒轉故. ① a. 恒謂此識無始時來一類相續常 / 無間斷. b. 是界趣生施設本故, c. 性堅持 (12하) 種令不失故. ② a. 轉謂此識無始時來念念生滅前後變異. b. 因滅果生非常一故, c. 可爲轉識熏成種故.

아뢰야식:

① 항(恒): 이어짐 ↔ 단(斷)
- a. 한 종류인 무기(無記)로 상속하여 끊어짐이 없음
- b. 3계, 6취, 4생의 과를 냄: 종자생현행
- c. 성이 견고하여 종자를 집지

② 전(轉): 바뀜 ↔ 상(常)
- a. 념념이 생멸하여 전후로 바뀜
- b. 인이 멸, 과가 생하여 상일하지 않음: 종자생종자
- c. 전식이 종자를 훈습하여 자라게 함: 현행훈종자

아뢰야식의 주장이 단견도 상견도 아님을 논한다. ① 단견이 아닌 것은 아뢰야식이 일류 상속하는 항상성을 갖기 때문이고, ② 상견이 아닌

것은 아뢰야식이 념념생멸의 변화를 보이기 때문이다. ① 항상성을 갖기에 3계 6취로의 윤회가 일어날 수 있고, ② 전전하기에 변화가 일어날 수 있다.

② 아뢰야식의 주장이 '무아'에 반하는 상견(常見)이 아니라는 것, 아뢰야식이 항상된 식 내지 불멸의 자아가 아니라는 것을 『술기』는 이렇게 설명한다.

> 이것은 자성 내지 아가 상(常)이고 일(一)이라는 것을 가려낸다. 인과의 성품이기 때문에 일(一)을 가려내니, 자아가 아니다. 생멸이 있기 때문에 상(常)을 가려내니, 자성이 아니다. 상이면, 어떤 과실이 있는가? 훈습을 받을 수 없는 것이 과실이고, 전식이 종자를 훈습할 수 없는 과실이다. 항상하는 아뢰야식은 응당 훈습을 받을 수 없다. 항상하기 때문이니, 허공 등과 같다. 만약 훈습을 받지 않는다면, 곧 생사와 열반의 차별도 없을 것이다.[1]

아뢰야식 ┌ 인과성: 인이 멸, 과가 생 ↔ 일(一)=아(我)
└ 생멸성: 종자를 훈습받음 ↔ 상(常)=자성(自性): 허공: 훈습 못 받음
생사와 열반의 차이 만듦

아뢰야식이 상일한 자아가 아니라는 것을 논한 것이다. 아뢰야식 내 종자가 인과성을 따라 인이 멸하면 과가 생기는 방식으로 이어지므로 아뢰야식은 일(一)이 아니고, 아뢰야식이 종자를 훈습받고 그 훈습을 따라 생사와 열반으로 나뉠 수 있으므로 아뢰야식은 불변의 상(常)이 아니라는 것이다.

---

1 『술기』, 337하-338상, "此簡自性及我爲常爲一. 因果性故簡一, 非我也. 有生滅故簡常, 非自性也. 常有何過? 不能受熏是爲過也, 不爲轉識熏成種過. 常阿賴耶應不受熏. 以是常故如虛空等. 若不受熏卽無生死涅槃差別."

① 항(恒)은 단(斷)을 배제하고, ② 전(轉)은 상(常)이 아님을 나타낸다. 폭류의 비유처럼 인과도 그러하다. 폭류의 물이 단도 아니고 상도 아니어서 오랜 시간 상속함에 '떠다님과 빠짐'(표익)이 있는 것 같이, 이 식도 또한 그러하여 무시이래로 생멸하고 상속해서 상도 아니고 단도 아니며, 유정을 떠다니고 빠지게 하여 벗어나지 못하게 한다.

① 恒言遮斷, ② 轉表非常. 猶如瀑流因果法爾. 如瀑流水非斷非常, 相續長時有所漂溺, 此識亦爾從無始來生滅相續非常非斷, 漂溺有情令不出離.

① 항(恒): 이어짐	상속하며 표익함	↔ 단(斷)
② 전(轉): 바뀜		↔ 상(常)

폭류의 물: 상속하며 표익이 있음

아뢰야식: 상속생멸하면서 중생을 표익하게 함 [표: 인·천 / 익: 3악도] 6도윤회 함

아뢰야식은 항전하는 식이다. 항상 이어지므로 '단'이 아니고, 전전하면서 이어지므로 '상'이 아니다. 이와 같이 아뢰야식의 주장은 단견도 상견도 아니다. 이러한 아뢰야식으로 인해 유정이 떠다니고 빠진다는 것에 대해 『술기』는 "인천에 태어나는 것을 떠다님에 비유하고, 악취에 머무는 것을 빠짐과 같다고 한다."[2]고 설명한다.

또한 폭류가 비록 바람 등에 부딪쳐 물결을 일으켜도 흐름이 끊어

2 『술기』, 338상, "生人天喻飄, 居惡趣如溺."

지지 않듯이, 이 식도 또한 그러하여 비록 중연을 만나 안식 등을 일으켜도 항상 상속한다.
又如瀑流雖風等擊起諸波浪而流不斷, 此識亦爾雖遇衆緣起眼識等而恒相續.

폭류 — 바람을 만나 물결 일으켜도 흐름이 이어짐
아뢰야식 — 중연을 만나 식을 일으켜도 항상 상속함

아뢰야식의 흐름을 폭류에 비유하여 폭류가 바람을 만나 이런저런 물결을 일으키면서도 계속되는 흐름이 끊어지지 않는 것처럼, 아뢰야식도 이런저런 인연을 따라 갖가지 식의 작용을 일으켜도 그 흐름이 끊어지지 않고 상속한다는 것이다.

또한 폭류가 물 아래 위의 물고기와 풀 등 사물을 떠다니게 하며 흐름을 따라 버리지 않듯이, 이 식 또한 그러하여 안의 습기와 밖의 촉 등의 법과 함께 항상 따라 전전한다.
又如瀑流漂水下上魚草等物隨流不捨, 此識亦爾與內習氣外觸等法恒相隨轉.

폭류 — 물 상하의 고기와 풀들을 떠다니게 하여 따라 흐름
아뢰야식 — 안의 종자와 밖의 법과 함께 따라 전전함

폭류의 물 흐름이 물고기와 풀들을 포함하며 그것들을 흘러가게 하듯이, 아뢰야식은 종자와 일체법을 포용하며 그것들이 나타나게 한다. 즉 아뢰야식으로 인해 그 안에 무수한 종자가 함장되어 있고, 아뢰야식으로 인해 그 종자로부터 무변의 현상세계가 펼쳐지게 된다는

것이다.

이와 같이 법의 비유의 뜻은 이 식이 무시의 인과로서 단도 아니고 상도 아니라는 것을 나타낸다. 즉 이 식의 성은 무시이래로 찰나 찰나마다 과가 생기면서 인이 멸한다. 과가 생기므로 단이 아니고, 인이 멸하므로 상이 아니다. 단도 아니고 상도 아닌 것이 연기의 이치이다. 그러므로 이 식은 항상 전전하여 폭류와 같다고 말한다.
如是法喩意顯此識無始因果非斷常義. 謂此識性無始時來刹那刹那果生因滅. 果生故非斷, 因滅故非常. 非斷非常是緣起理. 故說此識恒轉如流.

아뢰야식:

〈인과동시의 종자생현행〉

과(현행):	과가 생	– 단(斷)이 아님
↑	‖	
인(종자):	인이 멸	– 상(常)이 아님
t1		

〈인과이시의 종자생종자〉

인(종자) →	과(종자)	
t1	t2	
인이 생	인이 멸	– 상(常)이 아님
	= 과가 생	– 단(斷)이 아님

유식의 아뢰야식설은 단견도 아니고 상견도 아닌 중도설이다. 유식에 따르면 인인 종자가 현행화하여 그 과로서 현상 제법인 유근신과 기세간이 생겨난다. 인이 멸하면서 과가 생겨나는 것이다. 인이 멸함을 말하므로 상일한 존재를 설하는 상견이 아니고, 과가 생함을 말하므로

일체가 단멸해 버린다는 단견도 아니다. 이처럼 아뢰야식설은 상견과 단견을 떠난 중도의 연기설이다.

2) 아뢰야식의 인과(因果)

유식에서 인과는 아뢰야식에 입각해서 설명된다. 여기에서는 아뢰야식을 알지 못한 채 인과를 설명하는 다른 관점들을 비판한다.

(1) 설일체유부: 3세실유. 체가 아니라 용으로 인과 성립 ↔ 체가 본유이면 용도 본유
(2) 상좌부: 현재 안에 생과 멸이 함께하므로 인과 성립 ↔ 현재에 두 찰나 불가능
(3) 경량부: 과미무체. 종자로서 인과 설명 ↔ 아뢰야식과 종자생현행의 인과를 모름
↕
유식: 인과는 아뢰야식 내 종자(인)의 현행(과)이므로 가(假)로서 성립

(1) 설일체유부와 정량부 비판

<유부의 문1> 과거와 미래가 이미 실유가 아니라면, 상(常)이 아님은 가능하지만 단(斷)이 아님은 어째서인가? 단이라면, 어떻게 연기의 바른 이치를 이룰 수 있겠는가? <유식의 반문> 과거와 미래가 만약 실유라면, 단(斷)이 아님은 인정될 수 있지만 어째서 상(常)이 아닌가? 상 또한 연기의 바른 이치를 이루지 않는다.
<문> 過去未來旣非實有, 非常可爾非斷如何? 斷豈得成緣起正理? <반문> 過去未來若是實有, 可許非斷如何非常? 常亦不成緣起正理.

〈문〉 3세실유의 유부: 과 · 미가 비실유라면 단(斷)이고, 단이면 연기가 성립하지 않음
↕
〈반문〉 과미비실유의 유식: 과 · 미가 실유라면 상(常)이고, 상이어도 연기는 성립하지 않음

〈유부의 문1〉 설일체유부와 정량부는 현재뿐 아니라 과거와 미래가 모두 실유라는 '3세실유'의 관점에서 "과·미는 체가 있어, 미래에 이어지기 때문에 단이 아니고 과거로 가기에 상이 아니다."[3]라고 주장한다. 과거로 가는 것은 작용일 뿐 그 체는 실유로 남아 있다는 것이다. 이러한 3세실유의 관점에서 유식에게 문제를 제기한다. 즉 유식이 논하듯 과거와 미래가 무체로서 비실유라면, "미래가 이미 후법이 없으니, 응당 단이 아닌가? 현재는 머물지 않고, 미래는 체가 없기 때문이다."[4]라고 묻는다. 법이 실유가 아니라면 이미 끊어지고 없다는 말인데, 그게 바로 단견이 아니냐는 것이다. 그리고 단이라면, 연기가 성립하지 않는다고 비판한다.

〈유식의 반문〉 이에 대해 유식은 만약 과거와 미래가 실유라면 단은 아니겠지만 반대로 상(常)이 되고, 상이라면 또한 연기가 성립하지 않는다고 반박한다. 유부가 단이면 연기가 성립하지 않는다고 비판한 것에 대해, 상이어도 연기는 성립하지 않는다고 논박하는 것이다. 대승은 과·미는 실유가 아니며, 실제로 있는 것은 오직 현재뿐이라고 말한다.

<유부의 문2> 어찌 남의 과실을 배척한다고 곧 자기 뜻이 이루어지겠는가? <유식의 답> a. 만약 사(邪)를 꺾지 않는다면, 정(正)을 드러내기가 어렵다. b. 앞의 인이 멸한 자리에 후의 과가 곧 생기니, 마치 저울의 양 머리가 내려가고 올라갈 때와 같다. 이와 같이 인과 과가 상속함이 물의 흐름과 같다. 어찌 과거와 미래를 빌려

3 『술기』, 338중, "過未有體, 未來續故不斷, 往過去故不常."

4 『술기』, 338중, "未來旣無後法應斷, 現不住故, 當無體故."

비로소 단(斷)이 아님을 이루겠는가?
<문> 豈斥他過己義便成? <답> a. 若不摧邪, 難以顯正. b. 前因滅位後果卽生, 如秤兩頭低昂時等. 如是因果相續如流. 何假去來方成非斷?

〈유부의 문2〉 x가 참임을 직접 증명하지 않고, -x가 거짓임을 통해 x의 참을 증명하는 논증방식을 귀류법이라고 한다. 유부는 유식의 반문이 귀류법적이라고 비판한다. 즉 자신의 논지를 직접 증명하지 않고, 그것에 대립되는 상대의 논지가 틀렸다고 논함으로써 자신의 논지가 참이라고 주장하는 것은 적절한 증명방식이 아니라는 것이다.

〈유식의 답〉 a. 이에 대해 유식은 파사현정(破邪顯正)을 따를 수밖에 없다고 주장한다. 잘못된 견해를 지적하고 타파하는 것이 곧 바른 의견을 제시하는 길이라는 것이다. b. 나아가 유식은 과미무체의 관점이 연기를 부정하는 단견이 아니라고 반박한다. 즉 인이 멸하고 과가 생김으로써 연기가 성립하는데, 인이 멸하므로 상이 아니고, 과가 생기므로 단이 아니다. 이처럼 유식은 단도 아니고 상도 아닌 연기를 주장한다는 것이다.

유식이 이와 같이 연기의 인과설로써 답하니까, 이러한 인과에 대해 유부는 다시 다음과 같은 반론을 제기한다.

<유부의 문3> 인이 현재 있는 지위에서는 이후의 과가 아직 생기지 않았는데, 인이 무엇의 인인가? 과가 현재에 있을 때에는 앞의 인이 이미 멸하였는데, 과가 무엇의 과인가? 이미 인도 없고 과도 없는데, 무엇이 단·상을 떠났는가? <유식의 반문> 만약 인이 있

을 때에 이미 이후의 과가 있다면, 과가 이미 본래 있는데 어찌 앞의 인을 기다리겠는가? 인의 의미가 이미 없는데, 과의 의미가 어찌 있겠는가? 인도 없고 과도 없으니, 어찌 단과 상을 떠나겠는가?

<문> 因現有位後果未生, 因是誰因? 果現有時前因已滅, 果是誰果? 旣無因果, 誰離斷常? <답> 若有因時已有後果, 果旣本有, 何待前因? 因義旣無, 果義寧有? 無因無果, 豈離斷常?

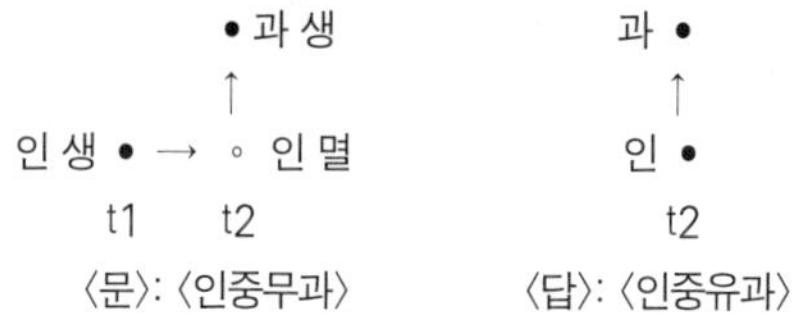

〈유부의 문3〉 인이 있을 때 과가 없고 과가 있으면 인이 이미 멸한다는 것은 〈인중무과〉를 말한다. 그렇다면 인과 과가 서로 무관한 것이 되므로 인이 어떤 과의 인이고, 과가 어떤 인의 과인지 연결시킬 근거가 없게 된다. 따라서 인과, 즉 연기가 성립하지 않게 되는데, 연기가 단과 상을 떠났다고 어떻게 말할 수 있냐는 것이다. 유부는 대승의 과미무체의 주장은 곧 인중무과를 뜻하며, 따라서 인과 내지 연기를 제대로 설명하지 못한다고 비판한다.

〈답〉 이에 대해 유식은 반대로 인이 있을 때 과가 있다고 해서 인과 내지 연기가 제대로 설명되는 것은 아니라고 반박한다. 인이 있을 때 과가 함께 있으면 이것은 〈인중유과〉를 말한다. 인중유과라면 과가 이미 있어서 그 과가 인을 기다릴 필요가 없으니, 이 경우에도 또한 인과가 성립하지 않기 때문이다. 그러므로 인이 과와 함께한다고 해도, 인과의 연기는 성립하지 않는다는 것이다.

<유부의 문4> 인과 과의 의미가 성립하는 것은 법의 작용에 의거한 것이다. 그러므로 힐난받는 것은 나의 종지에 해당하는 것이 아니다. <유식의 답> 체가 이미 본래 있는 것이라면, 용도 또한 마땅히 그러하다. 기대되는 인과 연도 또한 본래 있는 것이기 때문이다. 이로부터 너의 주장에는 인과 과가 결정코 없다.
<문> 因果義成依法作用. 故所詰難非預我宗. <답> 體旣本有, 用亦應然. 所待因緣亦本有故. 由斯汝義因果定無.

〈유부의 문4〉 실유사상: 인과 과는 실유인 법의 체가 아니라 단지 작용에 있어서만 성립함
↕
〈유식의 답〉 유식사상: 인과 과가 체로서 성립하지 않으면, 작용으로도 성립하지 않음

〈유부의 문4〉 3세실유를 주장하는 유부는 인과라는 것이 법의 체에 따른 것이 아니라 법의 작용에 의한 것이라고 논한다. 그러므로 인중무과 또는 인중유과의 문제점이 인과를 체가 아니라 작용에서 성립하는 것으로 간주하는 자신의 입장에 위배되는 것이 아니라고 말한다. 『술기』는 이렇게 설명한다.

미래의 인과는 비록 먼저 체가 있다고 해도, 인과를 칭할 때는 반드시 작용에 의한 것이지 체에 의한 것이 아니다. 아직 작용이 있지 않으면 '미래'라고 이름하고, 바로 작용이 있으면 '현재'라고 이름하며, 작용이 이미 그치면 '과거'라고 이름한다. 현재에 인의 작용이 있으면 과의 작용은 아직 일어나지 않는다. 인의 의미가 이미 성립하면, 과의 의미가 곧 세워진다. 따라서 힐난하는 바는 나의 종지에 관계되는 것이 아니다.[5]

---

5 『술기』, 338하, "未來因果雖先有體, 名因果時要依作用不依於體. 未有作用名未來, 正有作用名現在, 作用已息名過去. 現有因用, 果用未生. 因義旣成, 果義便立. 故所詰難

유부: 체의 작용이 아직 없다가, 작용이 있다가, 작용이 그치게 됨
'미래' '현재' '과거'로 불림 ∴ 유무는 작용에 따른 것

〈유식의 답〉 이에 대해 유식은 체와 용의 구분이 문제를 해결하는 것은 아니라고 반박한다. 제법의 체와 용은 따로 분리해 낼 수 있는 것이 아니기에, 체가 본유이면 곧 작용도 마땅히 그러하다고 보는 것이다. 체가 3세항유인데, 작용은 3세에 각각 없거나 있을 수는 없다는 것이다. 체가 있으면 그 작용이 함께한다. 그러므로 인과관계가 체가 아니고 작용에서만 성립한다는 것은 가능하지 않다. 체에서 인과가 성립하지 않으면, 작용에서도 인과는 성립하지 않는다. 그러므로 체와 용을 구분한다고 해서 문제가 해결되는 것은 아니라는 것이다.

마땅히 대승에서의 연기의 바른 이치를 믿어야 하니, 이 바른 이치는 깊고 묘해서 언어를 떠난다. 인과 과 등의 말은 모두 가(假)로서 시설한 것이다. a. 현재의 법이 이후를 이끄는 작용이 있음을 관해서, 미래의 과를 가로서 세우고 이에 대응하여 / 현재의 인을 말한다. b. 현재의 법이 이전에 응수하는 상이 있음을 관해서, 과거의 인을 가로서 세우고 이에 대응하여 현재의 과를 말한다. 가(假)는 현재의 식이 저 상으로 사현한 것을 말한다. (13상)

應信大乘緣起正理, 謂此正理深妙離言. 因果等言皆假施設. a. 觀現在法有引後用, 假立當果對 / 說現因. b. 觀現在法有酬前相, 假立曾因對說現果. 假謂現識似彼相現. (13상)

非預我宗."

〈과거〉 〈현재〉 〈미래〉
a. 인 → 과: 가(假)
b. 인: 가(假) → 과 - 미래와 과거도 가유, 인과도 가유(假有)임

a. 현재 법이 이후의 작용을 이끎 ∴ 미래 과를 가(假)로 세우고, 현재 인을 말함
b. 현재 법이 이전의 상에 응수함 ∴ 과거 인을 가(假)로 세우고, 현재 과를 말함
그러므로 과거와 미래는 현재를 따라 시설된 것임. 인과도 가로서 시설된 것임

유식은 인과에 해당하는 법이 실유가 아니고 가유이며, 인과 자체도 가로서 시설된 것이라고 논한다. 인과 과로 간주되는 과거의 법이나 미래의 법은 실유로서 따로 존재하는 것이 아니라, 현재에 입각해서 가로서 시설된 것이다. a. 현재가 이후를 이끄는 작용이 있기에 그에 따라 미래의 과와 현재의 인을 말하고, b. 현재가 이전에 응수하는 모습이 있기에 그에 따라 과거의 인과 현재의 과를 말한다는 것이다. 과거나 미래가 가(假)로서 시설된 것이라는 말은 곧 현재의 식이 과거 또는 미래처럼 나타난다는 것, 사현한다는 것을 의미한다. 이와 같이 유식은 인과 연기를 3세실유로써 설명하는 유부와 정량부를 비판한다.

이와 같이 인과의 이치의 취지가 분명하다. 두 변을 멀리 떠나 중도에 계합하여 만난다. 지혜 있는 사람은 마땅히 따라서 닦고 배워야 한다.
如是因果理趣顯然. 遠離二邊契會中道. 諸有智者應順修學.

과거나 미래는 현재와의 인과 과의 관계에 따라 가로서 시설된 것이며, 따라서 인과관계 또한 가로서 시설된 것이다. 결국 일체가 식일 뿐이며, 실체라고 여겨지는 법은 단지 가유일 뿐이다. 인과의 연기법은

만법가유의 유식의 원리, 단과 상의 양 극단을 여읜 중도의 원리를 벗어나지 않는다.

(2) 상좌부 비판

<상좌부 주장> 이렇게 말하는 다른 부파가 있다. 비록 과거와 미래가 없지만 인과 과는 항상 상속하는 뜻이 있다. 즉 a. 현재법은 극히 신속한 것도 오히려 처음과 뒤의 생멸하는 두 시간이 있다. b. 생길 때에는 인에 응수하고, 멸할 때에는 과를 이끈다. 시간이 비록 둘이지만, 체는 하나이다. c. 앞의 인이 바로 멸하면, 이후의 과가 바로 생긴다. 체와 상이 비록 다르지만, 함께 있다. 이와 같이 인과 과는 가로서의 시설이 아니다. 그렇지만 단과 상을 떠나고 또 앞의 문제점도 없다. 지혜 있는 자라면 누가 이것을 버리고 다른 것을 믿겠는가?
有餘部說, 雖無去來而有因果恒相續義. a. 謂現在法極迅速者猶有初後生滅二時. b. 生時酬因, 滅時引果. 時雖有二而體是一. c. 前因正滅, 後果正生. 體相雖殊而俱是有. 如是因果非假施設. 然離斷常又無前難. 誰有智者捨此信餘?

현재 안에 두 시점: 과·미 무체이지만, 현재의 인·과는 가의 시설이 아님

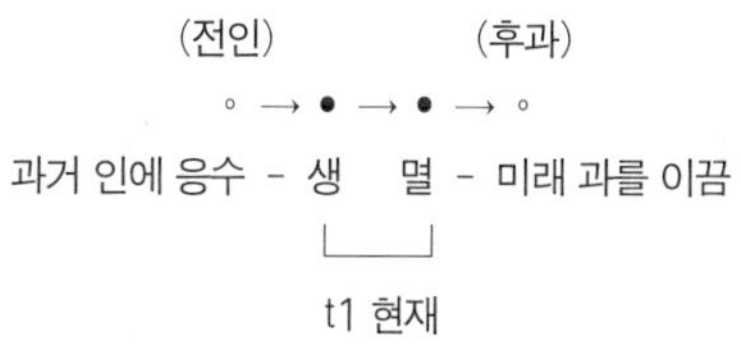

(전인) (후과)
◦ → • → • → ◦
과거 인에 응수 - 생 멸 - 미래 과를 이끔
t1 현재

과거와 미래는 없지만 현재는 있는데, 그 현재가 두 찰나를 가져, 전 찰나는 현재법이 생기는 찰나이고 후 찰나는 현재법이 멸하는 찰나라는 것이다. 전 찰나에 현재법이 생기면서 앞의 것(인)의 과로서 있고, 후 찰나에 현재법이 멸하면서 뒤의 것(과)을 이끄는 인으로 작용한다. 그러므로 현재의 두 찰나에 인과가 성립한다는 것이다. 과거와 미래는 가유이지만, 과거의 인에 따라 생기는 과로서의 현재법과 미래의 과를 이끄는 인으로서의 현재법은 가유가 아니며, 그 현재 안에 인과 과가 함께 포함되어 있으므로 인과 과가 가유가 아니라는 것이다. 『술기』는 이러한 상좌부의 주장을 다음과 같이 정리한다.

> 상좌부 등은 말한다. 색법은 느리고 둔해 3상의 작용이 있어, 시간이 1세를 경과하니, 곧 생·주·멸이고 다른 시간은 없다. 심법은 신속하여 단지 두 시기만 있으니, 곧 생·멸이다. 이 2상은 법에 즉하여 분별하며, 법을 떠나서 별도의 체가 없다. 그러나 모두 현재라고 하니, 거기에는 과거와 미래가 없기 때문이다. 여기에서는 우선 심·심소법을 들어 논하기 때문에, 극히 신속한 것에도 오히려 두 시기가 있다고 말한다.[6]

색법: 현재에 생+주+멸
심법: 현재에 생+멸

<유식의 비판> 저것에는 빈말만 있고, 도무지 진실한 의미는 없

---

6 『술기』, 340상, "上座等云, 色法遲鈍有三相用時經一世, 謂生住滅更無異時. 心法迅速但有二時, 謂生及滅. 此二相卽法辨, 離法無別體. 然俱現在, 彼無過未故. 此中且擧心心所法爲論, 故言極迅速者猶有二時."

다. a. 어떻게 일념에 두 시간이 있음을 허용하겠는가? b. 생과 멸은 서로 거스르는데, 어떻게 함께 현재에 있겠는가? c. 만약 멸이 현재에 있다면, 생은 응당 미래에 있다. d. 있으므로 생이라고 이름하니, 이미 현재이다. 없으므로 멸이라고 이름하는데, 어찌 과거가 아니겠는가? 만약 멸이 무가 아니라면, 생이 응당 유가 아니다. 생이 이미 현재에 있다면, 멸은 응당 현재에 없어야 한다. e. 또 두 개의 상이 서로 거스르는데, 어떻게 체가 하나이겠는가? 고와 락 등에서 이런 일이 있음을 보지 않는다. f. 생과 멸이 만약 하나라면, 시간이 마땅히 둘이 없어야 한다. 생과 멸이 만약 다르다면, 어떻게 체가 같다고 말하겠는가? 그러므로 생하는 때와 멸하는 때가 함께 현재에 있으며 함께 하나의 체에 의거한다는 것은 이치가 반드시 성립하지 않는다.

彼有虛言都無實義. a. 何容一念而有二時? b. 生滅相違寧同現在? c. 滅若現在, 生應未來. d. 有故名生旣是現在. 無故名滅寧非過去? 滅若非無, 生應非有. 生旣現有, 滅應現無. e. 又二相違如何體一? 非苦樂等見有是事. f. 生滅若一, 時應無二. 生滅若異, 寧說體同? 故生滅時俱現在有, 同依一體理必不成.

생과 멸의 시간이 다를 수밖에 없음:

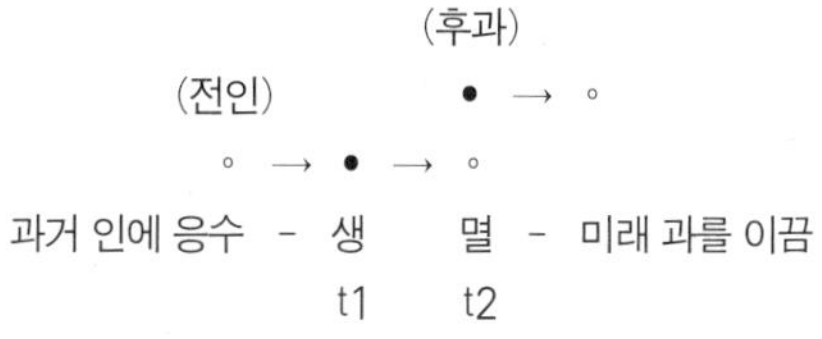

(후과)

(전인) • → ◦

◦ → • → ◦

과거 인에 응수 - 생 멸 - 미래 과를 이끎

t1 t2

상좌부의 주장에 대해 유식은 생과 멸이라는 서로 거슬리는 두 개의 상(相)이 현재라는 한 시간 안에 하나의 체로서 함께 있을 수는 없다고 반박한다.

a. 일념은 한 찰나이다. 한 찰나의 한 일념에 두 찰나가 현재로서 함께할 수는 없다.

b. 일념이 생기는 찰나와 일념이 멸하는 찰나가 현재 안에 함께할 수 없다. 생과 멸이 서로 거슬리는 것이므로 함께할 수 없기 때문이다.

c. 생과 멸이 서로 다른 찰나이면서, 생과 멸 그리고 다시 생과 멸이 이어지게 된다. 생이 현재면 그 이전 멸은 과거이고, 다음 멸은 미래이다. 멸이 과거 찰나로서 멸하고 없고, 생이 현재 찰나로서 생겨서 있는 것이다.

d. 있게 되는 생과 없게 되는 멸을 한 시간에 놓을 수는 없다. 생이 현재면, 앞의 멸은 과거이다.

e. 생과 멸이 서로 거슬리는 상이므로 하나의 체일 수 없다.

f. 생과 멸이 하나라면, 시간도 두 찰나가 아니고 하나여야 한다. 그렇지 않고 생과 멸이 서로 다르다면, 생하는 때와 멸하는 때의 시간도 서로 다른 시간이라는 것이다.

결국 생과 멸을 하나의 시간인 현재의 시간 안에 함께한다고 말할 수 없다는 것이다.

(3) 경량부 비판

경량부 논사들이 인과가 상속한다는 것도 이치가 성립하지 않는다. 저들은 아뢰야식이 있어서 능히 종자를 유지한다는 것을 인정하지 않기 때문이다.

經部師等因果相續理亦不成. 彼不許有阿賴耶識能持種故.

경량부는 유부의 3세실유를 부정하며 과·미무체를 논한다. 경량부가 3세실유를 부정하면서 우리의 업과 윤회를 설명하기 위해 채택한 것이 종자설이다. 과거의 체는 없지만, 과거의 업이 남긴 업력은 종자의 형태로 유지되며, 그것으로 인해 윤회가 성립한다고 논한 것이다. 3세실유를 부정함으로써 경량부는 우리의 인식하는 형상은 인식에 속한 것이라는 '유형상인식론'을 주장하며, 형상이 인식이 아니라 대상 자체에 속한다고 보는 유부 식의 '무형상인식론'을 부정한다. 즉 우리의 지각은 감각 다음 찰나이므로 우리가 세계를 지각할 때 지각된 것은 이미 과거로서 사라지고 없다. 따라서 우리는 대상 자체를 인식하지 못한다. 세계는 직접 인식되지 않고, 인식의 근거로서 단지 추론될 뿐이다. 결국 우리가 인식한 형상은 대상 자체의 상이 아니라 인식의 형상일 뿐이므로 '유형상인식론'이 성립한다.

그러나 과·미무체를 주장하고 유형상인식론을 전개하며 업력을 간직한 종자를 주장하면서도 경량부는 아직 유식의 관점으로 나아가지 못하였다. 즉 경량부는 우리에게 인식되지 않지만 인식을 가능하게 하는 근거로서 외부세계가 실재한다고 주장한다. 유식의 관점에서 볼 때 경량부는 현상세계가 아뢰야식 내 종자의 현행이라는 것을 아직 알지 못하는 것이다.

따라서 호법은 경량부가 종자상속식으로서의 제8식도 모르고, 종자생현행의 인과도 알지 못한다고 비판하며, 제8식과 종자를 알지 못하는 경량부의 인과상속의 주장은 타당한 논의가 아니라고 지적한다. 경량부가 제8식 및 종자를 인정하지 않음에 대해 『술기』는 이렇게 설명한다.

경량부가 말하는, 종자를 지니는 색과 심은 종자를 지닐 수 없으니, 소리, 번개 등과 같아 제8식이 아니기 때문이다. 과거와 미래는 무체이며 나아가 근본식도 없다. 무색계에서 색이 오랜 시간 단절되고, 무심위에 들 때 심이 오랜 시간 멸하니, 어떤 법이 종자를 지녀 인과를 이룰 수 있겠는가?[7]

경량부가 종자는 설하되 그 종자를 함장하고 있는 아뢰야식은 알지 못함으로써 종자의 상속을 제대로 설명하지 못한다는 것을 유식의 관점에서 비판하는 것이다. 색종자와 심종자를 모두 포섭하고 유지하는 아뢰야식을 인정하지 않는다면, 색이 끊기는 무색계의 선정에서 나올 때나 심이 끊기는 무심위의 선정에서 나올 때 어떻게 종자가 계속 유지될 수 있는지가 설명되지 않기 때문이다.

이 때문에 대승에서 말하는 인과상속의 연기의 바른 이치를 마땅히 믿어야 한다.
由此應信大乘所說因果相續緣起正理.

대승은 외부세계 실재론을 법집이라고 비판하며 법공을 논하고 일체 현상을 식소변으로 설명한다. 현상세계에 나타나는 인과의 연기를 아뢰야식의 종자와 현행의 인과로 설명하는 것이다. 대승 이전의 연기를 '업연기' 라고 하고, 대승 유식의 연기를 '뢰야연기' 라고 한다.

7 『술기』, 340하, "經部所說持種色心不能持種, 非第八故如聲電等. 過未無體及無本識. 於無色界色久時斷, 入無心時心久時滅, 何法持種得爲因果?"

3. 아뢰야식을 조복시키고 끊는 지위(복단위)

이하에서는 『유식30송』의 다음 게송을 풀이한다.

4. 아라한의 지위에서 버려진다.

4. 阿羅漢位捨.

게송에서는 제8아뢰야식이 성문승 수행의 최고 단계인 아라한의 지위에 이르면 버려진다고 말한다. 버려진다는 것은 이하에서 밝혀지듯이 제8식 자체가 아니라 '아뢰야식'이라는 이름이 버려진다는 뜻이다. '아라한(阿羅漢)'은 범어 arhan의 음역으로 줄여서 '나한(羅漢)'이라고도 한다. 성문승에서 수행 단계는 범인과 현자와 성자의 단계로 구분되며, 성자는 다시 예류(預流)·일래(一來)·불환(不還)·아라한(阿羅漢)의 4과(果)의 지위로 나뉜다. 아라한은 4위 중 최고의 단계로서 일체 번뇌를 모두 여의어 더 이상 공부할 것이 없기에 '무학(無學)'이라고 한다. 아라한은 본래 부처의 의미가 있었으나 점차 부처에게 배우는 불제자의 의미로 바뀌면서, 아라한의 지위와 부처 내지 여래의 지위가 구분되게 되었다.

- 성문(불제자) 4과(果)의 지위
  1. 예류(預流): 수다원(須陀洹) ┐
  2. 일래(一來): 사다함(斯陀含) │ 유학
  3. 불환(不還): 아나함(阿那含) ┘
  4. 응공(應供): 아라한(阿羅漢) ─ 무학
- 여래 · 부처의 지위

30송에 따르면 아라한의 지위에서 '아뢰야식'이라는 이름이 버려진다. 아라한의 지위는 과연 어떤 지위인가? 나아가 유식은 대승사상인데, '아뢰야식'이라는 이름을 버리게 되는 수행 단계를 왜 성문4과의 이름을 빌려 '아라한의 지위'라고 말하는가? 이하에서는 성문4과 중 아라한의 지위가 과연 어떤 지위인지, 그리고 그러한 아라한의 지위가 대승 보살지 중 몇 지(地)에 상응하는지를 해명함으로써 이 문제를 해결한다.

1) 아라한의 지위

이 식은 무시이래로 항상 전전하니 폭류와 같다. 어느 지위에 이르러 궁극적으로 버리는가? 아라한의 지위에서 비로소 궁극적으로 버린다. 즉 성자가 번뇌장을 궁극적으로 모두 끊게 되면, 아라한이라고 이름한다. 이때 이 식의 번뇌 추중(종자)을 영원히 멀리 여의므로, 이것을 '버린다'고 말한다.
此識無始恒轉如流. 乃至何位當究竟捨? 阿羅漢位方究竟捨. 謂諸聖者斷煩惱障究竟盡時, 名阿羅漢. 爾時此識煩惱麤重永遠離故, 說之爲捨.

'아뢰야식'이라는 이름은 아라한위에서 버려짐

아뢰야식 내 번뇌 종자(추중)를 모두 궁극적으로 끊어 버리는 것을 아뢰야식을 버리는 것이라고 말한다. 이러한 일은 아라한의 지위에서 일어난다. 추중에 대해 『술기』는 이렇게 설명한다.

이 '추중'이라는 말은 번뇌의 종자를 나타내니, 『대법론』 등에서 종자를 추중이라고 설하기 때문이다. 비록 번뇌의 현행도 역시 추중이라 이름하고, 무감임성

(無堪任性)도 또 추중이라고 이름하지만, 지금은 다만 종자만을 말하고 다른 것은 아니다. (번뇌의) 종자를 끊을 때 현행의 집장과 발업·윤생(發潤之惑)의 혹(惑)이 모두 일어나지 않으므로 '버린다' 고 이름한다.[8]

추중:

- 번뇌의 종자 — 여기서는 이 종자만을 말함
- 번뇌의 현행
- 무감임성(無堪任性): 불감당

번뇌종자를 모두 여의는 것이 아라한위인데, 이 아라한위는 과연 어떤 지위인가? 이에 대해 호법은 두 가지 방식으로 설명한 후 그와 다른 입장을 제시하고 비판한다.

아라한위의 규정:

〈호법〉 (1) 3승 무학 = 성문·연각·불퇴전보살(무학위에서 제8지로 회심한 **점오보살**)
↕ (2) 제8지 이상의 불퇴전보살(**돈오보살** = 보살종성보살)
〈이설: 난타〉 (3) 초지 이상의 불퇴전보살

〈2승의 성도〉	점오/회심보살	〈보살도〉	돈오/직왕보살	
예류과	유학	보살초지	불퇴보살(3)	
일래과		↓		〈아애집장현행위〉
불환과		제7지	(구생기 아집/번뇌 극복)	아뢰야식(장식)
아라한과-무학 + 불퇴보살(1)		제8지	불퇴보살(2)	
		↓		〈선악업과위〉
		제10지	(구생기 법집/소지장 극복)	이숙식
여래		불지		〈상속집지위〉
				무구식

8 『술기』, 341상, "此麤重言顯煩惱種, 對法論等說種子麤重故. 雖煩惱現行亦名麤重, 無堪任性亦名麤重, 然今但取種子非餘. 由種斷時現行執藏發潤之惑, 皆不起故說名爲捨."

(1) 3승 무학

여기에서 말하는 아라한은 3승 무학과의 지위를 통틀어 포섭한다. a. 모두 이미 번뇌의 도적을 영원히 없앴기 때문이고, b. 세간의 묘한 공양을 마땅히 받을 만하기 때문이고, c. 분단생사를 영원히 다시 받지 않기 때문이다.
此中所說阿羅漢者通攝三乘無學果位. a. 皆已永害煩惱賊故, b. 應受世間妙供養故, c. 永不復受分段生故.

아라한 = 3승 무학위:
- a. 번뇌 도적을 영원히 없앰: 살적(殺賊)
- b. 마땅히 묘공을 받을 만함: 응공(應供)
- c. 분단생사를 받지 않음: 무생(無生)

생사의 두 가지:
1. 분단생사(分段生死): 6도윤회하는 유정신의 생사. 업인(業因)에 따름
수명에 분한(分限)이 있고, 형태에 단별(段別)이 있음
2. 변역생사(變易生死): 부사의한 변역생사. 무루의 대원대비와 소지장의 조연(助緣)으로 가능
미묘한 이숙의 의신(依身). 신체와 수명에 제한 없음. 묘용이 측량불가

성문4과의 최종 단계인 아라한과의 성자는 더 이상 수행하고 공부할 것이 없어서 무학(無學)이다. 무학의 성자인 아라한은 일체 번뇌를 멸하였기에 '살적'이라고도 불리고, 마땅히 공양을 받을 만하기에 '응공'이라고도 불리고, 분단생사를 받지 않으므로 '무생'이라고도 불린다. 이러한 무학의 지위에 이른 아라한은 '아뢰야식'을 버린다는 것이다.

게송에서 아뢰야식을 버리는 지위로 언급하는 '아라한의 지위'의 아라한은 3승 무학을 전부 포괄한다. 3승(乘)은 정법을 들어서 깨닫는 소승 성문승과 스스로 깨닫는 소승 연각승 그리고 자리(自利) 너머 이타

(利他)를 실행하는 대승 보살승까지를 포함한다.

<문> 그렇다는 것을 어떻게 아는가?

<문> 云何知然?

아뢰야식을 버리는 아라한은 3승 무학이라는 것을 언급한 후, '그렇다는 것을 어떻게 아는가?' 를 묻는다. 『술기』는 이 물음이 다음의 두 물음을 포함하며, 이는 각각 다른 논서를 통해 대답되고 있다고 설명한다.

〈문1〉 3승 무학이 모두 아뢰야식을 버린다는 것을 어떻게 아는가?
- 『유가사지론』「결택분」으로 답

〈문2〉 아라한이라는 이름이 3승에 공통적이라는 것을 어떻게 아는가?
- 『집량론』으로 답

<답1> 「결택분」에서 '아라한과 독각과 여래들은 모두 아뢰야식을 이루지 않는다.' 고 말하기 때문이다.

<답1> 「決擇分」說 '諸阿羅漢獨覺如來皆不成就阿賴耶' 故.

〈문1〉 3승 무학이 모두 아뢰야식을 버리는가?

〈답1〉 『유가사지론』「섭결택분」: 아라한(성문), 독각(연각), 여래는 아뢰야식을 이루지 않음

'3승 무학이 아뢰야식을 버림을 어떻게 아는가?' 에 대한 답이다. 「섭결택분」에서 '아라한과 독각과 여래가 아뢰야식을 이루지 않는다' 고 하는데, 아뢰야식을 이루지 않는다는 것은 곧 아뢰야식을 버린다는 뜻이다. 여래뿐 아니라 아라한(성문)과 연각도 아뢰야식을 이루지 않

는다고 말하므로, 3승 무학 중 성문과 연각이 아뢰야식을 이루지 않는다는 것, 즉 아뢰야식을 버린다는 것을 알 수 있다는 것이다.

그런데 「섭결택분」에서는 아뢰야식을 버리는 지위에 든 자로서 3승 중 성문과 연각만 언급하고 있을 뿐 보살은 언급하고 있지 않다. 보살이 아뢰야식을 버리게 되는 지위에 이를 때, 그 지위를 왜 아라한의 지위라고 부르는지에 대해서는 아직 대답된 것이 아니다. 다음 인용은 이에 답하기 위한 것이다.

<답2>『집량론』에서 '만약 보살들이 보리를 얻으면 번뇌장 및 소지장을 단박에 끊고 아라한 내지 여래를 이룬다.'고 다시 설하기 때문이다.

<답2>『集論』復說, '若諸菩薩得菩提時, 頓斷煩惱及所知障, 成阿羅漢及如來'故.

〈문2〉 아라한이란 명칭이 과연 3승에 공통적인가?
〈답2〉『집량론』: 보살이 보리 얻어 번뇌장과 소지장 끊으면, 아라한을 이룸

여기에서는 성문과 연각뿐 아니라 대승 보살이 일체의 번뇌를 모두 끊으면 아라한을 이룬다고 말한다. 이와 같이 '아라한'의 개념을 2승을 넘어 대승 보살에까지 두루 적용하고 있는 것이다. 『술기』의 설명이다.

만약 보살들이 보리를 얻으면, 번뇌장 및 소지장을 문득 끊으므로 아라한 및 여래를 이루기 때문이다. 부처는 이미 아라한이라는 이름을 얻고, 2승 무학은 말하지 않아도 스스로 이룬다. 아라한이라는 명칭이 3승에 통한다는 제2문에 답한 것이

다. a. 부처 역시 소지장을 끊었기에 여래의 이름을 얻는다. b. 2승은 그렇지 않지만, 아라한이라고 부르는 것을 어렵다고 여길 수 없어 (아라한을) 이승에 통하게 한다. c. 10지보살은 구생의 번뇌를 조금도 끊지 못하다가 금강정의 시기에 비로소 단박에 다 끊는데, 첫째는 일부러 남기는 것이고, 둘째는 지(地)를 장애하지 않기 때문이다. 그 소지장은 부분 부분 없애므로, 번뇌장만 곧 반박에 끊는다고 말하고, 소지장은 그렇지 않다.[9]

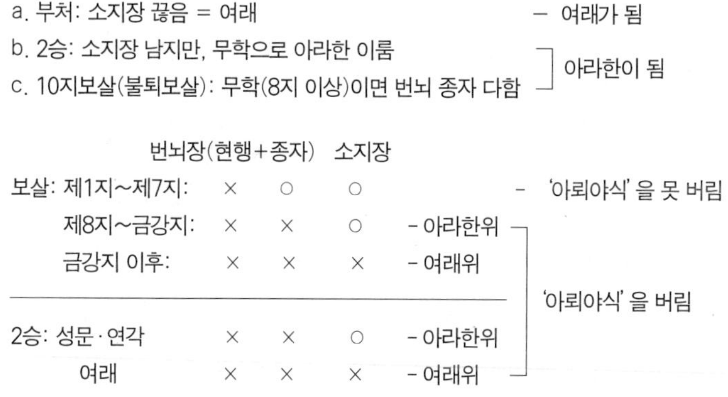

불퇴보살은 제8지에 이르기 전까지는 구생기 번뇌가 현행하지 않아도 종자는 남아 있으므로 아직 아뢰야식을 버린다고 말할 수 없다. 그러므로 제8지 이후의 불퇴보살과 2승 무학인 성문과 연각은 번뇌장을 모두 멸해 아뢰야식을 버린다고 말할 수 있다.

9 『술기』, 341하, "若諸菩薩得菩提時, 頓斷煩惱及所知障, 成阿羅漢及如來故. 佛旣得名阿羅漢者, 二乘無學不說自成. 答第二問, 阿羅漢名通三乘有. a. 佛亦由斷所知障故亦名如來. b. 二乘不然不可爲難, 如阿羅漢號便令通二乘. c. 十地菩薩不能少斷俱生煩惱, 金剛定時方頓斷盡. 一者故留, 二不障地. 其所知障分分除之, 故煩惱障卽言頓斷, 所知障不然."

<문> 만약 이렇다면, 보살은 번뇌종자를 아직 영원히 다 끊지 못하여 아라한이 아니며 마땅히 아뢰야식을 이루어야 할 것이다. 무엇 때문에 「결택분」에서 / '불퇴보살도 아뢰야식을 (13중)
이루지 않는다.'고 말하는가? <답> 저기에서는 이승의 무학과위로부터 회심해서 대보리로 향하는 사람은 반드시 퇴전해서 번뇌장을 일으키지 않아서 보리로 나아가기 때문에, 곧 다시 바꾸어 '불퇴보살'이라고 이름하고, 그는 아뢰야식을 이루지 않는다고 말한 것이다. 그런즉 이 아라한 중에 포섭되므로 저 논서의 글이 이 뜻에 위배되지 않는다.

<문> 若爾, 菩薩煩惱種子未永斷盡非阿羅漢, 應皆成就阿賴耶識. 何故卽彼「決擇分」, / 說'不退菩薩亦不成就阿賴耶 (13중)
識'? <답> 彼說二乘無學果位, 迴心趣向大菩提者, 必不退起煩惱障故趣菩提故, 卽復轉名不退菩薩, 彼不成就阿賴耶識. 卽攝在此阿羅漢中, 故彼論文不違此義.

〈문〉 불퇴보살이 번뇌종자 남아 있으면, 아라한이 아니고 따라서 아뢰야식 이루지 않는가?

〈답〉 불퇴보살(점오보살: 2승 무학에서 회심해서 보리로 향한 보살)은 번뇌장 안 일으킴 ∴ 아뢰야식을 버리고 아라한에 포함됨

보살의 구분:

1. 점오보살 = 부정종성 = 회심보살: 2승에서 보살로 회심
   - 비증(悲證)보살: 2승 유학에서 회심
   - 지증(智證)보살: 2승 무학에서 회심=(제8지 이상)불퇴보살: 번뇌장 끊음, 소지장 차차 끊음
2. 돈오보살 = 보살종성 = 직왕(直往)보살: 처음부터 보살
   - 비증(悲證)보살(대비보살): 제7지 만심(滿心) 조복 못 함. 분단신(分段身) 받아 중생구제
   - 지증(智證)보살: 초지의 번뇌장 현행을 조복. 변역신(變易身) 받음

〈2승의 성도〉	(부정종성)점오 · 회심보살	〈보살도〉	(보살종성)돈오 · 직왕보살
예류과 일래과 ⎫ 유학 불환과	悲證보살	보살초지 ↓ 제7지	悲證보살(대비보살) – 분단신 받음
아라한과 – 무학	智證보살 =불퇴보살	제8지 ↓ 제10지	智證보살 – 변역신 받음
여래		불지	

보살이 제8지에 이르기 전까지는 번뇌장의 종자가 남아 있으므로 아뢰야식을 버린다고 말할 수 없는데, 왜 앞의 「결택분」에서 '불퇴보살이 아뢰야식을 이루지 않는다' 라고 주장했는가를 묻는 것이다. 이에 대해 「결택분」에서 말한 불퇴보살은 2승 무학위에서 보살이 된 회심보살(점오보살)로 제8지 이후의 불퇴보살을 말하며, 이러한 불퇴보살은 이미 번뇌장을 끊었으므로 집장이 없으니 아뢰야식을 이루지 않는다고 말할 수 있다는 것이다. 이하에서는 회심보살 중 제8지에 이른 점오보살 이외에 '불퇴보살' 로 불릴 수 있는 다른 두 가지 길을 제시한다.

(2) 제8지 이상의 불퇴보살

> 또 부동지 이상의 보살은 a. 일체 번뇌가 영원히 현행하지 않으므로, b. 법의 빠른 흐름 중에 임운하게 전전하므로, c. 모든 행 중에 능히 모든 행을 일으키므로, d. 찰나 찰나 전전하여 증진하므로, 이 지위에서 비로소 불퇴보살이라고 이름한다.
> 又不動地已上菩薩, a. 一切煩惱永不行故, b. 法駛流中任運轉故, c. 能諸行中起諸行故, d. 刹那刹那轉增進故, 此位方名不退菩薩.

제8지(부동지) 이상의 보살 = 불퇴보살(직왕보살)
　a. 제8지 이후 일체 번뇌가 현행하지 않음

일체 번뇌 ┌ 번뇌장: 종자 단멸 + 현행 없음
　　　　　└ 소지장: 종자 남음 + 현행 없음

b. 임운하게 전전함. 진속을 쌍운

c. 모든 행 중에서 모든 행을 일으킴

d. 무루가 상속하여 유루가 끼어들 사이 없이 지혜 얻음이 증가함

여기에서의 불퇴전보살은 2승 무학에서 회심하여 보살수행을 하는 점오보살이 아니라 처음부터 대승 보살지 수행에 따라 제8지 이상에 이른 직왕보살을 뜻한다. 호법은 아라한에 상응하는 불퇴보살은 바로 이와 같이 부동지인 제8지 이상의 보살을 뜻한다고 논한다. 일체 번뇌가 현행하지 않는다는 것은 번뇌장과 소지장이 모두 현행하지 않는다는 말이다. 그중 번뇌장은 현행과 더불어 종자도 끊어지지만, 소지장은 현행하지는 않지만 종자는 아직 남아 있는 단계이다. 모든 행 중에서 모든 행을 일으킴에 대한 『술기』의 설명이다.

> 초지부터 제6지까지를 소행(少行)이라 이름하고, 제7지를 대행(大行)이라 이름하고, 제8지 이후를 광행(廣行)이라고 이름한다. 6지 이전은 하나의 행 중에서 일체의 행을 닦으므로 소라고 하고, 제7지도 역시 그렇지만 능히 공에 즉한 방편지로써 유(有) 중의 수승한 행을 일으키는 것이 전6지보다 뛰어나므로 대라는 이름을 세운다. … 제7지에서는 아직 임운하지 못하지만, 적게 공력을 써도 곧 현전할 수 있으므로, 앞과 달라서 대라는 이름을 세운다. 제8지 이후는 일체의 행 중에서 일체의 행을 닦으므로 광이라고 이름한다.[10]

10 『술기』, 342중, "初地至六地名爲少行, 第七地名大行, 八地已去名爲廣行. 前六地一行中修一切行, 是故名少. 第七地雖亦然, 以能卽空方便智發起有中殊勝行, 勝前六地故立大名. … 此第七地雖未任運, 少用功力卽能現前, 故與前異立其大名. 八地以去一切行中修一切行, 故名爲廣."

초지 ~ 제6지: 소행 - 하나의 행 중에서 일체 행을 닦음
제7지: 대행 - 하나의 행 중에서 일체 행을 닦되, 수승한 행을 일으킴
제8지 ~ 진지: 광행 - 일체 행 중에서 일체 행을 닦음

그런데 이 보살은 비록 이숙식 중의 번뇌종자를 모두 다 끊지는 못했어도 이 식을 반연하는 아견·아애 등이 다시 장식을 집착하여 자신의 내적 자아로 삼지 않는다. 이로 인해 영원히 아뢰야의 이름을 버리므로 아뢰야식을 이루지 않는다고 말한다. 여기에서는 또한 그를 설하여 아라한이라고 이름한다.
然此菩薩雖未斷盡異熟識中煩惱種子, 而緣此識我見愛等不復執藏爲自內我. 由斯永捨阿賴耶名, 故說不成阿賴耶識. 此亦說彼名阿羅漢.

제8지 이후 불퇴보살:
번뇌종자 다 끊지 않음(소지장 남음), 현행의 집장(아뢰야식을 자아로 집착/아집)이 없음
∴ 아뢰야식 이루지 않음 = 아라한

제8지 이상의 보살은 이숙식 안의 번뇌인 소지장의 종자는 아직 끊지 못해도 번뇌장의 종자는 이미 끊으므로 제8식을 집착해서 자아로 여기지는 않는다. 집장의 의미가 없으므로 '아뢰야'라는 이름을 버릴 수 있다. 이와 같이 집장을 버리므로 '아라한'이라고 불린다.

<이설: 난타> 이러한 입장이 있다. 초지 이상의 보살은 a. 이미 2공소현의 이치를 증득하므로, b. 이미 두 가지 수승한 지혜를 얻으므로, c. 이미 분별의 두 가지 무거운 장애를 끊으므로, d. 능히 하

나의 행 중에서 모든 행을 일으키므로, e. 비록 이롭게 하기 위해 번뇌를 일으키지만 그것이 번뇌의 과실을 짓지 않는다. 그러므로 이 또한 불퇴보살이라고 이름한다.
<이설> 有義. 初地已上菩薩, a. 已證二空所顯理故, b. 已得二種殊勝智故, c. 已斷分別二重障故, d. 能一行中起諸行故, e. 雖爲利益起諸煩惱, 而彼不作煩惱過失. 故此亦名不退菩薩.

초지 이상 보살 = 불퇴보살

a. 2공소현의 이치를 앎: 견도에서 아공과 법공을 깨달아 분별기 아집과 법집을 극복
b. 두 가지 지혜(근본지 + 후득지)를 얻음
c. 두 가지 분별 장애를 끊음: 분별기 아집과 분별기 법집
d. 하나의 행 중에서 모든 행을 일으킴
e. 이롭게 하기 위해 관찰. 잡염심을 동하지 않고 번뇌 일으킴

앞에서 2승 무학으로부터 회심한 보살 또는 제8지 이후의 직왕보살이 불퇴보살로서 아뢰야식을 버리는 아라한위를 이룬다고 설명하는 데 반해, 〈이설〉에서는 제8지 이후 보살이 아니라 초지 이상의 10지보살이 이미 불퇴보살로서 아뢰야식을 이루지 않아 아라한이라고 부를 수 있다고 주장한다. 『술기』는 이것을 난타의 입장이라고 설명한다.

아뢰야식을 버리는 아라한위:

〈호법〉 2승 무학으로부터의 회심보살 + 제8지 이후의 직왕보살
〈이설: 난타〉 초지 이후의 10지보살

초지 이후 10지보살은 분별기의 아집과 법집은 극복하였으나 아직 구생기 아집(번뇌장)과 법집(소지장)이 남아 있는 상태이고, 2승 무학이나 제8지 이후 보살은 구생기 아집까지도 극복한 보살이다. 그러므로 여기에서의 문제는 집장(執藏)으로서의 아뢰야식을 버리기 위해서

는 어디까지의 번뇌가 극복되어야 하는가이다. 분별기 번뇌의 극복으로 충분한가? 아니면 구생기 아집 또한 극복되어야 하는 것인가? 여기에서는 견도에서의 아공과 법공의 깨달음만으로도 이미 2공소현진여를 증득하여 두 가지 집착을 버리므로 이 단계의 불퇴보살 또한 아뢰야식을 버린다고 할 수 있지 않겠냐는 것이다. 이하에서는 이러한 〈이설〉의 입장이 더 개진되고, 이어 〈이설의 비판〉이 나온다.

그런데 이 보살은 비록 구생기 번뇌를 아직 다 끊지는 못해도 이 식을 반연하는 분별의 아애·아견 등이 다시 장식을 집착하여 자신의 내적 자아로 삼지는 않는다. 이로 인해 아뢰야라는 이름을 버리므로, 아뢰야식을 이루지 않는다고 말한다. 여기에서는 또한 그를 설하여 아라한이라고 이름한다.
然此菩薩雖未斷盡俱生煩惱, 而緣此識所有分別我見愛等不復執藏爲自內我. 由斯亦捨阿賴耶名, 故說不成阿賴耶識. 此亦說彼名阿羅漢.

구생기 번뇌(아집+법집)를 다 끊지 못해도, 분별기 아집은 극복
- 장식을 집장하여 내적 자아로 삼지 않음 ∴ 아뢰야식을 이루지 않음 = 아라한

초지보살이 이미 아애와 아견의 아집을 떠난 불퇴보살로서 아뢰야식을 집장하지 않으므로 아뢰야식을 이루지 않고, 따라서 아라한위를 이룬다고 말한다. 구생기 번뇌가 남아 있어도 분별기 아집을 극복하여 장식을 자아로 집착하지 않으므로 아라한위에 속한다는 것이다.

그러므로『집량론』중에 이와 같은 설이 있다. 10지보살은 비록 아직 일체 번뇌를 영원히 끊지는 못하지만, 그래도 이 번뇌는 마치 주술의 약으로 조복된 독과 같아 일체 번뇌의 과실을 일으키지 않으며, 모든 지위에서 아라한이 이미 번뇌를 끊은 것과 같다. 그러므로 또한 그를 설하여 아라한이라고 이름한다.
故『集論』中作如是說. 十地菩薩雖未永斷一切煩惱, 然此煩惱猶如呪藥所伏諸毒不起一切煩惱過失, 一切地中如阿羅漢已斷煩惱. 故亦說彼名阿羅漢.

초지부터의 보살을 10지보살이라고 부르며, 10지보살은 제8지에 이르기 전까지는 구생기 번뇌가 모두 제거된 것이 아니다. 그러므로 10지보살이 아의 집착을 일으키지 않는 것은 저절로 그런 것이 아니라, 약으로 독을 조복하듯 번뇌가 일어나지 않도록 눌러놓은 것에 불과하다. 즉 번뇌의 뿌리는 남아 있고 다만 그것이 현행하지 않도록 억제하고 있을 뿐이다.

그러나 그와 같이 구생기 번뇌를 모두 끊지 못해도 견도에서 얻은 무루 지혜의 힘으로 다시는 번뇌가 일어나지 않도록 조복시키므로 결국은 번뇌를 끊은 아라한과 같다는 것이 〈이설〉의 주장이다. 이에 대해 호법은 다음과 같이 비판한다.

<이설의 비판> 이 설은 이치가 아니다. 7지까지는 여전히 구생의 아견·아애 등이 있어 이 식(제8식)을 집장하여 자신의 내적 자아로 삼는데, 어떻게 아뢰야라는 이름을 이미 버리겠는가? 만약 저 분별의 아견과 아애 등이 다시 집장하지 않음을 버린다고 이름한

다면, 예류 등의 유학위도 또한 마땅히 아뢰야의 이름을 이미 버린다고 해야 할 것이다. 만약 그렇다고 인정한다면, 많은 논서의 설과 위배될 것이다.
<이설의 비판> 彼說非理. 七地已前猶有俱生我見愛等執藏此識爲自內我, 如何已捨阿賴耶名? 若彼分別我見愛等不復執藏說名爲捨, 則預流等諸有學位亦應已捨阿賴耶名. 許便違害諸論所說.

제7지까지의 보살 + 예류 등 유학: 구생기 아집 남음 - 아뢰야식을 이룸

〈이설〉에 대한 비판이다. 제7지까지의 보살은 구생의 아견을 아직 극복하지 못해 제7말나식이 제8식을 자아로 집착하므로 아뢰야식이라는 이름을 버리지 못한다는 것이다. 단지 분별기 번뇌가 극복된 것을 갖고 아라한을 이룬다고 말하면, 2승에서 무학 아닌 예류와 일래와 불환의 유학위도 마찬가지로 아라한을 이룬다고 말해야 하는데, 그것은 성문4과의 단계를 부정하는 것이 되므로 그럴 수 없다. 유학위는 탐·진·치가 아직 단멸된 것이 아니므로 아라한이라고 부를 수 없다. 마찬가지로 구생기 아집을 아직 극복하지 못한 제7지까지의 보살은 아직 아뢰야식을 이루며, 따라서 아라한이라고 할 수 없다. 『술기』에서 다음과 같이 말한다.

6식의 아견은 4지에서 작용하지 않는다. 7지까지는 제7식의 아견(구생기 아집)이 여전히 현행하기 때문에 이 힐난을 하는 것이다.[11]

11 『술기』, 343상, "六識我見四地不行. 七地以前第七我見猶現行故, 爲此難也."

6식의 아집은 보살3지까지 계속되고 제7식의 구생기 아집은 보살7지까지 계속되며, 아집이 남아 있는 한, 아뢰야식이란 이름을 버린다고 보기 어렵다는 것이다.

<이설의 반문> 지상보살이 일으킨 번뇌는 모두 정지(正知)
로 인해 과실이 되지 않는데, 예류 등은 이런 일이 있을 수
있지 않다. 어찌 저들을 이 보살과 비교하겠는가? <반문에
의 답> 저(보살) 6식 중에 일어난 번뇌는 / 비록 정지로 인해 (13하)
과실이 없어도 제7식은 유루심의 지위에서 임운하게 현행
하여 이 식(제8식)을 집장하니, 어떻게 저 예류 등과 같지 않
겠는가? 이것 때문에 저 설이 이치가 아님을 알아야 한다.
<이설의 반문> 地上菩薩所起煩惱皆由正知不爲過失, 非預
流等得有斯事. 寧可以彼例此菩薩? <반문에의 답> 彼六識
中所起煩 / 惱雖由正知不爲過失, 而第七識有漏心位任運現 (13하)
行執藏此識, 寧不與彼預流等同? 由此故知彼說非理.

〈이설의 반문〉 제7지까지의 보살: 정지 있음 ↔ 예류 등 유학: 정지 없음 – 둘은 서로 다름
〈반문에의 답변〉 제7지까지의 보살: 제7식(유루심)이 제8식을 집장함 – 예류 등 유학과 같음

〈이설〉의 입장에서 다시 제기된 반문이다. 견도에서 정지를 얻은 10지보살은 아직 제8지에 이르지 못해도 2승 유학과는 다르다는 것이다. 즉 지상보살이 일으키는 번뇌는 정지(正知)에 입각하므로 허물이 아니고, 예류 등 유학은 부정지(不正知)이므로 허물이 된다는 것이다. 『술기』는 이렇게 설명한다.

『유가사지론』 제77-78권에서 '보살은 번뇌를 일으킴에 셋이 있다. 하나는 무염오상(無染汚相)이라고 이름하니, 바르게 알면서 고의로 일으키는 것을 말한다.' 라고 설한 것과 같다.[12]

보살은 정지를 가져서 번뇌를 일으켜도 중생구제의 원(願)에 따라 알면서 일부러 그러는 것이기 때문에 과실이 되지 않는다는 것이다. 그러나 〈반문에의 답변〉은 그러한 정지가 제7식의 아집까지 제거하지는 못한다는 것을 거듭 강조한다. 보살의 정지는 견도에서 얻은 것으로 제6의식 차원에서 일어나는 앎이므로 6식 차원의 번뇌에 대해서는 극복의 힘이 있지만, 이것으로 인해 제7식의 구생기 아집이 제거되지는 않는다. 따라서 이점에서는 지상보살이 예류 등의 유학과 다르지 않다는 것이다. 그 둘이 다르지 않음을 『술기』는 이렇게 설명한다.

그(지상보살)의 제7식은 한 부류로 끊어짐이 없고 임운하게 현행하되 그 양상이 두드러지게 나타나는 것이 아니다. 유학의 지위에서 무루심과 멸진정을 제외한 유루심의 시기에는 이 식을 집장한다. 어떻게 그 예류 등과 같지 않겠는가? 어떤 때는 집장하기 때문이다.[13]

8지 이후 보살 등은 무루가 상속하여 일체 번뇌가 모두 현행하지 않는다. 비록 종자가 있지만 현행은 모두 다하므로 '버렸다' 고 할 수 있다. 7지 이전에는 번뇌가 일어나지 않는 것이 아니니, 어떻게 버렸다고 하겠는가?[14]

---

12 『술기』, 343중, "如『瑜伽論』七十七八說, '菩薩起煩惱有三, 一名無染汚相謂正知故起等.'"

13 『술기』, 343중, "其第七識一類無斷任運現行非相麤顯. 於有學位除無漏心滅盡定外有漏心時執藏此識. 寧不與彼預流等同? 有時執故."

14 『술기』, 343중, "第八地去諸菩薩等無漏相續一切煩惱皆不現行. 雖有種子現行皆盡

8지 이후에도 남아 있는 번뇌는 번뇌장 종자가 아니라 소지장 종자이다. 소지장의 종자가 남아 있어도, 제8식을 집장하는 아집의 번뇌장은 이미 다하였으므로 아뢰야식을 '버린다' 고 말할 수 있다. 그러나 제7지까지는 번뇌장이 남아 있어 아뢰야식을 자아로 집장하므로 아뢰야식을 '버린다' 고 말할 수 없으며 따라서 '아라한위' 라고 부를 수 없다.

그러나 아라한은 이 식 중의 번뇌 추중을 궁극적으로 다 끊었으므로, 다시 아뢰야식을 집장하여 자신의 내적 자아로 삼지 않는다. 이로 인해 '아뢰야' 라는 이름을 영원히 잃게 되며, 이것을 버린다(捨)라고 말한다.
然阿羅漢斷此識中煩惱麤重究竟盡故, 不復執藏阿賴耶識爲自內我. 由斯永失阿賴耶名, 說之爲捨.

아라한 = 제8지 이상 보살 = 2승 무학: 모두 '아뢰야' 의 이름을 버림

2승 무학과 제8지 이상의 보살만이 구생기 아집을 끊음으로써 아뢰야식을 집장하지 않는다. 그러므로 그때야 비로소 아뢰야식이라는 이름을 버릴 수 있다. 이것을 '아뢰야식을 이루지 않는다' , '아뢰야식을 버린다' 고 부르는 것이다. 그리고 그들만을 '아라한' 이라고 부를 수 있다.

종자를 끊는 것이나 현행의 번뇌를 영원히 조복시키는 것을 모두 이미 다했으므로, 아울러 '버린다' 고 이름한다.[15]

可得名捨. 非七地前煩惱不起, 如何說捨?"

15 『술기』, 343하, "斷種永伏現行煩惱皆已盡故, 並名爲捨."

2승 무학은 소지장을 극복대상으로 놓지 않으므로 스스로 일체 종자를 끊었다고 여기지만, 대승 제8지 이상 보살은 번뇌장 종자를 끊어도 소지장 종자가 남아 있기에 스스로 번뇌의 현행을 조복할 뿐이라고 여긴다. 그러나 2승 무학이든 제8지 이상 보살이든 모두 제8식을 집장하지 않으므로 '아뢰야식' 이라는 이름을 버린다고 할 수 있다.

일체의 제8식 자체를 버리는 것은 아니니, 아라한에게 종자를 집지하는 식이 없다거나 이때 문득 무여열반에 들어가는 것이라고 말해서는 안 된다.
非捨一切第八識體, 勿阿羅漢無識持種, 爾時便入無餘涅槃.

제8지 이전 보살과 유학: 말나식의 집장으로 제8식이 '아뢰야식' 으로 불림
제8지 이후 보살과 아라한: '아뢰야' 의 이름은 버려도 제8식('이숙식', 무기)을 유지함
불지의 여래 ┌ 무여의열반에 들기 전: 제8식('무구식', 선)을 유지함
└ 무여의열반에 들어감: 제8식 자체를 버림 - 윤회를 벗어 법신에 머무름

아뢰야식의 이름을 버린다고 해서 그것이 곧 일체종자식인 이숙식(무기) 내지 집지식인 제8식 자체를 버린다는 말은 아니다. 일체종자식을 모두 여의는 것은 보살과나 아라한과를 넘어 불과(佛果)에 이르러서이며, 거기에서도 다시 무여의열반에 들어가야 비로소 성취된다.

아예 제8식이 없게 된다고 하면 이치에 어떻게 위배되는가? 제8식의 체가 없게 되면, 곧 아라한이 종자를 지니는 식이 없게 된다. 금강심에서 이것(아뢰야식)을 끊을 때에 바로 무여의열반에 들어야 하니, 유루의 과보가 다하여 종자를 지니는 식이 없기 때문이다. 아라한에게 이런 일이 있을 수는 없으니, 그러므로 제8식의 체를 버

릴 수는 없다. 여기서 버린다는 것은 오직 집장에 대해서이니, 허물이 무겁기 때문이다. 능장과 소장에 대해 버린다고 하는 것은 아니다.[16]

제8지 이후 보살과 아라한: 집장으로서의 제8식, '아뢰야식' 이름을 버림
종자집지식으로서의 제8식은 유지함
↕
불지에서 무여열반에 든 여래: 능장이나 소장으로서의 제8식 자체를 버림

2) 제8식의 여러 이름

> 그런데 제8식은 비록 모든 유정이 다 갖고 있지만 의미의 차이에 따라 갖가지 이름을 세운다.
> 然第八識雖諸有情皆悉成就, 而隨義別立種種名.

제8식에는 여러 가지 이름이 있는데, 그중 일부는 모든 단계에 두루 통하는 이름이고, 일부는 특정 수행의 지위에만 타당한 이름이다. 이하에서는 우선 모든 단계에 두루 통하는 다음 네 가지 이름에 대해 그 각각이 의미하는 바가 무엇인지를 설명한다.

일체 지(地)에 통하는 제8식의 이름:
① 심(心, citta) = 적집(積集): 종자를 적집 내지 집기(集起)
② 아타나식(阿陀那識, ādāna-vijñāna) = 집지(執持): 종자 및 색근을 집지
③ 소지의(所知依): 알아야 하는 제법의 의지
④ 종자식(種子識): 제법을 생겨나게 하는 종자들의 총체

16 『술기』, 343하, "全無第八於理何違? 無第八體, 卽阿羅漢無識持種. 於金剛心正斷此時, 卽便應入無餘涅槃, 以有漏果盡無識持種故. 勿阿羅漢得有此事, 故不得捨第八識體. 此中說捨唯約執藏以過重故. 不約能所藏以爲捨也."

① 혹 '심(心)'이라고 이름하니, 갖가지 법에 의해 훈습된 종자가 적집된 것이기 때문이다.
① 謂或名心, 由種種法熏習種子所積集故.

모든 지위에서 제8식을 칭할 수 있는 가장 일반적 이름은 '심' 이다. 심은 훈습되는 종자를 축적해서 지니고 있는 곳이라는 뜻이다. 심에 대해 『술기』는 이렇게 설명한다.

> 범어로는 질다(質多, citta)라고 하고, 여기에서는 심(心)이라고 한다. 『섭대승론』 제1권에서 갖가지 법에 의해 종자를 적집(積集)하는 등이라고 하니, 곧 적집의 뜻이 이 '심' 의 뜻이다. 적집하여 일으킴(집기)의 뜻이 이 '심' 의 뜻이니, 능히 많은 종자를 적집하여 일어나게 하기 때문이다. 혹은 능히 종자를 이 식에 훈습하여 이미 적집하고 나서 후에 제법을 일으킨다. 그러므로 이 식을 설하여 '심' 이라고 이름한다. 심·의·식 중의 심이다.[17]

심은 범어 질다(citta)의 의역으로 종자를 '적집' 한다는 뜻을 가진다. 심은 '집기' 의 뜻도 있는데, 집(集)은 적집이고, 기(起)는 적집된 종자를 생기하게 한다는 의미이다. 이처럼 심은 종자가 훈습되고 적집되어 있다가 일으켜져서 현행하여 제법을 일으킨다는 의미도 포함하지만, 우선적으로 적집의 의미가 더 크다고 할 수 있다.

---

17 『술기』, 343하, "梵云質多, 此名心也. 『攝論』第一云由種種法積集種子等, 卽積集義是心義. 集起義是心義, 以能集生多種子故. 或能熏種於此識中, 旣積集已後起諸法. 故說此識名爲心義. 心意識中心之心也."

② 혹 '아타나'라고 이름하니, 종자 및 색근을 집지(執持)해서 무너지지 않게 하기 때문이다.
② 或名阿陀那, 執持種子及諸色根令不壞故.

제8식은 '집지'를 뜻하는 범어 '아타나(ādāna)'를 그대로 음역하여 '아타나식'이라고 부르기도 한다. 『술기』는 이렇게 설명한다.

범어로는 아타나(ādāna)라고 하고, 여기에서는 '집지(執持)'라고 한다. 모든 종자와 유색근을 집지하기 때문이다. 이것은 범·성(凡聖)에 통한다.[18]

제8식이 종자와 근을 집지하는 식이기에 이를 '집지식' 내지 '아타나식'이라고도 부른다. 유정이 근을 갖고 살아가는 한, 제8식은 아타나식으로 남아 있다. 즉 범부든 성자이든 누구나 종자와 근이 유지되고 있으므로 '아타나'의 이름은 범부와 성자 모두에게 통한다.

③ 혹 '소지의'라고 이름하니, 염정의 알아야 할 제법에 대해 능히 의지처가 되기 때문이다.
③ 或名所知依, 能與染淨所知諸法爲依止故.

제8식이 우리에게 알려져야 할 것의 의지처에 해당하므로 제8식을 '소지의(所知依)'라고 부른다. '소지의'에 대한 『술기』의 설명이다.

18 『술기』, 344상, "梵云阿陀那, 此云執持. 執持諸種, 有色根故. 此通凡聖."

'소지(所知)' 라는 것은 곧 3성(변계소집성·의타기성·원성실성)이다. 그것(3성)에 대해 의지처가 되므로 '소지의' 라고 이름한다. 즉 『섭대승론』 제1권 「소지의품」이 이것이다. 이 소지의는 아뢰야식의 다른 이름이다.[19]

우리가 알아야 할 것, 우리에게 알려져야 할 것은 바로 식의 3성인 변계소집성(遍計所執性)·의타기성(依他起性)·원성실성(圓成實性)이며, 이 식의 3성이 의거하는 식이 바로 제8식이다. 그러므로 제8식을 '알아야 할 것의 소의처' 라는 의미에서 '소지의' 라고 부른다. 3성을 '알아야 할 것' 이란 의미의 '소지(所知)' 라고 부르는 것은 『섭대승론』 「소지의품」에서 '알아야 할 것' 으로서 3성을 논하기 때문이다. 알아야 할 바의 3성은 다음과 같다.

식의 3성:

1. 변계소집성(遍計所執性): 아와 법이 의타기의 식소변인 것을 모르고 실아·실법으로 집착함
2. 의타기성(依他起性): 일체법이 다른 것(아뢰야식 내 종자)에 의거하여 일어남 = 연기성
3. 원성실성(圓成實性): 의타기를 깨달아 변계소집이 제거된 상태

④ 혹 '종자식' 이라고 이름하니, 세간과 출세간의 모든 종자를 능히 두루 말아 지니기 때문이다.
④ 或名種子識, 能遍任持世出世間諸種子故.

제8식을 '종자식' 이라고 부르는 까닭은 제8식이 세간 및 출세간을 이루는 모든 종자를 자체 안에 지니고 있기 때문이다. 『술기』는 종자를

19 『술기』, 344상, "所知者卽三性. 與彼爲依名所知依. 卽『攝論』第一所「知依品」是. 此所知依阿賴耶識之別名也."

적집해 있다는 의미의 '심' 이라는 이름과 여기에서의 '종자식' 이라는 이름이 어떻게 다른가에 대해 이렇게 설명한다.

즉 제법에 대해 종자가 된다는 의미이다. 앞에서의 첫 번째 이름인 '심' 은 종자를 적집하여 그 안에 둔다는 의미이고, 지금 이것(종자식)은 능히 제법을 생기게 한다는 의미를 가진다. 그러므로 둘은 차별된다.[20]

심: 종자를 적집해서 갖고 있다는 의미
종자식: 종자가 일체 제법을 생기게 한다는 의미

제8식은 7전식에 의해 훈습된 종자를 적집하여 유지하다가 중연이 갖추어지면 일체 제법으로 현행화한다. '심' 은 종자를 적집하여 갖고 있는 측면을 더 부각시킨 이름이고, '종자식' 은 그 종자로부터 제법을 생성해 내는 측면을 더 강조한 이름이라고 할 수 있다.

이 모든 이름은 일체 지위에 통한다.
此等諸名通一切位.

이상 언급한 제8식의 이름, '심' (적집식), '아타나(집지식)', '소지의', '종자식' 이라는 4가지 이름은 모든 지위의 제8식에 붙일 수 있는 이름이다. 즉 범부이든 성자이든 그리고 유루이든 무루이든 모든 수행 지위에서 두루 통하는 이름이다. 그래서 '일체 지위에 통하는 이름' 이라고 말한다. 『술기』의 설명이다.

---

20 『술기』, 344상, "卽與諸法爲種子義. 前第一名心是積集種在其中義, 今此取能生諸法義. 故二差別."

이것은 유루·무루 및 범·성에 통하므로 '일체위'라고 이름한다. 즉 이것은 상속집지위의 이름이다.[21]

모든 지위에 통하는 이름이라는 것은 곧 수행의 마지막 지위인 불과에 이르기까지 그 이름을 가져갈 수 있다는 말이다. 범부의 지위에서부터 불과에 이르기까지 지속되는 지위가 바로 상속집지위이다. 지금까지는 모든 지위에 통할 수 있는 제8식의 여러 이름들을 열거하였으며, 이하에서는 수행을 통해 도달되는 지위에 따라 달라지는 이름을 제시한다.

3) 수행 지위에 따른 제8식의 이름의 변화

제8식은 수행의 지위에 따라 그 이름과 양상이 변화한다.[22] 이하에서는 수행의 지위에 따라 달라지는 제8식의 이름을 설명한다.

① 아뢰야식(阿賴耶識) - 아애집장현행위(제7식에 의해 아라고 애집되는 지위)에서의 이름
② 이숙식(異熟識) - 선악업과위(선악의 이숙의 업에 의해 초감되는 총보의 지위)에서의 이름
③ 무구식(無垢識) - 상속집지위(색심 일체 종자 및 5근을 집지하여 상속케 하는 지위)에서의 이름

〈이승의 성도〉	〈보살도〉		
예류과	보살초지		
일래과	↓		〈아애집장현행위〉
불환과/유학	제7지(구생기 아집 극복)		**아뢰야식(장식)**
아라한과/무학	↓		〈선악업과위〉
	제10지(구생기 법집 극복)	- 유루/무기	**이숙식**
여래	불지	- 무루/선	〈상속집지위〉
			무구식

21 『술기』, 344상, "此通有無漏及若凡若聖, 名一切位. 卽是相續執持位名."

22 수행의 지위에 따라 변화하는 아뢰야식의 양상은 앞서 논했던 아뢰야식의 자상(自相)과 과상(果相)과 인상(因相)의 3상에 상응한다고 볼 수 있다.

① 혹 '아뢰야식'이라고 이름하니, 일체 잡염품의 법을 거두어 지녀 소실되지 않게 하기 때문이고, 아견과 아애 등이 집장하여 자신의 내적 자아로 삼기 때문이다. 이 이름은 오직 범부(이생)와 유학에게만 있으니, 무학위와 불퇴보살(제8지 이상)에게는 잡염법의 집장의 의미가 있는 것이 아니기 때문이다.
① 或名阿賴耶, 攝藏一切雜染品法令不失故, 我見愛等執藏以爲自內我故. 此名唯在異生有學. 非無學位不退菩薩有雜染法執藏義故.

아뢰야식(阿賴耶識) - 아애집장현행위: 제7식에 의해 아라고 애집되는 지위
범부와 유학에 해당하고 무학위와 불퇴보살(제8지 이상 보살)에 해당 안 함
보살8지 이상에서 아집 없어지므로 '아뢰야식'이란 이름을 버림

제8식이 갖는 다양한 이름 중 가장 대표적인 것이 '아뢰야식'이다. 아뢰야식은 종자를 섭장하여 지닌다는 것, 그리고 제7식에 의해 자아로 집장된다는 것을 나타내는 이름이다. 범부에서부터 2승 유학위 그리고 보살 제7지에 이르기까지의 수행자의 제8식에 붙일 수 있는 이름이다. 무학위나 보살 제8지부터는 아애에 의해 집장되는 의미가 없으므로 더 이상 '아뢰야식'이라고 부르지 않는다.

② 혹 '이숙식'이라고 이름하니, 능히 생사를 이끄는 선업과 불선업의 이숙과이기 때문이다. 이 이름은 오직 범부와 2승과 보살위에만 있으니, 여래지에서 여전히 이숙무기법이 있는 것이 아니기 때문이다.
② 或名異熟識, 能引生死善不善業異熟果故. 此名唯在異生二乘諸菩薩位, 非如來地猶有異熟無記法故.

이숙식(異熟識) - 선악업과위: 선악의 업에 의해 초감된 이숙과(무기)의 지위
범부, 이승, 보살에 있고, 여래지에서 없어짐
불지에서는 업과의 무기가 아니고 선무루가 되므로 '이숙식' 이란 이름을 버림

무학이나 보살 제10지에 이르기까지 선 · 악업에 의해 초감된 무기의 이숙식으로 존재하므로 제8식을 '이숙식' 이라고 부른다. 유부무기이든 무부무기이든 무기는 선도 아니고 악도 아닌 무기로서 유루(有漏)이다. 그러나 수행이 모두 완성된 불과에 이르면 식은 더 이상 유루가 아니고 선(善)의 무루가 된다. 그러므로 불과로 나아간 제8식은 '이숙식' 이라는 이름을 버린다.

③ 혹 '무구식'이라고 이름하니, 지극히 청정하여 모든 무루법의 의지처이기 때문이다. 이 이름은 오직 여래지에만 있으니, 보살과 이승과 범부의 지위는 유루종자를 지니고 훈습을 받을 수 있으므로 아직 선하고 청정한 제8식을 얻지 못하기 때문이다.
③ 或名無垢識, 最極清淨諸無漏法所依止故. 此名唯在如來地有, 菩薩二乘及異生位持有漏種可受熏習, 未得善淨第八識故.

무구식(無垢識) - 상속집지위: 색·심 일체 종자 및 5근을 집지하여 상속케 하는 지위
무루법의 소의, 여래지에만 있음

보살지 수행을 완성하여 아라한과를 넘어 불지(여래지)에 이르면 제8식 내 유루종자가 모두 멸하여 일체 번뇌(번뇌장과 소지장)가 모두 끊긴다. 이때의 제8식을 무루의 '무구식' 이라고 부른다. 이처럼 수행이 완성된 불지의 여래만이 무구식을 갖는다고 말한다. 무구식은 더 이상 번뇌가 없는 청정한 선(善)의 무루식이다.

부처 내지 여래의 제8식이 무구식으로 불린다는 것은 제8식의 본체는 청정 무구라는 말이다. 그러므로 호법의 유식에서는 제8식 너머 청정식으로서의 제9식을 또 다른 식체로 설정하지 않는다. 불지에서의 무구식이 제8식과 구분되는 또 다른 체의 제9식이 아니라 바로 대원경지로 전의된 제8식 자체이기 때문이다. 『술기』는 이렇게 설명한다.

(무구식은) 오직 무루의 의지처이니, 체성에 때(구垢)가 없다. 예전에는 아말라식(阿末羅識) 또는 아마라식(阿摩羅識)이라고 이름하였다. 옛 논사들이 제9식을 세운 것은 옳지 않다. 그런데도 『능가경』에 아홉 가지 식이 있는 것은 (책의) 위와 아래를 회통하려는 것과 같다. 이 무구식은 대원경지와 상응하는 식의 이름이다. 인위(因位)의 제8의 심체를 전환해서 이것을 얻는다.[23]

나아가 무구식의 여래 내지 진여에게는 새로운 훈습이 일어나지 않는다. 이미 불과에 이르면 수행을 통한 무루종자의 신훈이 불필요하기 때문이다. 『술기』는 이점을 강조한다.

이제 이 식은 오직 여래에게만 있음을 나타내니, (여래지에서는) 무루의 선법을 훈습할 수 없기 때문이다. 즉 무루의 제법 종자는 모두 인위 중에 이미 훈습된 것으로 충분하다는 것을 나타낸다. 불과 이후에는 다시 훈습이 없다. 앞의 부처나 뒤의 부처에 차별이 없기 때문이고, 공능이 똑같기 때문이니, 만약 훈습을 받는다면 공덕이 다를 것이기 때문이다.[24]

---

23 『술기』, 344하, "唯無漏依, 體性無垢. 先名阿末羅識或名阿摩羅識. 古師立爲第九識者非也. 然『楞伽經』有九種識如上下會. 此無垢識是圓鏡智相應識名. 轉因第八心體得之."

24 『술기』, 344하, "今顯此識唯如來有, 無漏善法不可熏故. 卽顯無漏諸法種子皆是因中已熏滿足. 佛果已去更無熏習. 前佛後佛無差別故, 功能齊故, 若受熏時功德異故."

견도에서 무루지를 얻은 후 수도에서 그 무루지에 입각해서 계속 수행하면 그 수행 과정에서 무루종자를 새로 훈습하게 된다. 앞에서 무루종자가 모두 신훈이라는 것을 비판하며 본유가 있다고 주장한 것은 유루의 세제일법에서 처음 견도에 들어설 때 그 깨달음의 인(因)이 유루의 인이 아니라는 것, 즉 견도의 깨달음의 원인이 유루의 정문훈습종자가 아니라, 본래부터 있던 무루종자라는 것을 말하고자 한 것이다. 말하자면 깨달음은 누구나 본래 깨달을 만한 능력(무루종자)이 있어서 얻는 것이지, 남으로부터 들어서 비로소 얻는 것이 아니라는 뜻이다. 그러나 그렇다고 해서 모든 무루종자가 다 본유인 것은 아니다. 본유무루종자에 의해 무루지를 얻어서 수도에 들어서고 나면, 그 무루지에 근거해서 무루의 수행을 닦아 나가는 과정에서 다시 또 새로운 무루종자를 훈습하게 된다. 수도에서 각각 그다음 단계로 나아가게 되는 것은 새로 훈습되는 무루종자에 의한 것이다. 따라서 무루종자의 훈습은 수도 과정에서만 일어나며, 수도의 인위가 끝나고 부처가 되는 과위에 이르면 훈습은 더 이상 일어나지 않는다. 수행이 완성되었으므로 더 이상 앞으로 나아갈 수행의 단계가 남아 있지 않고 따라서 훈습도 없는 것이다.

경전에서 말하는 것과 같다.

여래의 무구식은 청정한 무루의 세계이니,
일체의 장애로부터 해탈하여 대원경지에 상응한다.

如契經說.

如來無垢識, 是淨無漏界,
解脫一切障, 圓鏡智相應.

무구식 = 청정 무루 = 여래의 식 = 대원경지의 식

법집무명이 있어도 제6의식과 제7말나식은 지혜로 전의될 수 있다. 무명으로 인해 지혜로 바뀌지 못하다가 불과에 이르러서 비로소 완전하게 전의하게 되는 것은 제8식이다. 무명이 모두 극복될 때 아뢰야식이 대원경지로 전의된다. 대원경지에 상응하는 식이 바로 여래의 무구식이다. 위의 게송에 대한 『술기』의 설명이다.

이것은 곧 『여래공덕장엄경』의 게송이다. 무구식은 대원경지와 함께하는 것임을 논증한다.[25]

제8식이 더 이상 아뢰야식이나 이숙식으로 불리지 않고 무구식이라는 이름을 얻게 되는 때는 불지에 이르러서이다. 이때 제8식이 대원경지로 전의된다. 각 식이 어느 지위에서 전의가 일어나는가는 다음과 같이 정리된다.

↓	번뇌장	소지장		- 제6의식 → 묘관찰지로 전의
초지	○	○	구생기 아집 있는 한,	제8식의 이름: ① 아뢰야식
↓				
제7지	○	○	구생기 아집 끊기면,	- 제7말나식 → 평등성지로 전의
제8지	×	○	구생기 법집 있는 한,	제8식의 이름: ② 이숙식
↓				
제10지	×	○	구생기 법집 끊기면,	- 전5식 → 성소작지로 전의
불지	×	×	일체 번뇌가 끊기면,	제8식의 이름: ③ 무구식
				- 제8아뢰야식 → 대원경지로 전의

25 『술기』, 344하, "此卽『如來功德莊嚴經』頌也. 證無垢識圓鏡智俱."

① 아뢰야식이라는 이름은 과실이 무겁고 또 최초로 버리므로 여기에서 치우쳐 말한다. ② 이숙식의 체는 보살이 막 보리(지혜)를 얻으려 할 때 버리고, 성문과 독각이 무여의열반에 들어갈 때에 버린다. ③ 무구식의 체는 버리는 때가 없으니, 유정을 이익되고 안락하게 하는 것은 다하는 때가 없기 때문이다. 심 등은 통하므로 마땅히 뜻에 따라 설해야 한다.
① 阿賴耶名過失重故, 最初捨故, 此中偏說. ② 異熟識體菩薩將得菩提時捨, 聲聞獨覺入無餘依涅槃時捨. ③ 無垢識體無有捨時, 利樂有情無盡時故. 心等通故, 隨義應說.

〈2승의 성도〉	〈보살도〉			
예류과	보살초지			
일래과	↓			
불환과/유학	제7지		① **아뢰야식(장식)**	- 계박을 버림
아라한과/무학	↓			
	제10지	- 유루(무부무기)	② **이숙식**	- 체를 버림
여래: 입무여의열반	불지: 보리를 얻음	- 무루(선)	③ **무구식**	- 체 남음

① 제8식을 일반적으로 '아뢰야식' 이라고 부르는 것은 그 이름이 제8지에 이르기 전까지 널리 통용되는 이름이기 때문이다. 그만큼 아집이라는 집장의 과실이 크고 벗어나기 어렵기 때문이다. 유루의 2위(아애집장현행위+선악업과위) 중 첫 번째 위를 벗어날 때 '아뢰야식' 이라는 이름을 버리게 된다. 즉 아애집장현행위에서의 제8식을 '아뢰야식' 이라고 부른다.

잡염의 집장의 과실이 크기 때문이고, 유루 2위 중 최초로 버리는 것을 이름하기 때문이다. 두 가지 의미가 있기 때문에, 여기에서 치우쳐 설한다. 아라한위에서 버린다고만 설하고, 이숙식 등을 버린다고 설하지는 않는다. 여기에서는 계박(繫縛, 집장)을 버림에 의거한다.[26]

② 2승이 무학이 되거나 보살이 제8지 이상에 이른 후에도, 보살이 아직 소지장을 끊고 보리를 얻기 전이거나 2승이 아직 무여의열반에 들어가기 전이라면, 제8식을 '이숙식'이라고 부른다. 아직 선악 업에 의해 심겨진 이숙종자의 과보를 벗어나지 못하기 때문이다. 이때는 아직 유루인 무부무기에 머무른다. 그러다가 불과에 이르면 그때 비로소 이숙식의 체를 버린다고 말한다.

③ 무구식은 불과에 이르러 무루의 식이 되었을 때, 제8식에 붙이는 이름이다. 지혜를 얻어 제8식까지 전의하여 대원경지가 된 식이 무구식이다. 이 무구식의 체를 끝까지 버리지 않는다는 것은 중생구제를 위한 보살정신이 있는 한 제8식은 남는다는 것이다. 따라서 유정을 이익되고 안락하게 하는 것에 끝이 없으므로 무구식의 체를 버리는 때가 없다고 말한다. 이것을 『술기』는 "대승은 적멸에 들지 않기 때문이다."[27] 라고 설명한다. 제8식의 체를 끝까지 버리지 않는다는 것이다. 대승 보살이 지향하는 것은 적멸이 아니라 중생구제이다.

그런데 제8식에는 총체적으로 두 가지 지위가 있다.
然第八識總有二位.

---

26 『술기』, 345상, "雜染執藏過失重故, 有漏二位名最初捨故. 以二義故此中偏說. 唯說阿羅漢捨, 不說捨異熟識等. 此據捨縛."

27 『술기』, 345중, "以大乘人不入寂滅故."

제8식의 두 지위:

① 유루위: 무기. 5변행심소와 상응. 사수(捨受)와 상응. 집수와 처를 반연

② 무루위: 선성. 5변행+5별행+11선심소와 상응. 사수(捨受)와 상응. 일체를 반연

〈2승의 성도〉	〈보살도〉			
예류과	보살초지			유루위
일래과	↓			
불환과/유학	제7지 - 유부무기	아뢰야식(장식)		
아라한과/무학	↓			
	제10지 - 무부무기	이숙식		
여래: 입무여의열반	불지: 보리를 얻음 선	무구식	–	무루위

① 첫째는 유루위이니 a. 무기성에 속하고, b. 오직 / 촉 등 5심소법과만 상응하며, c. 오직 앞서 설한 집수와 처의 경만을 반연한다. (14상)

① 一有漏位, a. 無記性攝, b. 唯與 / 觸等五法相應, c. 但緣前說執受處境. (14상)

① 유루위의 제8식:

a. 무기

b. 5변행심소와만 상응

사수(捨受)와 상응

c. 집수와 처를 반연

번뇌장과 소지장이 남아 있는 한, 제8식은 아직 유루위에 있다. 유루위는 말나식에 의해 자아로 집장되어 '아뢰야식'이라고 불리는 지위(아애집장현행위)와 말나식에 의한 집장은 극복되어도 아직 과거 업의 결과로서의 세력을 갖고 있어 '이숙식'이라고 불리는 지위(선악업과위)이다.

지금까지 논의해 온 제8식의 특징은 유루위의 제8식에 해당한다고

볼 수 있다. 제8식은 무부무기이며 촉·작의·수·상·사의 5변행심소와만 상응하고 사수와만 상응하면서 유근신과 종자 및 기세간을 반연한다.

② 둘째는 무루위이니, 오직 선성에 속하고 21심소와 상응하니, 변행심소와 별경심소 각각 5와 선심소 11이다. <변행심소와 상응> a. 일체의 심과 항상 상응하기 때문이다. <별경심소와 상응> b. 항상 관찰되는 경에 대한 지혜 증득을 좋아하기 때문이고(욕), c. 관찰되는 경을 항상 새겨 지니기 때문이고(승해), d. 일찍이 감수한 경을 항상 분명히 기억하기 때문이고(념), e. 세존에게는 선정이 아닌 마음이 없기 때문이고(정), f. 일체법을 항상 결택하기 때문이다(혜). <선심소와 상응> g. 극히 청정한 믿음 등과 항상 상응하기 때문이다. <번뇌심소와 불상응> h. 염오가 없기 때문이고, <부정심소와 불상응> i. 산만한 움직임이 없기 때문이다.

② 二無漏位, 唯善性攝與二十一心所相應, 謂遍行別境各五善十一. <변행심소와 상응> a. 與一切心, 恒相應故. <별경심소와 상응> b. 常樂證智, 所觀境故, c. 於所觀境, 恒印持故, d. 於曾受境, 恒明記故, e. 世尊無有, 不定心故, f. 於一切法, 常決擇故. <선심소와 상응> g. 極淨信等, 常相應故. <번뇌심소와 불상응> h. 無染污故, <부정심소와 불상응> i. 無散動故.

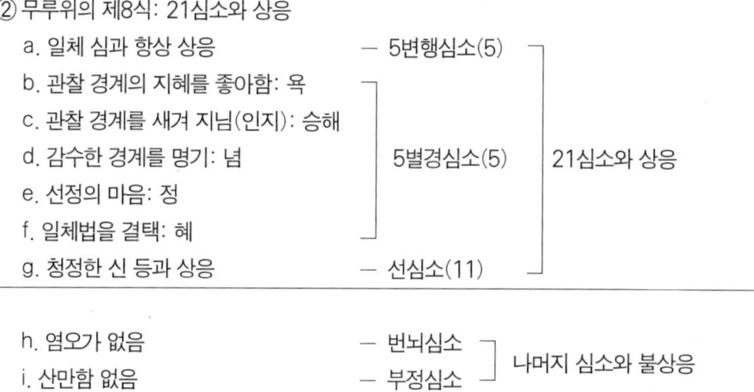

무루위의 제8식과 상응하는 21개의 심소를 설명하고 있다. a. 변행심소는 모든 식과 두루 상응하기에 '변행'이라고 부르는 심소이므로 무루위의 제8식에도 마땅히 상응한다. 마음으로 활동하자면 근·경·식 3사화합의 촉, 마음으로 깨어 있는 작의, 느낌의 수, 지각의 상, 사려분별의 사가 항상 함께한다는 것이다. b~f는 5가지 별경심소이다. 경계에 대해 알고자 하는 욕, 경을 명확하게 이해하는 승해, 경을 기억하는 념, 선정의 정, 지혜의 혜, 이 5가지 별경심소가 무루식에 상응한다. g. 나아가 무루의 제8식은 11개의 선한 심소와도 상응한다.

그렇지만 무루의 제8식은 나머지 심소, 즉 불선이나 염오의 번뇌심소인 근본번뇌심소 및 수번뇌심소 나아가 선이나 악으로 나아갈 수 있는 부정심소와는 상응하지 않는다.

> 이것(무루식)은 또한 오직 사수(捨受)와만 상응하니, 임운하며 항상 평등하게 전전하기 때문이다.
> 此亦唯與捨受相應, 任運恒時平等轉故.

무루위의 제8식은 고·락·사 중에서 오직 사수와만 상응한다. 이 점은 유루위에서와 마찬가지이다. 무루식이 사수와만 상응하는 까닭을 『술기』는 이렇게 설명한다.

> 또한 본식의 인위(불지 이전)에서와 같이 오직 사수와만 상응한다. 항상 임운하게 전전하기 때문이고, 분별을 짓지 않기 때문이며, 바뀌어 벗어남(역탈)이 있지 않기 때문이고, 동요할 수 없기 때문이다.[28]

임운하고 평등하게 전전하면서 분별을 짓지 않으므로 고나 락에 치우침이 없이 사수에 머무른다고 볼 수 있다.

일체법을 소연경으로 삼으니, 대원경지는 일체법을 두루 반연하기 때문이다.
以一切法爲所緣境, 鏡智遍緣一切法故.

제8식의 소연:
① 유루위: 집수와 처를 반연
② 무루위: 일체를 반연

유루위의 제8식이 집수와 처만을 반연하는 데 반해 무루위의 제8식은 일체를 반연한다. 그 일체에 무엇이 포함되는지를 『술기』는 이렇게 설명한다.

---

28 『술기』, 346상, "亦如本識因中唯與捨受相應. 恒任運轉故, 不作分別故, 非有易脫故, 不可動搖故."

> 18계의 유위와 무위를 반연하니, 대원경지는 일체법을 두루 반연하기 때문이다. 심 등의 자성 및 상응법을 모두 다 능히 반연한다. 견분도 또한 자증분의 영상 및 상응의 영상을 나타낸다. 그러므로 두루하는 지혜(변지遍智)라고 이름한다.[29]

부처의 지위에 이르기 전 유루위의 제8식은 자체 안에 함장된 종자를 상분으로 집지하고 있으며, 그 종자의 현행화를 통해 유근신과 기세간으로 전변한다. 유루의 제8식이 전변하여 반연하는 것은 5근의 유근신과 5경의 기세간으로 모두 색법에 속한다. 결국 유루위의 제8식은 색법만을 반연하는 것이다.

이에 반해 부처의 지위에 이른 무루의 제8식은 종자(상분)를 넘어 식 자체(자증분)를 반연하며, 나아가 일체법을 소연으로 삼아 일체를 두루 안다. 그러므로 두루 아는 지혜인 '변지(遍智)'를 가진다.

29 『술기』, 346중, "緣十八界有爲無爲, 鏡智遍緣一切法故. 心等自性及相應法皆悉能緣. 見分亦現自證分影及相應影. 故名遍智."

5

아뢰야식의 별도의 체 증명

이 제8식이 안식 등의 식을 떠나 별도의 자체가 있다는 것을 마땅히 어떻게 알아야 하는가? 성교와 바른 이치를 결정적 인식(증거)으로 삼기 때문이다.
云何應知此第八識離眼等識有別自體? 聖教正理爲定量故.

제8식의 존재 증명:
1. 교증(敎證): 성스런 가르침(성교)에 따른 증명
2. 리증(理證): 바른 이치(정리)에 따른 증명

지금까지 제8식을 논해 왔는데, 이제부터는 이러한 제8식이 우리가 일상적 마음활동으로 간주하는 감각과 의식을 포함한 6식 너머의 별도의 식이라는 것을 증명한다. 제8식이 6식 너머의 별도의 체가 있다는 것을 어떻게 증명할 수 있는가? 이러한 질문을 묻는 배경과 정량으로 답함에 대해 『술기』는 이렇게 설명한다.

> 소승 등이 계탁하여 '아뢰야라는 이름은 우리 교에도 있으니, 아래와 같이 분별하여 밝힌다. 그러나 곧 6식이지 다시 별도의 체가 없다.' 고 말한다. 그러므로 지금 '안식 등을 떠나 별도의 체가 있음을 어떻게 알 수 있는가?' 라고 묻는다. … 이것은 세간의 현량의 경계가 아니기 때문에 오직 성언을 믿거나 또는 추리하여 있음을 안다(比知). 이 두 가지 인식 방식을 결정적 증명으로 삼으므로 정량(正量)이라고 말한다. 량은 헤아려 재어서(양탁) 맞게 정함(개정)의 뜻이다.[1]

불교는 바른 인식(량, pramana)을 크게 현량(現量)과 비량(比量) 둘로 보며, 현량을 다시 다음과 같이 네 가지로 구분한다.

량(量, pramana)
- 1. 현량(現量, pratyaksa): 자상(自相)을 대상으로 앎
  - ① 감관지(indriyajnana): 전5식 ┐
  - ② 의근지(manovijnana): 제6의식 │ 세간의 현량
  - ③ 자기인식(svasamvedana): (제7식) ┘
  - ④ 요가현량(정관, yogipratyaksa) ─ 출세간의 현량
- 2. 비량(比量, anumana): 공상(共相)을 대상으로 앎

여기에서는 제8식이 별도의 체로서 존재한다는 것을 세간의 현량으로 알 수 있는 것이 아니라고 말한다. 제8식이 전5식이나 제6의식의 인식 방식 또는 제7식의 느낌으로 알 수 있는 것이 아니라는 뜻이다. 선정 수행을 통해 직접 증득하는 경우가 아니라면 제8식의 존재는 경전의 말을 따라 그대로 믿거나(교증) 아니면 이치를 따라 추리하여(리증) 알 수 있다. 믿음을 일으키기 위해 경전의 말로써 증명하는 것을

---

1 『술기』, 347상, "小乘等計, '阿賴耶名我教亦有, 如下別辨. 然卽六識更無別體.' 故今問言, '云何得知離眼等識有別自體?' … 此非世間現量境故, 唯信聖言及比知有. 以此二量爲決定證, 故言定量. 量謂量度揩定之義."

교증(教證)이라고 하고, 이치를 따라 논리적으로 증명하는 것을 리증(理證)이라고 한다.

1. 5교증

교증의 순서:

1) 대승경전에 따른 4교증: 각각의 게송을 갖고 논함
   - (1) 『대승아비달마경』
   - (2) 『대승아비달마경』
   - (3) 『해심밀경』
   - (4) 『입능가경』

2) 부파경론:
   - (1) 대중부의 『아함경』: 근본식
   - (2) 상좌부, 분별론자: 유분식
   - (3) 화지부: 궁생사온
   - (4) 설일체유부의 『증일아함경』: 아뢰야를 애(愛)·락(樂)·흔(欣)·희(憙)

1) 4가지 대승경전에 따른 교증

(1) 『대승아비달마경』

즉 『대승아비달마경』이 있는데, 경전 중에 이렇게 말한다.

① 무시이래의 계(인)이고,

② 일체법의 평등한 의지처이다.

③ 이것으로 인해 모든 취(윤회)

④ 내지 열반의 증득이 있다.

謂有大乘阿毘達磨, 契經中說.

① 無始時來界,

② 一切法等依.

③ 由此有諸趣,
④ 及涅槃證得.

『대승아비달마경』에 나오는 게송으로 이하에서는 이 게송을 해석하여 제8식의 존재가 논증되고 있음을 밝힌다. 『대승아비달마경』은 현존하지 않는 경전으로 다른 글에서의 인용을 통해서만 확인되는 경이라고 한다.

<제1해> 이 제8식은 자성이 미세하므로 작용으로써 그것을 나타내 보인다. 게송 중 앞의 반은 제8식이 인과 연이 되는 작용을 나타내고, 뒤의 반은 유전과 환멸의 의지처가 되는 작용을 나타낸다.
<제1해> 此第八識自性微細, 故以作用而顯示之. 頌中初半顯第八識爲因緣用, 後半顯與流轉還滅作依持用.

제8식이 ① 일체법의 인(因) + ② 일체법의 의(依)＝연(緣)
③ 유전의 의지처 + ④ 환멸의 의지처

제8식은 그 자성이 미세하기 때문에 그 체(體)를 직접 드러내 보이기 어렵다. 따라서 대신 그것의 드러난 용(用)을 밝힘으로써 간접적으로 그것의 존재를 증명한다고 말한다. 『술기』는 이렇게 설명한다.

즉 누군가 힐난하여 말하기를 '그 식을 나타내고자 하면 응당 체를 나타내야 하는데, 무슨 이유로 대상(의)에 의해 식을 해석하는가?' 그러므로 이제 답하여 말하기를, '이 식은 체성이 미세하여 나타내기 어렵다. 그러므로 작용으로써 그 체

를 나타낸다.' 지금 '자성'이라고 하는 말은 체의 다른 이름이다.[2]

이하는 게송의 각 구에 등장하는 개념들을 좀 더 상세히 풀이함으로써 그로부터 제8식의 존재를 밝힌다.

① 계(界)는 인(因)의 뜻이니, 곧 종자식이다. 무시이래로 전전하고 상속하여 제법을 친히 생하므로 인이라고 이름한다. ② 의(依)는 연(緣)의 뜻이니, 곧 집지식이다. 무시이래로 일체법에 대해 평등하게 의지처가 되므로 연이라고 이름한다.
① 界是因義卽種子識. 無始時來展轉相續親生諸法, 故名爲因. ② 依是緣義卽執持識. 無始時來與一切法等爲依止, 故名爲緣.

① 종자식(계=인): 제법을 생하는 인인 종자를 가진 종자식. 이 식이 제법으로 변현함
② 집지식(의=연): 제법의 의지처가 되는 집지식. 이 식이 현행 7전식의 소의가 됨

아뢰야식 내 종자가 모든 현행하는 제법의 직접적 원인인 친인(親因)이 되므로 종자식으로서의 아뢰야식은 일체법의 계(界), 즉 인(因)이 된다. 또 일체의 현행하는 7전식은 제8아뢰야식에 의거하여 일어나므로 아뢰야식은 일체법에 대한 의지처인 의(依), 즉 연(緣)이 된다. 이하에서는 이 계와 의, 즉 인과 연에 대해 좀 더 상세히 풀이한다.

---

2 『술기』, 347중, "謂有難云, '欲顯其識當須顯體, 何故約義以解識耶?' 故今答云, '此識體性微細難顯. 故以作用而顯其體.' 今言自性體異名也."

즉 ① 모든 종자를 능히 집지하기 때문이고, ② 현행법에 대해 소의가 되기 때문이니, 곧 ① 저것(제법)으로 변현하고 ② 저것(현행법)의 소의가 된다. ① 저것으로 변(變)한다는 것은 기세간과 유근신으로 전변한다는 것이다. ② 저것의 소의가 된다는 것은 전식(7전식)의 소의처가 된다는 것이다. a. 능히 5색근을 집수하기 때문이니, 안식 등 5식이 이것(5색근)에 의지하여 전전한다. b. 또 말나식의 의지처가 되기 때문이니, 제6의식이 이것(말나)에 의지해서 전전한다. 말나식과 의식이 전식에 속하기 때문이니, 안식 등의 식이 구유근에 의지하는 것과 같다. c. 제8식도 이치상 마땅히 식의 성품이므로 또한 제7식을 구유의로 삼는다. 이것이 이 식이 인과 연이 되는 작용이다.

① 謂能執持諸種子故, ② 與現行法爲所依故, ① 卽變爲彼, ② 及爲彼依. ① 變爲彼者, 謂變爲器及有根身. ② 爲彼依者, 謂與轉識作所依止. a. 以能執受五色根故, 眼等五識依之而轉. b. 又與末那爲依止故, 第六意識依之而轉, 末那意識轉識攝故, 如眼等識依俱有根. c. 第八理應是識性故, 亦以第七爲俱有依. 是謂此識爲因緣用.

① 제8식=종자식(인): 제8식 —(변현)→ 기세간 + 유근신

② 제8식=집지식(소의): 제8식(구유의) → 7전식
　a. 제8식 → 5색근 → 전5식
　b. 제8식 → 제7말나식(의근) → 제6의식　　안근(구유근) → 안식
　c. 제7식 → 제8식

① 제8식 내 종자가 일체 제법의 원인이 된다. 종자로부터 현행화한 결과가 유근신과 기세간이기 때문이다. ② 또한 제8식이 7전식의 의지처가 된다. 제8식에 의거해서 전5식과 제6의식 그리고 제7식이 식으로

서 작동하기 때문이다. a. 제8식이 전5식의 근인 5색근을 집수함으로써 그 근에 의거하여 전5식이 일어날 수 있다. b. 제8식이 제7말나식의 의지처가 되며, 이 제7말나식이 제6의식의 의지처가 된다. 이에 대해 『술기』는 이렇게 설명한다.

> b. 비록 제8식이 능히 말나식에게 구유의(俱有依)와 종자의(種子依)의 근거가 되고 나아가 소연이 되지만, 지금은 다만 구유의만을 취해 말나식에게 의지처가 된다고 말한다. 제6의식은 그것(말나식)에 의거하여 전전할 수 있고, 또 제8식은 능히 제법에게 근본 의지처가 되기 때문이다. c. 말나가 의지처가 되서 제6식이 전전하는 것은 안근 등이 (안식 등에 대한) 증상연의 근거가 되는 것과 같다. 제6식이 별도로 제7식에 의지하고, 제7식이 제8식에 의지한다고 하는 것은 모든 종파가 인정하는 것은 아니므로 응당 논증을 세워야 한다. 제7식과 제6식 2식도 역시 구유의에 의지해야 한다. 전식에 포함되기 때문이니, 안식 등의 5식과 같다.[3]

c. 제8식도 식이므로 의거하는 구유의가 있어야 하며, 제8식의 구유의는 끊어짐이 있는 6식이 아니라 끊어짐이 없는 제7식이라고 밝힌 것이다. 식들 간의 구유의에 대해서는 『성유식론』 제4권에서 이렇게 말한다.

> 5식의 구유소의는 반드시 4가지가 있으니, 즉 5색근과 6식, 제7식, 제8식이다. … 제6의식의 구유소의는 오직 2가지가 있으니, 제7식과 제8식이다. … 제7의식의 구유소의는 단지 한 종류가 있으니, 제8식이다. 장식이 만약 없으면 (제7식

---

3 『술기』, 348상, "雖第八識能與末那爲俱有依種子依根及爲所緣, 今者但取俱有之依, 言與末那爲所依止. 第六意識依之得轉, 又第八識能與諸法爲本依止故. 末那爲依第六識轉, 如眼根等增上緣根. 六別依七, 七依第八, 諸宗不許, 故應立量. 七六二識亦依俱有依, 轉識攝故, 如眼等五識."

이) 필히 전전하지 않기 때문이다. … 아뢰야식의 구유의도 단지 하나의 종류가 있으니, 제7식이다. 이 식(제7식)이 만약 없다면, 필히 전전하지 않기 때문이다.[4]

전5식의 구유의(4): 5색근+제6식(분별의)+제7식(염정의)+제8식(근본의)
제6의식의 구유의(2): 제7식(염정의)+제8식(근본의)
제7식의 구유의(1): 제8식
제8식의 구유의(1): 제7식

③ '이것으로 인해 있다'는 것은 '이 식(제8식)이 있음으로 인해'의 뜻이다. '모든 취(趣)가 있다'는 것은 선취와 악취가 있음을 뜻한다. 즉 이 제8식이 있음으로 인해 유전에 수순하는 일체법을 집지하여 모든 유정으로 하여금 생사에 유전하게 한다.

③ 由此有者, 由有此識. 有諸趣者, 有善惡趣. 謂由有此第八識故, 執持一切順流轉法, 令諸 / 有情流轉生死. (14중)

③ 제8식에 의거 → 유정의 생사유전(流轉) ┌ 선취: 천, 인, 수라
└ 악취: 축생, 아귀, 지옥

취(趣)는 유정이 업인의 과보로서 그 안에 태어나 살아가게 되는 윤회세계를 말한다. 선업(善業)으로 인해 태어나게 되는 윤회세계가 선취

4 『성유식론』, 제4권(『대정장』, 제31권, 20하), "五識俱有所依定有四種, 謂五色根六七八識. … 第六意識俱有所依唯有二種謂七八識. … 第七意識俱有所依但有一種謂第八識. 藏識若無, 定不轉故. … 阿賴耶識俱有所依亦但一種謂第七識, 彼識若無, 定不轉故."

(善趣)이며, 그 안에서는 선업의 결과인 락과(樂果)를 받는다. 악업(惡業)으로 인해 태어나게 되는 윤회세계는 악취(惡趣)이며, 그 안에서는 악업의 결과인 고과(苦果)를 받게 된다. 이처럼 모든 유정이 선취 또는 악취로 윤회하게 되는 근거가 바로 제8아뢰야식이다.

> 비록 혹·업·생이 모두 유전이지만 a. 취가 과로서 수승하므로 치우쳐 말한 것이다. 혹은 b. 취라는 말은 능취와 소취에 통하며, 취를 돕는 것도 또한 취의 이름을 얻는다. 모든 혹·업·생이 모두 이 식에 의지하니, 이것이 유전에 대해 의지처가 되는 작용이다.
> 雖惑業生皆是流轉, a. 而趣是果勝故偏說. b. 或諸趣言通能所趣, 諸趣資具亦得趣名. 諸惑業生皆依此識, 是與流轉作依持用.

유전에 포함 [인: 혹+업 = 능취 / 과: 생 = (협의) 취 = 소취] (광의) 취

무명 → 행 → 식 → 명색 → 육입처 → 촉 → 수 → 애 → 취 → 유 → 생 → 노사
혹 인업 생 / 혹 생업 생
(번뇌) (현행업) / (번뇌) (종자업)
능취 소취 / 능취 소취

무명(혹)을 연해 행(업)이 있고, 그 행(업)을 연해 중생이 6취 중생 중 하나로 태어난다. 무명의 혹이 '중생(보)을 이끄는 업'(인업)을 일으키고, 그 업에 따라 식이 초감되는 것이다. 마찬가지로 애와 취의 번뇌(혹)를 연해 종자(업력)가 남겨지고, 그 종자로 인해 중생이 태어나게 된다.

위의 구절은 이와 같이 유전에는 혹·업·생도 포함되는데, 왜 취만을

들어 유전을 설명하는가에 대한 답이다. a. 생사 윤회에서 나타나는 두드러진 결과가 취이므로 취를 말한 것이기도 하고, b. 그렇게 취로 나아가게 하는 능취 안에 혹·업이 포함되기 때문이다. 즉 여기에서 말하는 취는 소취와 능취를 합해서 하는 말이다.

④ '내지 열반의 증득'이란 것은 이 식이 있음으로 인해 열반의 증득이 있다는 것이다. 즉 이 제8식이 있음으로 인해 환멸에 수순하는 일체법을 집지해서 수행자로 하여금 열반을 증득하게 하는 것이다.
④ 及涅槃證得者, 由有此識故有涅槃證得. 謂由有此第八識故, 執持一切順還滅法, 令修行者證得涅槃.

④ 무루종자(환멸에 수순하는 법). 무루종자를 현행으로 수순시켜 도와 멸을 증득하게 함

고 = ┐
집 = ┘ 유전 - 유루종자의 현행으로 성취
멸 = 멸 ┐
도 = 환 ┘ 환멸 - 무루종자의 현행으로 성취

제8식은 유정이 6도윤회하게 되는 의지처로 작용할 뿐 아니라 수행을 통해 열반을 증득하게 하는 의지처로도 작용한다. 따라서 유전문과 환멸문 둘 다가 존재하는 한, 그 둘의 의지처로서의 제8식 또한 존재한다.

a. 여기에서는 다만 능히 증득하는 도만을 말하니, 열반(멸)은 이 식에 의거하지 않고 있기 때문이다. b. 혹은 다만 증득되는 열반을

말하니, 바로 수행자가 구하는 것이기 때문이다. c. 혹은 여기에서 열반과 도를 쌍으로 말하니, 모두 환멸의 품류에 속하기 때문이다. 즉 열반이란 말은 증득되는 멸을 나타내고, 후의 증득이란 말은 능히 증득하는 도를 나타낸다. 능단의 도로 인해 소단혹을 끊어 궁극적으로 다하는 지위에서 열반을 증득한다. 능과 소, 끊음과 증득함이 모두 이 식에 의거하니, 이것이 환멸에 대해 의지처가 되는 작용이다.

a. 此中但說能證得道, 涅槃不依此識有故. b. 或此但說所證涅槃, 是修行者正所求故. c. 或此雙說涅槃與道, 俱是還滅品類攝故. 謂涅槃言顯所證滅, 後證得言顯能得道. 由能斷道斷所斷惑, 究竟盡位證得涅槃. 能所斷證皆依此識, 是與還滅作依持用.

a. 도: 증득하는 도
b. 멸: 증득되는 열반

c. 환멸	도:	능증의 도	– 혹을 능단	– 능	– 단(斷)
	열반:	소증의 멸	– 열반을 증득	– 소	– 증(證)

도성제에 속하는 증득하는 도(a)와 멸성제에 속하는 증득되는 열반(b)이 모두 제8식에 의거한다는 것을 말한다. 도성제의 수행이 무루종자에 의거하며, 이 무루종자에 의해 열반을 증득할 수 있기 때문이다. 그러므로 끊음(a)과 증득(b), 능단(a)과 소증(b)을 포괄하는 환멸이 모두 제8식에 의거한다는 것이다. 결국 윤회의 의지처이며 열반 증득의 의지처로서 제8식이 존재한다는 것이다.

<제2해> 또 ① 이 게송 중 첫 구는 이 식(제8식)의 자성이 무시이래로 항상 있다는 것을 나타내고, ②③④ 뒤의 세 구는 (제8식이)

잡염법과 청정법에 대해 총으로 별로 의지처가 된다는 것을 나타낸다. ③ 잡염법은 고제와 집제를 말하니, 즉 소취와 능취의 생과 업·혹이다. ④ 청정법은 멸제와 도제를 말하니, 즉 소증과 능증의 열반과 도이다. 저 둘은 모두 이 식에 의거해서 있다. 전식 등에 의거하는 것은 이치가 성립하지 않기 때문이다.

<제2해> 又 ① 此頌中初句顯示此識自性無始恒有. ②③④ 後三顯與雜染清淨二法總別爲所依止. ③ 雜染法者謂苦集諦, 卽所能趣生及業惑. ④ 清淨法者謂滅道諦, 卽所能證涅槃及道. 彼二皆依此識而有. 依轉識等理不成故.

게송: ① 무시이래의 계(인)이고, ② 일체법의 평등한 의지처이다.
③ 이것으로 인해 모든 취(윤회) 및 ④ 열반의 증득이 있다.

① 제8식의 자성이 무시이래로 있음
② 총론: 제8식은 잡염법 + 청정법의 의지처
각론: ③ 제8식은 잡염법의 의지처 ┌ 고제: 소취 = 생
└ 집제: 능취 = 업 + 혹
④ 제8식은 청정법의 의지처 ┌ 멸제: 소증(所證) = 열반
└ 도제: 능증(能證) = 도(道)

『대승아비달마경』의 게송에 대한 또 다른 해석이다. 첫째 구는 제8식이 무시이래의 존재임을 밝히고, 제2구는 제8식이 염정 제법의 의지처가 된다는 것을 총론적으로 언급한다. 그리고 이어 두 구에서 그것을 각각 별도로 논하니, 제3구는 제8식이 잡염법의 의지처라는 것을, 제4구는 제8식이 청정법의 의지처라는 것을 밝힌다. 잡염의 의지처로서든 청정의 의지처로서든 제8식은 일체 제법의 의지처로서 존재한다는 것이다.

<제3해> 혹은 다시 ① 첫 구는 식체가 무시이래로 상속하는 것을 나타내고, ②③④ 뒤의 셋 구는 세 가지 자성에 대해 의지처가 되는 것을 나타낸다. 즉 의타기와 변계소집과 원성실성이니 순서와 같이 알아야 한다.

或復 ① 初句顯此識體無始相續, ②③④ 後三顯與三種自性爲所依止. 謂依他起遍計所執圓成實性, 如次應知.

게송: ① 무시이래의 계(인)이고, ② 일체법의 평등한 의지처(의)이다.
③ 이것으로 인해 모든 취(윤회) 및 ④ 열반의 증득이 있다.

① 제8식 식체가 무시이래로 상속
②③④ 제8식이 3자성의 의지처

- 의타기성 — ② 평등한 의지처
- 변계소집성 — ③ 제취의 의지처
- 원성실성 — ④ 열반 증득의 의지처

위의 게송에 대한 또 다른 해석이다. 제1구는 제8식이 무시이래의 존재임을 말한다고 보는 것으로 앞의 해석과 다를 바 없다. 다만 뒤의 3구는 제8식이 염정 제법의 의지처라는 것에서 더 나아가 식의 3성의 의지처를 뜻하는 것으로 해석한다는 차이를 보인다. 제2구는 평등한 의지처로서 식의 의타기성을 의미하고, 제3구는 윤회의 의지처가 된다는 점에서 제식의 변계소집성을, 제4구는 열반 증득의 의지처가 된다는 의미에서 식의 원성실성을 뜻하는 것으로 해석한다. 염정 제법의 의지처를 식의 3성과 연관지어 해석한 것으로서 근본에 있어서는 서로 상통하는 바가 있다.

> 지금 이 게송에서 설해진 모든 뜻은 제8식을 떠나서는 모두 있을 수가 없다.
> 今此頌中諸所說義, 離第八識皆不得有.

염정 제법 및 7전식의 의지처로든, 유전과 환멸의 의지처로든, 의타기와 변계소집 및 원성실성의 의지처로든 제8식은 존재한다는 뜻이다.

(2)『대승아비달마경』

> 저 경에서 다시 이와 같이 설한다.
> ① 제법을 섭장하므로
> ② 일체종자식이다.
> ③ 그러므로 아뢰야라고 이름하니,
> ④ 내가 수승한 자(승자)에게 열어 보인다.
> 卽彼經中復作是說.
> ① 由攝藏諸法,
> ② 一切種子識.
> ③ 故名阿賴耶,
> ④ 勝者我開示.

『대승아비달마경』에 나오는 또 다른 게송을 가져와서 이 게송을 통해 제8식이 존재한다는 것을 논증한다.

①② 이 본식이 모든 종자를 갖추므로 능히 모든 잡염법을 섭장할 수 있다. ③ 이것에 의거해서 아뢰야식이라는 이름을 건립한다. (상키야가 논하듯) '수승한 자성'(승성)이 전변해서 대(각) 등이 되는 것과는 같지 않으니, 종자와 과는 체가 하나가 아니기 때문이고, 능의와 소의가 모두 생멸하기 때문이다.
①② 由此本識具諸種子, 故能攝藏諸雜染法. ③ 依斯建立阿賴耶名. 非如勝性轉爲大等, 種子與果體非一故, 能依所依俱生滅故.

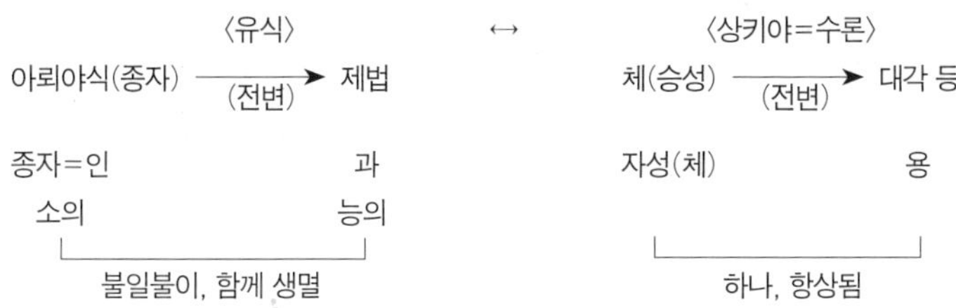

아뢰야식이 잡염 종자를 섭장해서 그로부터 일체법으로 변현한다는 것을 강조하되, 이것이 상키야의 전변설과 다르다는 것을 논한다. 『술기』는 이렇게 설명한다.

이것은 상키야(僧佉)가 계탁하여 승성(勝性)이라고 하는 것을 배제한다. 곧 (상키야는) 자성의 체가 용을 일으킴을 승성이라고 한다. (아뢰야식은) 저것(상키야의 체와 용)이 하나인 것과 같지 않다. 이 아뢰야식은 제법인 결과와 하나도 아니고 다른 것도 아니다. 또 그것(상키야)과 달리 체성이 다르다고 말하기 때문이며, 제법과 식은 능의와 소의로 모두 생멸하기 때문이니, 저것(상키야의 능과 소)이 항상한 것과 같지 않다. 그러므로 상키야에 의해 계탁된 것과 다르다.[5]

5 『술기』, 350중, "此遮僧佉計爲勝性. 卽自性體起用名勝性非如彼一. 此阿賴耶與諸法果不一不異. 且對彼說體性異故, 諸法及識能依所依俱生滅故非如彼常. 故與僧佉所計

유식과 상키야는 둘 다 식의 전변을 논한다. 그러나 유식은 아뢰야식 내 종자와 제법의 관계를 불일불이로 간주하고 그 둘 다 생멸하는 것으로 논하는 데 반해, 상키야는 그 둘을 하나로 간주하면서 둘 다 항상된 것으로 논한다는 점에서 서로 다르다. 상키야에서 체는 능견(能見)의 심(心)인 푸루샤가 아니고, 소견(所見)의 원질인 프라크리티이다. 푸르샤와 현상 제법과의 관계는 불일불이이지만, 프라크리티와 현상 제법은 동일성이 유지되는 관계이다. 그러므로 프라크리티(승성)로부터 현상 제법으로의 변현을 논하는 상키야의 전변과 아뢰야식으로부터 현상 제법으로의 변현을 논하는 유식의 전변은 같지 않다고 말한다. 상키야에서 설정된 체는 상일한 체인 반면, 유식은 그런 개별적 원질로서 상일한 체를 인정하지 않는다.

잡염법과 서로 섭장이 되며 또 유정에 의해 자아로 집장되므로 이 식을 아뢰야식이라고 이름한다.
與雜染法互相攝藏, 亦爲有情執藏爲我, 故說此識名阿賴耶.

아뢰야식=장식

능장: 종자를 집지하여 잡염법을 일으킴	┐	잡염법과 상호 섭장함
소장: 잡염법에 의해 종자를 훈습받음	┘	
집장: 말나식이 자아로 여김	─	유정에 의해 집장됨

아뢰야식이 갖는 능장과 소장 및 집장의 의미를 따라 그 존재를 논한 것이다. 아뢰야식은 잡염법으로 현행할 종자를 능히 거두어 갖고 있으니 능장이고, 잡염법의 7전식에 의해 종자를 훈습받으므로 소장이며,

異也."

제7식에 의해 자아로 집착되므로 집장이다. 이처럼 3장의 의미를 갖는 식이 바로 제8아뢰야식이다.

④ a. 이미 견도에 든 모든 보살들은 진실한 현관(現觀)을 얻으므로 수승한 자라고 이름한다. 그는 능히 아뢰야식을 증해(證解)하므로 / 우리 세존이 바로 열어 보인다. b. 혹은 모든 보살을 모두 수승한 자라고 이름한다. 비록 견도 이전에는 아뢰야식을 아직 증해할 수 없지만 그래도 능히 신해(信解)하여 저 전의를 구하므로 그렇게 말한다. 전식에는 이와 같은 뜻이 있지 않다. (14하)

④ a. 已入見道諸菩薩衆得眞現觀名爲勝者. 彼能證解阿賴耶識, 故 / 我世尊正爲開示. b. 或諸菩薩皆名勝者. 雖見道前未能證解阿賴耶識, 而能信解求彼轉依故亦爲說. 非諸轉識有如是義. (14하)

수승한 자:

a. 견도에 든 보살: 아뢰야식을 증해(證解)

b. 모든 보살 : 아뢰야식을 신해(信解)

견도에 이르기 전에는 아뢰야식을 아직 증득하지 못해 믿을 뿐이지만, 견도에 이르면 아뢰야식을 증득하여 알게 된다고 말하다. 『술기』는 이렇게 설명한다.

보살지에 든 보살을 '수승한 자'라고 이름한다. 그는 유식에 계합하므로 능히 아뢰야식을 증득하여 이해하며, 비방하는 분별아집을 일으키지 않는다. 그러므로 우리 세존께서 바로 열어 보이신다. 자기 위(位)를 이미 얻은 자로 하여금 거듭

명정(明淨)하게 하려고 지금 다시 이를 보이고, 후지(後地)를 아직 얻지 못한 자로 하여금 나아가 닦게 하려고 지금 여는 것이다.[6]

견도를 거쳐 보살지에 든 자를 수승한 자라고 한다. 견도에서 유식의 이치를 깨달아 아는 것은 곧 아뢰야식을 증득하여 아는 것을 의미한다. 이것을 아뢰야식을 '증해(證解)' 한다고 말한다. 게송에서 수승한 자에게 열어 보인 것이 바로 아뢰야식이므로 아뢰야식은 별도의 식체로서 존재한다는 것이다.

견도에서의 깨달음인 아뢰야식의 증해는 뭔가 완전히 새롭고 특별한 앎이 아닐 것이다. 세계를 바라보면서 이 세계가 나의 주객분별적 제6의식의 대상에 그치는 것이 아니라는 것, 단순히 죽은 물질(색법)에 불과한 것이 아니라 나의 살아 있는 심층마음과 하나로 결부되어 있다는 것을 아는 것, 따라서 나의 마음 또한 주객분별적 표층의식에 그치지 않고 주객을 포괄하고 자타를 하나로 포함하는 심층마음, 불이(不二)의 한마음이라는 것을 아는 것이 바로 제8아뢰야식의 증해에 해당할 것이다.

(3) 『해심밀경』

『해심밀경』에서도 또한 이런 말을 한다.

① 아타나식은 매우 깊고 미세해서,

② 일체 종자가 폭류와 같다.

③ 나는 범부와 어리석은 자(소승)에게 열어 제시하지 않으니,

④ 그들이 분별하여 아라고 집착할까 염려되어서이다.

---

6 『술기』, 350중, "入地菩薩名爲勝者. 彼契唯識, 故能證解阿賴耶識, 不生誹謗分別我執. 故我世尊正爲開示. 自位已得令其重明淨今更示之, 後地未得令其進修今爲開也."

解深密經, 亦作是說.

① 阿陀那識甚深細,

② 一切種子如瀑流.

③ 我於凡愚不開演,

④ 恐彼分別執爲我.

위의 게송은 『해심밀경』(『대정장』 16권, 692하)에 나오는 게송이다. 정심(定心)에서든 산심(散心)에서든 우리가 보는 것이 모두 우리 자신의 식(識)을 떠난 것이 아니라는 '유식(唯識)'을 논한 후 이 게송이 등장한다. 유식의 근거는 제8아뢰야식이지만, 그 아뢰야식을 모든 사람에게 그대로 설파하기를 망설였다는 것이다. 아집에 매인 어리석은 자가 '아뢰야식'에 대해 듣고는 그 식의 실상을 제대로 이해하지 못하고 오히려 그것을 자신 안의 개별적 자아인 자신의 내적 자아로 여기면서 아집을 더 크게 키울까 봐 걱정되기 때문이다.

① a. 모든 법의 종자를 능히 집지(執持)하고 b. 색근과 의지처를 능히 집수(執受)하며, c. 또한 결생과 상속을 능히 집취(執取)하므로, 이 식을 설하여 '아타나식'이라고 이름한다.
① a. 以能執持諸法種子, b. 及能執受色根依處, c. 亦能執取結生相續, 故說此識名阿陀那.

아타나식:

a. 집지(執持): 제법 종자를 집지

b. 집수(執受): 색근(승의근)과 의지처(부진근)을 집수. 집수=집지+각수(覺受)

c. 집취(執取): 결생과 상속을 집취

여기에서는 아뢰야식을 '아타나식' 이라고 부르며, 세 가지 근거를 들어 그 존재를 논하였다. 이에 대해 『술기』가 설명한다.

> 여기에서는 세 가지 뜻으로 해석하였다. 『섭대승론』에는 둘만 있고 첫 번째 종자는 없다. a. 만약 종자를 보면 곧 '집지' 라고 이름하니, 종자를 잃지 않게 하지만 각수(覺受)는 없기 때문이다. b. 색근과 의지처를 '집수' 라고 이름하니, 근을 무너지지 않게 하고 각수를 생겨나게 하기 때문이다. c. 만약 처음에 결생하고 후에 상속을 일으키면 '집취' 라고 이름하니, 모든 존재를 취착하기 때문이다.[7]

여기에서 종자는 제8식에 함장되어 있는 잠재적 공능으로서의 종자이므로 '집지' 의 의미만을 가진다고 말한다. 식소변으로서 구체화된 색근(승의근)과 그 의지처인 부진근은 깨어 있는 '각수' 의 의미를 가진다. 윤회의 6취에 태어나고(결생) 상속하게 되는 것은 '집취' 라고 한다. 제8식이 갖는 집지와 각수 그리고 그에 따른 윤회 상속의 집취의 측면을 드러내기 위해 그 식을 '아타나식' 이라고 부른다.

무성의 유정(범부)은 깊이를 궁구할 수 없으므로 매우 깊다고 말하고, 취적(2승) 종성은 통달할 수 없으므로 매우 미세하다고 말한다.

無性有情不能窮底, 故說甚深, 趣寂種性不能通達, 故名甚細.

7 『술기』, 350하, "此三義釋. 『攝論』有二無初種子. a. 若望種子卽名執持, 令種子不失無覺受故. b. 色根依處名爲執受, 令根不壞生覺受故. c. 若初結生後生相續名爲執取, 取諸有故."

무성유정(일반 범부)에게 아뢰야식은 너무 깊음 — 궁구할 수 없음
취적종성(2승 종성)에게 너무 미세함 — 통달(무루도로 증득)할 수 없음

아뢰야식이 깊고 미세하다는 것을 나누어 설명한다. 아뢰야식은 일반 범부에게는 너무 깊어 차마 헤아리기도 어렵고, 성문과 연각은 수행을 통해 어느 정도의 깊이에 이르므로 아뢰야식을 궁구할 수는 있지만 그래도 너무 미세해서 통달하여 알지는 못한다는 것이다.

② 이것은 일체법의 진실한 종자이다. 연에 격발되어 곧 전식의 물결을 일으키며 항상 끊어짐이 없어 폭류와 같다.
② 是一切法眞實種子. 緣擊便生轉識波浪, 恒無間斷猶如瀑流.

제8아뢰야식의 종자 ——(연을 따라)——▶ 전식

게송의 제2구, '일체종자여폭류'를 풀이한 것이다. 제8식 내의 종자가 일체법을 형성하는 친인의 종자이며, 그 종자들이 연을 만나면 현행하여 일체법을 일으킨다는 것을 폭류에 비유한 것이다.

③④ 범부는 무성이고, 어리석은 자는 취적이다. 저들이 이것(제8식)에 대해 분별하여 집착을 일으켜서 (범부가) 여러 악취에 떨어지고, (2승이) 성도를 일으킴을 장애할까 두려워서 우리 세존이 열어 보이지 않은 것이다. 오직 제8식에만 이러한 모습이 있다.
③④ 凡卽無性, 愚卽趣寂, 恐彼於此起分別執, 墮諸惡趣障生聖道, 故我世尊不爲開演. 唯第八識有如是相.

범(凡) = 무성종성: 분별 집착해서 악취에 떨어짐
우(愚) 2승 = 취적종성: 분별 집착해서 성도를 일으킴을 장애함

게송의 제3구, '아어범우불개연'과 제4구 '공피분별집위아'를 설명한 것이다. 범(凡)은 무성종성의 범부, 우(愚)는 취적종성의 2승을 말한다. 대승에 이르러 비로소 아뢰야식을 설하게 된 까닭을 설명한 것이다. 이와 같이 대승에서 새롭게 열어 설한 것이 바로 아뢰야식이다. 석가는 범부나 2승이 아뢰야식에 대한 말을 듣고는 오히려 그 아뢰야식을 자신의 내적 자아로 잘못 분별하여 집착할까 봐 걱정되어 처음에 설하지 않았다는 것이다. 집착 대상으로 삼을까 봐 말하기를 꺼렸던 식이 바로 제8식이니, 그러한 제8식은 존재한다는 것이다.

(4) 『입능가경』

『입능가경』도 이와 같이 설한다.

바다가 바람의 연을 만나 갖가지 파도 물결을 일으켜서,
현전의 작용이 전전하여 끊어지는 때가 없는 것과 같이,
장식의 바다도 또한 그렇게 경계 등의 바람에 격발되어,
항상 여러 식의 물결을 일으켜서 현전의 작용이 전전한다.

『入楞伽經』亦作是說.

如海遇風緣, 起種種波浪,
現前作用轉, 無有間斷時.
藏識海亦然, 境等風所擊,
恒起諸識浪, 現前作用轉.

바다 + 바람(연) → 파도 물결
장식 + 경계(연) → 제식(7전식)

『입능가경』 2권(『대정장』 16권, 523중)에 나오는 게송이다. 바다가 바람에 의해 갖가지 파도를 일으키듯이 제8식인 장식은 경(境)에 의해 격발되어 갖가지 식(7전식)을 일으킨다는 것이다. 그러나 경이 직접적으로 장식을 격발시키는 것은 아니다. 경은 장식에 의해 비로소 생겨난 것이므로, 그것이 다시 직접 장식을 격발하지는 않는다. 오히려 그 과정은 복잡하게 얽혀 있다. 즉 장식에 의해 형성된 경이 7전식을 격발하면, 7전식이 장식에 종자를 훈습하고, 장식은 그렇게 훈습된 종자로 인해 격발되어 출렁이며 현전의 물결을 일으킨다. 즉 제법(경)으로 변현한다. 『술기』는 설명한다.

> 그러나 '경 등의 바람에 격발되어' 에서 이 제8식 자체의 경은 종자를 훈성하지 않으므로 장식을 격발할 수 없다. 이것은 a. 7식의 경인 상분이 종자를 훈습하는 것이다. 다시 '등' 이라는 것은 a. 소연연이 격발할 뿐 아니라 또한 b. 증상의 7식의 견분, c. 종자인연, d. 앞의 등무간연 등에 의해 격발되기 때문이다. 혹은 자체 경계는 비록 능훈이 아니지만, 모름지기 수용해야 하므로 '본식이 일어난다' 고 말하고, 그러므로 경계 등이라고 말한 것이다. 이것은 친히 격발되는 것이 마치 자신의 등무간연이 비록 종자를 훈습하지 않지만 격발하여 생기게 하는 것과 같기 때문이다.[8]

a.7식의 경(상분=소연연)+b.견분=증상연　　d.현행(등무간연) →〈현전작용〉
↓〈현행훈종자〉　　　　　　　　　　　↑　　　　　　↑〈종자생현행〉
장식: 종자 → … … … … … … … → 종자　　→　　c.종자(인연)

8 『술기』, 351하, "然境等風所擊之中, 此第八識自境不熏成種, 不能擊發藏識. 是七識境相分熏種也. 復言等者謂非但所緣緣擊發, 亦爲增上七識見分, 種子因緣, 前等無間等之所擊故. 或自境界雖非能熏爲須受用故, 亦說本識生, 故言境等. 此是親所擊發如自等無間雖不熏種亦擊生故."

이와 같이 7전식이 경에 의해 결박되어 종자를 심는다면, 그 종자는 어디에 심겨지는가? 종자가 심겨지는 곳이 바로 장식인 제8식이다. 그러므로 경에 의해 훈습받아 다시 경으로 변현할 장식이 제8식으로 존재한다는 것이다.

안식 등의 식에는 대해처럼 항상 상속해서 전전하며 식의 물결을 일으키는 것이 없다. 그러므로 별도로 제8식의 성이 있음을 알아야 한다. 이러한 무량의 대승경전에서 모두 이 제8식이 별도로 있다고 설한다.
眼等諸識無如大海, 恒相續轉起諸識浪. 故知別有第八識性. 此等無量大乘經中, 皆別說有此第八識.

대해처럼 상속 전전하는 식 = 제8식

7전식에 의해 종자를 훈습받으면서 대해처럼 상속하여 흐르는 식이 바로 제8식이다. 그러므로 제8식이 7전식과는 구별되는 별도의 체로서 존재한다는 것이다.

2) 대승의 진리성: 대승비불설(大乘非佛說)에 대한 비판

지금까지 제8아뢰야식이 7전식과는 구분되는 별도의 식체라는 것을 여러 경전의 글을 가져와서 논증하는 교증(教證)을 살펴보았다. 그런데 여기 인용된 글들은 모두 대승경전에서 가져온 것이다. 이에 혹 다음과 같은 반문이 가능할 것이다. 아뢰야식은 대승불교에서만 인정하는 것은 아닌가? 석가의 가르침인 초기불교사상에서도 아뢰야식의 가르침을 발견할 수 있는가? 아뢰야식을 설하는 대승불교사상이 과연 불설이긴 한가?

20세기 말 일본에서 유행한 비판불교는 '여래장사상은 불교가 아니다.' 라고 주장하며 대승은 석가의 가르침이 아니라는 '대승비불설' 을 주장하였다. 그렇지만 이런 대승비불설은 대승경전이 등장하기 시작한 이후 계속 제기되어 온 문제이며, 이미 그에 대한 반박 또한 적지 않다. 이하 『성유식론』에서는 유식사상을 포함한 대승불교사상이 석가가 설한 핵심내용을 그대로 계승 발전시킨 불교의 지극한 가르침이라는 것을 논한다.

(1) 대승경전의 진리성: 다섯 가지 이유

> 모든 대승경전은 모두 ① 무아에 수순하고 수취취(보특가라)에 거스르며, ② 유전을 등져서 버리고 환멸로 향해 나아간다. ③ 불법승을 찬양하고 모든 외도를 비판하며, ④ 온(蘊) 등의 법을 표방하고 승성(자성) 등을 배제한다. ⑤ 대승을 즐기는 자는 전도가 없는 이치를 능히 현시하는 경전에 속함을 인정한다. 그러므로 (유부의)『증일아함경』 등과 같이 '지극한 가르침의 인식' (지교량)에 속한다.
> 諸大乘經, ① 皆順無我, 違數取趣, ② 棄背流轉, 趣向還滅. ③ 讚佛法僧, 毁諸外道, ④ 表蘊等法, 遮勝性等. ⑤ 樂大乘者許能顯示無顚倒理契經攝. 故如增壹等至教量攝.

대승경전의 특징:

① 무아를 따르고, 보특가라(실체아)를 비판함
② 유전을 버리고, 환멸로 나아감
③ 불법승을 찬양하고, 외도를 비판함
④ 온(蘊) 등의 법을 표방하고, (상키야 전별설의) 승성을 배제함
⑤ 무전도의 이치를 현시함
∴ 대승은 지극한 가르침의 인식(지교량)임

지금까지 아뢰야식이 존재한다는 것을 경전을 통해 증명하는 교증을 행하였는데, 그 교증으로 사용된 경전이 모두 대승경전이기에, 여기에서는 대승경전이 석가가 설한 불교적 진리를 그대로 간직한 경전이라는 것을 논한다. 즉 대승경전이 아뢰야식을 설한다고 해서 초기불교사상과 다르다거나 초기불교의 기본정신에서 어긋나는 사상이 아니라, 오히려 초기불교의 무아사상을 계승하여 발전시킨 사상이라는 것, 석가의 지극한 가르침이라는 것을 논하는 것이다.

대승이 불교의 핵심사상을 전개한 지극한 가르침이라는 것의 근거로서 ① 무아사상과 어긋나지 않는다는 것, ② 잡염의 현상계로의 전변을 너머 환멸문을 지향한다는 것, ③ 브라마니즘 등 외도를 비판하며 불법승 3보를 찬양하는 초기불교 정신과 다르지 않다는 것, ④ 온·처·계 등의 법을 설하는 초기불교 교설과 일치하며 상키야의 실체론을 비판한다는 것, ⑤ 무상·고·무아 등 무전도의 이치를 현시하고 있다는 것을 제시한다. 이러한 점에 비추어 볼 때 대승경전의 내용은 석가가 설한 지극한 가르침이라는 것이다.

(2) 『장엄론』이 제시하는 '대승불설'의 일곱 가지 이유

> 또 거룩한 자씨(미륵)는 일곱 가지 이유로 대승경전이 진실로 불설임을 증명하였다.
> 又聖慈氏以七種因證大乘經眞是佛說.

『대승장엄경론』 1권(『대정장』 31권, 591상)에서는 대승경전이 왜 비불설이 아니고 불설인지를 일곱 가지 이유를 들어 논한다. 여기에서 자씨는 미륵보살을 말한다. 『술기』는 이렇게 설명한다.

『장엄론』의 게송은 미륵이 설한 것이고, 장행의 해석은 세친이 행한 것이다. 옛 사람이 알지 못하고 모두 세친이 지었다고 말한 것은 잘못이다. (미륵은) 범어로 매달리야(梅呾利耶, Maitreya)라고 한다. 지금의 『장엄론』에서는 (대승불설론에) 여덟 가지 이유가 있다고 설한다. 범본에 보면 일곱 가지뿐이다. 여기의 다섯 번째 있고 없음의 이유를 그곳에서 별도로 분리하였기 때문이다.[9]

이하에서 차례대로 논할 대승불설의 7가지 근거는 정리하면 다음과 같다.

대승경전이 불설인 근거 7가지:
① 석가가 비불설의 대승 출현을 말하지 않음
② 소승과 대승이 함께 유행함
③ 대승의 내용이 외도의 사량 경계가 아님
④ 누구나 인정할 진리임
⑤ 대승 없으면 소승도 없음
⑥ 대승 무분별지로 번뇌가 대치됨
⑦ 대승 설의 의취가 깊음

① 첫째는 우선 기별하지 않았기 때문이다. 만약 대승경전이 부처의 멸도 이후에 다른 자가 정법을 파괴하기 위해 설한 것이라면, 어째서 세존이 '앞으로 두려워할 만한 일이 일어날 것이다.'와 같이 앞서 미리 기별하지 않았겠는가?

① 一先不記故. 若大乘經佛滅度後有餘爲壞正法故說, 何故世尊非如'當起諸可怖事'先預記別?

9 『술기』, 352중, "『莊嚴論』頌文彌勒所說, 長行釋者世親所爲. 舊人不知, 總謂天親作, 謬也. 梵言梅呾利耶. 今『莊嚴論』說有八因. 依勘梵本但有七種. 此中第五有無有因, 彼別離之故爲八種."

석가는 불멸 후 불법(佛法)이 행해지는 시기를 다음과 같이 나누어 말하였다. 각각의 기는 500년이라는 설도 있고(『금강경』), 본래 1000년인데 여인출가로 인해 500년으로 줄었다는 설도 있다(『선견바사론(善見婆娑論)』).

	교법(계)	+ 수행(정)	+ 깨달음(혜)	
1. 정법(正法)시기:	○	○	○	불법이 실현된 시기
2. 상법(像法)시기:	○	○	×	불법과 유사한 시기
3. 말법(末法)시기:	○	×	×	가르침만 남은 시기

이러한 시기 구분에 따라서 보면 불법 아닌 비불법으로서 대승설이 나온다는 기별이 없었다는 것이다. 그러므로 대승은 비불설이 아니라 불설이라고 볼 수 있다는 것이다.

② 둘째는 본래 함께 유행하였기 때문이다. 대승과 소승의 가르침은 본래 함께 유행하였다. 어찌 대승만 유독 불설이 아니라고 알겠는가?
② 二本俱行故. 大小乘教本來俱行. 寧知大乘獨非佛說?

『장엄론』에서는 소승(성문승)과 대승이 '동행(同行)' 하였다고 말한다. 그러므로 대승은 불멸 후에 비로소 나온 것이 아니라 처음부터 성문승과 함께 있었다는 것이다. 그러므로 소승은 아니고 대승만 비불설이라고 말할 수 없다는 것이다.

③ 셋째는 다른 경계가 아니기 때문이다. 대승에서 / 설하는 광대하고 매우 심오한 것은 외도 등의 사량 경계가 아니다. 저들(외도)의 경론 중에서는 일찍이 설해지지 않은 것이며, 설혹 저들을 위해 설했어도 역시 믿고 받아들이지 않았을 것이다. 그러므로 대승경은 불설이 아닌 것이 아니다. (15상)
③ 三非餘境故. 大乘 / 所說廣大甚深, 非外道等思量境界. 彼經論中曾所未說, 設爲彼說亦不信受. 故大乘經非非佛說. (15상)

대승이 설하는 내용은 광대하고 심오해서 외도 등이 알지 못한다는 것이다. 『술기』는 여기에서 '외도 등'이라고 한 것은 외도와 성문승을 함께 말한 것이라고 설명한다. 대승에서 설하는 가르침의 내용이 너무 넓고 깊어서 외도나 성문승이 이해하지 못한다는 것이다. 이는 그들의 근기에서 비롯되는 이해의 폭이 넓고 깊지 못하기 때문이고, 결국 그들이 수용할 수 있는 경계가 아니기 때문이다.

④ 넷째는 마땅히 서로가 인정(극성)해야 하기 때문이다. 만약 대승이 다른 부처의 설이고 지금의 부처(석가)의 말은 아니라고 해도, 곧 대승의 가르침은 부처의 설인 것이니, 그 이치는 누구나 인정하는 것이다.
④ 四應極成故. 若謂大乘是餘佛說, 非今佛語, 則大乘教是佛所說, 其理極成.

대승의 내용이 석가의 설은 아니고 석가 이외의 다른 부처의 설이라고 주장한다고 해도, 이는 곧 부처의 설로 인정하는 것이므로 '대승비불설'의 주장은 잘못이라는 것이다.

> 만약 대승은 가섭 등 다른 부처의 설이고 석가의 설은 아니라고 말하면, 곧 대승이 불설이라는 것을 허용함을 둘 다 인정하는 것이 된다. 지금의 부처 또한 마땅히 이 대승을 설해야 하니, 부처의 지혜는 대등하기 때문이다.[10]

불교의 가르침을 진리라고 간주하는 것은 그것이 어떤 한 구체적인 역사적 인물인 석가가 말했기 때문이 아니라, 그것이 궁극의 깨달음을 증득한 각자(覺者)인 부처가 말했기 때문이다. 그러므로 대승의 내용을 석가 아닌 다른 부처가 말했다고 해서 그러니까 비불설이라고 할 수는 없다는 것이다. 깨달은 자인 부처의 설이 곧 불설이기 때문이다.

⑤ 다섯째는 (대승의) 유무가 있기 때문이다. a. 만약 대승이 있다면, 이 모든 대승의 가르침은 부처의 말임을 마땅히 믿어야 한다. 이것을 떠나서는 대승을 얻을 수 없기 때문이다. b. 만약 대승이 없다면, 성문승의 가르침 또한 응당 없다. 대승을 떠나서 부처의 뜻을 이룰 수 있는 자가 결정코 없으니, 누가 세간에 나타나서 성문승을 설하겠는가? 그러므로 성문승은 부처의 설이고 대승교는 아니라는 것은 마땅히 바른 이치가 아니다.

⑤ 五有無有故. a. 若有大乘, 卽應信此諸大乘教是佛所說. 離此大乘不可得故. b. 若無大乘, 聲聞乘教亦應非有. 以離大乘決定無有得成佛義, 誰出於世說聲聞乘? 故聲聞乘是佛所說非大乘教, 不應正理.

10 『술기』, 353상, "若言大乘是迦葉等餘佛語, 非釋迦語, 則極成許大乘是佛說. 今佛亦應說此大乘, 佛智等故."

대승의 가르침은 진리 → a. 이것이 있으므로 대승도 있고, b. 성문승도 있음

여기서 대승은 깨달음의 내용인 대승의 체, 부처의 가르침, 진리 자체를 말한다.

a. 대승인 진리 자체가 있으므로 부처에 의해 말해질 수 있는 것이다. 진리가 있으므로 부처가 등장해서 성문승이든 대승이든 말할 수 있는 것이므로, 대승이 부처의 말이 아니라고 할 수 없다는 것이다.

b. 만약 그러한 진리를 인정하지 않는다면, 즉 부처에 의해 말해질 수 있는 진리 자체를 인정하지 않는다면, 이는 곧 진리를 말할 부처가 없다는 말이며, 그렇다면 성문승의 진리도 말할 수 없다고 해야 한다. 누가 부처로 나타나서 성문승의 진리를 말할 수 있었겠는가? 『술기』는 말한다.

능전(能詮)의 불교와 소전의 불행(佛行)이 없으면, 무엇에 의지해서 부처를 이루어 성문승을 설하겠는가?[11]

진리가 있으므로 그 진리를 설한 대승이 불설인 것이고, 진리가 없다면 성문승도 성립하지 않는다. 그러므로 성문의 불교는 부처의 말이고 대승불교는 부처의 말이 아니라는 주장은 타당하지 않다.

⑥ 여섯째는 능히 대치하기 때문이다. 대승경전에 의거해서 근면하게 수행하는 자는 모두 무분별지를 이끌어 얻을 수 있고, 일체 번뇌를 바르게 대치할 수 있다. 그러므로 이것이 부처의 설임을

11 『술기』, 353중, "以無能詮佛教所詮佛行, 依誰成佛說聲聞乘?"

마땅히 믿어야 한다.
⑥ 六能對治故. 依大乘經勤修行者, 皆能引得無分別智, 能正對治一切煩惱. 故應信此是佛所說.

대승 수행 → 무분별지를 얻어 번뇌를 대치함

대승을 통해 법집을 끊고 법공에 입각한 무분별지를 얻을 수 있으니, 법공과 무분별지를 설하는 대승을 부처의 설이라고 믿어야 한다는 것이다.

⑦ 뜻(의)이 글(문)과 다르기 때문이다. 대승에서 말하는 뜻의 취지는 매우 깊다. 글을 따라 그 의미를 취해서 곧 비방하여 부처의 설이 아니라고 말해서는 안 된다. 그러므로 대승은 진실로 불설이다.
⑦ 七義異文故. 大乘所說意趣甚深. 不可隨文而取其義, 便生誹謗謂非佛語. 是故大乘眞是佛說.

대승에서 설해지는 것의 의취(뜻의 취지)는 매우 심오하기 때문에 단지 개념을 따라 이해하는 차원을 넘어 더 깊이 사유해야 한다. 글자만을 따라 의미를 생각하면서 그것이 불설이 아니라고 비방하는 것은 그 의취를 제대로 이해하지 못한 것이다.

『장엄론』이 이 뜻을 게송으로 말한 것과 같다.
① 먼저 기별하지 않았고 ② 함께 유행하며,
③ 다른 자가 행하는 경계가 아니다.

> ④ 모두가 인정하고 ⑤ 유무가 있으며,
> ⑥ 대치하고 ⑦ 글과 다르기 때문이다.
>
> 如『莊嚴論』頌此義言.
>
> ① 先不記 ② 俱行,
> ③ 非餘所行境.
> ④ 極成 ⑤ 有無有,
> ⑥ 對治 ⑦ 異文故.

대승이 불설이라는 것을 논증하는 앞의 일곱 가지 이유를 다시 간략히 게송으로 언급한 것이다. 이상과 같이 '대승비불설'을 논파함으로써 제8아뢰야식이 존재한다는 것을 교증(教證)하기 위해 대승경전을 인용한 것이 문제가 없음을 논하였다.

3) 밀의(密意)로서 아뢰야식을 설하는 부파경론

> 다른 부파경전에서도 또한 밀의로서 아뢰야식에 별도의 자성이 있다고 말한다.
>
> 餘部經中亦密意說阿賴耶識有別自性.

대승경전이 아닌 성문승의 부파경전에도 이미 아뢰야식의 존재를 시사하는 글들이 있음을 밝힌다. '밀의(密意)'는 비밀스런 뜻이다. 부파경전이 아뢰야식을 드러내 놓고 논의하지는 않지만, 그래도 거기에서 언급된 식의 의미를 깊이 있게 고찰해 보면, 그 안에 감추어져 있는 비밀스런 뜻인 밀의가 드러난다는 것이다. 즉 부파경전에서 언급하는 식(識)의 깊은 의미를 따져 보면 결국 별도의 자성을 가지는 아뢰야식의 존재를 인정하고 있음을 알 수 있다는 것이다. 밀의로서 제시되는 심층식의 이름은 부파경전마다 차이를 보인다.

부파경론:
(1) 대중부의 『아함경』: 근본식(根本識)
(2) 상좌부, 분별론자: 유분식(有分識)
(3) 화지부: 궁생사온(窮生死蘊)
(4) 설일체유부의 『증일아함경』: 아뢰야를 애(愛)·락(樂)·흔(欣)·희(憙)

(1) 대중부의 『아함경』: 근본식

즉 대중부의 『아급마(아함)』에서 밀의로서 이것(아뢰야식)을 설하여 '근본식(根本識)'이라고 이름한다. 이것은 안식 등의 의지처이기 때문이니, 비유하면 나무뿌리가 줄기 등의 근본인 것과 같다. 안식 등의 식은 이와 같은 뜻이 있지 않다.
謂大衆部阿笈摩中密意說此名根本識. 是眼識等所依止故, 譬如樹根是莖等本. 非眼等識有如是義.

대중부의 『아함경』: 근본식 = 안식 등 6식의 의지처 = 제8식

『술기』는 "'아급마'는 '교'라고 번역한다."[12]고 하는데, 이는 곧 『아함경』을 뜻한다. 안식 등은 6식을 말하며, 6식의 의지처가 되는 식은 6식 자체일 수 없다. 줄기가 뿌리에 의지하듯 6식이 의지하는 식은 6식 자체가 아니라 6식보다 더 심층의 식이어야 하며, 이를 '근본식'이라고 부르는데, 이것이 바로 제8아뢰야식에 해당한다는 것이다. 『술기』는 말

12 『술기』, 354상, "阿笈摩者此翻爲教."

한다.

6전식은 근본이라고 이름할 수 있는 것이 아니니, 6전식을 일으킬 수 없기 때문이다. 오직 제8식에만 이와 같은 뜻이 있다.[13]

6식의 근거가 6식 자체일 수 없는 것은 6식에는 끊어지는 순간들이 있기 때문이다. 줄기가 겨울에 없다가도 다시 그 자리에 자라날 수 있는 것은 그 아래 뿌리가 있기 때문이듯이, 6식은 그보다 더 깊은 근본식에 의거하며 그 근본식은 바로 제8식이다.

(2) 상좌부: 유분식

상좌부 경전과 분별론자는 모두 밀의로서 이것(아뢰야식)을 설하여 '유분식(有分識)'이라고 이름한다. 유는 3유를 말하고 분은 인(因)의 뜻이다. 오직 이것만이 항상되고 두루하여 3유의 인이 된다.
上坐部經分別論者俱密意說此名有分識. 有謂三有, 分是因義. 唯此恒遍爲三有因.

상좌부, 분별론자: 유분식=유(3계)의 분(인)인 식. 항상되고 두루하는 식=제8식

상좌부와 분별론자들은 '유분식(有分識)'을 설하는데, 유분식의 유(有)는 3유, 즉 욕계, 색계, 무색계의 3계를 의미하고, 분(分)은 인(因)을 의미하므로 유분식은 3계의 원인이 되는 식이라는 뜻이다. 이 식은 6도윤회하는 세계 전체의 인이 되는 식으로서 시간적으로 항상되고 공

13 『술기』, 354상, "非六轉識可名根本, 不能發起六轉識故. 唯第八識有如是義."

간적으로 두루하는 식이어야 한다. 따라서 중단되기도 하고 두루하지 않는 6식은 유분식일 수 없고, 그것은 결국 제8식일 수밖에 없다.[14]

『술기』는 "분별론자는 예전에 분별설부라고 이름하고, 지금은 설가부라고 한다."[15]고 설명한다. 설가부는 대중부의 한 부파이다. 이와 같이 상좌부와 설가부가 논한 유분식도 유식이 말하는 제8아뢰야식과 다를 바 없으므로, 제8아뢰야식은 유식뿐 아니라 여러 부파에서 두루 인정한 식이다.

(3) 화지부: 궁생사온

화지부는 이것(아뢰야식)을 설해 '궁생사온(窮生死蘊)'이라고 이름한다. 제8식을 떠나서는 생사가 다할 때까지 끊어지는 때가 없는 별도의 온법은 없다. 무색계에서는 모든 색이 끊어짐이 있고, 무상천 등에서는 나머지 마음 등이 멸하며, 불상응행법은 색과 심 등을 떠나 별도의 자체가 없음을 이미 누구나 인정하기 때문이다. 오직 이 식(아뢰야식)만을 궁생사온이라고 이름한다.
化地部說此名窮生死蘊. 離第八識無別蘊法窮生死際無間斷時. 謂無色界諸色間斷, 無想天等餘心等滅, 不相應行離色心等無別自體, 已極成故. 唯此識名窮生死蘊.

화지부: 궁생사온 = 생사 윤회 다하도록 중단되지 않는 온 = 제8식
색: 무색계에서 단
(8식 이외의) 심과 심소: 무상천 등에서 멸
불상응행법: 색과 심 떠나서 체가 없음

14 상좌부가 '바방가' 라고 부른 식이 바로 유분식이다.
15 『술기』, 354상, "分別論者舊名分別說部, 今說假部."

상좌부 중의 한 부파인 화지부에서는 '궁생사온'을 주장하는데, 이는 생사가 다하도록 끊어짐이 없는 식을 뜻한다. 그런데 색은 무색계에서 끊어지고 의식은 무상천에서 끊어지므로, 생사가 다하도록 끊어짐이 없는 식은 의식보다 더 심층의 식인 제8식일 수밖에 없다. 이처럼 궁생사온을 주장한 화지부도 결국 제8아뢰야식을 인정한 것이라고 볼 수 있다.

(4) 설일체유부의 『증일아함경』: 아뢰야

설일체유부의 『증일아함경』에서도 밀의로서 이것(아뢰야식)을 설하여 '아뢰야(賴耶耶)'라고 이름하며, '아뢰야를 사랑하고 아뢰야를 즐기며 아뢰야를 기뻐하고 아뢰야를 좋아한다.'고 말한다. 즉 아뢰야식은 탐의 총체적이고도 / 개별적인 3세의 경계이므로, 이 네 가지 이름을 세운다. 유정이 집착하여 진실한 자기의 내적 자아로 삼고, 아직 끊지 못한 때까지 항상 애착을 일으킨다. (15중)

說一切有部增壹經中亦密意說此名阿賴耶, 謂愛阿賴耶, 樂阿賴耶, 欣阿賴耶, 憙阿賴耶. 謂阿賴耶識是貪總 / 別三世境故, 立此四名. 有情執爲眞自內我, 乃至未斷恒生愛著. (15중)

설일체유부의 『증일아함경』: 아뢰야

애(愛)아뢰야: 낙(樂)아뢰야, 흔(欣)아뢰야, 희(喜)아뢰야 – 제8식을 자아로 여겨 사랑함

총체 : 현재 + 과거 + 미래

우리가 사랑하는 것은 결국 자기 자신이다. 내가 나라고 여기고 좋아하는 것을 아뢰야라고 부르니, 유부도 집장으로서의 아뢰야식을

밀의로서 설하고 있다는 것이다. 수행을 통해 아애를 끊기 전까지 우리가 자아로 여기면서 집착하는 것이 바로 아뢰야식이기 때문이다. 사랑함을 네 가지로 구분하여 칭한 것에 대해 『술기』는 이렇게 설명한다.

> 무성은 '애는 총체적인 구절이고, 나머지 셋이 현재 · 과거 · 미래의 순서대로 3세를 개별적으로 설한 것이다.' 라고 한다.[16]

말나식이 제8식을 집착하여 자신의 내적 자아로 삼으면서 사랑하는 것이 아애(我愛)인데, '애아뢰야'가 이것에 해당한다. 이것은 아집을 총체적으로 말한 것이고, 3세에 따라 셋으로 구별하여 현재의 아뢰야를 좋아하는 것은 낙(樂), 과거의 아뢰야를 좋아하는 것은 흔(欣), 미래의 아뢰야를 좋아하는 것은 희(喜)이다. 이처럼 우리의 애착의 대상이 되는 아뢰야는 바로 제8아뢰야식이니, 유부도 밀의로서 아뢰야식의 존재를 말하고 있다.

그러므로 아뢰야식이 진실로 애착처이다. a. 마땅히 나머지 5취온 등을 집착하는 것이 아니니, 곧 오로지 고수의 처에 태어난 자는 나머지 5취온에 대해 애착을 일으키지 않는다. 그는 항상 나머지 5취온을 싫어하고 거역해서 내가 언제 장차 이 목숨과 이 중동분

16 『술기』, 354중, "無性云, '愛是總句, 餘三現在過去未來如其次第三世別說.'" 김윤수는 "『섭대승론』 제2권에서도 『증일아함경』 중에 위와 같은 글이 있다고 인용하고 있지만(31-326하), 현존 『증일아함경』에는 같은 표현을 찾아볼 수 없고 『디가니까야』 중의 마하빠다나숫타(PTS본 DNII 36쪽, 각묵 역 한글 DN 제2권 83쪽 대전기경)에 같은 표현이 있다."고 설명한다. 김윤수, 『주석 성유식론』, 양평: 한산암, 2006, 283쪽.

과 이 고의 심신을 버리고, 나로 하여금 자재하게 쾌락을 받게 할 것인가를 생각하기 때문이다. b. 5욕도 역시 진짜 애착처가 아니니, 곧 욕을 떠난 자는 5가지 묘한 욕에 대해 비록 탐착하지 않지만, 자아는 사랑하기 때문이다. c. 락수도 역시 진짜 애착처가 아니니, 곧 제3정려의 염오를 떠난 자는 비록 락수는 싫어하지만 자아는 사랑하기 때문이다. d. 신견 또한 진짜 애착처가 아니니, 곧 무학이 아니면서 무아를 믿는 자는 비록 신견에 대해서는 애착을 일으키지 않지만 내적 자아에 대해서는 애를 일으키기 때문이다. e. 전식 등도 또한 진짜 애착처가 아니니, 무학이 아니면서 심의 멸을 구하는 자는 비록 전식 등은 싫어하지만 자아는 사랑하기 때문이다. f. 색신 또한 진짜 애착처가 아니니, 색의 염오를 떠난 자는 비록 색신은 싫어하지만 자아는 사랑하기 때문이다. g. 불상응 행법은 색심 등을 떠나면 별도의 자체가 없기 때문에, 역시 진짜 애착처가 아니다.

故阿賴耶識是眞愛著處. a. 不應執餘五取蘊等, 謂生一向苦受處者, 於餘五取蘊不生愛著. 彼恒厭逆餘五取蘊, 念我何時當捨此命此衆同分此苦身心, 令我自在受快樂故. b. 五欲亦非眞愛著處, 謂離欲者, 於五妙欲雖不貪著而愛我故. c. 樂受亦非眞愛著處, 謂離第三靜慮染者, 雖厭樂受而愛我故. d. 身見亦非眞愛著處, 謂非無學信無我者, 雖於身見不生貪著, 而於內我猶生愛故. e. 轉識等亦非眞愛著處, 謂非無學求滅心者, 雖厭轉識等而愛我故. f. 色身亦非眞愛著處, 離色染者, 雖厭色身而愛我故. g. 不相應行離色心等無別自體, 是故亦非眞愛著處.

우리가 자아로 여겨 사랑하는 것: 제8식이지 다른 것이 아님

a. 5취온 아님 - 고수처에서 5취온을 싫어해도 자아를 사랑
b. 5욕 아님 - 5욕(색성향미촉 5경에의 욕) 떠난 색계 무색계에서도 자아를 사랑
c. 락수 아님 - 제3선을 넘어서서 락수를 싫어해도 자아를 사랑
d. 신견 아님 - 견도 이후 신견을 안 일으켜도 무학 이전에는 자아를 사랑
e. 전식 아님 - 심의 멸(무상정. 멸진정) 구해 전식과 심소 싫어해도 자아를 사랑
f. 색신 아님 - 염오색 떠나 색신(승의근과 부진근)을 싫어해도 자아를 사랑
g. 불상응행법 아님 - 색과 심 떠나면 불상응행법은 체가 없어 애착처 못 됨

우리가 수행을 통해 무학(아라한) 내지 제8지보살의 경지에 이르기 전까지 끝내 사랑하고 집착하는 것이 바로 내적 자아로 간주된 제8식이다. 이처럼 우리의 애착의 대상이 되는 것이 제8아뢰야식이지, 그 이외의 5취온 등이 아니라는 것을 설명한 것이다.

집착되는 것은 a. 고수처(삼악도)에서 싫어하는 5취온도 아니고, b. 5욕도 아니고, c. 락수도 아니고, d. 신견에서의 자아도 아니고, e. 전식도 아니고, f. 색이나 g. 불상응행법도 아니다. 이런 것들과 구분되면서 우리가 무학 이전까지 계속 자아로 집착하는 것이 바로 제8아뢰야식이라는 것이다.

범부와 유학이 아애를 일으킬 때, 비록 나머지 온에 대해서는 애가 있기도 하고 없기도 하지만 이 식에 대해서는 아애가 필히 일어나므로 오직 이것(아뢰야식)이 진짜 애착처이다. 이 때문에 저것(유부)이 아뢰야의 이름을 설하니, 필히 이 아뢰야식을 나타낼 뿐이다.

異生有學起我愛時, 雖於餘蘊有愛非愛, 而於此識我愛定生, 故唯此是眞愛著處. 由是彼說阿賴耶名, 定唯顯此阿賴耶識.

범부와 유학은 무학 내지 8지보살 이전까지이다. 분별기 아집에 따른 아애는 계탁분별을 따라 일어나므로 때로 일어나기도 하고 일어나지 않기도 하지만, 구생기 아집에 따른 아애는 임운하게 일어난다. 그러므로 무학 내지 제8지 불퇴전보살에 이르기 전까지는 아뢰야식에 대한 아애가 계속 일어난다. 『술기』에서 말한다.

> 범부와 유학이 아애를 일으킬 때, 비록 다른 온(蘊)에 대해서는 총체적으로든 개별적으로든 계탁하여 분별의 애착을 일으키기도 하고 그렇지 않기도 하지만, 이 식에 대해서는 임운하게 아애가 반드시 일어난다. 마치 어린아이 등이 비록 이 온과 저 온에 대한 분별이 없어도 그럼에도 불구하고 반드시 자아를 사랑함과 같다.[17]

의식적 차원의 분별을 넘어 우리가 본래 가지고 있는 구생기 아집이 바로 이 제8아뢰야식에 대한 집장이다. 제8아뢰야식을 바로 그런 것으로서 알아차리지 못하고 자신의 내적 자아로 삼는 것이 문제인 것이다. 유부는 이러한 애착의 대상으로서의 아뢰야를 설함으로써 곧 제8아뢰야식의 존재를 인정하고 있는 셈이다.

2. 10리증(理證)

> 이미 성교를 인용하였으니, 이제 바른 이치를 보이겠다.
> 已引聖教, 當顯正理.

---

17 『술기』, 355중, "異生有學起我愛時, 雖於餘蘊若總若別有計不計起分別愛, 於此識中任運我愛決定生起. 如童子等雖無分別此蘊彼蘊然必愛我."

아뢰야식이 별도의 식체로서 존재한다는 것을 증명하기 위해 지금까지 경전에 입각한 교증을 제시하였다면, 이제부터는 이치를 들어 논증하는 리증(理證)을 제시한다. 리증에 있어서도 일단 경전을 인용하고서 그 뜻을 이치에 따라 해명하는 방식을 취한다.

1) 지종증(持種證): 종자를 집지하는 식이 있어야 함
2) 이숙증(異熟證): 업과의 식이 있어야 함
3) 취생증(趣生證): 5취와 4생을 유전하는 식이 있어야 함
4) 집수증(執受證): 신체를 집수하는 식이 있어야 함
5) 수난식증(壽煖識證): 수명과 체온이 의지하는 식이 있어야 함
6) 생사증(生死證): 나고 죽을 때의 식이 있어야 함
7) 식명색호위연증(識名色互爲緣證): 명색의 연인 식이 있어야 함
8) 4식증(四食證): 식식(識食)의 의지처인 식이 있어야 함
9) 멸정증(滅定證): 멸진정에서도 남는 식이 있어야 함
10) 염정증(染淨證): 잡염과 청정의 의지처인 식이 있어야 함

1) 지종증(持種證): 종자를 집지하는 식이 있어야 함

> 즉 경전에서 '모든 잡염법과 청정법의 종자가 모여 일어나는 곳이기에 심이라고 한다.'고 한다. 만약 이 식(제8식)이 없다면, 저 종자를 집지하는 식이 마땅히 있지 않을 것이기 때문이다.
> 謂契經說雜染清淨諸法種子之所集起, 故名爲心. 若無此識, 彼持種心不應有故.

제8식 = 종자를 집지하는 식 = 종자집지식

종자 ┌ 잡염법의 종자 = 유루종자
　　 └ 청정법의 종자 = 무루종자

제법으로 변현할 종자를 집지하는 식(종자식)이 있어야 한다는 것으로부터 그러한 종자집지식으로서의 아뢰야식이 존재한다고 증명한다. 만약 제법의 발생에 원인이 없다면 외도처럼 자연생(自然生)을 주장하는 것이 된다.

종자를 훈습받아 유지하는 종자집지식으로서의 제8식을 인정하지 않고 7전식을 가지고 훈습 및 현상을 설명하려고 하는 입장들을 비판함으로써 제8식의 존재를 증명한다. 이하에서는 다음과 같은 부파를 비판한다.

(1) 경량부 비판: ① 5온 소훈 비판, ② 6식의 류(類) 소훈 비판, ③ 6식의 사(事)와 류의 상호 소훈 비판
(2) 대중부 비판
(3) 상좌부 비판
(4) 설일체유부 비판
(5) 청변 비판

(1) 경량부 비판

① 5온 소훈 비판

즉 모든 전식(7전식)은 a. 멸진정 등에서 단절됨이 있기 때문에, b. 근·경·작의와 선 등이 종류가 다르고 바뀌어(역탈) 일어나기 때문에, c. 전광 등과 같이 견고하게 머무르지 않기 때문에, 훈습받을 수 없고 종자를 지닐 수 없어 염정의 종자가 모여 일어나는 마음이 아니다.

謂諸轉識, a. 在滅定等有間斷故, b. 根境作意善等類別, 易脫起故, c. 如電光等不堅住故, 非可熏習, 不能持種, 非染淨種所集起心.

7전식이 종자집지식이 되지 못하는 이유: 가훈, 지종, 집기를 못 하는 이유
- a. 멸진정 등에서 단절됨
- b. 근·경·작의가 종류를 달리하고, 선 등이 역탈하여 일어남
- c. 견주성이 없음

a. 제8식 이외의 식은 멸진정 등의 경우에 끊어짐이 있어 종자집지식이 될 수 없다. 그러므로 멸진정 등 어떤 경우에도 끊어짐이 없는 제8식이 존재해서 종자를 집지하고 있어야 한다. 식이 끊어지는 다섯 지위는 다음과 같다.

식이 중단하는 5지위:
1. 수면(睡眠): 꿈 없는 잠
2. 민절(悶絶): 명종(命終), 수생(受生) 포함
3. 무상정(無想定) ┐ 무심정(無心定) — 제6의식 중단
4. 멸진정(滅盡定) ┘ — 제7말나식 중단, 제8아뢰야식만 남음
5. 무상이숙: 무상천(색계 제4선 8천 중 하나)에 태어난 이숙

b. '근·경·작의와 선등이 종류가 다르고 바뀌어(역탈) 일어난다.'는 것은 ① 의식에서는 근과 경과 작의가 종류가 다르다는 것, ② 의식은 선 등 3성이 종류를 달리하여 역탈하여 일어난다는 것을 말한다.

① 우선 근(소의)과 경(소연)과 식(작의)이 종류가 다르다는 것을 『술기』는 6식에서는 이 셋이 동시에 함께 일어나는 것이 아니라는 것으로 설명한다. 함께 일어나지 않기에 훈습이 성립하지 않으므로, 의식이 종자집지식일 수 없다는 것이다.

경량부는 6식이 '동시가 아님'(불구시)이 있다고 하여 대중부를 파하지만, 그러나 거기(불구시)에는 훈습의 의미가 없으므로 훈습을 파한다고 시설한다. 또한 경량부에는 훈습이 있기 때문에 '동시'(구시)를 허용한다고 시설해도 역시 훈습이 성립하지 않아, 이것이 경량부를 파한다. 6식이 동시임을 허용한다고 시설함

은 훈습이 있기 때문이니, 이 뜻의 근본이다. 『섭대승론』 제2권에서 무성은 '만약 6전식이 확실히 동시라면, 소의와 소연과 작의 세 종류가 마땅히 각각 다르지 않아야 한다. (그러나) 각각 다르므로 상응의 의미가 없다.' 고 하였다. 이것은 '동시에 일어나는 식이 훈습한다' 는 의미를 어렵게 만든다.[18]

경량부는 제6식의 근과 경 그리고 작의 등 심소작용이 동시에 일어나는 것이 아니라고 논하는데, 이럴 경우 식의 훈습이 성립하게 되지 않는다는 것이다. 훈습이 성립하기 위해서는 근과 경과 식의 활동이 동시에 함께해야 한다는 것은 근·경과 그 근·경을 따라 일어나는 식의 작용이 동시이어야 한다는 것이고, 그 식의 작용 결과의 종자를 훈습받는 식도 동시에 있어야 한다는 말이다. 능훈식과 소훈식이 동시여야 훈습이 성립하기 때문이다. 그런데 경량부에 따르면 근·경과 식은 동시가 아니고, 또 식온의 6식이 능훈이며 소훈일 경우 둘이 동시일 수가 없다. 따라서 제8식 없이 6식만을 인정하는 한, 훈습이 성립하지 않는다는 것이다. 제8식에서만 현행훈종자 내지 종자생현행에 있어 식과 근·경이 동시이게 된다. 제8식이 있어야 능훈의 7전식과 소훈의 제8식이 동시에 있어 훈습이 가능해진다. 동시성에 입각해서 제8식만이 집지식일 수 있음을 말한 것이다.

② 의식에서는 선 등 3성이 종류를 달리하고 역탈하여 일어나므로 의식이 집지식일 수 없다는 것에 대해 『술기』는 이렇게 설명한다.

18 『술기』, 356중, "經部六識不俱時有破大衆部, 然彼無熏習義設破熏習. 又以經部有熏習故, 設許俱時亦不成熏, 此破經部. 設許六俱有熏習故, 是義之本. 『攝論』第二無性解云, '若六轉識定俱有者, 不應所依所緣作意三種各別. 以各別故無相應義,' 此難俱時起識熏義."

선 등이 종류가 다르고 역탈하여 일어나기 때문이라는 것은『유가사지론』등에서 '종자 중에는 4지위가 있다. 첫째는 3성의 선 등의 지위로서 서로 상대해서 일어난다. 둘째는 3계의 지위로서 하중묘계의 마음이 서로 상대해서 일어난다. 셋째는 유루무루의 지위로서 서로 상대해서 일어난다. 넷째는 세출세의 지위로서 서로 상대해서 일어난다.'는 것이다. 지금 선을 필두로 해서 그 지위를 취한 것이다. 그러므로 선 등이 종류를 달리하고 역탈하여 일어나기 때문이라고 말한다.[19]

의식은 선·악이나 3계나 유루·무루나 세간·출세간이나를 자유자재로 이동하므로 소훈처가 될 수 없다는 의미라고 본다. 무기성의 제8식만이 집지식이 될 수 있다는 뜻이다.

c. 7전식은 견주성을 갖고 있지 않다. 7전식은 끊어짐 없이 머무르는 견주성을 갖지 못하므로 종자를 집지하는 식이 될 수 없다. 견주성에 입각해서 제8식만이 집지식일 수 있음을 말한다.

이상 a와 b와 c의 이유 때문에 7전식은 종자를 훈습받거나 지니는 식이 되지 못하며, 따라서 종자를 훈습받고 지니는 제8식이 따로 존재한다는 것이다.

이 식(제8식)은 a. 한 종류이고 b. 항상되고 끊어짐이 없으며 c. 호마 등과 같이 견주하여 훈습될 수 있어서, 저 경에서 설한 심의 뜻에 계합한다.

此識一類恒無間斷, 如苣藤等堅住可熏, 契當彼經所說心義.

19 『술기』, 356중, "善等類別易脫起故者, 『瑜伽』等 '種子中有四位. 一三性善等位互相望起. 二三界位謂下中妙界心互相望起. 三有漏無漏位互相望起. 四世出世位互相望起.' 今以善爲首等取彼位, 故言善等類別易脫起故."

제8식이 소훈처인 이유	↔	전식이 종자집지식이 못 되는 이유
a. 한 종류		b. 근·경·작의와 선이 류별 역탈하여 일어남
b. 항상되고 무간단		a. 멸진정 등에서 단절됨
c. 견주성		c. 견주성 없음

아뢰야식은 7전식과 다르게 a. 한 종류로 일어나고, b. 끊어짐이 없이 상속하며, c. 견주성을 보인다. 그러므로 제8식만이 종자를 훈습받고 유지하는 식일 수 있으며, 7전식은 종자집지식이 되지 못한다.

> 만약 능히 종자를 집지하는 심이 있다고 인정하지 않으면, 경에 위배될 뿐 아니라 바른 이치에도 위배된다. 즉 모든 일으켜진 염법과 정법이 소훈이 없으므로 종자를 훈습하여 이루지 않게 되고, 그런즉 일으켜진 것이 마땅히 그 공을 헛되게 버리게 된다. 염과 정이 일어날 때 인이 되는 / 종자가 없 (15하)
> 다고 하면, 자연생을 주장하는 외도와 같아진다.
> 若不許有能持種心, 非但違經亦違正理. 謂諸所起染淨品法, 無所熏故不熏成種, 則應所起唐捐其功. 染淨起時旣無因 / (15하)
> 種, 應同外道執自然生.

집지식이 종자를 유지해야 인과 성립 ↔ 외도: 인연 없이 저절로 일어나는 자연생 주장

- 염법의 종자(유루종자) → 염: 생사 윤회
- 정법의 종자(무루종자) → 정: 해탈 열반

종자를 집지하는 식이 있어야지 인과의 흐름이 끊어지지 않게 된다. 만약 집지식으로서 제8식이 없다면 업이 과를 낳기 전에 단멸하여 업보의 연속성이 없게 되어 결국 생사 윤회도 없게 되고, 수행을 통한 해

탈 열반도 없게 된다.

> 색법과 불상응행법은 심성이 아니므로 소리나 빛 등과 같이 이치상 염정의 내법에 의해 훈습을 받는 것이 아니다. 어찌 종자를 유지할 수 있겠는가? 또 저것(색법과 불상응행법)은 식을 떠나 실(實)의 자성이 없으니, 어찌 내적 종자의 의지처이라고 집착할 수 있겠는가?
> 色不相應非心性故, 如聲光等理非染淨內法所熏. 豈能持種? 又彼離識無實自性, 寧可執爲內種依止?

색온 + 행온(그중 불상응행법): 훈습받지 않음, 종자 못 지님.
∴종자의 의지처 못 됨 - 집지식 아님

경량부에서 종자를 훈습받는 소훈처로서 제8식을 인정하지 않은 채 색·수·상·행·식 5온만을 갖고 훈습을 설명하려고 하는 것을 비판하는 것이다. 지금까지 5온 중 식온을 제8식 아닌 7전식만으로 설명할 경우 훈습이 성립하지 않음을 밝혔다면, 여기에서는 색법과 불상응행법도 훈습을 받거나 종자를 유지할 수 없으므로 집지식이 될 수 없음을 논하였다.

종자의 정보들이 색법 내지 불상응행법에 집지되어 있을 수는 없는 까닭을 두 가지로 구분하여 제시한다. 첫째는 색법이나 불상응행법이 제8식처럼 일류로 상속하는 것이 아니라 찰나생멸하는 무상한 것이기 때문이고, 둘째는 색법이나 불상응행법이 오직 식소변으로서만 존재할 뿐이고 식을 떠난 실유성을 갖지 않기 때문이다.

전식과 상응하는 모든 심소법은 식처럼 끊어짐이 있고 바뀜이 있게 일어나기 때문에, 자재하지 않기 때문에, 심성이 아니기 때문에, 종자를 유지할 수 없고 또 훈습을 받을 수 없다. 그러므로 종자를 지니는 마음은 이치상 마땅히 따로 있어야 한다.
轉識相應諸心所法, 如識間斷易脫起故, 不自在故, 非心性故, 不能持種, 亦不受熏. 故持種心理應別有.

전식 상응의 심소법: 끊어짐이 있고 바뀜이 있음, 자재하지 않음, 심성이 아님
∴종자의 의지처 못 됨 – 집지식 아님

제8식 아닌 식온(7전식)과 색온과 행온(불상응행법)이 집지식이 못 되듯이, 수온과 상온과 심소의 행온 또한 집지식이 될 수 없다고 논한다. 이렇게 해서 제8식을 인정하지 않으면서 5온만으로 종자훈습을 설명하려고 하는 경량부에 문제가 있음을 논하였다.

② 6식의 류(類) 소훈 비판

<경량부의 주장> 이런 입장이 있다. 6식이 무시이래로 근·경 등에 의거해서 전후 분위에서 사(事)는 비록 전변하지만 류(類)는 차이가 없다. 이것이 훈습되는 것이고, 능히 종자를 유지하는 것이다. 이로 인해 염정의 인과가 모두 성립한다. 어째서 제8식의 성품이 있어야 한다고 집착할 필요가 있는가?
有說六識無始時來依根境等前後分位, 事雖轉變而類無別. 是所熏習能持種子. 由斯染淨因果皆成. 何要執有第八識性?

경량부의 주장:

6식의 ┌ 사(事): 근·경에 따라 전후로 전변
└ 류(類): 의식의 흐름. 전후 한 종류임 - 이것이 소훈처가 된다고 주장

여기에서는 6식 안에서 일류로 상속하는 불변의 어떤 것을 가정하는 입장을 검토한다. 이 입장은 6식이 그 자체는 찰나생멸하며 전변하지만 그 안에 일류로 상속하는 불변의 것이 존재한다고 가정하며, 바로 그것이 종자를 훈습받고 유지하는 집지식이 된다는 것이다. 그러므로 제8식을 따로 둘 필요가 없다고 논하는 입장이다. 『술기』의 설명이다.

> 이것은 저들(경량부 제2논사)의 종지를 서술한 것이다. 이 식(제6식)이 전변하여 찰나에 곧 멸하지만, 식 상에 한 종류의 불변의 것을 가립하니, 전과 후에 다름이 없어 식의 종류가 하나이다. 그러므로 이것은 훈습될 수 있고 또한 종자를 지닐 수 있다.[20]

의식의 구체적 내용은 찰나마다 변화하지만, 그 의식의 흐름은 그 자체 한 종류로 이어져 상속하므로 바로 그 의식의 흐름이 종자집지식의 역할을 한다고 보는 것이다. 의식의 흐름이 하나로 이어지기에 기억이 가능하듯 의식의 류(類) 안에 종자가 유지될 수 있다고 보는 것이다.

<비판> 저 말에는 의미가 없다. 무슨 까닭인가?
彼言無義. 所以者何?

---

20 『술기』, 357상, "此敘彼宗. 是識轉變刹那卽滅, 識上假立一類不變, 無別前後識類是一. 故此可熏亦可持種."

경량부가 6식만으로 일류 상속하는 불변의 것을 설정하는 것이 이치에 맞지 않음을 4가지 근거를 들어 논한다.

a. 그 류가 실이어도 가이어도 성립 안 함
b. 그 류의 성이 선이어도 악이어도 무기이어도 성립 안 함
c. 그 식에 끊어짐이 있기에 성립 안 함
d. 의식의 류가 같다는 것이 문제가 있음

a. 류(類)가 실이라고 집착하면, 곧 외도와 같다. 류가 가(假)라고 인정하면, 곧 수승한 용이 없어 마땅히 내적 법인 실제 종자를 지닐 수가 없다.
a. 執類是實, 則同外道. 許類是假, 便無勝用, 應不能持內法實種.

의식에서 한 흐름(류)으로 상속하는 것이
- 실(實)이면 – 외도와 같음
- 가(假)이면 – 수승한 용이 없음

의식이 하나의 류로 상속하여 불변의 것으로 존속한다고 간주한다면, 그것은 곧 자아를 실체로 인정하는 외도와 다를 바가 없다. 그렇지 않고 그것이 가(假)일 뿐이라고 인정한다면, 가일 뿐이기에 수승한 용(종자를 유지하는 작용)이 있을 수 없다. 실이 아니고 가로서 존재하는 것들은 외적인 현상 제법이다. 현상 제법은 나무가 씨를 남기듯 외종은 지닐 수 있지만, 내종을 지니는 수승한 용이 없다.

b. 또 집착하는 식의 류가 어떤 성에 속하겠는가? 만약 선이나 악이라면, 마땅히 훈습받을 수가 없을 것이다. 기별이 있다고 인정

하기 때문이니, 마치 택멸과 같다. 만약 무기라면, 선악의 심일 때는 무기심이 없을 것이며, 이 류는 응당 끊어질 것이다. 사(事)는 선악인데, 류는 무기일 수 있는 것이 아니며, 별도의 류는 반드시 별도의 사의 성과 같아야 하기 때문이다.

b. 又執識類何性所攝? 若是善惡, 應不受熏. 許有記故猶如擇滅. 若是無記, 善惡心時無無記心, 此類應斷. 非事善惡類可無記, 別類必同別事性故.

의식의 불변의 류(類)의 성이
- 선이나 악이면 – 훈습받지 못함
- 무기이면 – 선악심에서는 무기심 없으므로 류가 끊어짐

의식의 성은 선과 악과 무기 중 어느 것인가를 묻는다. 만약 그 식의 성이 선이나 악이라면, 성이 정해져 있어 종자를 훈습받을 수가 없다. 선 또는 악의 종자를 훈습받는 소훈처는 무기이어야 하기 때문이다. 무위법인 택멸이나 진여 등이 선이어서 소훈처가 될 수 없는 것과 같다.

만약 그 성이 무기라면, 소훈이 가능하다고 볼 수 있을 것 같지만, 다른 문제가 발생한다. 의식이 선이나 악의 의식으로 작용할 때는 선이나 무기가 동시에 있을 수 없으므로 그 무기의 류는 잠시 끊어진다고 봐야 하기 때문이다. 의식이 그 자체로서, 즉 사(事)로서는 선이나 악인데, 그 류가 무기라고 할 수는 없다. 식 자체와 그 류가 다른 성일 수 없기 때문이다. 그러니까 선악으로 작용하는 의식의 류가 무기로서 일류 상속한다고 볼 수도 없다는 말이다.

c. 또 무심위에서 이 류는 결정코 없다. 이미 끊어짐이 있고 성이 견주하지 않으니, 어떻게 종자를 지키고 훈습을 받는다고 집착할

수 있겠는가?
又無心位此類定無. 旣有間斷, 性非堅住, 如何可執持種受熏?

의식의 류(類)는 무심위에서 끊어지고, 견주성 없음 - 소훈 안 됨

의식은 무심위에서 단절되므로 의식에 일류 상속하는 것이 있다고 논할 수 없다는 것이다. 단절이 있는 식이라면 그 성품이 견고하게 머무는 것이 아니니, 훈습을 받을 수 없다.

d. 또 아라한이나 범부의 심은 식의 류가 같으므로 마땅히 모든 염법과 무루법에 의해 훈습되어야 하는데, 이렇다고 인정하면 곧 과실이 있다.
d. 又阿羅漢或異生心, 識類同故, 應爲諸染無漏法熏, 許便有失.

의식의 류(類)가 소훈처가 되면, 의식의 류는 같을 수가 있어서,

범부(염법에 의해 훈습)
아라한(무루법에 의해 훈습)] 이 구분이 부정되는 과실.

아뢰야식을 인정하지 않고 의식의 흐름만으로 소훈처를 설명하려고 할 경우, 의식의 류에 있어서는 범부와 아라한 간에 차이가 없을 수 있으므로 그 둘의 차이가 제대로 설명되지 못하는 문제가 생긴다. 범부는 염오법에 의해 훈습되고, 무학의 아라한은 무루법에 의해 훈습되는데, 그 차이가 의식의 류만으로는 설명되지 않는다는 것이다.

또 안근 등의 근이나 나머지 법은 안식 등의 식과 더불어 근과 법의 류가 동일하므로 마땅히 서로 훈습해야 한다. 그러나 너는 (상호훈습을) 인정하지 않는다.
又眼等根或所餘法, 與眼等識根法類同, 應互相熏. 然汝不許.

의식의 류(類)가 소훈처가 되면,
근과 법이 식과 하나의 류가 됨 - 모든 법이 서로 훈습한다고 인정해야 함

근과 법이 식과 하나의 류라는 것을 비판하는 것이다. 경량부는 안식이 차제에 멸해서 근이 되므로, 식과 근이 한 종류라고 보며 색심 호훈을 주장한다. 그런데 근과 법이 한 종류이며, 따라서 근 이외의 다른 법들도 근과 마찬가지로 식과 한 종류라면, 일체법이 모두 한 종류가 되어 모든 법들이 서로 훈습할 수 있어야 한다. 그렇지만 경량부는 그러한 일체법의 상호훈습은 인정하지 않는다. 그러므로 자기주장과 어긋난다는 것이다.

그러므로 마땅히 식의 류가 훈습을 받는다고 집착하지 말아야 한다.
故不應執識類受熏.

6식의 류가 훈습을 받는다는 경량부의 주장은 이상의 네 가지 근거에서 볼 때 이치에 맞지 않는다고 말한다.

③ 6식의 사(事)와 류(類)의 상호 소훈 비판

또 6식신은 사(事)에서나 류(類)에서나 전후 두 개의 념은 이미 함

께 있지 않아, 거리를 둔 념처럼 서로 훈습하지 않는다. 능훈과 소훈은 필히 시간을 함께해야 하기 때문이다.
又六識身若事若類前後二念, 旣不俱有, 如隔念者非互相熏. 能熏所熏必俱時故.

6식에서 전념(류)과 후념(사)는 서로 훈습할 수는 없음 - 동시가 아니므로

6식에서 실제로 활동하는 식인 사(事)와 그 기저에서 일류 상속하는 류(類)를 서로 구분하면서 활동하는 식이 류에 훈습한다는 주장에 대해 그것이 가능하지 않다고 비판한다. 6식의 활동과 그 류는 현재 찰나의 식과 그다음 찰나에 류가 된 식이다. 그렇게 6식의 사와 류는 동시가 아니므로 능훈과 소훈의 관계가 될 수 없다.

(2) 대중부 비판

오직 6식만이 동시적으로 전전한다고 집착하지만, 앞의 이치에 의거하면 (6식은) 이미 소훈이 아니다. 그러므로 저것(6식) 역시 능히 종자를 지니는 뜻이 없다.
執唯六識, 俱時轉者, 由前理趣, 旣非所熏. 故彼亦無能持種義.

6식은 소훈처가 아님 - 집지식이 못 됨

6식의 류를 가(假)로 설정하지 않고 오직 6식이 전전하면서 훈습한다고 주장하는 대중부를 비판한 것이다. 6식이 소훈이 될 수 없다는 것은 앞에서 논한 것과 같은 의미에서이다.

(3) 상좌부 비판

<상좌부의 주장> 이런 집착이 있다. 색과 심은 자기 류가 간격 없이 전(前)이 후(後)의 종자가 되어 인과의 뜻이 성립한다. 그러므로 (제8식이 존재한다고) 앞에 말한 것을 증거로 삼는 것은 성립하지 않는다.
有執色心自類無間, 前爲後種因果義立. 故先所說爲證不成.

상좌부의 주장:

앞의 색법: 종자(인) → 뒤의 색법: 과
앞의 심법: 종자(인) → 뒤의 심법: 과
∴종자집지식으로서의 제8식 없어도 됨

앞의 색법이 인이 되어 뒤의 색법의 과가 생기고, 앞의 심법이 인이 되어 뒤의 심법이 생기므로 현상 제법의 인으로서 종자를 집지하는 식을 따로 설정할 필요가 없다는 것이다.

<비판> 저 집착은 이치가 아니다. a. 훈습이 없기 때문이니, 즉 저 자기 류에 이미 훈습이 없는데, 어떻게 앞이 뒤의 종자가 된다고 집착할 수 있겠는가? b. 또 끊어짐이 있으면, 응당 다시 생기지 않아야 한다. c. 이승의 무학은 마땅히 최후의 온이 없어야 할 것이니, 죽는 때에 색과 심이 후의 종자가 되기 때문이다.
彼執非理. a. 無熏習故, 謂彼自類旣無熏習, 如何可執前爲後種? b. 又間斷者, 應不更生. c. 二乘無學應無後蘊, 死位色心爲後種故.

전법(인) → 후법(과)가 성립하지 않는 이유:

a. 자체가 훈습이 안 되므로 시간이 지나간다고 해도 훈습 안 됨

b. 앞과 뒤 사이에 끊어짐이 있을 경우 등무간연으로 이어지지 않음

c. 이승 무학의 최후심이 종자가 되므로 최후온이 없음. 즉 열반에 들 수 없음

a. 전법이 인이 되어 후법을 이끈다는 말인데, 이것이 어떻게 성립하는지를 설명하는 것이 바로 종자훈습이다. 종자훈습을 말하지 않는다면, 제법은 찰나생멸하여 생한 후 곧 멸하는데, 어떻게 한 찰나의 전법이 그다음 찰나의 후법의 과를 이끌 수 있단 말인가? 훈습이 없으면 전법과 후법의 상속이 설명되지 않는다는 것이다.

b. 끊어짐이 있음에 대해 『술기』는 이렇게 말한다.

『섭대승론』에서 '무색계에 태어나는 사람은 색법이 오랜 시간 단절되니, 후에 하계에 태어날 때 색법이 생겨나지 않아야 할 것이다.' 라고 말한다. 이것은 과거를 말하니, 현재가 무체이기 때문이다. 멸진정 등에서의 심의 단절도 역시 그러하다. 전에 오래도록 없다면, 마땅히 후의 종자가 아니어야 한다. 인이 두루하지 않은 것이다.[21]

┌ 무색계에 있다가 하계(욕계+색계)로 나면: 색종자가 없어 연결 안 됨
└ 멸진정에 들었다 나오면: 심종자가 없어 연결 안 됨

앞의 색법이 인이 되어 다음 찰나의 색법을 일으킨다고 하면, 색법이 없는 무색계에 있다가 다시 색계나 욕계로 돌아올 때, 전 찰나의 인이 없어 과가 생겨날 수 없게 된다. 마찬가지로 앞의 심법이 인이 되어 다음 찰나의 심법을 일으킨다면, 심의 작용이 멎는 멸진정에 들었다가

21 『술기』, 358중, "『攝論』云, '謂生無色色久時斷, 後生下界色應不生.' 彼說過去, 現無體故. 滅盡定等心斷亦然. 前久已無, 應非後種. 因則不遍."

나오고자 할 때, 전 찰나의 인이 없어 과가 생겨날 수 없다. 그러므로 현행의 색과 심을 넘어 종자를 집지하는 식이 따로 존재해야 한다는 것이다.

c. 전법이 인이 되어 후법을 이끈다면, 결국 이승 무학의 최후심인 심법이 인으로 작용하여 후법의 심을 이끌게 되고, 그러면 그 심이 멸하는 열반에 드는 것은 불가능하게 된다는 것이다. 전법을 인으로 보면, 인이 있는데 과가 없을 수는 없기 때문이다.

또한 색과 심이 전전해서 서로 종자가 된다고 집착해서도 안 된다. 전식과 색 등은 / 훈습을 받는 것이 아님을 앞에서 이미 설하였기 때문이다. (16상)

亦不應執色心展轉互爲種生. 轉識色等非 / 所熏習, 前已說故. (16상)

경량부: 색심 호훈설

무색계서 나오면: 심종자가 색법을 만듦
멸진정에서 나오면: 색종자가 심법을 만듦

↕

유식: 색심 호훈 성립 안 함

상좌부의 문제점을 보고서 경량부는 색심 호훈설을 주장한다. 무색계에 색법이 끊겨도 다음 찰나에 남아 있던 심법이 색법을 일으킬 수 있다는 것이다. 그리고 멸진정에서 심법이 끊겨도 남아 있던 색법이 다음 찰나에 심법을 일으킬 수 있으므로 각각에 간단이 있어도 인과상속은 이어질 수 있다고 주장한다. 그러나 제8식이 없으면 종자의 훈습 자체가 성립하지 않는다는 것을 밝혔기에, 색심 호훈도 문제가 있다고 논한다. 제8식 이외에 7전식이나 색에 심종자가 훈습될 수 없기 때문이다.

(4) 설일체유부 비판

<유부의 주장> 이런 설이 있다. 삼세의 모든 법이 모두 유이며, 인과 과가 감(感)하고 나아감에 모두 이루어지지 않음이 없다. 어째서 능히 종자를 지니는 식이 있다고 힘들게 집착하는가? 그런데도 경에서 심을 종자로 삼는다고 설하는 것은 염정법을 일으키는 세력의 작용이 강하기 때문이다.
有說三世諸法皆有, 因果感赴無不皆成. 何勞執有能持種識? 然經說心爲種子者, 起染淨法勢用强故.

유부의 주장:
종자가 제법의 인인 것이 아니라, 제법 자체가 유이다.

유부는 3세실유(三世實有), 법체항유(法體恒有)를 주장한다. 일체법이 모두 등류인 등류과로 상속하여 인과 과를 이루고 있으므로 제법의 인으로서 종자를 설정하거나 종자집지식으로서의 제8식을 주장할 필요가 없다는 것이다.

<비판> 이 설은 이치가 아니다. a. 과거와 미래는 항상되지도 않고 현재도 아니니, 허공의 꽃과 같이 실유가 아니기 때문이다. b. 또 작용이 없어 인연성으로 집착할 수도 없기 때문이다. 만약 염정의 종자를 능히 지닐 수 있는 식이 없다면, 일체 인과는 모두 성

립할 수 없다.
彼說非理. a. 過去未來非常非現, 如空花等非實有故. b. 又無作用不可執爲因緣性故. 若無能持染淨種識, 一切因果皆不得成.

a. 과거와 미래: 항상되지 않음. 과·미는 허공의 꽃
b. 과거와 미래: 작용과 인연성 없음

과거와 미래는 이미 없거나 아직 있지 않은 것이므로 실유가 아니다. 그러므로 과거와 미래는 현실적 효력을 갖지 못하며, 따라서 과거법이 현재법의 원인이라고 말할 수는 없다. 과거법이 현재로서 작용력을 가지려면, 그 힘을 간직한 종자가 어딘가에 현재적인 것으로 존재해야 하며, 따라서 그런 종자집지식이 존재해야 하는 것이다.

(5) 청변 비판

<청변의 주장> 대승의 '상을 버리는 공의 이치'(견상공리)를 집착하여 궁극으로 여기는 사람은 유사비량에 의거해서 이 식(아뢰야식)과 일체법을 폐기한다.
有執大乘遣相空理爲究竟者, 依似比量撥無此識及一切法.

청변: 무상(無相)과 공(空) ↔ 식과 일체법

청변은 공을 강조하는 중관사상가이다. 의타기와 원성실은 속제로서만 긍정하고, 진제로서는 일체가 공이라고 주장한다. 『술기』에서 설명한다.

청변의 무상대승은 속제 중에는 의타기성과 원성실성이 있다고 설한다. 진제에는

모두 공이기 때문이다. 지금 말하는 공은 변계소집을 버린 것이다. 그는 이 문장(공)을 집착해서 바른 이해로 삼기 때문이다. 그는 『장진론』의 진성과 유위의 공 등에 의거하여 사비량(似比量)으로 이 식(제8식) 및 일체법을 없애고, 모두 체가 없다고 말한다.[22]

청변: 속제: 3성 ↔ 진제: 공 - 밀의(密意), 불료의(不了義)
↕
호법: 3성 + 3무성
비유비공의 중도설 - 료의(了義), 현료진실교

<비판> a. 저것은 특히 앞서 인용한 경전에 위배된다. b. 지혜(고)와 끊음(집)과 증득(멸)과 닦음(도)의 염과 정의 인과 과를 모두 실이 아니라고 집착하므로 큰 사견(邪見)이 된다. c. 외도도 염정의 인과를 비방하면서 역시 전부 무라고는 말하지 않고 다만 실이 아니라고 집착하기 때문이다. d. 만약 일체법이 모두 실유가 아니라면, 보살은 응당 생사를 버리고자 정진하여 보리자량을 닦아 모으지 않을 것이다. 지혜 있는 자라면 누가 환의 적을 제거하기 위해 석녀의 아이를 구하여 군대로 삼겠는가?

a. 彼特違害前所引經. b. 智斷證修染淨因果, 皆執非實成大邪見. c. 外道毁謗染淨因果, 亦不謂全無, 但執非實故. d. 若一切法皆非實有, 菩薩不應爲捨生死, 精勤修集菩提資糧. 誰有智者爲除幻敵, 求石女兒用爲軍旅?

22 『술기』, 359상, "淸辨無相大乘於俗諦中亦說依他圓成有故, 眞諦皆空故. 今言空者遣遍計所執. 彼執此文爲正解故. 彼依『掌珍』眞性有爲空等, 似比量撥無此識及一切法, 皆言無體."

청변에 대한 비판:

a. 위의 경전에 위배: 염정법의 종자를 집지하는 식을 논하는 경전에 위배됨

b. 지단증수(고집멸도), 염(고·집)과 정(멸·도), 인(집·도)과 과(고·멸)를 비실제로 여김

고: 고를 지(知) – 과	염
집: 집을 단(斷) – 인	
멸: 멸을 증(證) – 과	정
도: 도를 수(修) – 인	

c. 외도와 같아짐

d. 모두 공이면, 보살이 보리를 구하지 않을 것임

a. 아뢰야식을 부정하는 것은 종자집지식으로서의 아뢰야식의 존재를 논하는 위의 경전들과 어긋나므로 옳지 않다. b. 일체를 공이라고 간주하는 것은 불교의 4성제를 부정하는 것이 되므로 사견(邪見)이다. 『술기』는 이렇게 설명한다.

고를 앎과 집을 끊음과 멸을 증득함과 도를 닦음, 염의 고와 집, 정의 멸과 도, 집과 도의 인, 고와 멸의 과, 모두를 실이 아니라고 집착하므로 큰 사견이 된다.[23]

c. 그러면 청변은 다시 4성제가 무라는 것이 아니라 다만 실이 아니라고 말할 뿐이라고 주장하겠지만, 그것은 외도의 경우도 마찬가지이므로 비판받을 만하다는 것이다. 『술기』의 설명이다.

그가 만약 '나는 세제에 의거하여 무라고 설하지 않고 다만 실이 아니라고 말할 뿐이다.' 라고 답한다면, 그것은 곧 외도와 동일하다. 외도의 사견을 비방하지만, (외도도) 염정법을 모두 무라고는 말하지 않으니, 현재에 보이는 것이기 때문이며, 다만 실이 아니라고 집착할 뿐이다. 염의 인은 악의 과를 초감할 수 없고, 선의 인은

23 『술기』, 359상, "知苦斷集, 證滅修道, 染苦集, 淨滅道, 集道因, 苦滅果, 皆執爲非實成大邪見."

락의 과를 초감할 수 없어야 한다. 실이 아니기 때문이니, 허공의 꽃 등과 같다.[24]

d. 그렇게 일체를 공이라고만 여길 경우, 윤회의 길과 해탈의 길의 차이도 존재하지 않게 되고, 굳이 수행을 통해 해탈의 길로 나아갈 필요도 없게 된다.

그러므로 능히 종자를 지니는 마음이 있고, 이것에 의거해서 염·정의 인과를 세운다는 것을 마땅히 믿어야 한다. 저 마음이 곧 이 제8식이다.
故應信有能持種心, 依之建立染淨因果, 彼心卽是此第八識.

염정의 종자가 따로 식 안에 유지되어야 염정의 인과가 성립하며, 그래야 윤회와 해탈이 구분되고, 해탈에 이르고자 하는 수행도 의미가 있게 된다. 결국 그러한 염법과 정법의 종자를 모두 집지하는 식인 제8아뢰야식이 존재한다는 것이다.

2) 이숙증(異熟證): 업과의 식이 있어야 함

또 경전에서 '이숙심이 있어 선악업을 초감(招感)한다.'고 설한다. 만약 이 식이 없다면, 저 이숙심이 마땅히 있지 않을 것이기 때문이다.

24 『술기』, 359상, "彼若救言, 我依世諦不說爲無, 但言非實, 則同外道. 外道邪見毁謗, 亦不謂染淨等皆無, 現所見故, 但執非實. 染因不能感惡果, 善因不能感善果, 以非實故如空華等."

又契經說, '有異熟心, 善惡業感'. 若無此識彼異熟心不應有故.

제8식 = 이숙심 - 선악업을 초감/선악업에 감응(感應)

(시간상) 부단하게 이어지면서 (공간상) 3계를 두루 할 수 있는 식이 있어야 하며, 과거 업의 결과이되 선악업으로부터 무기과를 보이는 이숙식이 있어야 한다. 그러므로 그런 이숙식으로서의 제8아뢰야식이 존재한다. 한마디로 윤회하는 유정의 의지처로서의 식인 제8아뢰야식은 그 자체로 존재한다.

즉 안식 등의 식은 끊어짐이 있으므로 일체 시에 업의 과인 것이 아니기 때문에, 전광 등과 같아 이숙심이 아니다. 이숙심은 마땅히 끊어졌다가 다시 이어지는 것이 아니다. 저 명근 등에는 이런 일이 없기 때문이다. 안식 등 6식으로 업에 의해 초감된 것은 소리 등과 같이 항상 상속하는 것이 아니기 때문에 이숙생이지 진이숙이 아니다.

謂眼等識有間斷故, 非一切時是業果故, 如電光等非異熟心. 異熟不應斷已更續. 彼命根等無斯事故. 眼等六識業所感者, 猶如聲等非恒續故, 是異熟生非眞異熟.

안식 등 6식:	끊어짐 있음. 번개 같음	↔	이숙심: 끊어짐 없음. 명근(命根) 같음
	만업 초감. 상속 안 함. 소리 같음		항상 상속
	〈이숙생〉		〈진이숙〉

업의 총체적 과로서 존재하면서 끊어짐이 없는 식인 이숙식은 제8아뢰야식이지 6식일 수가 없다. 6식도 업에 의해 초감되긴 하지만, 그것

은 제8아뢰야식인 이숙식(진이숙)에 의거해서 일어나는 것으로 시간 안에서 끊어짐이 있다. 그래서 이것은 진이숙이 아니라 이숙생이라고 부른다. 6식만으로는 인과응보의 윤회를 설명할 수 없으며, 따라서 그 너머의 제8식을 이숙식으로 인정해야 한다. 그렇게 제8아뢰야식은 존재한다.

<결론> 진이숙심이 있어 a. '견인하는 업'(인업)에 응수하고 b. 두루하며 c. 끊어짐이 없고 d. 유근신과 기세간으로 전변하여 e. 유정의 의지처가 된다는 것을 마땅히 인정해야 한다.
定應許有眞異熟心, a. 酬牽引業, b. 遍而 c. 無斷, d. 變爲身器, e. 作有情依.

업에 의해 초감된 것:

이숙생(異熟生) = 6식

↕

진이숙(眞異熟) = 이숙심 = 제8식

a. 인업에 응
b. 두루함
c. 끊어짐이 없음
d. 색법(유근신과 기세간)으로 전변
e. 유정의 의지처

6식은 업에 따라 초감된 것이지만 만업의 보로서 끊어짐이 있는 이숙생이지, 끊어짐 없이 상속하는 진이숙이 아니다. 업에 의해 초감된 이숙식은 단지 6식의 이숙생을 의미하지 않고, 그 바탕에 상속하는 제8식이다. 이숙식의 다섯 특징을 『술기』는 이렇게 설명한다.

a. 일체 시에 상속하는 것은 '견인하는 업'(인업)에 응하며 만업은 아니니, 끊어짐이 있는 것이 만업이기 때문이다. b. 과를 이끄는 식은 삼계에 두루 있으나, 6식은 두루하지 않는다. 무색정과 무심정 등에서는 5식 내지 의가 없기 때문이다. c. 끊어짐이 없다는 것은 항상함을 말한다. d. 따라서 유근신과 기세간으로 변현하니, 유근신과 기세간은 항상 있어 필히 심으로부터 전변한 것이기 때문이다. e. 그런데 경은 심을 떠나 있지 않으므로, 유근신과 기세간의 색법이 능히 유정의 의지처를 만드는 것이 아니다. 유정은 가(假)이며, 가(假)는 이 식(이숙심)에 의지하여 건립되기 때문이다. 만약 이 식(이숙심)이 없다면, 죽은 시체 등과 같아 가의 유정을 세울 수가 없을 것이다.[25]

유근신과 기세간은 이숙심의 전변 결과 나타난 색법이고 가법(假法)이다. 심을 떠난 경(境)이 없기 때문이다. 그리고 그 기세간 안에 유근신을 갖고 사는 '나'라고 간주되는 '유정' 또한 마찬가지로 이 이숙심에 의지해서 가로서 건립된 것이다. 유정의 의지처는 이숙심이지, 이숙심의 소변인 색법이 아니다.

그런데도 이숙심을 인정하지 않는다면, 결국은 색법을 유정의 의지처로 설명할 것이며, 그리하여 유정을 색법과 마찬가지로 죽은 시체로 간주하게 될 것이다. 이는 곧 이숙식을 부정하고는 가로서의 유정도 제대로 세울 수 없다는 말이 된다. 그러므로 유정의 의지처로서의 이숙식을 부정할 수는 없다는 말이다. 오늘날 우리가 흔히 심층마음을 부정하고 표층의식에만 의거하여 세계와 자아를 설명할 때 가지는 문제점을

---

25 『술기』, 359하, "a. 一切時續者, 酬牽引業非滿業者. 有間斷者是滿業故. b. 引果之識遍三界有, 六識不遍. 無色無心定等五識及意無故. c. 無斷者言恒, d. 故變爲身器, 以身器恒有, 必由心變故. e. 然境不離心故, 非身器色法能作有情依. 有情是假者, 假者依此識而建立故. 若無此識如死屍等, 便不可立假者有情."

그대로 보여 주고 있다.

a. 유근신과 기세간은 마음을 떠나면 이치상 있지 않기 때문이고, b. 불상응행법은 실체가 없기 때문이고, c. 모든 전식은 항상 있는 것이 아니기 때문이다. 만약 이 마음이 없다면, 누가 유근신과 기세간으로 전변하겠는가? 또 어떤 법에 의거하여 유정을 항상 세우겠는가?
a. 身器離心理非有故, b. 不相應法無實體故, c. 諸轉識等非恒有故. 若無此心誰變身器? 復依何法恒立有情?

이숙심의 존재 증명:

a. 색법(유근신과 기세간)이 마음의 전변 결과
b. 불상응행법(명근, 중동분)은 유정의 근거 안 됨 - 실체가 없으므로 - 유부 비판
c. 전식도 유정의 근거 안 됨 - 항상하지 않으므로 - 경량부 비판

왜 유정의 의지처로서 이숙심을 인정해야 하는가를 논한 것이다. a. 유근신과 기세간은 이숙심의 전변 결과 형성되는 것이므로 이숙심을 떠나서는 존재하지 않는다. 그러므로 유근신과 기세간의 존재를 인정한다면, 심(이숙심)의 존재 또한 인정하지 않을 수 없다. b. 명근이나 중동분이 유정의 근거가 못 되는 것은 그 불상응행법이 실체가 아니기 때문이다. c. 전식은 끊어짐이 있는데, 유정은 끊어짐이 없이 목숨이 이어지므로 전식으로 유정의 근거를 삼을 수는 없다.

또 선정 중에 있거나 혹 선정 중에 있지 않거나, 별도의 사려가

있거나 사려가 없을 때나, 이치상 많은 신수(身受)가 일어난다. 이것(이숙심)이 만약 없다면, (선정) 이후에 몸에 편안함(이적)이나 혹 다시 피곤함(노손)이 마땅히 없어야 할 것이다. 만약 진이숙심이 항상 있는 것이 아니라면, 저 지위에 어떻게 이 신수가 있겠는가?
又在定中或不在定, 有別思慮無思慮時, 理有衆多身受生起. 此若無者, 不應後時身有怡適或復勞損. 若不恒有眞異熟心, 彼位如何有此身受?

진이숙심이 있어서, 산심이나 정심에서 신수를 일으켜 손익의 느낌이 있음

선정 중이나 선정 후에도 제8식이 계속 경계를 영수하기에 출정한 후 쾌적함인 이적(怡適)이나 피곤함인 노손(勞損)이 있게 된다. 이에 대해 『술기』는 이렇게 설명한다.

'선정 중에 있거나 혹 선정 중에 있지 않거나'는 유루정이든 무루정이든 모두 다 여기에 포함된다. 『유가사지론』 등의 글에 '여리사(如理思)'와 '여리사하지 않음'이 있다. 저 '혹 사유가 없거나 혹 다시 추심한다'는 것은 곧 그중 '별도의 사려가 있거나 별도의 사려가 없거나'를 말한다. 즉 선정이든 산심이든 모두 신수가 있으며, 별도의 사려가 있든 별도의 사려가 없든 그렇다. a. '별도의 사려'라는 것은 의식이 별도로 하나의 심묘한 이치(심묘리)나 별도의 사(事) 등을 반연할 때이다. b. '사려가 없다'는 것은 무심의 시기 등이다. 별도의 사려가 있거나 없는 시기에도 이치상 수많은 신수의 일어남이 있다. 선정 중에서도 신수의 일어남이 있다. 그런데 5식은 없어도 혹 별도의 반연함(별연)이 있다. 그러므로 정 중에 의식이나 신식 등은 불각이고, 오직 제8식만 이 경계를 영수(領受)한다. 이러한 지위에서도 신체를 손익하기 때문이다. 그래서 신수라고 이름한다. 혹은 과를 따

라 이름하니, 뒤에 신체를 손익하기 때문이다.[26]

산심(散心)이든 정심(定心)이든: 제8식의 신수가 항상 있음
정(定)위에서:
  a. 별도의 사려(여리사) 있음: 의식이 심묘리, 사를 반연
  b. 별도의 사려 없음 = 무심위: 의식과 5식 없으나, 제8식의 영수(별연)로 인한 신수 있음

의식의 사려가 깨어 있는 산심에서뿐 아니라, 의식이나 5식의 활동이 멎은 선정 시에도 몸의 손익을 영수하여 알아차리는 신수가 일어난다. 그러므로 무심위의 선정에서도 깨어 신수를 일으키는 식이 있어야 하며, 이 식은 의식보다 더 깊은 제8식이라는 것이다.

만약 선정 등에 신수가 없다면, 출정 등 이후에 마땅히 몸에 수순함이 있어 쾌적하다거나 혹은 경계에 거슬림이 있어 피곤하다거나 하지 않아야 한다. 좌선사가 선정 중에 있을 때에는 마음이 별도로 반연하므로 설령 피곤이나 쾌적이 있어도 알지 못하다가, 후에 출정하고 나서 비로소 손익이 있어 쾌적하거나 피곤한 것과 같다. 이전 선정 중에 손익의 경계가 있어 제8식이 취하였기 때문에 이후 몸에 피곤 등이 있을 수 있다. 뒤의 결과의 상태를 들어 원인이 반드시 있었음을 나타낸다. 신수라는 것은 신체가 받은 것이기 때문이며, 수(受)심소를 말하는 것이 아니다. 이것(제8식의 신수)은 곧 경(촉경)이다.[27]

---

26 『술기』, 360상, "若在定中或不在定, 若有漏無漏定皆此攝盡. 『瑜伽』等文, 有如理思不如理思. 彼或不思惟或復推尋, 卽是此中有別思慮無別思慮. 謂在定散皆有身受, 有別思慮無別思慮. a. 別思慮者, 意識別緣一深妙理或別事等時. b. 無思慮者, 或無心時等. 在此有別思慮無別思慮時, 理有衆多身受生起. 在定等中有身受起. 然無五識或別緣等. 故在定等中意身等識不覺, 唯第八識領受此境. 此等位中損益身故. 故名身受. 或從果爲名, 後時損益身故."

27 『술기』, 360상, "若在定等無身受者, 不應出定等後時身有順故怡適或復違境勞損. 如坐禪師在定之中心別緣故, 縱有勞損怡適未知, 後出定已方有損益或適或勞. 由前定等

〈인〉 → 〈과〉
선정 중 / 출정 후
제8식의 신수 있음 / 순경계의 이적/위경계의 노손

선정에서 나왔을 때 피곤함이나 편안함의 느낌을 가질 수 있는 것은 선정 중에 의식보다 더 깊은 식이 몸을 알아차리는 작용을 하고 있었기 때문이다. 무심의 선정 이후에도 그러하니, 결국 무심위에서 끊어지는 제6식이나 제7식보다 더 미세하게 작동하는 제8아뢰야식이 있다는 것을 알 수 있다.

부처가 아니면서 나머지 선심 등을 일으키는 지위에서는 반드시 진이숙심을 현재 일으켜야 한다. / 저것을 일으킨다고 인정할 때에도 부처 아닌 유정이기 때문이다. 이 때문에 항상 진이숙심이 있으니, 저 마음이 곧 이 제8식이다. (16중)

非佛起餘善心等位, 必應現起眞異熟 / 心. 如許起彼時非佛有情故. 由是恒有眞異熟心. 彼心卽是此第八識. (16중)

범부+이승+보살: 선심을 일으키는 지위(6식 선심위 · 무루심위, 무심위)에서 진이숙심을 일으킴
↕
부처: 선심 일으킬 때 이숙심 없음

부처 아닌 범부나 이승이나 보살이 선심을 일으키는 지위에서 항상 진이숙심을 일으킨다는 것이다.

中有損益境第八識取故, 後時得有勞損於身等. 擧後果位顯因定有. 言身受者身所受故非謂受數. 此卽是境."

부처가 아니라는 것은 보살과 이승과 범부 등이다. 부처를 배제하는 것은 부처가 선심을 일으키는 지위에서는 이숙심이 없기 때문이다. (이숙심을 일으키는 것을 제외하고) 나머지를 일으킨다는 것에서 나머지는 두 가지이니, 공히 인정하는 6식 중 이숙심의 나머지로 선심과 무루심위이고, 혹은 나머지 무심위 등이다.[28]

범부·이승·보살이 선심 일으키는 지위:

1. 이숙심위
2. 6식의 선심위 + 무루심위
3. 무심위

선심을 일으키는 지위는 1. 이숙심을 일으키는 지위, 2. 의식상에서의 선심위와 무루심위, 3. 무심위, 이렇게 3가지인데, 1이 아닌 2와 3의 지위에서도 이숙심을 일으킨다는 것이다. 그렇게 일으키는 마음이 바로 제8식이므로, 제8식이 존재한다는 것이다.

3) 취생증(趣生證): 5취와 4생을 유전하는 식이 있어야 함

또 경전에서 '유정은 5취와 4생에서 유전한다.'고 한다. 만약 이 식이 없다면 저 5취와 4생의 체가 마땅히 있지 않을 것이기 때문이다.

又契經說, '有情流轉五趣四生.' 若無此識, 彼趣生體不應有故.

제8식이 있어 5취 4생에 유전함

28 『술기』, 360상, "非佛者謂菩薩二乘及異生等. 此簡佛者佛起善心位無異熟心故. 起餘者餘有二種, 即是共許六識中異熟心餘, 即善無漏心位等, 或是餘無心位等."

5취 중생의 윤회와 태어나는 방식의 4생이 가능하기 위해서는 그러한 5취와 4생의 체로서 제8식이 존재해야 한다는 것이다. 왜 체로서 제8식이 있어야 하는가는 이하에서 설명한다.

즉 a. 실유이고 b. 항상되고 c. 두루하고 d. 잡란이 없어야 한다. 저 법이 바른 실제의 취생을 세울 수 있다.
謂要 a. 實有, b. 恒 c. 遍 d. 無雜. 彼法可立正實趣生.

취생(5취와 4생)의 체의 조건:
- a. 실유: 가법이 아니어서, 업에 감응해야 함
- b. 항상함: 한 시기에 취와 생이 지속됨
- c. 두루함: 3계 9지에 두루함
- d. 잡란 없음: 일단 이 취, 이 생으로 태어나면 다른 취, 다른 생과 섞이지 않음

이러한 네 가지 조건을 다 갖춘 식이 바로 제8식으로서 이숙식이다. 이숙식 이외의 다른 법은 모두 이 네 가지 조건을 충족시키지 못하므로 취생의 체가 되지 못한다. 이하에서는 그것을 설명한다.

d. 이숙이 아닌 법은 취생이 잡란하니, 여기에 머물면서 다른 취생의 법을 일으키기 때문이다. c. 모든 이숙의 색과 5식 중 업에 의해 초감된 것은 취생에 두루하지 않으니, 무색계에는 저것이 전부 없기 때문이다. b. 모든 생득의 선과 의식 중 업에 의해 초감된 것은 비록 취생에 두루하고 일어남에 잡란이 없지만, 항상 있는 것이 아니다. a. 불상응행법은 실제의 자체가 없어, 모두 바른 실제의 취생을 세울 수가 없다. 오직 이숙심과 그 심소만이 a. 실유이고

b. 항상되고 c. 두루하며 d. 무잡이다. 이것이 바른 실제의 취생이다.

d. 非異熟法趣生雜亂, 住此起餘趣生法故. c. 諸異熟色及五識中業所感者不遍趣生, 無色界中全無彼故. b. 諸生得善及意識中業所感者, 雖遍趣生起無雜亂而不恒有. a. 不相應行無實自體. 皆不可立正實趣生. 唯異熟心及彼心所, a. 實 b. 恒 c. 遍 d. 無雜. 是正實趣生.

이숙 이외의 것이 취생의 체가 못 되는 이유:
- d. 이숙 아닌 법(가행선 등): 잡란함
- c. 이숙의 색과 5식 중 업으로 초감된 것: 무색계에 없어 두루하지 않음
- b. 생득의 선과 의식 중 업으로 초감된 것: 두루하나 항상하지 않음
- a. 불상응행법: 실유가 아니어서 취생 못 세움

c. '① 이숙의 색과 ② 5식 중 업에 의해 초감된 것은 ③ 취생에 두루하지 않으니 ④ 무색계에 없다.' 는 것에 대해 『술기』는 이렇게 설명한다.

① 이숙의 색에는 9처가 있으니, 성처와 법처를 제외한다. 무색계 중에는 이숙의 색이 없기 때문이다. ② '5식 중 업에 의해 초감된 것' 은 곧 고락사수에 상응하는 과보의 심으로 이숙생이 이것이다. ③ 두루하지 않는 취생은 천취와 화생이다. ④ '무색계에는 저것이 전부 없기 때문이다.' 라는 것은 전체 처를 든 것이니, 각각이 다른 지에서 또 없기도 하기 때문이다. 비식과 설식은 색계에서 없고, 나머지 3식은 2선 이상에서 없다.[29]

---

29 『술기』, 360하, "① 異熟色中有九處, 除聲及法處, 無色界中無異熟色故. ② 及五識中業所感者, 卽苦樂捨受相應報心, 異熟生者是. ③ 不遍趣生天趣化生. ④ 卽 '無色界之中全無彼故', 此擧全處. 於別別地亦無有故, 鼻舌色界無, 餘三識, 二禪以上無."

		〈색계 초선〉	〈2 · 3 · 4선〉	〈무색계정〉
식	안식+이식+신식	○	×	×
	비식+설식	×	×	×
색	5근:안이비설신	○	○	×
	4경:색 향미촉	○	○	×
	성	○	○	○

b. "생득의 선과 의식 중 업에 의해 초감된 것은 비록 취생에 두루하고 일어남에 잡란이 없지만, 항상 있지는 않다."에 대해 『술기』는 이렇게 설명한다.

이것은 오직 제6의식에 있는 것이다. 5식도 비록 잡란하게 일어나지 않지만, 무색계에는 전부 없으므로, 앞의 종류로 배제되었고 여기서 말하는 것이 아니다. 의(意)의 별보는 비록 취생에 두루하고 일어남에 잡란이 없지만, 항상 있는 것은 아니니 간단이 있기 때문이다. 6위(5무심+무루심)에서 없기 때문이고, 혹 무루심이나 이류심에 모두 없다고 말하기 때문이다.[30]

〈12처〉		〈두루함〉			〈항상함〉
		〈색계 초선〉	〈2·3·4선〉 …	〈무색계〉	
식	안식+이식+신식	○	×	×	
	비식+설식 ×	×	×	×	
색	5근:안이비설신	○	○	×	
	4경:색 향미촉	○	○	×	
	성처			○	
법처				○	
의식				○	×

30 『술기』, 361상, "此唯第六意識中者. 五識雖亦無雜起者, 無色全無如前類遮非此所說. 及意中別報者雖遍趣生起時無雜, 而不恒有有間斷故. 六位無故, 或無漏心異類心中皆說無故."

의식은 색계를 넘어 무색계에 이르기까지도 남아 있으므로 두루한다고 할 수 있으나, 시간적으로 무심위에서 끊어짐이 있으므로 항상되지 못하다. 그러므로 두루하고 항상된 이숙식이 아니며, 이숙식은 바로 제8아뢰야식이다.

이 마음(이숙심)이 만약 없다면, a. 무색계에 태어나 선 등을 일으키는 지위에서는 마땅히 취생이 아니어야 할 것이다. b. 설사 취생이 모든 유루를 포섭한다고 인정해도, 무색계에 태어나 무루심을 일으키면 응당 취생이 아니게 되니, 곧 바른 이치에 위배된다. 앞의 과실이 없다 해도 이 과실이 있게 되기 때문이다. 오직 이숙법만이 바른 실제 취생이다.
此心若無, a. 生無色界起善等位, 應非趣生. b. 設許趣生攝諸有漏, 生無色界起無漏心, 應非趣生, 便違正理. 勿有前過及有此失故. 唯異熟法是正實趣生.

이숙심이 있으므로 무색계에서 무루심을 일으켜도 취생임
이숙심 없이 6식 뿐이면:
a. 무색계에서 취생 아니게 됨
b. 취생이 모든 유루(무색계까지 포함) 포함해도, 무루심 일으키면 취생 아니게 됨

이숙심이 있기 때문에 3계 어디에서 무루심을 일으켜도 취생으로 남을 수 있다는 것이다. 아직 윤회하는 유루에 머무는 한, 무색계에서 무루심을 일으켜도 취생으로 남는데, 그것은 일체의 색과 유루심을 넘어서는 이숙심이 있기에 그런 것이다.

〈9지와 4향4과와 아뢰야식의 복단위의 관계〉

범부(욕계에 윤회)	욕계	제1지	
예류과(욕계에 7번 옴)			
일래과(욕계에 1번 옴)			
불환과(색계천에 1번 옴)	색계		
	무색계		아애집장위 - 아뢰야식
아라한과(윤회 끝)		제8지(색자재지)	
		제9지(심자재지)	
		제10지(법운지)	선악업과위 - 이숙식
여래	무여열반에 들기 전: 제8식체를 유지		상속집지위 - 무구식
	무여열반에 듦: 제8식체를 떠남		

a. 이 때문에 여래는 취생에 속하지 않으니, 부처는 이숙무기의 법이 없기 때문이다. b. 또한 계에 속하지 않으니, 유루가 아니기 때문이다. 세존은 이미 고제와 집제를 버렸기 때문이고, 모든 희론의 종자가 이미 영원히 끊어졌기 때문이다.

a. 由是如來非趣生攝, 佛無異熟無記法故. b. 亦非界攝, 非有漏故. 世尊已捨苦集諦故, 諸戲論種已永斷故.

부처:

a. 이숙무기 아님	→ 취생 아님
b. 유루 아님	→ 3계에 속하지 않음

a. 여래는 6도윤회하지 않는다. 그러므로 6취 중의 하나에 4생 중의 하나로 태어나지 않는다. 그러므로 취생에 속하지 않는다고 말한다. 일반 범부는 선악업과에 의해 이숙무기로 태어나지만, 여래는 업에 의한 일체 종자를 모두 끊었기에 이숙무기로 남지 않는다. b. 또 유루의 일체 종자를 모두 멸하였으므로 3계에 태어나지 않는다. 『술기』는 이렇게 설

명한다.

4지(전식득지의 4지)는 모두 선이며, 또 계에 속하지 않는다. 유루가 아니기 때문이고, 유루는 계의 의미이기 때문이고, 계는 계박의 의미이기 때문이다. 저것(여래)이 어째서 계박이 아닌가? 세존이 이미 고와 집 2제를 버려 세존이라 불리기 때문이다. 어째서 고와 집이 없는가? 유루의 모든 희론 종자를 이미 영원히 끊었기 때문이다. 즉 유루법은 희론이라고 이름하며, 무루법은 불계법이므로 희론과 같지 않다. 그러므로 바른 실제 취생은 오직 이숙심과 심소일 뿐이다.[31]

3계 = 계박 = 유루 = 고제+집제 = 유루의 희론 종자 ↔ 무루법

바른 실제 취생은 이미 오직 이숙심과 심소뿐이다. 이 심과 심소는 제8식을 떠나서는 이치상 얻을 수가 없다. 그러므로 별도로 이 제8식이 있음을 알아야 한다.
正實趣生旣唯異熟心及心所. 彼心心所離第八識理不得成. 故知別有此第八識.

여래에 이르기 전까지 3계 윤회하는 중생인 한, 취생으로 머무르는 것이 가능한 것은 이숙심이 있기 때문이다. 그러므로 이숙심인 제8식이 존재한다는 것을 알 수 있다.

---

31 『술기』, 361중, "四智俱善亦非界攝. 非有漏故, 有漏是界義故, 界是縛義故. 又彼何故非繫縛者? 世尊已捨苦集二諦名世尊故. 何故無苦集? 有漏諸戲論種已永斷故. 卽有漏法名爲戲論, 無漏法名不繫法故非同戲論. 故正實趣生唯異熟心心所."

4) 집수증(執受證): 신체를 집수하는 식이 있어야 함

또 경전에서 '색근이 있는 몸은 집수가 있다.'라고 한다. 만약 이 식이 없다면, 능히 집수하는 것이 마땅히 있지 않을 것이기 때문이다.
又契經說, '有色根身是有執受.' 若無此識, 彼能執受不應有故.

유근신(색근을 가진 신)을 집수하는 식 = 제8식

제8식이 있어서 색법인 5근을 집지한다. 『술기』는 이하의 설명을 다음과 같은 3단계라고 설명한다.

① 소집을 나타냄. 소집이 능집의 마음을 드러냄(顯所執彰能執心)
② 능집심을 밝힘. 집심이 오직 제8식임을 나타냄(明執心顯唯第八)
③ 다른 계탁을 파함. 다른 것은 능집수가 아님 밝힘(破異計非能執受)

① 즉 5색근 및 그 의지처는 오직 현재인 것만이 집수를 가진다. 저것은 반드시 능히 집수하는 마음이 있음으로 인한 것이다.
謂五色根及彼依處, 唯現在世是有執受. 彼定由有能執受心.

5색근(승의근) + 의지처(부진근): 집수되는 것 ↔ 집수하는 것: 제8식

유근신은 제8아뢰야식에 의해 집수되는 것이다. 유근신의 근은 인식능력에 해당하는 수승한 의미의 5색근인 승의근과 그 능력의 의지처로서의 부진근을 포함한다. 집수되는 5근은 능히 집수하는 식인 제8식에 의해 가능한 것이다.

5근은 자신에게 있다. 자기의 상분이 아닌 타신의 5근과 의지처, 제외된 성(聲)은

모두 집수가 아니다. … 오직 현재세만이 유정이기 때문에 집수를 가질 수 있고, 과거와 미래는 아니다. … 이 집수되는 것은 필히 능히 집수하는 마음이 있음으로 인해 무너지지 않고 유지되는 것이다. 경전에서 비록 색근신이 집수가 있다고 말하지만, 스스로 능집은 아니다. 만약 스스로 능집이라면, 마땅히 별도로 소집이 있어야 한다. 이미 별도의 소집이 없으면서 집수가 있다고 말하면, 다른 것이 자신을 능히 집수함을 알아야 한다.[32]

유근신의 집수가 있다면, 마땅히 그 집수를 능집하는 것이 따로 있어야 한다는 것이다. 그러므로 능집수로서의 마음인 제8아뢰야식이 존재한다는 것이다.

② 오직 이숙심만이 a. 앞의 업에 의해 이끌리고, b. 선이나 염이 아니고, c. 한 종류이며 d. 능히 두루하고 e. 상속하여 유색근신을 집수한다. 안식 등의 전식은 이와 같은 뜻이 없다.
唯異熟心, a. 先業所引, b. 非善染等, c. 一類 d. 能遍, e. 相續執受有色根身. 眼等轉識, 無如是義.

이숙심이 집수식이 되는 근거:
- a. 앞의 업에 이끌려 임운하게 일어남 ↔ 현재 연에 의해 일어남(7식)
- b. 선이나 염이 아닌 무기 ↔ 선이나 염이기도 함(6식)
- c. 한 종류의 이숙무기성 ↔ 이숙무기 아님(6식)
- d. 일체 곳에 두루함 ↔ 각별의 의지처(6식) – 부처 색근의 증득
- e. 일체 시에 상속함 ↔ 집수 아님(6식)

---

32 『술기』, 361하, "五根在自身. 非己相分他身五根依處除聲, 皆非執受. … 唯現在世是有情故, 可有執受, 過未非也. … 此等所執受法定由有已能執受心持令不壞. 經雖但言有色根身是有執受, 自非能執. 自若能執, 應別有所執. 既無別所執而言有執受, 故知有他能執受自也."

이숙식만이 유근신을 집수하는 식이 되는 근거를 설명한 것이다. a. 신체는 현세에 처음부터 갖고 태어나는 것이므로 이미 현세 이전의 업에 의해 이끌려 생겨나는 것이어야 하며, b. 색근 자체가 무기이므로 그 근을 이끄는 식 또한 무기이고, c. 신체가 무기 한 종류로 이어지듯이 집수하는 식도 무기 한 종류로 이어져야 하며, d. 어느 곳에서나 두루하고, e. 어느 시에서나 유지되어야 한다. 이상 다섯 가지 근거에 대한 『술기』의 설명이다.

> 어떤 마음이 능집수인가? 오직 이숙심은 제8식을 말한다. a. 선업에 의해 이끌림은 체가 임운하게 일어나고 현재의 연에 의해 일어나지 않는 것이다. 제7식부터는 현재의 연에 이끌리므로 집수하지 못한다. 이것은 이 8식이 집수임을 증명하는 5인 중의 제1인이니, 아래서 저절로 밝혀져서 번다하게 서술하지 않는다. b. 선이나 염 등이 아님은 위의(행위)의 무기를 말하니, 이것이 제2인이다. 이것은 6식이 선악일 수 있어 집수할 수 없음을 말한다. c. 한 종류임은 제8식이 일류의 이숙무기 성품에 속함을 말하니, 제3의 원인이다. 이것은 6식이 일류의 이숙무기 성품에 속할 수 없으므로 능집수일 수 없음을 말한다. d. 능히 두루 집수함은 오직 본식만이 두루 5근 등을 집수함을 말하니, 제4의 원인이다. 이것은 6식이 각각 다른 의지처이므로 두루 집수하지 못함을 말한다. 이 중 제8식이 부처의 색근을 증득함은 아래에서 저절로 이해된다. e. 상속집수함은 제8식이 일체 시에 집수하지, 집수함이 있거나 없거나 하지 않음을 말한다. 집수하지 않으면 곧 문드러져 무너지기 때문이다. 이것이 제5인이다. 이것은 6식에 의해 집수된다고 여기면, 그 집수에 과실이 있음을 말한다. 오직 제8식만이 이 다섯 의미를 갖추며, 안식 등 7전식은 모두 이끄는 업이 아니며 다섯 의미를 갖추지 못해 능집이 아니다.[33]

33 『술기』, 361하, "何心能執受? 唯異熟心謂第八識. a. 先業所引體任運起非現緣起. 縱第七識亦現緣引不能執受. 卽是八證執受五因中第一因, 下自爲量不能煩述. b. 非善

위의 5가지 조건을 갖춘 것은 오직 제8이숙식이고 7전식이 아니므로 신체를 집수하는 식은 7전식이 아니고 오직 제8이숙식이라는 것이다.

<반문> 이 말의 뜻은 안식 등의 전식은 모두 c. 한 종류로서 d. 능히 두루하며 e. 상속하여 자기의 내적 유색근신을 집수하는 것이 없음을 나타내지, 능히 집수하는 것이 오직 이숙심임을 나타내는 것은 아니다. 모든 부처의 색신에도 집수가 없는 것은 아니기 때문이다. <답변> 그러나 유루의 색신을 능히 집수하는 것은 오직 이숙심이므로, 이것을 말하는 것이다.
<반문> 此言意顯眼等轉識 a. 皆無一類, b. 能遍相續, c. 執受自內有色根身, 非顯能執受唯異熟心. 勿諸佛色身無執受故. <답변> 然能執受有漏色身唯異熟心, 故作是說.

유색근신을 집수함 - 일류+두루+상속　6식은 (일류+두루+상속) 아님 - 유색근신 집수 못 함

유루 색신을 집수하는 것 = 이숙심
↕
무루 색신을 집수하는 것 = 여래심(이숙심 아님)

능집하는 것이 제8이숙식이라는 위의 결론에 대한 반문이다. 즉 집수의 조건을 다섯 가지로 제시함은 그러지 못한 6식이 집수를 못 한다

染等, 等取威儀等無記. 彼是第二因. 彼言六識善惡可得故不能執受. c. 一類謂第八識一類異熟無記性攝. 次第三因. 彼言六識一類異熟無記性攝不可得故不能執受. d. 能遍執受者謂唯本識遍能執受五根等法. 是第四因. 彼言六識各別依故不能遍執. 此中第八佛色根證, 如下自解. e. 相續執受謂第八識一切時執非有執不執. 不執時卽爛壞故. 是第五因, 彼言六識所依應成數, 數執受過失. 唯第八識具此五義, 眼等七種轉識皆非業引, 不具五義故非能執."

는 것을 말할 뿐이지, 집수하는 것이 반드시 이숙식이라는 것을 논증하는 것은 아니라는 말이다. 부처의 색신은 이숙무기 일류로 두루 상속하는 그런 이숙심이 아니어도 능히 집수되기 때문이다. 그러므로 신체를 집수하는 식이 반드시 이숙심이라는 것을 논증한 것은 아니라고 반문하는 것이다.

이에 대해 신체를 집수하는 식이 이숙심인 것은 유루의 경우에 국한된 것이라고 답한다. 즉 유루에서는 다른 식들이 모두 능집의 식이 아니므로 그런 유루의 색신을 능집하는 식은 오직 이숙심이라는 것이다. 이하에서는 이숙식 이외의 다른 것들이 집수의 식이 아니라는 것을 다시 한 번 더 밝힘으로써 능집의 식은 오직 제8식뿐이라는 것을 논한다.

③ a. 즉 전식은 소리나 바람 등과 같이 현재의 연에 의해 일어나기 때문에, b. 저것(전식)의 선과 염 등은 비택멸과 같이 업에 이끌린 것이 아니기 때문에, c. 이숙생은 / 이숙이 아니기 때문에, d. 두루 의거하는 것이 아니기 때문에, e. 전광 등과 같이 상속하지 않기 때문에, 유루 색신을 능히 집수하지 못한다. 모든 심식이란 말은 심소를 포함하니 필히 상응하기 때문이며, 유식이라는 말과 같다. (16하)

a. 謂諸轉識現緣起故如聲風等, b. 彼善染等非業引故如非擇滅, c. 異熟生者 / 非異熟故, d. 非遍依故, e. 不相續故如電光等, 不能執受有漏色身. 諸心識言亦攝心所, 定相應故如唯識言. (16하)

7전식이 능집수가 아닌 이유:
- a. 전식은 현재의 연에 의해 일어남, 소리와 바람과 같음
- b. 전식의 선이나 염은 업에 이끌린 무기가 아님, 비택멸 같음
- c. 이숙생이지 이숙이 아님, 일류의 이숙무기가 아님
- d. 두루하지 않음
- e. 상속하지 않음, 번개 같음

제8이숙식이 아닌 7전식은 a. 지난 업이 아닌 현재의 연에 의해서 일어나며, b. 업에 의해 이끌린 무기가 아니라 선이나 염으로 작용하고, c. 한 종류로 상속하는 진이숙이 아니라 이숙생이고, d. 두루하지 않고, e. 상속하지 않으므로 신체를 집수하는 능집의 식이 될 수 없다.

> 색근과 불상응행법은 유색근신을 집수할 수 있는 것이 아니니, 허공 등과 같이 소연이 없기 때문이다. 그러므로 능히 집수하는 심이 마땅히 별도로 있어야 하며, 저 심이 곧 이 제8식이다.
> 非諸色根不相應行可能執受有色根身. 無所緣故如虛空等. 故應別有能執受心, 彼心卽是此第八識.

이숙심만 능집수 ↔ 경량부: 색근이 능집수 - 색심 호훈
유부: 불상응행법(명근, 중동분)이 능집수

이숙심 이외에 색근이나 불상응행법이 신체를 집수할 수 있다는 주장에 대한 비판이다. 경량부는 색근이 종자를 훈습받고 신체를 집지한다고 주장하며, 유부는 명근이나 중동분 등 불상응행법이 신체를 집수한다고 주장하는데, 이것은 이치에 맞지 않다는 것이다.

색근이나 불상응행법이 능집수가 될 수 없는 것은 그것들은 식이 아니므로 능연의 작용이 없어 소연을 갖지 못하기 때문이다. 이숙심만이

식으로서 능연이 되어 유근신을 소연(상분)으로 삼음으로써 그것을 집지한다는 것이다. 그러므로 신체를 집지하는 제8이숙식이 7전식과 구분되는 별개의 식체로서 존재한다는 것이다.

5) 수난식증(壽煖識證): 목숨과 체온이 의지하는 식이 있어야 함

또 경전에서 '목숨(壽)과 체온(煖)과 식(識) 세 가지가 서로 의지하여 상속해서 머무를 수 있다.'고 한다. 만약 이 식이 없다면, 목숨과 체온을 능히 지켜서 오래도록 머물게 하는 식이 마땅히 있지 않을 것이기 때문이다.
又契經說, '壽煖識三更互依持得相續住.' 若無此識, 能持壽煖令久住識不應有故.

신체를 유지하는 조건: 셋이 서로 의존함
1. 수(壽, āyus): 목숨
2. 난(煖, uṣman): 체온 – 무색계에서는 없어짐
3. 식(識, vijñāna): 수와 난을 유지하는 식

신체를 유지하는 조건이 목숨(수), 체온(난), 마음(식)인데, 이 셋은 함께해야지만 유지가 된다. 식이 있어야 수와 난도 유지되므로 살아 있다는 것은 곧 식이 있음을 말한다. 『술기』는 위의 구절이 『잡아함경』 21권과 『구사론』 5권에 나오는 게송의 내용이라고 설명한다.

그런데 이렇게 생명을 유지시켜 주는 식은 7전식이 아니라 제8식이다. 이하에서는 목숨과 체온을 유지시켜 신체를 살아 있게 유지하는 식이 왜 7전식이 아닌 제8식인가를 해명한다.

즉 전식은 끊어짐이 있고 바뀜이 있어 소리나 바람처럼 항상 유지하는 작용이 없으므로 목숨이나 체온을 유지하는 식이라고 할 수가 없다. 오직 이숙식만이 a. 끊어짐이 없고 b. 바뀜이 없어 수명이나 체온처럼 항상 지키는 작용이 있으므로 수명과 체온을 지키는 식이라고 할 수 있다. c. 경에서 '3법(수·난·식)은 서로 의지한다.'고 말하는데, 수명과 체온은 한 종류로 상속하고 식만은 그렇지 않다면, 어찌 바른 이치에 부합하겠는가?
謂諸轉識有間有轉, 如聲風等無恒持用, 不可立爲持壽煖識. 唯異熟識, a 無間 b. 無轉, 猶如壽煖有恒持用, 故可立爲持壽煖識. c. 經說, '三法更互依持', 而壽與煖一類相續, 唯識不然, 豈符正理?

이숙심이 목숨과 체온 유지하는 이유 ↔	전식이 못 하는 이유
a. 끊어짐이 없음	간단 있음
b. 바뀜이 없음	전전함
c. 일류 상속함	일류 상속 아님

목숨과 체온을 유지하여 몸을 살아 있게 하는 식은 끊어짐이 있어서도 안 되고 바뀜이 있어서도 안 되며 한 종류로 상속하여야 한다. 그와 같이 작용하는 식은 7전식이 아니라 제8식이다. 그러므로 목숨과 체온과 함께하여 몸을 살아 있게 하는 제8이숙식이 존재한다는 것을 알 수 있다.

<반문> 비록 3법이 서로 의지한다고 설해도 체온이 3계에 두루하지 않는다는 것은 인정하면서, 어째서 식은 유독 끊어짐과 바뀜이 있음을 인정하지 않는가? <답변> 이것은 앞의 이치에 대해 과오의 난점이 되지 않는다. 즉 만약 이곳(욕계와 색계)에서 3법을 모

두 갖고 있어 끊어짐과 바뀜이 없다면, 항상 서로 유지할 수 있다. 그렇지 않다면 곧 항상되고 서로 유지하는 작용이 없는 것이다. 앞에서는 이 이치로써 3법 중에 설해진 식이라는 말은 전식을 뜻하는 것이 아님을 나타낸 것이다. 체온이 두루하지 않음을 들어, 어찌 앞의 이치를 무너뜨리겠는가? 그러므로 앞에 설해진 그 이치는 누구나 인정하는 것이다.

<반문> 雖說三法更互依持, 而許唯煖不遍三界, 何不許識獨有間轉? <답변> 此於前理非爲過難. 謂若是處具有三法無間轉者, 可恒相持. 不爾便無恒相持用. 前以此理顯三法中所說識言非詮轉識. 擧緩不遍豈壞前理? 故前所說其理極成.

	욕계	색계	무색계
수(목숨):	○	○	○
난(체온):	○	○	×
식(이숙심):	○	○	○

여기에서의 3법의 조건: 무간단, 무전전

수·난·식이 함께해서 몸이 살아 있게 되므로 그렇게 목숨과 체온과 함께하는 식은 언제나 끊어짐이 없는 제8식이라는 위의 결론에 대해 제기되는 반론이다. 즉 체온은 무색계에서 없기도 하므로 그렇게 두루하는 것이 아니어도 수·난·식 세 가지가 상호유지된다. 그렇듯이 식도 끊어짐과 바뀜이 있어도 셋의 상호유지가 이루어질 수 있지 않겠는가? 그렇다면 끊어짐이 없는 이숙심 이외에 7전식도 목숨과 체온과 함께하는 식일 수도 있지 않느냐는 것이다.

이에 대한 답변은 무색계 이외에 욕계와 색계에 존재하는 한, 위의 세 가지 조건이 항상 함께해야만 신체가 유지된다는 것을 뜻한다는 것이다. 무색계에서는 체온이 없어도 신체의 목숨이나 식이 사라지지 않지만, 욕계와 색계에 존재하는 한, 세 가지 조건이 함께 갖추어져야지 몸이 유지된다는 것이다. 그러므로 체온이 무색계에서 없음을 들어 두루하지 않는 식도 목숨과 체온을 유지하게 하는 식일 수 있다고 논하는 것은 옳지 않다는 것이다.

또 3법 중 목숨과 체온의 두 가지는 이미 오직 유루일 뿐이다. 그러므로 저 식은 목숨이나 체온과 같이 반드시 무루가 아님을 안다. 무색계에 태어나 무루심을 일으키면, 그때 어떤 식이 그 목숨을 능히 유지하겠는가?
又三法中壽煖二種旣唯有漏. 故知彼識如壽與煖定非無漏. 生無色界起無漏心, 爾時何識能持彼壽?

	욕계	색계	무색계	
수(목숨):	○	○	○	┐ 유루
난(체온):	○	○	×	┘
식(이숙심):	○	○	○	− 유루 + 무루(무색계에서 무루심 일으키는 식)

목숨과 체온은 유루이다. 그것들과 함께하는 식은 유루이다. 그런데 무색계에 태어나 무루심을 일으킬 경우, 그때 살아 있는 목숨은 과연 무엇에 의해 유지되는 것인가? 무색계의 목숨을 유지하는 식은 유루식이 아니고 그것과는 다른 무루식이다. 그것이 바로 유루를 넘어 무루로서도 일류 상속하는 제8식이라는 것이다.

이로부터 이숙식이 한 종류로 항상되고 두루하여 수명과 체온을 능히 유지함을 알아야 하니, 저 식이 곧 이 제8식이다.

由此故知有異熟識一類恒遍能持壽煖, 彼識卽是此第八識.

일류 상속하고 항상되며 두루하는 제8식만이 목숨과 체온을 유지할 수 있다. 그렇게 목숨과 체온과 식의 3법을 이루어 신체를 살아 있게 하는 식은 곧 제8이숙식이며, 이로써 제8식이 별도의 식으로 존재한다는 것을 알 수 있다.

6) 생사증(生死證): 나고 죽을 때의 식이 있어야 함

또 경전에서 '모든 유정의 부류가 생을 받고 명이 끝나는 것이 반드시 산심(散心)에 머물러서이지 무심정에서가 아니다.'라고 말한다. 만약 이 식이 없다면, 태어나고 죽을 때 심이 마땅히 있지 않을 것이기 때문이다.
又契經說, '諸有情類受生命終必住散心非無心定,' 若無此識, 生死時心不應有故.

태어남(수생)
죽음(명종)] 산위(散位)와 유심위(有心位)에서 임 - ∴마음, 즉 이숙심이 있음

생을 받아 태어나거나 명이 다해 죽는 순간에도 업에 의해 이끌려 태어나거나 죽는 것이므로, 그렇게 작용하는 업종자를 집지하는 식이 있어야 한다. 수생이나 명종에서 작용하는 식이 곧 이숙심이라는 것이다.

a. 즉 태어날 때와 죽을 때에는 신심이 혼미하니, 꿈 없는 잠이나

극민절 때처럼 명료한 전식이 필히 현기하지 않는다. b. 또 이 지위에서는 6종 전식의 행상과 소연이 불가지이므로, 무심위에서처럼 반드시 현행하지 않아야 한다. 6종 전식의 행상과 소연은 있으면 반드시 알 수 있어야 하니, 다른 때와 같기 때문이다.

a. 謂生死時身心惛昧, 如睡無夢極悶絕時, 明了轉識必不現起. b. 又此位中六種轉識行相所緣不可知故, 如無心位必不現行. 六種轉識行相所緣有必可知, 如餘時故.

a. 수생 시 / 명종 시] 신심이 혼미 - ∴다른 무심위(無心位)와 같이 전식이 현기 안 함

무심5위:

1, 면무몽
2. 극민절: 귀신, 약 등으로 민절
3. 무상정
4. 멸진정
5. 무상이숙

a. 생시와 사시는 꿈 없는 잠과 기절에서와 같이 전식이 현재적으로 일어나지 않으니, 이때 남아 있는 식은 이숙심이어야 한다.

b. 여기에서는 다시 생시와 사시에 6식이 일어나지 않는다는 것을 강조한다. 제8식은 우리의 일상 의식에 그 행상과 소연이 명료하게 드러나지 않아 '불가지'라고 말하지만, 6식은 일어날 경우 그 행상과 소연이 명료하게 알려진다는 것이다. 그런데 생시와 사시에는 식의 행상과 소연이 드러나지 않으니, 6식이 일어나지 않는다는 것이다.

『술기』는 살바다와 경량부를 가리켜 "두 부파는 생사의 지위에는 5식은 없고 의식은 있다고 주장한다"[34]고 설명한다. 그렇지만 실제로 생시와 사시에는 식의 행상과 소연이 드러나지 않으므로, 그때는 다른 무

심위에서와 마찬가지로 6식이 현기하지 않고, 오직 제8식만 작용한다고 할 수 있다.

진이숙식은 극히 미세하므로 행상과 소연이 모두 불가료
이다. 이것은 인업의 / 과이며, 한 기간 동안 상속하며 항 (17상)
상 전변이 없다. 이것이 산위에 있는 마음으로 '나고 죽는
마음' (생사심)이라고 이름하니, 바른 이치에 위배되지 않
는다. (17상)
眞異熟識極微細故, 行相所緣俱不可了. 是引業 / 果, 一期相
續恒無轉變. 是散有心名生死心, 不違正理.

제8식(진이숙): 극미세, 행상과 소연이 불가료 ∴생사심은 이숙심

제8식은 생시와 사시에도 작동한다. 이때 마음은 산위로서 그 행상과 소연이 명료한 의식이 아니라 불명료하고 불가료인 제8식의 마음이다. 이렇게 생시와 사시에 작동하는 마음은 생사심으로 불리는 이숙심이다.

<이설> 이런 설이 있다. 5식은 이 지위에 필히 없다. 의식이 경을 취하는데, a. 혹 5식으로 인하기도 하고, b. 혹 남의 가르침에 인하기도 하고, c. 혹 선정이 인이 되기도 한다. 태어나는 지위에서는 모든 인이 이미 얻을 수 없다. 그러므로 생을 받을 때는 의식 또한 없다.

---

34 『술기』, 364중, "彼二部等說五識無執有意識."

有說五識此位定無. 意識取境, a. 或因五識, b. 或因他教, c. 或定爲因. 生位諸因旣不可得. 故受生位意識亦無.

수생과 명종 시: 전5식은 없음. 의식은 있는가, 없는가?
명종 시: 혼미하므로 의식 없음
수생 시: 의식의 3조건이 없으므로 의식 없음

의식이 일어나는 원인:
a. 전5식: 5진을 반연
b. 타교: 별도의 이해를 냄
c. 선정: 경계가 수승하고 묘함

수생이나 명종 시에 5식이 없다는 것은 누구나 인정한다. 문제는 그때 의식이 있는가, 없는가이다. 여기에서는 다른 논사의 주장을 소개한다. 즉 명종 시에는 혼미한 상태이므로 의식이 없음을 알 수 있다. 문제는 수생 시 의식의 유무인데, 수생 시에는 의식이 있을 수 있는 3가지 조건이 모두 충족되지 않으므로 결국 수생 시에도 의식은 없다는 것이다.

<이설의 비판> 만약 이러하다면, 유정이 무색계에 태어난 후 의식은 마땅히 영원히 생기지 않아야 한다. 정심은 필히 산위의 의식에 의해 이끌리는데, a. 5식과 b. 남의 가르침은 저 계(무색계)에는 반드시 없으며, c. 정을 이끄는 산심이 일어날 근거도 없기 때문이다.

若爾有情生無色界後時意識應永不生. 定心必由散意識引, a. 五識 b. 他教, 彼界必無, c. 引定散心無由起故.

그럴 경우 무색계에 수생 시 의식이 생기지 않게 됨:
a. 5식이 없고
b. 타교도 없고
c. 선정도 없기 때문. 정심을 이끌 산위의 의식이 없어서

위의 주장이 갖는 문제점을 지적한다. 무색계에 태어나면 a. 5진에 입각한 5식도 없고 b. 분별적 타교도 없으니, 5식이나 타교로 인한 의식이 일어날 수 없게 될 것이다. c. 그렇다고 정심으로 인한 의식도 일어날 수 없으니, 정심은 산위의 의식을 통해 일어나는데 그러한 산위의 의식이 없다고 하기 때문이다.

만약 저 선정이 관습력에 의해 후에 갑자기 나타날 수 있는 것이라면, 저 처음 태어날 때는 어째서 현기하지 않은 것인가? 또 욕계와 색계에서 처음 생을 받을 때 관습의 의식이 마땅히 현기해야 할 것이다. 만약 혼매로 인해 처음에 아직 현전하지 않는다면, 이것이 곧 앞의 인인데, 어째서 힘들게 별도로 말하는가?
若謂彼定由串習力, 後時率爾能現在前, 彼初生時寧不現起? 又欲色界初受生時, 串習意識, 亦應現起. 若由惛昧初未現前, 此卽前因, 何勞別說?

무색계에 수생 시:
d. 수생 후 선정의 관습력으로 정심이 갑자기 생김 ↔ 수생 시에는 의식이 왜 안 생기는가?

위에서 이설을 비판하기를 무색계에서 수생 시에는 a 5식도 없고 b. 타교도 없고 c. 정심을 이끌 산위의 의식도 없어서, 결국 선정의 의식이 일어날 수 없다는 것이었다. 이에 다시 반론을 펴기를 무색계에서

수생 시 의식이 없다가도 그다음 찰나에 그 이전 생에서의 선정의 관습력에 의해 홀연히 정심이 일어날 수 있다는 것이다. 즉 선정의 마음이 c. 산위의 의식을 통해서가 아니라, d. 이전 순간들의 선정의 관습력에 의해 일어날 수 있다는 것이다.

이에 대해 다시 비판하기를 무색계에서 이전 관습력을 따라 의식이 일어날 수 있다면, 일반적인 수생에서도 왜 그런 식으로 의식이 일어나지 않느냐는 것이다. 무색계뿐 아니라 욕계나 색계에서도 수생 시에 관습력에 의해 의식이 일어나야 하지 않겠는가?

이에 대해 수생 시에는 혼미로 인해서 의식이 일어나지 않는다고 한다면, 이것은 앞에서 계속 논해 왔던 것이므로 다시 새롭게 의미하는 바가 없다는 것이다.

<상좌부의 주장> 다른 부파의 집착이 있다. 생사 등의 지위에서는 별도로 한 종류의 미세한 의식이 있는데, 행상과 소연이 모두 불가료이다.
有餘部執生死等位別有一類微細意識, 行相所緣俱不可了.

상좌부: 수생과 명종 시에 미세의식 있음. 행상과 소연이 불가료

다른 부파인 상좌부에서는 수생 시나 명종 시에 미세한 의식이 작용한다고 말한다. 수생과 명종 시에 의식이 활동하는데, 다만 그것이 너무 미세해서 우리가 요별하지 못할 뿐이라는 것이다.

<유식의 주장> 이것이 이 제8식이라는 것을 마땅히 알아야 한다.

모두가 아는 의식은 이와 같지 않기 때문이다.
應知卽是此第八識. 極成意識不如是故.

상좌부의 미세식 = 유식: 제8식

호법은 상좌부가 주장하는 미세한 의식이 바로 유식이 말하는 제8식이라는 것을 강조한다. 그 미세식이 우리가 일반적으로 알고 있는 제6의식과는 다른 양상을 띠기 때문이다. 제8식 이외에는 생사 시에 남아 있는 미세한 식이라고 할 만한 것이 없다.

또 장차 죽으려고 할 때, 선업이나 악업으로 인해 위와 아래의 몸의 부분에 차가운 촉감이 점차적으로 일어난다. 만약 이 식이 없다면 저 일은 일어나지 않으니, 전식은 몸을 집수할 수 없기 때문이다.
又將死時由善惡業下上身分冷觸漸起. 若無此識, 彼事不成, 轉識不能執受身故.

죽을 때 냉촉이 점차적으로 일어남 ∴ 명종 시에 제8식 있음

죽을 때 몸이 점차적으로 차가워지는 것은 식이 몸을 점차적으로 떠나는 것이고, 곧 집수를 버리기 때문이다. 이렇게 할 수 있는 식은 제8식이라는 것이다.

세친과 무성의 『섭대승론석』에서 모두 '선업자는 아래로부터 차가워지고, 악업자는 위에서부터 차가워지니, 승취에 태어나는 것과 악취에 태어나는 것이 다르기 때문이다.' 라고 말한다. 『유가사지론』 제1권에서 '아래와 위를 따라 차가워져서

후에 심장에 이르니, 처음 태어난 그곳을 최후에 버린다.' 고 말한다.[35]

대개 목숨이 다해 죽을 때 몸이 아래에서부터 차가워지기도 하고 위에서부터 차가워지기도 하는 등 점차적으로 냉기가 퍼져 나간다는 것이다. 이렇게 몸이 식는 것이 단박에 일어나지 않고 점차적으로 일어나는 것은 그 몸을 유지하는 식이 제8식이기 때문에 가능하다는 것이다.

a. 안식 등 5식은 ① 각각 별도로 의거하기 때문에, ② 혹 현행하지 않기 때문에, b. 제6의식은 ① 몸에 머물지 않기 때문에, ② 경계가 일정하지 않기 때문에, ③ 두루 몸에 기거하는 중에는 항상 상속하기 때문에, 찬 촉감이 이것(5식과 의식)으로 인해 점차적으로 생기는 것은 당연히 아니다.

a. 眼等五識, ① 各別依故, ② 或不行故. b. 第六意識, ① 不住身故, ② 境不定故, ③ 遍寄身中恒相續故, 不應冷觸由彼漸生.

찬 촉감이 점차적으로 일어나는 근거:
- b. 5식에 의한 것이 아닌 이유:
  - ① 5식은 각각 다른 의지처를 갖음: 근이 각각 다름
  - ② 때로 현행 안 함
- c. 의식에 의한 것이 아닌 이유:
  - ① 몸에 계속 머물지 않음: 의식이 떠난다고 몸이 차가워지지 않음
  - ② 경계가 바뀜
  - ③ 두루 몸에 두루 기거하면 항상 상속

의식이 몸에 두루 기거하면서 항상 상속하므로, 의식이 냉촉의 점차

35 『술기』, 365중, "世親無性『攝論』皆云, '善業從下冷, 惡業從上冷, 由生勝趣惡趣別故'. 『瑜伽』第一云, '隨下上冷, 後至於心, 此處初生最後捨故.'"

적 발생의 근거가 될 수 없다는 것에 대해 『술기』는 이렇게 설명한다.

> 제6의식은 항상 일어날 때, 경에 이르면 곧 반연하고 의지처를 따라 곧 멈춘다. 본식(제8식)이 오래 동안 한 의지처에 머무르면서 필히 그 경을 반연하는 것과 같지 않다.[36]

제6의식은 경(5경+법경)에 이르면 그걸 반연하고, 또 그 의지처(5근+의근)가 바뀜에 따라 곧 즉시 멈춘다. 즉 의식은 단적으로 일어나고 단적으로 멈추기에 어떤 현상이 점차적으로 진행되는 것의 원인이 될 수 없다는 것이다. 이것은 제8식이 하나의 의지처(제7식)에 머무르며 자신의 경을 반연하면서 오래도록 그 하나에 머무르는 것과 구분된다. 그러므로 제8식은 반연함을 멈출 때에도 서서히 진행되므로 집수를 멈추고 냉촉이 일어나는 일이 서서히 진행될 수 있다는 것이다.

오직 이숙심만이 앞의 업력으로 인해 항상 두루 상속하며 몸의 부분을 집수하고, 집수를 버리는 곳에서 찬 촉감이 곧 생긴다. 목숨과 체온과 식의 셋은 서로 떠나지 않기 때문이다. 찬 촉감이 일어나는 곳은 곧 유정이 아니니, 비록 변현하고 반연해도 집수하는 것은 아니다. 그러므로 필히 이 제8식이 있음을 알아야 한다.

唯異熟心由先業力恒遍相續執受身分. 捨執受處冷觸便生. 壽煖識

36 『술기』, 365하, "第六意識恒常起時, 逢境即緣, 隨依即止. 不同本識久住一依, 定緣此境."

三不相離故. 冷觸起處卽是非情, 雖變亦緣而不執受. 故知定有此第八識.

제8식:

기세간으로 변현

유근신을 집수: 목숨, 체온, 식이 함께함. - 집수함으로 인해 유정이 됨

의식과 달리 이숙식이 몸을 떠나는 것은 서서히 진행되며 따라서 죽을 때 찬 촉감이 일어나는 것이 서서히 진행될 수 있다. 이숙식이 체온과 목숨과 더불어 함께해서 유정을 살아 있게 하며, 그 셋이 함께 서서히 유정으로부터 벗어나면 유정은 더 이상 살지 못하고 죽게 된다.

7) 식명색호위연증(識名色互爲緣證): 명색의 연인 식이 있어야 함

또 경전에서 '식이 명색의 연이고, 명색이 식의 연이다. 이렇게 두 법이 전전해서 서로 의지하는 것이 비유하면 갈대단이 동시에 전전하는 것과 같다.'고 말한다. 만약 이 식(제8식)이 없다면, 저 식(5온의 식) 자체가 마땅히 있지 않을 것이기 때문이다.
又契經說, '識緣名色, 名色緣識. 如是二法展轉相依, 譬如蘆束俱時而轉.' 若無此識, 彼識自體不應有故.

식 ⇄ 명색
제8식 색+수상행식

명색을 연해서 식이 있지만, 식을 연해서 명색이 있다고 말한다. 5온을 뜻하는 명색의 명 중에는 색을 제외한 수·상·행·식이 포함된다. 즉 명색의 5온 중에도 다시 식이 있다. 여기에서 문제 삼고 있는 것은

명색을 연해서 식이 있고, 식을 연해서 명색이 있다고 할 때, 그렇게 명색과 상호의존 관계에 있는 식은 과연 어떤 식인가 하는 것이다. 여기에서는 그 식은 5온을 가능하게 하는 식으로서 바로 제8이숙심이어야 한다고 말한다. 위에 인용된 경전은 『잡아함경』 12권, 288경이다.

즉 저 경전에서 스스로 이렇게 해석한다. 명은 색이 아닌 4온을 말하고, 색은 갈라람(羯邏藍) 등을 말한다. 이 두 가지(명색)와 식이 서로 의거하여 머무니, 마치 두 갈대단이 서로 연이 되어 항상 동시에 전전하며 서로 버려 떠나지 않는 것과 같다.
謂彼經中自作是釋. 名謂非色四蘊. 色謂羯邏藍等. 此二與識相依而住, 如二蘆束更互爲緣, 恒俱時轉不相捨離.

식 ⇄ 〈명(수상행식) + 색(갈라람-발라사거)〉

태내 5위:
1. 갈라람(kalalam)＝잡예(雜穢): 수정란 응결 입태 후 최초 7일
2. 알부담
3. 폐시
4. 건남
5. 발라사거

명색의 명은 색을 제외한 4온, 즉 수·상·행·식을 말하고, 색은 물리적 신체를 말한다. 수정란에 식이 들어가서 생명체가 시작된 첫 단계의 유정을 '갈라람'이라고 하며, 태내 마지막 단계의 유정을 '발라사거'라고 한다. 이처럼 명색은 물리적 색과 심리적 명을 합한 5온을 말한다. 이러한 명색을 연해 식이 있고, 식을 연해 명색이 있어, 둘이 서로

상호의존 관계를 보인다. 이처럼 명색과 상호의존 관계를 이루는 식이 제8이숙식이라는 것을 밝히기 위해 이하에서는 우선 이 식이 7전식일 수 없음을 논한다.

a. 안식 등 전식은 명 중에 포함되니, 이 식(제8식)이 만약 없다면 무엇을 식이라고 말하겠는가? b. 또한 명 중의 식온은 5식신이고 식은 제6식이라고도 말할 수 없다. / 갈라람 시에는 5식이 없기 때문이다. (17중)

眼等轉識攝在名中, 此識若無, 說誰爲識? 亦不可說, 名中識蘊謂五識身, 識謂第六, / 羯邏藍時無五識故. (17중)

식 ⇄	〈명(수+상+행+ 식온) + 색(갈라람-발라사거)〉	
a. 전식 아닌 식	전식	○
b. 제6식	5식신	×

a. 명색의 식이 전식이니, 명색의 연이 되는 식은 전식 아닌 제8식이어야 한다.

b. 명색의 식은 5식이고, 명색의 연이 되는 식은 제6의식일 수는 없는가? 이것은 가능하지 않다고 논한다. 갈라람의 시기에는 아직 5근이 만들어지지 않아 5식이 없기 때문이다. 그렇다면 갈라람 시기의 식온의 식은 무슨 식인가? 『술기』는 그 식이 5식도 제6식도 아니고 바로 제7말나식이라고 설명한다.

대승과 소승이 공히 갈라람 위의 7일 이내에는 5식이 없다는 것을 인정한다. 그러므로 그 지위에서는 (명색의 식을 5식이라고 하면) 명 중 식이 없게 된다. 만약 그들(명색의 식을 5식으로 주장하는 자)이 힐난하여 말하기를 '너도 7일간 5식신이 없다고 하니, 그 명 중의 식은 그 체가 무엇인가?' 라고 한다면, 제7식이다. 또 첫 순간을 제외한 나머지 시기에는 제6식도 일어남을 인정한다. 의식이 곧 명색 중의 식온이라는 것에 무슨 거스르는 것이 있겠는가?[37]

식 ⇄ 〈명(수+상+행+식온) + 색(갈라람-발라사거)〉
제8식
첫 순간: 제7식
다음 순간: 제6식 일어남
7일 이후: 전5식도 일어남

명색에서의 식은 첫 순간에는 제7식이고, 그다음 순간에 말나의 근에 의거해서 제6의식이 생겨나며, 다시 7일 이후 색근이 생겨나기 시작하면서 5식도 일어난다고 볼 수 있다. 그러므로 명색의 식은 5식이고, 명색의 연이 되는 식은 제6식이라고 논하는 것은 옳지 않다. 오히려 명색의 식이 처음부터 제7식일 수 있는 것은 그것의 연이 되는 식이 제8식이기 때문이다. 그러므로 명색과 식의 상호의존 관계로부터도 제8식이 존재한다는 것을 알 수 있다.

또 모든 전식은 끊어짐과 바뀜이 있으므로 항시 명색을 집지할 힘이 없다. 어떻게 항상 명색과 더불어 연이 된다고 말할 수 있겠는가? 그러므로 저 식이라는 말은 제8식을 나타낸다.
又諸轉識有間轉故, 無力恒時執持名色. 寧說恒與名色爲緣? 故彼識言顯第八識.

37 『술기』, 366중, "大小共許羯邏藍位七日已來並無五識. 故於此位無名中識. 若彼難言, '汝亦七日無五識身, 彼名中識其體是何?' 第七識也. 又除初念餘時亦許第六識起. 意識卽是名中識蘊, 有何所違?"

식 ⇄ 〈명(수+상+행+ 식온) + 색(갈라람-발라사거)〉
제8식 7전식

전식은 끊어짐이 있고 바뀜이 있으므로 명색의 연으로 작용할 수 없다. 명색의 연이 되는 식은 전식이 아니라 일체 종자 및 유근신을 집지하는 제8식일 수밖에 없다. 그러므로 명색의 연으로서의 제8식이 존재한다는 것을 알 수 있다.

8) 4식증(四食證): 식식(識食)의 의지처인 식이 있어야 함

또 경전에서 '모든 유정은 모두 식에 의지해 머문다.'고 말한다. 만약 이 식(제8식)이 없다면, 식식(識食)의 체가 마땅히 있지 않을 것이기 때문이다.
又契經說, '一切有情皆依食住.' 若無此識, 彼識食體不應有故.

4식:
1. 단식(段食)
2. 촉식(觸食)
3. 의사식(意思食)
4. 식식(識食): 제8식이 담당

소승과 대승에서 함께 인정하는 것이 4식인데, 식에 의지해 머무는 식식에서의 식은 바로 제8식이라는 것이다. 여기서 인용된 경전은 『사식경(四食經)』이다.

즉 경전에서 식에 네 가지가 있다고 설한다. ① 첫째로 단식(段食)이니, 변괴(소화)가 상(相)이다. 즉 욕계에 속하는 향·미·촉 세 가지가 변괴할 때 능히 '먹는 것'(식사)이 된다. 이 때문에 색처는 단식에 속하지 않으니, 변괴 시에 색은 작용이 없기 때문이다. ② 둘째로 촉식(觸食)이니, 촉경(觸境)이 상이다. 즉 유루의 촉이 막 경을 취하면, 희(喜) 등을 섭수하여 능히 식사가 된다. 이 촉은 비록 모든 식과 상응하지만, 6식에 속하는 것이 식의 뜻이 치우쳐 수승하다. 거칠고 드러나는 경에 촉하여 희수와 락수와 이익을 따르는 사수를 섭수하여 자량이 수승하기 때문이다. ③ 셋째로 의사식(意思食)은 희망(希望)이 상이다. 즉 유루의 사(思)가 욕(欲)과 함께 전전하여 사랑할 만한 경을 희망하여 능히 식사가 된다. 이 사는 비록 모든 식과 상응하지만, 의식에 속하는 것이 식의 뜻이 치우쳐 수승하다. 의식은 경에 대해 희망이 수승하기 때문이다. ④ 넷째로 식식(識食)이니, 집지(執持)가 상이다. 즉 유루의 식은 단과 촉과 사로 인해 세력이 증장하여 능히 식사가 된다. 이 식은 비록 모든 식 자체에 통하지만, 제8식이 식의 뜻이 치우쳐 수승하다. 하나의 류로 상속하여 집지함이 수승하기 때문이다.

謂契經說食有四種. ① 一者段食, 變壞爲相. 謂欲界繫香味觸三於變壞時能爲食事. 由此色處非段食攝, 以變壞時色無用故. ② 二者觸食, 觸境爲相. 謂有漏觸纔取境時, 攝受喜等能爲食事. 此觸雖與諸識相應, 屬六識者食義偏勝. 觸麤顯境攝受喜樂及順益捨, 資養勝故. ③ 三意思食, 希望爲相. 謂有漏思與欲俱轉, 希可愛境能爲食事. 此思雖與諸識相應, 屬意識者食義偏勝. 意識於境希望勝故. ④ 四者識食, 執持爲相. 謂有漏識由段觸思, 勢力增長能爲食事. 此識雖通諸識自體, 而第八識食義偏勝. 一類相續執持勝故.

4식(食):	상(相)	방식	주로 담당하는 식
1. 단식(段食)	변괴(變壞)소화	향·미·촉이 변괴	- 전5식
2. 촉식(觸食)	촉경(觸境)	희·락·사수를 섭수	- 제6의식이 수승
3. 의사식(意思食)	희망	사(思)가 욕과 전전	- 제6의식이 수승
4. 식식(識食)	집지(執持)	일체를 집지	- 제8식이 수승

안근의 대상으로서의 색처가 왜 단식에 속하지 않는가? 이에 대해 『술기』는 이렇게 설명한다.

> 수승한 선정 결과의 색 또한 색처의 종류이다. 변괴 시에 자량의 이익이 되지 않으므로 단식이 아니다. 변괴 시에 색처는 자기 근을 도와 이익되게 할 수 없다. 그 자기 근에 대해 이미 돕는 작용이 없으므로 나머지 근에 대해서도 역시 작용이 없어 자양하지 않는다. 또 색처는 두드러지게 드러나서 근과 서로 떨어져야 비로소 능히 경계가 되고, 근과 합하지 않으므로 식이 아니다.[38]

색처는 안근과 떨어져서 경이 되므로 근과 합하지 않아 단식에 포함되지 않는다. 향·미·촉처럼 근과 밀접히 붙어서 경이 되는 것만이 단식이 되며, 단식을 하는 식은 전5식이다. 촉식과 의사식을 하는 식은 주로 제6의식이고 식식을 하는 식은 주로 제8식이라고 한다.

이 때문에 『집량론』에서 '이 4식은 3온, 5처, 11계에 포섭된다' 고 설한다. 이 넷이 능히 유정의 유근신과 목숨을 유지하여 무너져 끊어지지 않게 하므로 식이라고 이름한다. ① 단식은 오직 욕계에

38 『술기』, 367상중, "勝定果色亦色處類. 非變壞時能爲資益, 故非段食. 以變壞時色於自根不能資益. 於其自根既無資用, 於餘根等亦無作用不資養等. 又色麤著與根相離方能爲境, 不與根合故非是食."

서만 작용이 있고, ② 촉식과 ③ 의사식은 비록 3계에 두루하지만 식에 의거해서 전전하며 식에 따라 있기도 하고 없기도 하다.
由是『集論』說, '此四食三蘊五處十一界攝.' 此四能持有情身命, 令不壞斷故名爲食. ① 段食唯於欲界有用, ② 觸 ③ 意思食, 雖遍三界而依識轉, 隨識有無.

4식(食):		〈3온〉	〈5처〉	〈11계〉	〈3계〉
1. 단식(段食)	향·미·촉:	색온	- 향처+미처+촉처	- 향계+미계+촉계	- 욕계
2. 촉식(觸食)	촉심소	행온	법처	법계	3계 통함
3. 의사식(意思食)	사심소				
4. 식식(識食)		식온	— 의처	— 의계+6식계	

단식은 욕계에만 제한되고 촉식과 의사식은 3계에 두루하지만 식에 의거하면서 식을 따라 있기도 하고 없기도 하는 끊어짐이 있는 데 반해, 식식만은 3계에 두루하고 끊어짐도 없다. 그러므로 이런 식식을 이룰 수 있는 것은 제8식이다.

안식 등 전식은 끊어짐이 있고 바뀜이 있어, 두루 항상 신체와 목숨을 능히 유지하는 것이 아니다. 즉 a. 무심정과 수면과 민절과 무상천 중에 / 끊어짐이 있기 때문이며, b. 설령 (17하)
유심위라고 해도 소의와 연과 성과 계와 지 등에 따라 전이가 있기 때문에, 신체와 목숨을 유지함에 두루하지도 항상되지도 않다. 제8식이 없다고 집착한다면, 무슨 식에 의거하여 경전에서 '일체 유정이 모두 식(食)에 의거해서 머무른다.'는 이 말을 하였겠는가?
眼等轉識有間有轉, 非遍恒時能持身命. a. 謂無心定睡眠悶

絶無想天中有 / 間斷故, b. 設有心位隨所依 · 緣 · 性 · 界 · 地等有轉易故, 於持身命非遍非恒. 諸有執無第八識者, 依何等食經作是言, '一切有情皆依食住'? (17하)

전식: 끊어짐과 바뀜이 있음
  a. 5무심위에서 끊어짐이 있음
  b. 유심위에서 바뀜이 있음: 소의(근), 연(소연 경계), 성(3성), 계(3계), 지(9지)에 따라 바뀜

전식은 끊어짐이 있고 바뀜이 있으므로 신체와 목숨을 유지할 수 없다. 끊어짐이 있는 것은 무심5위에서 끊어진다는 것이고, 바뀜이 있다는 것은 근과 경계가 바뀌고 3성이 바뀌고 또 3계와 9지에 따라 바뀌는 것을 말한다. 그렇게 단절과 변화가 있으므로 항상 몸과 목숨을 유지하지 못한다. 그러므로 유정의 신체와 목숨이 의거하는 식은 전식이 아닌 제8식이다. 이하에서는 끊어짐과 바뀜 없이 식식을 담당하는 제8식의 존재를 인정하지 않는 여러 부파를 유식의 관점에서 차례로 비판한다.

<유부 비판> a. 무심위의 과거와 미래의 식(識) 등이 식(食)인 것은 아니다. 저것은 현재도 아니고 항상되지도 않아 허공의 꽃 등처럼 체와 용이 없기 때문이다. 설혹 체와 용이 있다고 해도 현재에 속하지 않으므로 허공 등과 같이 식(食)의 성이 아니기 때문이다. b. 또한 입정의 심 등이 무심위의 유정에게 식이 된다고 말할 수 없다. 무심에 머무를 때 저것(입정의 심)은 이미 멸하기 때문이다. 과거는 식(食)이 아니라는 것은 이미 모두 인정하기 때문이다.
a. 非無心位過去未來識等爲食. 彼非現常如空花等無體用故. 設有

體用, 非現在攝如虛空等非食性故. b. 亦不可說入定心等與無心位有情爲食. 住無心時彼已滅故. 過去非食已極成故.

유부의 주장:	↔	유식의 비판
a. 무심위에선 선정 전의 식(과거식)이 식식의 체		과거의 식은 체와 용이 없음
b. 입정의 심(입정심)이 식(食)이 됨		무심에서 멸하므로 식 안 됨

유부는 3세실유를 주장하지만, 유식의 관점에서 보면 과거의 식과 미래의 식은 실재하지 않으므로 체와 용이 없으며, 따라서 다른 것을 살게 하는 식(食)의 역할을 할 수 없다. 그러므로 과거나 미래의 식이 식식의 작용을 한다고 할 수 없다. a. 무심위에 들기 전의 식이 무심위에서 식식의 체가 된다거나, b. 입정할 때의 심이 입정 이후에도 식식의 체가 된다는 것은 가능하지 않다는 것이다. 그러므로 무심위나 입정 이후 끊기게 되는 전식이 식식의 체가 될 수 없고, 그런 지위에서도 항상되게 남아 있는 제8식만이 식식의 체가 된다는 것이다.

또 무상정 등과 불상응행이 저 식이 된다고 말할 수 없다. 단식 등 4식에 속하지 않기 때문이고, 불상응법은 실유가 아니기 때문이다.
又不可說無想定等不相應行卽爲彼食. 段等四食所不攝故, 不相應法非實有故.

유부의 주장:	↔	유식의 비판
무상정이 식식의 체		4식에 속하지 않음
선정 중의 불상응행법(명근과 동분)이 식식의 체		실유가 아님

무상정이나 불상응행법은 다른 것을 위한 식(食)의 역할을 할 수 없다. 무상정은 4식 중 어디에도 속하지 않고, 불상응행법은 식을 떠난 실유가 아니기 때문이다. 제8식만이 식식의 식이 된다는 것이다.

<상좌부 비판> 이런 집착이 있다. 멸진정 등에도 여전히 제6의식이 있어 저 유정에게 능히 식사가 된다. 이 집착은 이치가 아니니, 후에 널리 파할 것이다.
有執滅定等猶有第六識, 於彼有情能爲食事. 彼執非理後當廣破.

상좌부 주장:	↔	유식의 비판
멸진정에도 제6식 있어 식(食)이 됨		멸진정에서 제6식은 끊어짐

멸진정 중에도 6식이 남아서 식(食)의 역할을 한다는 상좌부의 주장을 비판한다. 멸진정에 6식 및 제7식이 남지 않는다는 것은 바로 다음 제9 멸진정증에서 상세히 논한다.

<경량부 비판> 또 저들(경량부논사들)은 두 상계(색계·무색계)에 태어나 무루심일 때 무엇을 식으로 삼는지를 마땅히 말해야 한다. a. 무루식 등은 유를 파괴하기 때문에, 저 신체와 목숨에 대해 식이 될 수 없다. b. 또한 무루식 중에 유루종자가 있어 능히 식이 된다고 집착할 수도 없다. 무루식 등은 오히려 열반과 같아 유루종자를 집지할 수 없기 때문이다. c. 또 상계의 유정의 신체와 목숨이 서로 의지하여 서로 식이 된다고 말할 수도 없다. 4식은 저들의 신체와 목숨을 포섭하지 않기 때문이다. 또 무색계에는 능히

집지할 신체와 목숨이 없기 때문이니, 중동분 등은 실체가 없기 때문이다.

又彼應說生上二界無漏心時以何爲食. a. 無漏識等破壞有故, 於彼身命不可爲食. b. 亦不可執無漏識中有有漏種能爲彼食. 無漏識等猶如涅槃不能執持有漏種故. c. 復不可說上界有情身命相持卽互爲食. 四食不攝彼身命故. 又無色無身命無能持故. 衆同分等無實體故.

경량부와 유부에 반문: 상계에서 무루심 일으킬 때 무엇이 식(食)인가?
- a. 무루식일 수 없음. 무루식은 유를 파괴하므로
- b. 무루식 내에 유루종자일 수 없음. 무루식이 유루종자를 집지하지 않으므로
- c. 신체와 목숨의 합일 수 없음. 신과 명은 식에 포함 안 됨. 무색계에는 신과 명이 없음

색계와 무색계에서 무루심을 일으킬 때 어떤 식(識)에 의해 식(食)이 있게 되는가를 묻는 것이다. 제8식의 존재를 인정하지 않는다면, 색계와 무색계에서 무루심을 일으카는 식을 설명하기 어렵기 때문이다. 『술기』는 이 구절은 경량부와 유부를 함께 비판하는 것이라고 하면서 다음과 같이 말한다.

식(識)이 함께하는 것이 아니라면, 상계(색계와 무색계)에 태어나 무루심을 일으킬 때, 무엇으로 식(食)을 삼는가? 하계(욕계)에서는 단식이 있으니 그럴 수 있다. 무루식 등이 저곳(상계)의 식일 수 없으니, 열반 등과 같이 유를 파괴하기 때문이다. 상계에서는 무루가 식(食)인 것이 아니다.[39]

향·미·촉 등 단식이 없는 색계나 무색계에서는 무엇이 식(食)이 되는가? a. 무루심은 유루의 유를 파괴하기에, 무루식을 식(食)으로 삼을

39 『술기』, 368하, "諸識不並, 生上二界起無漏心時以何爲食? 下界可然有段食故. 無漏識等非彼之食, 破壞有故如涅槃等. 非於彼界無漏是食."

수 없다는 것이다. b. 무루식 내에 유루종자가 있어 그것이 식이 될 수도 없다. 무루식은 유루종자를 집지하지 않기 때문이다. c. 신체와 목숨만으로 식을 삼는다고 할 수 없다. 그러므로 색계와 무색계에서 식(食)이 되는 것은 전식도 아니고 무루식도 아닌 식(識)이어야 하며, 그것이 바로 제8식이다.

이로부터 모든 전식과는 다른 이숙식이 있어 한 종류로 항상되고 두루하며 신체와 목숨을 집지하여 무너져 끊기지 않게 한다는 것을 반드시 알아야 한다. 세존이 이에 의거해서 '일체 유정이 모두 식(食)에 의거하여 머무른다.'는 이 말을 한 것이다. 오직 취온(取蘊)에 의거해서 유정을 건립한다. 부처는 유루가 없으므로 유정에 속하지 않는다. 유정이라고 하고 식에 의거하여 머문다고 한 것은 모두 나타내 보임으로써 설한 것임을 마땅히 알아야 한다. 이미 이숙식이 수승한 식(食)의 성이니, 저 식이 곧 이 제8식이다.
由此定知異諸轉識有異熟識一類恒遍, 執持身命令不壞斷. 世尊依此故作是言, '一切有情皆依食住.' 唯依取蘊建立有情. 佛無有漏非有情攝. 說爲有情依食住者, 當知皆依示現而說. 旣異熟識是勝食性, 彼識卽是此第八識.

유정: 취온에 의거한 유정. 식에 의거함
↕
부처: 유루가 없으므로 유정이 아님. 식에 의거하지 않음

색계와 무색계에서는 7전식도 아니고 무루식도 아닌 식인 제8아뢰야식이 식(食)이 된다. 그러므로 4식을 인정한다면, 식식의 식으로서 아뢰야식의 존재를 인정해야 한다.

9) 멸정증(滅定證): 멸진정에서도 남는 식이 있어야 함

또 경전에서 '멸진정에 머무는 자는 a. 신·구·의 행이 모두 멸하지 않는 것이 없고, b. 수(壽)가 멸하지 않고 난(煖)을 떠나지 않고 근(根)에 변괴가 없고 c. 식이 몸을 떠나지 않는다.' 고 한다. 만약 이 식(제8식)이 없다면, 멸진정에 머무는 자에게 몸을 떠나지 않는 식이 마땅히 있지 않을 것이기 때문이다.
又契經說, '住滅定者, a. 身語心行無不皆滅, b. 而壽不滅, 亦不離煖, 根無變壞, c. 識不離身.' 若無此識, 住滅定者不離身識不應有故.

멸진정(상수멸정):
- a. 3행이 멸함
  - ① 신행: 입출식(入出息)이 멸함
  - ② 어행: 심구(尋伺) · 사찰(伺察)이 멸함
  - ③ 심행: 수(受)와 상(想)이 멸함 – 그래서 상수멸정임
- b. 남는 것
  - ① 수(壽)는 불멸
  - ② 난(煖)은 불리
  - ③ 근(根)은 불괴
- c. 식이 몸을 안 떠남 – 제8식: 몸을 떠나지 않은 식(不離身識)

유정으로서 목숨이나 체온이나 승의근 등은 단순히 물리적인 것이 아니라 생명 있는 것으로서 이것은 식에서 비롯된다. 식이 있어야 그 생명력에 의해 체온과 목숨이 붙어 있고 근이 무너지지 않고 살아 있게 된다. 몸을 살아 있는 몸으로 만드는 식이 바로 제8식이다. 다만 그 작용이 너무 미세하여 의식으로 잘 알지 못하기에 불가지(不可知)라고 하는 것이다.

멸진정에서 멸하는 것과 남는 것을 설한 위의 경전은 근본설일체유

부의 『법시비구니경』이다. 세친은 『구사론』에서 멸진정에서 제6의식과 구분되는 다른 식이 남아 있어야 한다고 주장한 사람은 세우(Vasumitra)라고 말한다.

멸진정은 색계 4선(禪)과 무색계 4정(定) 다음의 제9정으로 이 단계에서는 수(受)와 상(想)이 함께 멸하므로 상수멸정(想受滅定)이라고 부른다.

9차제정:

1. 초선: 심사(尋伺) 남음		색계 4선(禪)
2. 제2선: 심사 멎고 희(喜) 있음		
3. 제3선: 희(喜) 멎고 락(樂) 있음	- 희수(심수) 멎음	
4. 제4선: 락(樂) 멎고 심일경에 머뭄	- 락수(신수) 멎음	
5. 공무변처(空無邊處)		무색계 4정(定)
6. 식무변처(識無邊處)		
7. 무소유처(無所有處)		
8. 비상비비상처(非想非非想處)	— 상(想)이 비유비무	
9. 상수멸정	— 수(受)와 상(想)이 멸	— 멸진정

즉 안식 등의 식은 행상이 거칠고 움직이므로 소연경에 대
해 일어나면 반드시 수고롭게 사려한다. 그것을 싫어하고
힘들어하므로 잠시 휴식을 구하고 점차로 조복하고 제거해
서 모두 / 멸진하는 지위에 이른다. 이 지위에 의거해서 멸 (18상)
진정에 머무름을 건립한다. 그러므로 이 정 중에 저 식(안식
등의 식)은 모두 멸한다. 만약 미세하고 한 종류로 항상되고
두루하며 수명 등을 집지하는 식이 있다는 것을 인정하지
않는다면, 무엇에 의거해서 식이 몸을 떠나지 않는다고 말
하겠는가?

謂眼等識行相麤動，於所緣境起必勞慮. 厭患彼故暫求止息，漸次伏除至都 / 盡位. 依此位立住滅定者. 故此定中彼識皆滅. 若不許有微細一類，恒遍執持壽等識在，依何而說識不離身? (18상)

전식의 양상:	↔	멸진정에서의 식
추: 양상을 알기 쉬움		미세
동: 바뀜+끊어짐+성이 바뀜+연이 많아 산란		일류+항상+두루

7전식은 식의 양상이 거칠고 변화하며 사려를 수반한다. 그러나 선정을 닦으면 거칠고 유동적인 식의 작용이 멈추고 고요함과 부동에 머무르게 된다. 색계 2선에서 심사(尋伺)가 그치고, 3선에서 희(喜)의 심수가, 4선에서 락(樂)의 신수가 그친 후, 무색계 4정 비상비비상처까지 남아 있던 상(想)까지 모두 멈춰 상과 수가 함께 멸하는 것이 상수멸정이다. 이때에도 남아 있는 식이 7전식 너머의 미세한 식인 제8식이다.

<유부 비판> 만약 (출정) 후에 저 식이 다시 일어나는 것이 하루거리 학질과 같아 '몸을 떠나지 않는다.'고 이름한 것이라고 말한다면, a. 그런 즉 마땅히 심행이 멸한다고 말하지 말아야 한다. 식과 상(想) 등이 일어나고 멸함을 같이하기 때문이다. b. 목숨과 체온과 모든 근이 또한 마땅히 식과 같아야 하므로, 곧 큰 과오가 성립한다. 그러므로 식이 목숨이나 체온 등과 같이 실제로 몸을 떠나지 않음을 인정해야 한다.

若謂後時彼識還起，如隔日瘧名不離身，a. 是則不應說心行滅. 識與想等起滅同故. b. 壽煖諸根應亦如識，便成大過. 故應許識如壽煖等實不離身.

유부의 주장:

출정 후 식(전식)이 곧 일어나므로 '불리신' 임. ∴ 멸진정에 남아 있는 식(제8식)을 인정할 필요 없음

유부를 비판:

a. 그러면 심행이 멸한다고 말할 수 없음. 수(受) · 상(想)도 출정 후 곧 일어나니까

b. 그러면 목숨, 체온, 근도 식과 같기에 잠시 멸한다고 해야 하니, 말이 안 됨

→ ∴ 멸진정에서 식이 목숨과 체온과 근처럼 실제로 몸을 떠나지 않아야 함

유부는 멸진정에 남아 있는 제8식을 인정하지 않고 전식만 인정한다. 따라서 멸진정에서 '식이 몸을 떠나지 않음' 을 '식이 멸진정에서 잠시 끊겼다가 출정 후 곧 다시 일어남' 을 의미하는 것으로 받아들인다. 학질의 증상이 끊임없이 이어지지 않고 하루 건너서 나타나도 학질이 계속된다고 말하는 것과 같다는 것이다.

그러나 그렇게 말한다면 a. 수와 상의 심행도 멸진정에서 잠기 끊겼다가 출정 후 다시 일어나므로 멸진정에서 심행이 끊긴다는 말을 할 수 없게 된다. b. 또 식과 목숨과 체온 그리고 근은 늘 함께하므로 멸진정에서 식이 잠시 끊기듯 목숨과 체온과 근도 잠시 끊긴다고 말해야 하는데, 그것은 과오라는 것이다.

따라서 식이 불리신이라는 것은 멸진정 출정 이후 식이 다시 생긴다는 것을 말하는 것이 아니라, 멸진정 자체 중에도 식이 몸을 떠나지 않는다는 것을 의미한다는 것이다. 그런데 7전식이 그런 것은 아니니까, 7전식 이외의 더 미세한 식인 제8식이 멸진정 중에 몸을 떠나지 않고 남아 있다는 것이다.

c. 또한 이 지위 중에 만약 완전히 식이 없다면, 응당 기와나 돌처럼 유정이 아니어야 하는데, 어째서 멸진정에 머무는 자라고 말할

수 있겠는가? d. 또 이숙식이 이 지위에서 만약 없다면, 누가 모든 근과 목숨과 체온을 능히 집지하겠는가? 집지가 없다면, 모두 응당 괴멸해야 하니, 마치 시신과 같이 곧 목숨 등이 없어야 한다. e. 이미 그러하다면 후의 식은 반드시 다시 생길 수가 없으니, 몸을 떠나지 않는다고 설하는 저것은 무엇에 속하는가? 모든 이숙식이 이 몸을 버리고 나서, 식을 떠난 다른 몸에 다시 태어나는 일은 없기 때문이다.

c. 又此位中若全無識, 應如瓦礫非有情數, 豈得說爲住滅定者? d. 又異熟識此位若無, 誰能執持諸根壽煖? 無執持故皆應壞滅, 猶如死屍便無壽等. e. 旣爾後識必不還生, 說不離身彼何所屬? 諸異熟識捨此身已, 離識餘身無重生故.

유부의 주장: 멸진정에 남아 있는 식이 없음

유부를 비판:

- c. 멸진정에 식이 없다면, 기와나 돌과 같이 유정이 아니라는 말
- d. 멸진정에 식이 없다면, 근과 목숨과 체온을 집지할 수 없고 괴멸하여 시신처럼 됨
- e. 멸진정에서 시신처럼 되면, 출정 후에 식이 다시 생길 수 없음
  - 식과 분리된 다른 몸에 식이 다시 태어나는 일은 없음

유부는 7전식 너머 제8식을 인정하지 않으며, 따라서 멸진정 중에 남아 있는 식이 없다고 말한다. 그러나 c. 그것은 곧 멸진정 중의 인간을 마음이 없는 기와나 돌처럼 살아 있는 유정이 아닌 것으로 본다는 말이 되고, d. 또 식과 더불어 목숨과 체온과 근도 잠시 중단된다는 말이 되므로 멸진정 중의 사람을 목숨이 없는 시체처럼 여긴다는 말이 된다. e. 나아가 만일 멸진정 중의 유정이 정말 시체와 같은 상태라면, 출정 후에 식이 다시 생겨날 수가 없을 것이다. 식이 떠나 시체처럼 된 몸에 식이 다시 들어가지는 않기 때문이다.

<경량부 비판> a. 또 만약 이 지위에서 종자를 지니는 식이 없다면, (출정) 후의 식은 종자가 없으니 어떻게 일어나겠는가? 과거와 미래와 불상응행법은 실제로 체가 있지 않음은 이미 모두 인정하기 때문이다. 모든 색 등의 법은 식을 떠나면 모두 없다. 훈습을 받아 종자를 지님도 또한 이미 배제했기 때문이다. b. 그러나 멸진정 등의 무심위에도 유심위처럼 반드시 실제로 식이 있어야 하니, 근과 목숨과 체온을 갖추어서 유정에 속하기 때문이다. 이 이유 때문에 멸진정에 든 자에게는 실제로 신을 떠나지 않는 식이 반드시 있다.

a. 又若此位無持種識, 後識無種如何得生? 過去未來不相應法, 非實有體已極成故. 諸色等法離識皆無. 受熏持種亦已遮故. b. 然滅定等無心位中, 如有心位定實有識, 具根壽煖有情攝故. 由斯理趣住滅定者決定有識實不離身.

경량부의 근본주장: 멸진정에 종자는 있지만 종자를 지니는 근본식(제8식)은 없음

유식의 비판:

a. 종자집지식이 없으면, 출정 후 종자 없는데 식이 어떻게 일어나는가?
 - 과거 미래의 불상응행법은 체가 없으니, 식을 일어나게 하지 못함
 - 색법은 식을 떠나서는 없음. 훈습받아 종자 지님도 배제됨

b. 멸진정에서도 식 있어야 근·목숨·체온을 지녀서 유정으로 남음
 ∴ 멸진정에도 식(제8식)이 있음

경량부는 종자는 인정하되 종자를 집지하는 제8식은 인정하지 않는다. a. 종자집지식이 없다면, 출정 후의 식은 종자를 집지하고 있지 않으므로 일어날 수가 없다. 종자집지식이 집지한 종자 이외에 과거나 미래나 불상응행법 등이 식을 일으킬 수는 없다. 경량부도 과미무체를 주장하기 때문이다. 나아가 경량부는 색심 호훈설을 주장하므로 멸진정에서 출정 이후 색법 종자가 다시 식을 일으킬 수 있다고 주장하지만,

유식에 따르면 색법 또한 제8식을 떠난 것이 아니기에 제8식을 부정하면서 색종자로 인해 식이 일어난다고 말하는 것은 성립하지 않는다.

b. 멸진정에서도 종자집지식으로서 제8식이 있어야 근과 목숨과 체온이 함께 유지된다. 그러므로 멸진정에도 제8식이 남아 있어야 함을 알 수 있다.

c. 만약 이 지위에서 제6식이 있어서 '몸을 떠나지 않는다.'고 이름하는 것이라고 말한다면, 이 또한 이치에 맞지 않다. 이 정 또한 무심정이라고 불리기 때문이다. ① 만약 5식이 없어서 무심이라고 이름 부른다면, 응당 모든 정이 모두 무심이라고 불릴 것이니, 모든 정은 모두 5식신이 없기 때문이다. ② 의식은 6식신에 속하므로 5식신처럼 멸정에는 있지 않다. ③ 혹 이 지위에서는 식의 행상과 소연을 알 수 없기 때문에, 수명이나 체온 등과 같이 제6식이 아니다. ④ 만약 이 지위에서 행상과 소연을 알 수 있는 식이 있다고 한다면, 마땅히 나머지 지위와 같이 이 지위에 속하지 않아야 한다. 본래 행상과 소연을 알 수 있는 식을 그치기 위해서 이 정에 들어가기 때문이다.

c. 若謂此位有第六識名不離身, 亦不應理. 此定亦名無心定故. 若無五識名無心者, ① 應一切定皆名無心, 諸定皆無五識身故. ② 意識攝在六轉識中, 如五識身滅定非有. ③ 或此位識行相所緣不可知故, 如壽煖等非第六識. ④ 若此位有行相所緣可知識者, 應如餘位非此位攝. 本爲止息行相所緣可了知識, 入此定故.

경량부의 주장: 멸진정에 제6식이 있어 '불리신' 이라고 함
멸진정에 5식이 없어서 '무심' 이라고 불림. 제6식은 있음
유식의 비판: c. 5식이 없고, 제6식이 있는 것은 아님
① 그렇다면 모든 정이 5식신이 없으므로 모두 무심정이 됨
② 멸진정에는 5식과 더불어 의식도 없음
③ 멸진정에 있는 식은 소연과 행상을 모르므로 제6의식이 아님
④ 행상과 소연을 아는 식(제6식)이 있다면, 멸진정이 아님
- 행상과 소연을 아는 식을 그치고자 멸진정에 듦

c. 제8식을 인정하지 않는 경량부가 멸진정에 남아 있는 식을 제8식이 아니라 제6식이라고 주장하는 것에 대해 호법이 행하는 비판이다. 멸진정이 이미 무심정이라고도 불리는 것은 제6의식이 멎는다는 말이기 때문이다.

이에 경량부가 멸진정이 무심정이 되는 것은 제6의식이 없어서가 아니라 전5식의 작용이 없기 때문이라고 반론한다면, 이 또한 타당하지 않다고 비판한다.

① 그럴 경우 선정은 모두 전5식의 활동을 멈추는 것이기에 모두 다 무심정이라고 해야 된다는 문제가 생긴다. ② 멸진정이 다른 정과 다른 것은 5식과 더불어 의식도 함께 멸한다는 것이다. ③ 멸진정에서는 식의 행상과 소연이 알려지지 않는데, 의식은 행상과 소연이 알려지는 식이므로 멸진정에 의식이 있다고 할 수 없다. ④ 그렇지 않고 멸진정에서도 행상과 소연이 알려지는 식이 있다고 말한다면, 그런 정은 무심위의 멸진정이 아니라는 말이 된다. 행상과 소연이 알려지는 그런 의식을 넘어서기 위해 행하는 정이 멸진정이다. 그러므로 멸진정에서 남는 식은 의식이 아니라 그보다 더 미세한 제8식이라는 것이다.

d. 또 만약 이 지위에 제6식이 있다면, 저 심소법은 있는가, 없는가? 만약 심소가 있다면 경에서 '저 정에 든 자는 심행이 모두 멸한다.'고 말하지 않아야 한다. 또 '멸수상정'이라고 이름하지 않아야 한다.
d. 又若此位有第六識, 彼心所法爲有爲無? 若有心所, 經不應言, '住此定者心行皆滅.' 又不應名滅受想定.

경량부의 주장: 멸진정에 심소가 있음
　유식의 비판: d. 수나 상의 심소가 멸하기에 상수멸정임

경량부는 멸진정에 제6의식이 있고, 또 그에 상응하는 심소도 있다고 주장한다. 이에 대해 유식은 멸진정에 심소가 남아 있다면, 왜 멸진정에서 심행이 멸한다고 하겠는가라고 반문한다. 심행이 멸한다는 것은 심소가 모두 멸한다는 것을 뜻하기 때문이다. 그렇게 수(受)와 상(想)의 심소가 멸하므로 멸진정을 곧 '상수멸정'이라고 하는 것이다. 그러므로 멸진정에는 제6의식 및 그에 상응하는 심소도 있지 않다는 것이다.

<경량부의 반문> 이 정의 가행에서 오직 수와 상만을 싫어하므로, 따라서 이 정에서는 오직 수와 상만이 멸한다. 수와 상의 두 법은 심을 돕는 것이 강해서 모든 심소 중에서 / 유독 심행이라고 이름하니, 심행이 멸한다고 말하는 (18중)
것이 무엇에 위배되는가? <유식의 답변> a. 무상정에서는 오직 상(想)만 멸해야 하니, 단지 상만을 싫어하기 때문이다. 그런데도 너는 인정하지 않는다. b. 오직 수와 상이 이

미 마음을 돕는 것이 강해서, 이 둘이 멸할 때에는 심 또한 마땅히 멸한다. <반문> 신행이 멸해도 신은 여전히 있는데, 어째서 심에게 책임을 요구하여 행과 함께 멸하게 하는가? <답변> 만약 이렇다면, 어행인 심사가 멸할 때에 어도 응당 함께 멸하지 않아야 하는데, 허락되는 것이 아니다.

<반문> 此定加行但厭受想, 故此定中唯受想滅. 受想二法資
助心强, 諸心所中 / 獨名心行, 說心行滅何所相違? <답변> (18중)
a. 無想定中應唯想滅. 但厭想故. 然汝不許. b. 旣唯受想資助
心强, 此二滅時心亦應滅. <반문> 如身行滅而身猶在, 寧要
責心令同行滅? <답변> 若爾語行尋伺滅時, 語應不滅而非
所許.

〈반문〉 경량부의 주장: 수와 상 심소만 멸해서 심행멸을 말함, 사(思)심소는 남음
〈답변〉 유식의 비판:
  a. 무상정에서는 상(想)만 멸함
  b. 멸진정에서는 수(受)와 상(想)이 함께 멸하고, 따라서 심(7전식)도 멸함

〈반문〉 경량부의 주장: 신행(身行) 멸해도 신은 남는데, 왜 심행 멸한다고 심이 멸해야 하나?
〈답변〉 유식의 비판: 심사(尋伺)의 어행이 멸해도 어(語)는 남는다고 말할 수 없듯이, 수와 상의 심행이 멸하면 따라서 심(7전식)도 함께 멸함

경량부는 수와 상의 심소는 멸해도 사(思) 등의 심소가 남는다고 주장하지만, 유식은 수와 상이 심의 가장 강한 심소이기에 이 두 심소가 멸하면 심도 따라서 멸한다고 한다.

이에 경량부는 다시 신행이 멸해도 몸은 남는데, 왜 심행이 멸한다고 심이 함께 멸해야 하는가라고 반문한다. 신행이 멸해도 몸이 남는다는 것에 대해 『술기』는 "4선정 이상에서 입출식의 신행이 없어도 그 몸은

여전히 남는다."[40]라고 설명한다.

유식은 수·상의 심행이 멸할 때 심이 함께 멸하는 것은 심·사의 어행이 멸할 때 어(語)가 따라 멸하는 것과 마찬가지라고 말한다. 그리고 이하에서는 입출식의 신행이 심·사(尋伺)의 어행이나 수·상(受想)의 심행과 어떤 점에서 다른지를 설명한다.

그런데 행은 법에 대해 두루함(변)과 두루하지 않음(비변)이 있다. 변행이 멸할 때는 법도 반드시 따라서 멸한다. 비변행이 멸할 때는 법이 간혹 여전히 남기도 한다. a. 비변행은 입출식을 말하니, 식이 멸할 때에 몸이 여전히 있는 것을 보기 때문이다. b. 심·사는 언어에 대해 변행에 속하니, 저것(심사)가 만약 멸하면 언어가 반드시 없기 때문이다.
然行於法有遍非遍. 遍行滅時, 法定隨滅. 非遍行滅, 法或猶在. a. 非遍行者謂入出息. 見息滅時身猶在故. b. 尋伺於語是遍行攝, 彼若滅時語定無故.

유식의 주장: 비변행인 입출식과 변행인 어행이나 심행은 종류가 다름
a. 비변행: 행이 멸해도 법이 따라 멸하지 않음. 예) 입출식(신행)
b. 변행: 행이 멸하면 법도 따라 멸함. 예) 심사(어행)

유식은 신, 구, 의에 대해 그것의 작용으로서의 행이 두루하는 경우인 변행과 두루하지 않는 경우인 비변행을 구분한다. 변행일 경우는 그 행이 멸하면 법도 따라 멸하지만, 비변행일 경우는 그 행이 멸한다고

40 『술기』, 371상, "入第四定以上, 入出息無, 其身尙在."

법이 반드시 따라 멸하지는 않는다.

a. 입출식은 비변행이라서, 입출식의 신행이 멸한다고 해서 몸도 곧 따라서 멸하는 것은 아니다. b. 반면 심사(尋伺)는 변행이어서 그 어행이 멸하면 언어도 따라서 멸한다.

그렇다면 수와 상은 그것에 상응하는 심법에 대해 변행인가, 비변행인가? 이에 따라 수와 상이 멸할 때 상응하는 심도 따라서 멸하는지, 아닌지를 알 수 있다. 이하에서는 수와 상의 심소가 심법에 대해 변행임을 논한다.

수와 상도 심에 대해 또한 변행에 속한다. a. (수와 상은) 사(思) 등과 같이 대지법이라고 인정하기 때문이다. 수와 상이 멸할 때에 심은 결정코 따라 멸한다. 어떻게 저것(수 · 상)이 멸하고 심은 있다고 말할 수 있겠는가? b. 또 사(思) 등을 대지법이라고 허락하면, 수와 상을 멸할 때 저것도 역시 멸해야 한다. c. 이미 그렇다면 신(信) 등도 이 지위에서 역시 없어야 하니, 변행이 멸하는데 나머지가 있을 수는 없기 때문이다. 어떻게 나머지 심소가 있다고 말할 수 있겠는가? d. 이미 사(思) 등이 이 지위에서 없는 것이 아니라고 인정한다면, 수와 상도 마땅히 그러해야 하니, 대지법이기 때문이다. e. 또 이 정(定)에서 만약 사 등이 있다면 마땅히 촉도 있어야 하니, 나머지 심소법은 모두 촉의 힘에 의해 생기지 않은 것이 없기 때문이다. 그러므로 촉이 있다고 인정한다면 또한 마땅히 수도 있어야 하니, 촉을 연해서 수가 있기 때문이다. 수가 있다고 인정하면 상도 또한 마땅히 일어나니, 서로 떠나지 않기 때문이다.

受想於心亦遍行攝. a. 許如思等大地法故. 受想滅時, 心定隨滅. 如何可說彼滅心在? b. 又許思等是大地法, 滅受想時, 彼亦應滅. c. 旣爾信等此位亦無. 非遍行滅餘可在故. 如何可言有餘心所? d. 旣許思等此位非無, 受想應然, 大地法故. e. 又此定中若有思等, 亦應有觸, 餘心所法無不皆依觸力生故. 若許有觸, 亦應有受, 觸緣受故. 旣許有受, 想亦應生, 不相離故.

유식의 주장: 수·상 심소(변행/대지법)가 멸하면 심도 멸함
- a. 수·상·사가 대지법이니, 수와 상이 멸하면 심도 멸함
- b. 사(思)가 대지법이니, 수와 상이 멸하면 사도 함께 멸함
- c. 변행심소가 멸하면, 신(信) 등 다른 심소도 멸함
- d. 사가 멸하면, 수와 상도 멸함
- e. 사가 있다면, 촉도 있고, 그러면 수도 있고, 따라서 상도 있게 됨

대지법(大地法): 심법과 항상 함께하는 심소
1. 유부: 5변행심소 + 5별경심소
2. 경량부: 수(受) + 상(想) + 사(思)
3. 유식: 5변행심소

심이 일어나면 반드시 함께 따라 일어나는 심의 작용인 심소를 대지법이라고 한다. 유식에서 촉·작의·수·상·사의 변행심소가 대지법에 해당한다. 심이 일어나면 대지법의 심소는 함께 일어나므로, 만약 대지법인 심소가 멸한다면 그와 함께하는 심 또한 함께 멸한 것임을 알 수 있다.

a-d. 수와 상과 사가 모두 대지법이므로 수와 상이 멸할 때 사(思)도 함께 멸하고, 그렇게 수·상·사의 심행이 멸하면 심도 또한 함께 멸한다고 말한다. e. 수와 상은 멸해도 사의 심소는 남아 있다는 주장에 대해, 사가 있는 것은 촉으로 인해 있는 것이고 또 촉이 있으면 수와 상도

함께 있으니, 수와 상은 없고 사는 있을 수는 없다고 주장한다.

<경량부의 반문> 수를 연해서 애가 있어도 일체의 수가 모두 능히 애를 일으키는 것은 아니 듯이, 촉을 연해서 수가 있어도 일체 촉이 모두 능히 수를 일으키는 것은 아니다. 이 때문에 문제점으로 제기한 것이 그 이치가 성립하지 않는다. <답변> 저 구제는 그렇지 않으니, 차별이 있기 때문이다. 즉 a. 부처 자신이 구별해서 오직 무명의 촉에 의해 생긴 수만 애를 생하는 연이 된다고 하였지만, b. 일찍이 어디에서도 촉이 수를 생하는 것에 대해서는 구별하지 않았다. 그러므로 만약 촉이 있으면 반드시 수가 생기고, 수와 상이 함께한다는 것은 그 이치가 결정적이다. c. 혹은 나머지 지위와 같이 수와 상은 역시 멸하지 않아야 하니, 이 지위에 사 등이 있다고 집착하기 때문이다. 인정한다면 곧 심행이 멸한다는 말에 위배되고, 또한 '수와 상이 멸하는 정'(멸수상정)이 성립하지 못한다.

<문> 如受緣愛, 非一切受皆能起愛, 故觸緣受, 非一切觸皆能生受. 由斯所難其理不成. <답> 彼救不然, 有差別故. a 謂佛自簡, 唯無明觸所生諸受爲緣生愛. b. 曾無有處簡觸生受. c. 故若有觸, 必有受生. 受與想俱, 其理決定. d. 或應如餘位受想亦不滅. 執此位中有思等故. 許便違害心行滅言, 亦不得成滅受想定.

경량부의 반문:

〈수 → 애〉에서 수 있다고 애가 반드시 일어나는 것 아니듯이,

〈촉 → 수〉에서 촉 있다고 수가 반드시 있는 것 아님

유식의 비판:

a. 수의 경우 구분됨 ┌ 무명의 촉이면 촉 다음에 〈수 → 애〉
└ 무명의 촉이 아니면 촉 다음에 〈수 ↛ 애〉

b. 촉의 경우 구분 안 됨 - 언제나 〈촉 → 수〉임. 그러므로 〈촉 → 수·상〉

c. 상수멸정에서 수와 상이 멸하지 않는다고 집착하면,
- 교(심행이 멸한다는 설)에 위배됨
- '상수멸정' 이란 이름의 정(定)이 없게 됨

앞에서 사가 있으면 촉이 있는 것이고 그러면 촉으로부터 수와 상이 있게 된다는 유식의 주장에 대해 다시 경량부가 제기하는 반문이다. 즉 12지 연기에서 수가 있다고 반드시 애가 있는 것이 아니듯이, 촉이 있다고 반드시 수가 있는 것은 아니지 않느냐는 것이다.

a-b. 이에 대해 유식은 수에서 애로의 이행과 촉에서 수로의 이행은 동일한 것이 아님을 논한다. 촉은 반드시 수로 나아가지만, 수는 애로 나아가기도 하고 나아가지 않기도 한다. 즉 무명에 의거한 촉이 일으킨 수는 애로 나아가지만, 무명에 의거하지 않은 촉이 일으킨 수는 애로 나아가지 않는다.

c. 멸진정에서 수와 상 등 대지법의 심소가 남겨진다고 고집할 경우 그것은 멸진정에서 일체 심행이 멸한다고 설하는 경전의 말과도 위배되고, '상수멸정' 이라는 이름과도 어긋난다는 것을 다시 강조한다.

<경량부 비판> 만약 심소가 없다면 식 또한 마땅히 없어야 한다. a. 나머지 심이 심소를 떠난 것을 보지 못하기 때문이고, b. 나머지 변행이 멸하면 법도 따라서 멸하기 때문이고, c. 수 등이 마땅히 대지법이 아니어야 할 것이기 때문이고, d. 이 식이 마땅히 상응법이 아니어야 할 것이기 때문이고, e. 인정한다면 곧 소의연 등이 없어야 할 것이며 색법 등과

같이 심이 아니어야 할 것이기 때문이다. f. 또 경전에서 '의와 법을 연으로 해서 의식이 생기고, 셋(근·경·식)의 화합이 촉이고, 촉과 함께 일어나서 수·상·사가 있다.' 고 설한다. 만약 이 정(定)에 / 의식이 있다면, 셋의 화합이므로 필 (18하)
히 촉이 있어야 한다. 촉은 이미 결정코 수·상·사와 함께하니, 어떻게 식이 있으면서 심소가 없을 수 있겠는가?

若無心所, 識亦應無. a. 不見餘心離心所故, b. 餘遍行滅, 法隨滅故, c. 受等應非大地法故, d. 此識應非相應法故, e. 許則應無所依緣等, 如色等法亦非心故. f. 又契經說, '意法爲緣, 生於意識, 三和合觸, 與觸俱起有受想思.' 若此定 / 中有意識者, 三 (18하)
和合故必應有觸. 觸旣定與受想思俱, 如何有識而無心所?

경량부의 주장: 멸진정에서 심소는 없고 식은 있음
유식의 비판: 심소 없으면 식도 없음
- a. 심소 떠난 심이 없기에
- b. 변행심소가 멸하면, 법도 멸하기에
- c. 그렇지 않으면, 수 등이 대지법 아니기에
- d. 그렇지 않다면, 식이 (색법처럼) 심소와 상응하는 상응법이 아니기에
- e. 식이 상응법 아니면, 심 아니어서 소의연 등이 없겠기에
- f. 의식 있으면 심소(촉·수·상·사)도 있겠기에
  → 식 있으면 심소도 있음. ∴ 심소가 없으면 식도 없음

수심소와 상심소가 없어도 심 자체는 있을 수 있다는 경량부의 주장에 대해 유식은 심소가 없으면 심도 또한 없는 것이라고 논한다. 우리의 의식에서 수와 상의 심소작용이 있지 않은데, 의식 자체는 있다고 말할 수는 없다. 변행심소가 사라지면, 그 변행심소에 상응하는 심 또한 사라진다. 의식의 상응심소가 없으면 의식도 없음을 강조하는 말이다.

<경량부의 반문> 만약 다른 때라면 셋(근·경·식)의 화합에 힘이 있어 촉을 이루고 촉을 생해 능히 수 등을 일으키지만, 이 정(定) 이전에 심소를 싫어하고 근심하기 때문에 이 선정의 지위에서 3사가 능력이 없어 촉을 낳지 못하고 또 수 등도 없는 것이라면, 만약 이렇다면 마땅히 '심소가 멸하는 정'(멸심소정)이라고 이름해야 할 것이다. 어째서 단지 수·상을 멸(멸수상정)한다고만 설하는가?

<반문> 若謂餘時三和有力成觸生觸能起受等, 由此定前厭患心所, 故在定位三事無能不成生觸, 亦無受等, 若爾應名滅心所定. 如何但說滅受想耶?

경량부의 반문: 일반 경우 3사화합 → 촉 → 수

멸진정 이전에 심소를 싫어해서, 멸진정에서 3사가 촉·수로 나아가지 않음

- 그렇다면 왜 '심소멸정'이라고 하지 않고 '상수멸정'이라고 하냐?

경량부는 멸진정에서 수심소와 상심소는 멸해도 나머지 심소 및 제6식 자체는 남겨진다고 주장한다. 만일 유식이 논하듯 일체 심소가 다 멸하고 따라서 제6식 자체도 함께 멸하는 것이라면, 왜 제9정을 일체 심소가 멸한다는 의미에서 '심소멸정'이라고 부르지 않고 '상수멸정'이라고 부르냐는 것이다.

<유식의 대답> 싫어할 때 오직 수와 상을 싫어해서 이 둘이 멸하므로 심소가 모두 멸하지만, 앞서 싫어하던 것에 의거해서 선정의 이름을 세운다고 말한다면, 이미 그렇다면, 여기(멸진정)에서 심도 또한 마땅히 멸해야 한다. 다른 심소와 마찬가지로 싫어하는

것과 함께하기 때문이다. 그렇지 않다면 어떻게 무심정이라고 이름하겠는가?

<대답> 若謂厭時唯厭受想, 此二滅故心所皆滅, 依前所厭以立定名, 旣爾此中心亦應滅. 所厭俱故如餘心所. 不爾如何名無心定?

유식의 대답: 수·상을 싫어하여 멸하니 심소가 다 멸하지만, 싫어한 것 따라 이름 세움
심소와 더불어 심(6식)도 멸함.
- 그러므로 '무심정'이라고도 불림

수와 상을 싫어해서 그것을 멸하는 과정에서 다른 심소들도 함께 멸하지만, 처음에 떠나고자 했던 심소의 이름을 따라 '상수멸정'이라고 부른다는 것이다. 그리고 심소가 모두 멸하므로 따라서 심도 함께 멸한다. 여기서 함께 멸하는 심은 제6의식이다. 의식이 함께 멸하므로 그 정을 무심정이라고 부르는 것이다.

또 이 선정의 지위에서 의식은 어떠한 것이겠는가? ① 염이나 무기성은 아니어야 한다. a. 모든 선(善)의 선정에는 이런 일이 없기 때문이고, b. 나머지 염이나 무기의 심이라면 반드시 심소가 있기 때문이고, c. 선을 싫어해서 염 등을 일으켜야 하기 때문이고, d. 적정을 구하면서 거꾸로 산만을 일으키지는 않기 때문이다.

又此定位意識是何? ① 不應是染或無記性. a. 諸善定中無此事故, b. 餘染無記心必有心所故. c. 不應厭善起染等故, d. 非求寂靜翻起散故.

멸진정에서의 식(의식)은 어떤 식이겠는가?

① 멸진정에서의 식이 염이나 무기는 아니어야 하는 이유:

a. (멸진정 같은) 선(善)의 정(定)에 염이나 무기가 있을 수 없으므로

b. 염이나 무기의 심이라면 심소가 있어야 하므로

c. 선을 싫어해서 염을 일으켜야 하므로

d. 적정(멸진정) 구하면서 산만을 일으키지는 않으므로

경량부가 제8식을 인정하지 않은 채 상수멸정에 의식이 남아 있다고 주장하기에, 유식은 그렇다면 그 의식은 어떤 식이어야 하겠는가를 묻는다. 멸진정에 의식이 있다고 가정해도, 그때 의식은 염오나 무기의 식일 수는 없다는 것이다. a. 본래 선정 자체가 선이기 때문이고, b. 만약 식이 염오나 무기라면, 그에 상응하는 염오나 무기의 심소가 일어나야 하기 때문이고, c. 심이 염오나 무기면 심소 또한 선 아닌 무기나 염이어야 하기 때문이고, d. 결국 산만한 마음 작용을 일으켜야 하기 때문이다. 그런데 선정은 그 자체가 산만한 마음을 가라앉히는 것이므로 그럴 수 없다. 그러므로 멸진정에 든 식이 염오나 무기일 수는 없다는 것이다.

② a. 만약 이것이 선(善)이니 상응선이기 때문이라고 말한다면, 마땅히 무탐 등의 선근과 상응해야 할 것이다. b. 이 심은 마땅히 자성선 또는 승의선도 아니다. 자신의 종지에 위배되기 때문이고, 선근 등 내지 열반이 아니기 때문이다. c. 만약 이 심이 등기선으로 가행의 선근에 의해 인발되기 때문이라고 한다면, 이치 또한 그렇지 않다. 자기 종지에 위배되기 때문이고, 다른 선심처럼 함께 일어나는 것이 아니기 때문이다. 선심이 무간으로 3성의 심을 일으키니, 어째서 선심만이 이전 것에 의해 등기하겠는가? 그러

므로 심은 상응력에 의해 선이다.

② a. 若謂是善相應善故, 應無貪等善根相應. b. 此心不應是自性善或勝義善. 違自宗故, 非善根等及涅槃故. c. 若謂此心是等起善, 加行善根所引發故, 理亦不然. 違自宗故, 如餘善心非等起故. 善心無間起三性心, 如何善心由前等起? 故心是善由相應力.

② 멸진정에서의 식이 선(善)인가?

a. 상응선(相應善)이라면, 무탐 등 선근(자성선)과 상응해야 함
b. 자성선(自性善)도 아님
c. 승의선(勝義善)도 아님
d. 등기선(等起善)도 아님. 앞의 선에 의해 선·악·무기가 함께 등기하므로

『구사론』의 선(善):

1. 승의선(勝義善): 해탈, 열반
2. 자성선(自性善): 자체가 선인 것. 3선근(무탐+무진+무치)+참+괴
3. 상응선(相應善): 자성선과 상응하는 심과 심소
4. 등기선(等起善): 가행선근으로 인해 함께 일어난 신업, 어업 등의 선

앞에서는 멸진정에서 남아 있는 식은 염이나 무기가 아니라고 밝혔으니, 이제 남은 것은 선이다. 멸진정에 남아 있는 식이 선이라면, 그 선은 어떤 선이어야 하는가? 여기에서는 선(善)의 네 가지 의미를 따라 구분해서 논한다.

멸진정에서의 식이 a. 무탐 등 선근과 상응해서 일어나는 상응선인가? 이것은 멸진정에서의 식이 선근심소와 상응하고 있는가를 묻는 것이다. b. 멸진정의 식이 자성선은 아니라고 한다. 자성선은 그 자체로 선인 것으로 참·괴 내지 3선근인데, 멸진정의 식이 선근 자체인 것은 아니기 때문이다. c. 승의선도 아니다. 승의선은 열반 내지 해탈 등 수승한 의미의 선인데, 멸진정의 선이 그런 궁극의 선도 아니기 때문이다. d. 등기선도 아니다. 등기선은 자성선이나 상응선과 함께 일어나는

것인데, 그렇게 함께 일어나는 것은 선 이외에 염오나 무기도 포함되므로 아니다. 결국 선근 등에 상응해서 일어나는 상응선이라고 말한다.

이미 이러하다면, 필히 선근과 상응하니 어째서 이 심이 유독 심소만 없다고 말하겠는가? 심소가 없으므로 심도 또한 마땅히 없어야 한다.
既爾必與善根相應, 寧說此心獨無心所? 故無心所, 心亦應無.

선근과 상응하는 선한 성품의 식은 심소도 없고, 심도 없다.
- 멸진정은 심소 없고, 따라서 심도 없음

멸진정에서는 수·상과 더불어 의식 차원의 심소가 모두 멸하며, 따라서 의식도 함께 끊어진다. 다만 그때 남아 있는 식은 선정에 들어 있는 선(善)의 식으로서 선근과 상응한다고 말할 수 있다.

이와 같이 추징해 보면, 안식 등의 전식이 멸정위에서 몸을 떠나지 않은 것이 아니다. 그러므로 경전에서 몸을 떠나지 않은 것이라고 말하는 저 식은 곧 이 제8식이다. 멸정에 들 때에 이 극정려의 집지식을 그쳐 멈추게 하지 않기 때문이다. 무상정의 지위도 이에 준해 알아야 한다.
如是推徵, 眼等轉識於滅定位非不離身. 故契經言不離身者, 彼識卽是此第八識. 入滅定時不爲止息此極寂靜執持識故. 無想等位類此應知.

유식의 결론: 멸진정에서 전식은 멸. 제8식(극정려의 집지식) 남음

멸진정에서는 일체의 의식활동이 멈춘다. 그러므로 경전에서 멸진정에서 몸을 떠나지 않는 식이 있다고 할 때의 그 식은 의식이 아니라 지극히 고요하여 의식에 붙잡히지 않는 심층식인 제8식을 말하는 것이다.

무심정에는 멸진정과 무상정 두 종류가 있다. 둘 다 의식의 활동이 멈춘다는 점에서 무심위에 속한다. 그중 무상정은 의식의 활동만 멈추고 염오식인 제7말나식은 아직 남아 활동하는 데 반해, 멸진정에서는 염오식인 제7식도 함께 멸한다.

무심정의 두 단계:

	제6의식	제7말나식	제8아뢰야식
1. 무상정:	×	○	○
2. 멸진정:	×	×	○

10) 염정증(染淨證): 잡염과 청정의 의지처인 식이 있어야 함

또 경전에서 '마음이 잡염이기에 유정이 잡염이고, 마음이 청정하기에 유정이 청정하다.'고 말한다. 만약 이 식이 없다면, 저 잡염심과 청정심이 마땅히 있지 않을 것이기 때문이다.
又契經說, '心雜染故有情雜染, 心淸淨故有情淸淨.' 若無此識, 彼染淨心不應有故.

심(제8식) ┌ 청정 → 유정 청정
　　　　　└ 잡염 → 유정 잡염

여기에서 인용한 글은 『잡아함경』 10권(『대정장』 2권, 69하)과 『유마힐소설경』 상권(『대정장』 14권, 541중)에 나오는 글이다. 초기경전

인『잡아함경』에서부터 일체 잡염과 청정, 고성제·집성제와 멸성제·도성제, 윤회와 해탈, 유전문과 환멸문의 최종 근거를 그러한 이원성을 넘어선 마음 한자리에 두고 있음을 알 수 있다. 여기서의 마음은 일상적으로 잡다하게 변화하는 제6의식이 아니라 그보다 더 심층의 마음인 제8식을 뜻한다. 일체 잡염과 청정이 바로 이 마음에 근거해서 일어난다고 볼 수 있다.

즉 염법과 정법은 심을 근본으로 삼는다. 심으로 인해 생기고 심에 의거해서 머물기 때문이다. 심이 저 훈습을 받고 저 종자를 유지하기 때문이다.
謂染淨法以心爲本. 因心而生, 依心住故. 心受彼熏持彼種故.

〈염법과 정법〉: 현행 현행
〈훈습〉↓ ↑〈현행화〉
〈심안의 종자〉: 종자 → 종자 → 종자 → 종자

마음
- 염법의 근본: 고 · 집성제, 윤회, 유전문의 근거
- 정법의 근본: 멸 · 도성제, 해탈, 환멸문의 근거

마음에 의거해서 염법과 정법이 일어나게 되는 것을 설명한다. 마음에 염법종자가 훈습되어 있으면 염법으로 현행하게 되고, 마음에 무루종자가 작동하면 정법으로 현행하게 되므로, 그러한 종자들을 유지하고 있는 마음이 염법과 정법이 가능해지는 근본이 된다.

<잡염법 관련> 그런데 잡염법에는 대략 세 가지 종류가 있다. 번

뇌와 업과 과가 종류가 다르기 때문이다.

然雜染法略有三種. 煩惱業果種類別故.

잡염법:

① 번뇌: 3계의 견도와 수도에 있는 번뇌

② 업: 유루의 선·불선의 업

③ 과: 업으로 얻는 총별의 이숙

우선 제8식이 어떻게 잡염법의 근본이 되는가를 설명한다. 잡염법은 윤회하는 현상세계에서의 삶을 통칭하며, 이는 곧 혹·업·생 3가지로 요약된다. 이 3가지는 12지연기의 각 지(支)와 아래와 같이 연결된다.

무명 → 행 → 식 → 명색 → 육입처 → 촉 → 수 → 애 → 취 → 유 → 생 → 노사

혹 인업 생 혹 생업 생

(번뇌) (현행업) (번뇌) (종자업)

능취(인) 소취(과) 능취(인) 소취(과)

번뇌와 업과 과가 서로 종류가 다른 세 가지 잡염법이라고 말한다. 그러므로 이 세 가지 잡염법은 각각 자신의 종자를 갖고 있다. 만약 종자집지식으로서의 제8식이 없다면, 이러한 종자들이 유지되지 않아 번뇌도 원인 없는 것이 되고, 업과 과도 원인 없는 것이 되는 문제가 발생한다. 이하에서는 우선 번뇌종자가 유지되지 않을 경우를 논하고, 이어 업종자와 과종자가 유지되지 않을 경우를 논한다.

<경량부 비판> 만약 번뇌종자(①)를 지니는 이 식(제8식)이 없다면, a. '계(3계)와 지(9지)로 가고 옴'과 '무염심 이후' 모든 번뇌의 일어남이 모두 마땅히 원인이 없어야 할 것

이다. 다른 법은 / 저 종자를 지닐 수가 없고, 과거와 미래는 (19상)
실유가 아니기 때문이다. b. 만약 모든 번뇌가 원인이 없이
생긴다면, 그런즉 3승의 유학과 무학의 과가 없을 것이니,
이미 끊은 것들이 모두 일어날 것이기 때문이다.

<비판> 若無此識持煩惱種, a. 界地往還, 無染心後諸煩惱起
皆應無因. 餘法不 / 能持彼種故, 過去未來非實有故. b. 若諸 (19상)
煩惱無因而生, 則無三乘學無學果, 諸已斷者皆應起故.

번뇌종자(①)를 집지하는 제8식을 인정하지 않으면,
- a. 다음 두 경우가 설명 안 됨
  1. 계지왕환: 3계 9지로의 왕(타지에 태어남)과 환(자지에 태어남)
  2. 무염심후: 일체 번뇌를 떠난 마음(대치식) 이후
- b. 원인 없이 번뇌 생기면, 수행의 과도 따로 없게 됨

a. 경량부처럼 번뇌종자를 지니는 식으로서 제8식의 존재를 인정하지 않는다면, '계지왕환', 즉 타지에 태어났다가 다시 자기 지로 되돌아 오는 일이 불가능해지고, 또 '무염심 이후', 즉 일체 번뇌가 사라진 무염심 이후에 다시 번뇌 있는 마음으로 되돌아 오는 것이 불가능해진다는 문제가 생긴다. 번뇌종자를 집지하고 있는 제8식을 인정하지 않으면, 한번 갔다가 다시 되돌아 오게 할 원인인 종자가 없으므로 그런 일이 일어날 수 없게 되기 때문이다. 이 두 경우를 『술기』는 『섭대승론』을 빌려 설명한다.

'계지왕환' 이라는 것에 대해 『섭론』 제2권에서 '무상천 등의 지(地)로부터 사라지고 이 세간에 와서 생기는 때에 번뇌 및 수번뇌로 물든 첫 식은 이 식이 생길 때 마땅히 종자가 없어야 할 것이다. 의지처나 그 훈습이 모두 과거로서 현재의 체가 없기 때문이다.' 라고 말한다. … '무염심 후' 라는 것에 대해 『섭론』에서 '번뇌를

> 대치하는 식이 이미 생기면 일체 세간의 나머지 식이 이미 멸한다. 이때 만약 아뢰야식을 떠나 나머지 번뇌 및 수번뇌종자가 이 대치식에 남아 있다고 한다면, 마땅히 도리에 맞지 않는다. 이 대치식은 자성해탈이기 때문이고, 또다시 후에 세간식이 생길 때 아뢰야식 등을 떠나서는 마땅히 종자가 없고 따라서 다시 생길 수 없기 때문이다.' 라고 말한다.[41]

종자를 집지하여 유지하는 식인 제8식이 없다면, 일단 일체 번뇌를 떠나는 마음활동이 한번 일어나서 1. 상계에 생하거나 2. 무염심이 되었을 경우, 다시 이 땅에 태어나거나 세간심을 일으키는 것이 불가능하게 된다. 종자집지식이 없으니 종자(원인)가 없고, 결국 원인이 없이 일이 발생할 수는 없기 때문이다.

경량부는 제8식 이외의 다른 법이 종자를 유지할 수 있다고 주장하지만, 유식은 그럴 수 없다고 논한다.

> 만약 경량부가 '나머지 색 등의 법이 저 종자를 유지할 수 있으므로 왕환이나 번뇌의 일어남이 이것을 원인으로 한다' 고 말한다면, 이치가 그렇지 않다. 다른 색 등의 법이나 무염심 등은 저 유루종자를 유지하지 못하는데, 제8식이 아니기 때문이니 마치 색이나 소리 등이 (종자를 유지하지 못하는 것과) 같다.[42]

---

41 『술기』, 374, "界地往還者, 『攝論』第二云, '從無想等諸地沒, 來生此間爾時煩惱及隨煩惱所染初識, 此識生時應無種子. 由所依止及彼熏習, 並已過去現無體故.' … 無染心後者, 『攝論』云, '對治煩惱識名已生, 一切世間餘識已滅. 爾時若離阿賴耶識, 所餘煩惱及隨煩惱種子在此對治識中, 不應道理. 此對治識自性解脫故, 乃至復於後時世間識生, 若離阿賴耶識等, 應無種子而更得生.' "

42 『술기』, 374중, "經部若言, '餘色等中持彼種故往還等惑起以此爲因' 者, 理亦不然. 餘色等法無染心等不能持彼有漏種子, 非第八識故如色聲等."

색법이나 무염심(여래심) 같은 무위법은 제8식의 소변이거나 제8식의 실제 성품이지 종자를 유지하는 집지식으로서의 제8식 자체는 아니기 때문이다.

b. 만약 계지왕환이나 무염심 후 세간심을 내는 것이 종자집지식 및 종자(원인)가 없어도 일어날 수 있다고 말한다면, 그것은 번뇌가 원인 없이도 일어난다는 말이니, 모든 수행의 과보를 부정하는 결과가 된다. 수행을 하는 것은 번뇌의 원인을 제거하여 번뇌가 일어나지 않게 하려는 것인데, 원인이 없이도 번뇌가 일어날 수 있다면 특별히 원인을 제거하는 수행을 하는 것이 의미를 상실하게 되기 때문이다.

만약 업종자(②)와 과종자(③)를 지니는 이 식(제8식)이 없다면, a. '계(3계)와 지(9지)로 가고 옴'과 '이류법(異類法) 이후'의 모든 업과 과의 일어남도 마땅히 원인이 없어야 할 것이다. 나머지 종자와 나머지 원인은 앞에서 이미 배제되기 때문이다. b. 만약 모든 업과 과가 원인이 없이 생한다면, 무여의열반계에 들어간 자의 3계의 업과 과가 다시 또 생겨나야 할 것이니, 번뇌도 또한 마땅히 원인이 없이 생겨날 것이기 때문이다.

若無此識持業果種, a. 界地往還異類法後, 諸業果起亦應無因. 餘種餘因前已遮故. b. 若諸業果無因而生, 入無餘依涅槃界已三界業果還復應生, 煩惱亦應無因生故.

업종자(②)와 과종자(③)를 집지하는 제8식을 인정하지 않으면,
- a. 두 경우가 모두 설명이 안 됨
  1. 계지왕환: 타계에서 자기계로 돌아오는 업과 과가 원인이 없게 됨
  2. 이류법 이후: 다른 류의 계에서 출세간심 생기면 세간심이 모두 멸해, 업과 과가

성립 안 함
b. 원인 없이 업과 과가 생기면, 무여의열반에 들어가도 다시 번뇌 생기게 됨

앞에서 번뇌종자를 집지하는 제8식이 없다면 문제가 있음을 논하였고, 여기에서는 제8식이 없다면 업종자와 과종자도 집지되지 않아 문제가 발생한다는 것을 논한다. 계지왕환의 업이나 과도 종자(원인)가 없어 일어나지 않게 되고, 이류법 이후 다시 세간심을 일으키는 업이나 과도 원인(종자)이 없어 일어날 수 없게 된다는 것이다. 이류법 이후에 대해 『술기』는 다시 『섭론』을 들어 설명한다.

'이류법 이후'라는 것은 『섭론』에서 '그곳(무색계)에서 출세간심이 바로 현전하면, 나머지 세간심이 모두 멸진해야 하며, 이때 곧 멸하여 그 취를 떠나야 한다. 만약 비상비비상처나 무소유처에 태어나 출세간심이 현전하면, 곧 2취를 모두 멸하여 떠나야 한다.'고 말한 것 등이다.[43]

또 행이 연이 되어 식이 된다는 것도 마땅히 성립될 수 없게 된다. a. 전식이 훈습을 받음은 앞에서 이미 배제되었기 때문이고, b. 결생의 염식은 행으로 초감되는 것이 아니기 때문이고, c. 마땅히 명색이 행을 연으로 삼는다고 말해야 하기 때문이고, d. 시간이 현격히 떨어지면 연의 뜻이 없기 때문이다. 이것(행 → 식)이 성립하지 않으므로, 뒤의 것(취 → 유)도 성립하지 않는다.

43 『술기』, 374하, "異類法後者, 『攝論』云, '又卽於彼若出世心正現在前, 餘世間心皆應滅盡. 爾時便應滅離彼趣. 若生非想非非想處無所有處, 出世間心現在前時, 卽應二趣皆應滅離.' 等是."

又行緣識應不得成, a. 轉識受熏, 前已遮故, b. 結生染識非行感故. c. 應說名色行爲緣故, d. 時分懸隔無緣義故. 此不成故, 後亦不成.

종자집지식(제8식) 인정 안 하면,
〈무명 → 행 → 식 → 명색 → … 〉에서 〈행 → 식〉이 설명 안 됨
a. 전식이 훈습받지 못하므로
b. 행으로부터 초감되는 것은 무기의 제8식이지 결생의 염식이 아니므로
c. 경량부의 주장: 행에 초감되는 식 없어도 명색 중의 식이 있으니, 〈행 → 식(명색)〉 성립함
경량부를 비판: 그러면 〈행 → 명색〉이 성립하지, 〈행 → 식 → 명색〉이 성립하는 것 아님
d. 행(현재) → 색의 과보(미래)이어서, 시간 격차가 있어 연으로 작용 못 함
현재식으로 작용하는 제8식이 있어야 함

제8식의 존재를 인정하지 않고, 12지연기에서의 혹·업·고의 관계를 설명할 수 없다는 것이다. 각 지를 가능하게 하는 종자가 제8식 안에 집지되어 있어야 한 지에서 다음 지로의 나아감이 가능하다. 그렇게 종자를 집지하는 제8식을 인정하지 않고서 '행을 연해 식이 일어난다' 고 말할 수 없다는 것이다. 행 다음의 식이 종자집지식으로서의 제8식이 아니면, 행에서 식으로 나아가지 않기 때문이다. 즉 제8식 아닌 7전식이 a. 행으로부터 종자를 훈습받지도 않고, b. 행으로부터 초감되지도 않는다. c. 12지에서의 식은 명색 중의 식이 아니라 5온 명색의 근거가 되는 제8식이므로, 제8식을 부정할 경우에는 '행을 연해서 식이 있다' 가 아니라 오히려 '행을 연해 명색이 있다' 고 말해야 한다. 그럴 경우 행에서 식을 건너뛰고 명색으로 나아가는 것이 된다. d. 제8식 내 종자는 현재에 작용하는 원인인데, 이런 집지식을 인정하지 않으면 현재의 것이 미래의 인이 되는 식으로 시간적 격차가 생겨나므로 엄밀한 의미의 인과가 성립하지 않게 된다.

이상과 같이 〈식 → 명색〉이 성립하지 않으면 12지 연기에 있어 뒤에 나오는 〈취 → 유〉도 또한 성립하지 않게 된다.

<청정법 관련> 모든 청정법도 또한 세 가지 종류가 있다. 세간도와 출세간도와 끊음의 과보가 다르기 때문이다.
諸淸淨法亦有三種. 世出世道斷果別故.

청정법:
① 세간도: 유루의 6행(바라밀) ┐ 도제
② 출세간도: 무루의 능치 견도와 수도 ┘
③ 단과: 소득의 무위(無爲) — 멸제

종자집지식인 제8식이 없으면 염오법뿐 아니라 청정법도 성립하지 않음을 논한다. 청정법에는 ① 세간도와 ② 출세간도 그리고 ③ 끊음의 과보(단과)가 있다. 세간도는 아직 무루의 깨달음에 이르기 전 유루의 수행 과정을 의미하고, 출세간도는 견도 이후 무루의 수행 과정을 말한다. 단과는 그러한 수행의 과정 결과 도달되는 끊음을 말한다. 앞의 둘이 도제에 해당하고, 뒤는 멸제에 해당한다.

만약 세간과 출세간의 청정도의 종자(①+②)를 지니는 이 식이 없다면, a. 이류심 이후에 저 정법을 일으키는 것이 모두 마땅히 원인이 없어야 한다. 집착된 다른 원인은 앞에서 이미 파해졌기 때문이다. b. 만약 두 가지 청정도가 원인이 없이 일어난다면, 무여의열반계에 이미 들어간 자의 저 두 가지 청정도가 다시 또 생겨나야 할 것이다. 소의도 또한 마땅히 원인이 없이 생겨날 것이기 때문이다.
若無此識持世出世淸淨道種(①+②), a. 異類心後起彼淨法皆應無因. 所執餘因前已破故. b. 若二淨道無因而生, 入無餘依涅槃界已, 彼二淨道還復應生. 所依亦應無因生故.

청정도의 종자(무루종자) 집지식(제8식)을 인정 안 하면,
  a. 이류심 이후에 정법 일으킴이 원인이 없게 됨
  b. 청정도가 원인이 없이 일어나게 됨

세간의 청정 수행과 출세간의 청정 수행을 행함에 있어서도 그 원인이 되는 청정한 종자가 제8식 안에 훈습되고 집지되어 있어야 한다. 그러한 청정 종자를 집지하는 제8식을 인정하지 않는다면, 욕계의 마음으로 수행을 해서 색계나 무색계로 나아가 정법을 일으키는 것이 어떻게 가능한지가 설명되지 않는다. 이류심(異類心)은 욕계의 중생이 보았을 때 욕계와는 종류가 다른 계인 색계나 무색계에 나아간 마음을 말한다. 만일 무루종자를 이미 섭지하고 있거나 새롭게 훈습받을 수 있는 제8식이 없다면, 욕계에서 색계나 무색계로 나아가 정법을 일으키는 것이 가능하지 않다. 정법을 일으키기 위해서는 그런 정법종자를 유지하고 있는 제8식이 있어야 하기 때문이다. 제8식이 없고 따라서 집지되는 종자가 없다면, 정법을 일으킬 원인이 존재하지 않기 때문이다. 이류심에 대해 『술기』는 『섭론』을 들어 설명한다.

'이류심 이후' 라는 것은 곧 다른 계 내지 잡염과 청정 등(다른 류)의 마음을 일으키는 것이다. 『섭론』 제3권에서 '어째서 세간의 청정이 성립하지 않는가? 즉 아직 욕계에 매인 탐(욕전탐)을 떠나지 못해서 아직 색계에 매인 선심(색전선심)을 얻지 못하면, 곧 욕계에 매인 마음(욕전심)으로 욕계에 매인 탐(욕전탐)을 떠나기 위해 부지런히 가행을 닦는다. 이 욕전심과 색전심은 동시에 일어날 수가 없으므로, 그것(색전심)에 의해 훈습되지 않는다. 그것(색전심)의 종자가 되는 것은 마땅히 이치에 맞지 않다.' 고 말한다.[44]

---

44 『술기』, 375하, "異類心後者卽起異界及雜染淸淨等心卽是. 『攝論』第三云, '云何世間淸淨不成? 謂未離欲纏貪, 未得色廛善心, 卽以欲廛心爲離欲廛貪故勤修加行. 此欲

만약 무루종자를 집지하는 제8식을 인정하지 않는다면, 욕계심으로 수행하여 색계심의 종자를 훈습받고 그리로 나아가는 것이 가능하지 않다는 말이다.

또 출세간도가 처음에 마땅히 생길 수가 없어야 하니, a. 저 법이한 종자를 지닐 법이 없기 때문이고, b. 유루의 종류가 다르므로 저것이 원인이 되지 않기 때문이고, c. 원인 없이 생기는 것이 석가의 종이 아니기 때문이다. 처음이 생기지 않으므로, 후 또한 생기지 않을 것이며, 그런즉 마땅히 3승도의 과가 없을 것이다.
又出世道初不應生, a. 無法持彼法爾種故, b. 有漏類別非彼因故, c. 無因而生非釋種故. 初不生故後亦不生, 是則應無三乘道果.

무루종자를 집지하는 제8식을 인정하지 않으면,
- 출세간(견도)로 나아가는 첫 길(초도)이 성립 안 함
  a. 경량부가 법이종자(본유종자)를 인정 안 하므로
  b. 유루종자(세제일법의 종자)로부터 생겨날 수 없음
  c. 원인 없이 생기는 것은 없으므로

무루종자를 집지할 제8식을 인정하지 않으면, 청정법이 모두 원인(종자)가 없어, 결국 수도 및 3승의 과도 성립되지 않게 된다는 것이다. a. 제8식 안의 무루종자로 인해 수행을 통해 무루의 깨달음인 견도에 이르게 되는데, 그런 종자가 없다면 견도로 나아가는 초도가 불가능해진다. b. 유루의 수행으로부터는 유루종자만 훈습된다. 만일 무루종자

麤心與色麤心不俱生故非彼所熏. 爲彼種子不應道理.'"

가 본래 있는 것이 아니라면, 유루의 수행으로부터 무루의 깨달음을 얻는 것은 불가능하다. 그러므로 무루종자는 본유이어야 하며, 그런 본유 무루종자를 섭지하는 제8식이 있어야 하는 것이다. c. 무루종자 없이 무루의 깨달음이 있다고 하면, 그건 원인 없이 결과가 있다는 말이 되므로 이치에 어긋난다. 그러므로 수행이 의미 있고 3승의 과가 가능하기 위해서는 무루종자가 있어야 하며, 그런 무루종자를 섭지하는 제8식이 존재해야 한다.

만약 번뇌종자를 지니는 이 식이 없다면, 전의(轉依)라는 끊음의 과(단과)(③)도 역시 성립할 수 없을 것이다. a. 즉 도가 일어날 때, 현행의 번뇌와 저 종자가 모두 있지 않을 것이기 때문이고, b. 염심과 정심 두 마음이 함께 일어나지 않기 때문이고, c. 도와 상응하는 마음은 저 종자를 지니지 않아야 하니, 자성이 서로 위배됨이 열반과 같기 때문이고, d. 과거와 미래와 득(得) 등은 실유가 아니기 때문이고, e. 나머지 법이 종자를 지님은 이치가 성립하지 않기 때문이다. 이미 끊어야 할 것(소단)이 없다면, 능히 끊는 것 또한 없다. 누구에 의거하고 누구로 인해 단의 과를 세우겠는가?

若無此識持煩惱種, 轉依斷果(③)亦不得成. a. 謂道起時, 現行煩惱及彼種子俱非有故. b. 染淨二心不俱起故, d. 道相應心不持彼種, 自性相違如涅槃故, d. 去來得等非實有故, e. 餘法持種理不成故. 旣無所斷能斷亦無. 依誰由誰而立斷果?

번뇌종자를 집지하는 제8식을 인정하지 않으면,
- (번뇌를 종자 대신 현행 염심으로 여겨) 단과(斷果)인 전의가 성립 안 함
  a. 무루도가 일어날 때 현행 번뇌와 종자 다 없으면, 끊을 것이 없어서
  b. 두 심이 함께할 수 없으므로 - 정심으로 염심 끊을 수 없어서
  c. 성도는 열반처럼 번뇌종자 지니지 않아야 한다고 보므로 - 끊을 것이 없음
  d. 종자 대신 과거 미래를 득으로 연결해도, 과미는 실유 아니므로 끊을 수 없음
  e. 다른 법이 종자 지닐 수 없으므로 끊을 것이 없어서

번뇌종자를 집지하는 제8식이 있어야, 그 번뇌종자를 끊는 결과인 단과도 성립한다. 제8식이 없다면, 번뇌종자를 끊는다는 것도 성립하지 않게 된다. 그럴 경우는 단지 현행 번뇌를 일으키지 않는다는 것만 가능하지, 번뇌의 종자를 끊는다는 수행이 성립하지는 않기 때문이다. 현행과 달리 끊어야 할 종자를 따로 인정하지 않으면, 수행이 불가능해지는 것이다.

a. 번뇌종자를 부정하고, 번뇌를 형행만으로 간주하면, 수행의 도가 일어날 때는 이미 현행이 일어나지 않는 것이라서 수행할 것이 없게 된다. b. 두 마음이 함께 있지 않으니, 수행의 마음이 일어나면 이미 번뇌의 심은 일어나지 않은 것이라서 따로 끊는 수행을 할 필요가 없게 된다. c. 성도에서도 끊임없이 수행이 일어나야 하는데, 종자가 없다면 이미 수행이 완성된 것으로 되어 버리는 문제가 있다. d. 종자를 끊음으로써 얻고자 하는 미래를 향한 수행도 종자를 인정하지 않으면 의미가 없게 된다. e. 제8식이 아니라면 종자를 집지하는 식이 따로 없으므로 결국 수행이 성립하지 않게 된다. 그러므로 수행이 의미 있게 남겨지기 위해서도 무루종자 및 유루종자를 집지하는 제8식의 존재를 부정할 수 없다.

> 만약 도의 힘으로 인해 후의 혹이 생기지 않음이 단과를 세우는 것이라면, 처음의 도가 일어날 때 마땅히 무학이 성립해야 할 것이다. 이후의 모든 번뇌가 모두 이미 원인이 없으므로 영원히 일어나지 않을 것이기 때문이다.
> 若由道力後惑不生立斷果者. 則初道起應成無學. 後諸煩惱皆已無因永不生故.

견도 - 초도 - 제8식 내 분별기 종자를 멸함
수도 ┌ 유학 - 제8식 내 구생기 아집종자로 인해 번뇌 일어남 ┐
　　 └ 무학 ┘ ∴ 번뇌 끊음=도 성립
불과

단과를 번뇌종자를 끊음이 아니라 도력으로 이후 혹이 생기지 않게 함이라고 하면, 견도의 출발에서 곧 무학이 되어 버리고, 따라서 수도가 없어지게 된다. 그러나 실제로는 초도에서 현행 번뇌를 없애도 제8식 내의 종자들이 남아 있으므로 계속적인 끊음이 요구되는 것이다. 그러므로 종자를 집지한 제8식이 있어야 한다.

> 이 식이 있다고 인정하면, 일체가 모두 성립하니, 오직 이것만이 능히 염정 종자를 유지하기 때문이다.
> 許有此識一切皆成, 唯此能持染淨種故.

유루번뇌종자(염오종자) 및 무루종자(청정 종자)를 집지하고 있는 제8식을 인정해야 현상세계 및 우리의 수행 과정이 의미 있게 설명될 수 있다.

이 식이 있음을 증명하는 이치가 끝이 없지만, 번거로운 문장을 싫어할까 두려워서 강요만을 약술한다. 별도로 이 식이 있다는 교와 이치는 분명하다. 모든 지혜 있는 사람은 마땅히 깊이 믿어 받아들여야 한다.
證此識有理趣無邊, 恐厭繁文略述綱要. 別有此識教理顯然. 諸有智人應深信受.

이상 교증과 리증으로서 제8아뢰야식이 별도의 식체로 존재한다는 것을 증명하였다. 이것 이외에도 여러 가지 방식으로 제8아뢰야식이 존재한다는 것을 증명할 수 있지만, 지금까지 논한 여러 가지 교증과 10가지 리증만으로도 충분하므로 이상으로 증명을 마친다는 것이다.

이와 같이 처음의 능변식의 상을 이미 설하였다.
如是已說初能變相.

지금까지 제1능변식인 제8아뢰야식에 대해 설명하였다.

불교의 우주론

세간(loka): 세(世, 변화)의 안(間)

1. 중생세간 = 유정세간 = 정보

2. 국토세간 = 기세간 = 의보

↕ (3. 5온세간: 4행4과, 9지, 10지 등 수행계위)

출세간 — 지정각세간(智正覺世間)

1세계 = 1수미(須彌)세계 = 1부처의 교화영역인 1불토(佛土) = 1불국토

1. 4륜(輪): 허공인 공륜(空輪)에 풍륜(風輪) 떠 있고 그 위에 수륜(水輪) 그 위에 금륜(金輪: 땅)

   - 유정의 공업에 의해 풍륜, 수륜, 금륜의 형성됨

2. 9산(山) 8해(海)와 4대주(大州): 금륜 위에 4대주와 9산 8해 있음

   - 9산 중 가장 중심의 산이 수미산. 나머지 8산은 산맥

   - 4대주: 승신주+우화주+구화주+섬부주(인간계)

3. 천(天): 욕계의 6욕천 + 색계·무색계의 천

4. 하나의 태양, 하나의 달.

3천대천세계(三千大千世界)

1수미세계 천개가 소천세계(小千世界)

소천세계 천개가 중천세계(中千世界)

중천세계 천개가 대천세계(大千世界) = 천×천×천, 10억 수미세계 = 3천대천세계

- 실제는 1수미세계가 천백억 개, 즉 10조 개 모인 세계

- 비로자나불(毘盧遮那佛)의 교화의 영역

3계(界), 6취(趣), 6+18+4천(天)

욕계: 5(6)취

1. 지옥취(地獄趣)
2. 방생취(傍生趣) = 축생
3. 아귀취(餓鬼趣)

(4. 수라취)

5. 인취(人趣): 4대주(四大洲)
6. 천취(天趣): 6욕천(六欲天)

① 대왕중천(四大王衆天) = 수미산 중턱: 사천왕천(四天王天) - 형교[1]

② 도리천(忉利天) = 33천: 수미산정상. 동서남북32천+중앙 제석(帝釋) - 형교

③ 야마천(夜摩天) - 재포

④ 도사다천(睹史多天) = 도솔천(兜率天): 미륵보살의 정토 - 집수

⑤ 락변화천(樂變化天) = 화락천(化樂天) - 상향소

⑥ 타화자재천(他化自在天) = 마천[2]: 대마왕 파순이 삶 - 상시

색계: 천취(天趣): 18색계천 = 정려처(靜慮處)

초선3천 ① 범중천(梵衆天)

---

1 6욕천음상(六欲天婬相): 음애(婬愛)를 성취하여 열뇌(熱惱)를 종식하는 방식. 『구사론』 11권, 『순정리론』 31권, 『유가사지론』 5권 등에서 다음과 같이 설명한다.

1. 형교(形交): 신체적인 교합. 풍기(風氣) 배설로써 열뇌 제거함.
2. 재포(纔抱): 잠시 포옹함
3. 집수(執手): 손을 잡음
4. 상향소(相向笑): 서로를 향해 웃음
5. 상시(相視): 서로 마주 봄

2 수행을 방해하는 마군(魔軍)의 네 가지, 온마(蘊魔), 번뇌마(煩惱魔), 사마(死魔), 천자마(天子魔) 중 천자마를 천마라고 한다.

② 범보천(梵輔天)

③ 대범천(大梵天) = 범천(梵天)

2선3천 ④ 소광천(少光天)

⑤ 무량광천(無量光天)

⑥ 극광정천(極光淨天) = 광음천(光音天) = 광천(光天)

3선3천 ⑦ 소정천(少淨天)

⑧ 무량정천(無量淨天)

⑨ 변정천(遍淨天) = 정천(淨天)

4선8천 ⑩ 무운천(無雲天) 〈색계에 태어나는 3승생(勝生)〉

⑪ 복생천(福生天) ↑ a. 12유상천(有想天): 선정 닦아 태어남

⑫ 광과천(廣果天) ┘

⑬ 무상천(無想天) – b. 무상천(無想天): 무상정 닦은 무상이숙이 태어남

⑭ 무번천(無煩天) ┐

⑮ 무열천(無熱天) ↓ c. 5정거천(淨居天) 불환과 성자가 태어남

⑯ 선현천(善現天)

⑰ 선견천(善見天)

⑱ 색구경천(色究竟天)

무색계: 천취(天趣): 4무색계천

① 공무변처(空無邊處)

② 식무변처(識無邊處)

③ 무소유처(無所有處)

④ 비상비비상처(非想非非想處) = 유정천(有頂天)

3계(界), 9지(地)

3계(界)		5취(趣)	9지(地)	
1. 욕계	-	지옥, 아귀, 축생, 인간, 천	제1지 오취잡거지(五趣雜居地)	- 범(凡)
2. 색계	- 천	초선	제2지 이생희락지(離生喜樂地)	성(聖)
		제2선	제3지 정생희락지(定生喜樂地)	
		제3선	제4지 이희묘락지(離喜妙樂地)	
		제4선	제5지 사념청정지(捨念淸淨地)	
3. 무색계	- 천	공무변처	제6지 공무변처지(空無邊處地)	
		식무변처	제7지 식무변처지(識無邊處地)	
		무소유처	제8지 무소유처지(無所有處地)	
		비상비비상처	제9지 비상비비상처지(非想非非想處地)	

3계(界), 7식주(識住)

3계(界)	5취(趣)	7식주(識住)(『중아함경』 제24권)
1. 욕계	- 지옥 아귀, 축생, 인간, 천	제1식주 신이상이식주(身異想異識住)
2. 색계	- 천 ┌ 초선	제2식주 신이상일식주(身異想一識住)
	제2선	제3식주 신일상이식주(身一想異識住)
	제3선	제4식주 신일상일식주(身一想一識住)
	└ 제4선	
3. 무색계	- 천 ┌ 공무변처	제5식주 공무변처식주
	식무변처	제6식주 식무변처식주
	무소유처	제7식주 무소유처식주
	└ 비상비비상처	

부파불교의 20개 부파

불멸 100년 후 중북부의 보수적인 상좌부(上座部)와 남부의 진보적인 대중부(大衆部)로의 근본분열이 일어난 후 멸후 400년에 이르도록 분열된 총 20개 부파

상좌부(11) - **설일체유부**(說一切有部) - **독자부**(犢子部) - 법상부(法上部)
(=살바다부)
- 현주부(賢胄部)
- **정량부**(正量部)
- 밀림산부(密林山部)
- 화지부(化地部) - 법장부(法藏部)
- 음광부(飮光部)
- **경량부**(經量部)
- 설산부(雪山部)

대중부(9) - 일설부(一說部)
- 설출세부(說出世部)
- 계윤부(鷄胤部)
- 다문부(多聞部)
- 설가부(說假部)
- 제다산부(制多山部)
- 서산주부(西山住部)
- 북산주부(北山住部)

유식의 존재분류: 5위(位) 100법(法)

1. 심법(8): 전5식, 제6의식, 제7말나식, 제8아뢰야식

2. 심소법(51):
   1) 변행(遍行)심소(5): 촉(觸), 작의(作意), 수(受), 상(想), 사(思)
   2) 별경(別境)심소(5): 욕(欲), 승해(勝解), 념(念), 정(定), 혜(慧)
   3) 선(善)심소(11): 신(信), 참(慚), 괴(愧), 무탐(無貪), 무진(無瞋), 무치(無癡), 정진(精進), 경안(輕安), 불방일(不放逸), 행사(行捨), 불해(不害)
   4) 근본번뇌(10): 탐(貪), 진(瞋), 치(癡), 만(慢), 의(疑), 신견(身見), 변견(邊見), 사견(邪見), 견취견(見取見), 계금취견(戒禁取見)
   5) 수(隨)번뇌(20):
      소번뇌(10): 분(忿), 한(恨), 부(覆), 뇌(惱), 간(慳), 질(嫉), 해(害), 광(誑), 첨(諂), 교(憍)
      중번뇌(2): 무참(無慚), 무괴(無愧)
      대번뇌(8): 방일(放逸), 불신(不信), 해태(懈怠), 혼침(昏沈), 도거(掉擧), 망념(妄念), 부정지(不正知), 산란(散亂)
   6) 부정(不定)심소(4): 심(尋), 사(伺), 회(悔)=오작, 수면(睡眠)

3. 불상응행법(24): 득(得), 명근(命根), 중동분(衆同分), 이생성(異生性), 무상정(無想定), 멸진정(滅盡定), 무상쟁(無想爭), 명신(名身), 구신(句身), 문신(文身), 생(生), 노(老), 주(住), 무상(無常), 유전(流轉), 정이(定異), 상응(相應),

세속(勢速), 차제(次第), 방(方), 시(時), 수(數),
화합성(和合性), 불화합성(不和合性)

4. 색법(11):
5근(5): 안근(眼根), 이근(耳根), 비근(鼻根), 설근(舌根), 신근(身根)
5경(5): 색경(色境), 성경(聲境), 향(香)경(境), 미(味)경(境), 촉경(觸境)
법처소섭색(무표색)

5. 무위법(6): **허공**(虛空), 택멸(擇滅), 비택멸(非擇滅),
부동(不動), 상수멸(想受滅), **진여**(眞如)

유식삼십송(唯識三十頌)

—세친(世親) 저, 현장(玄奘) 역

《I. 유식상》

1. 由假說我法, 有種種相轉.
彼依識所變, 此能變唯三.
가로서 아와 법을 말하니, (아와 법의) 갖가지 상의 전전함이 있다.
저것(갖가지 상)은 식의 소변에 의거하니, 이 능변은 오직 세 가지이다.
2. 謂異熟思量, 及了別境識.
즉 이숙식과 사량식 그리고 요별경식이다.

〈제1능변식: 제8아뢰야식〉

初阿賴耶識, 異熟一切種.
첫 번째(능변식)는 아뢰야식이고 이숙식이며 일체종자식이다.

3. 不可知執受, 處了常與觸,
作意受想思, 相應唯捨受.
집수와 처와 료는 불가지이다. 항상 촉과
작의와 수와 상과 사(심소)와 상응하며, 오직 사수이다.
4. 是無覆無記, 觸等亦如是.
恒轉如瀑流, 阿羅漢位捨.
무부무기이며, 촉 등(심소)도 또한 이와 같다.
항상 전전함이 폭류와 같으며, 아라한의 지위에서 버려진다.

〈제2능변식: 제7말나식〉

5. 次第二能變, 是識名末那.

依彼轉緣彼, 思量爲性相.

다음 두 번째 능변식이니, 이 식은 말나식이라고 불린다.

저것(아뢰야식)에 의거해서 전전하고 저것을 연한다. 사량이 성과 상이 된다.

6. 四煩惱常俱, 謂我癡我見,

並我慢我愛, 及餘觸等俱.

네 가지 번뇌와 항상 함께하니, 곧 아치와 아견과

아만과 아애이다. 나아가 촉 등과 함께한다.

7. 有覆無記攝, 隨所生所繫.

阿羅漢滅定, 出世道無有.

유부무기에 포섭되며, 생겨난 것에 따라 매인다.

아라한과 멸진정과 출세도에서는 있지 않다.

〈제3능변식: 제6의식+전5식〉

8. 次第三能變, 差別有六種.

了境爲性相, 善不善俱非.

다음 세 번째 능변식은 차이에 따라 분별하면 여섯 가지가 있다.

경계를 요별함이 성과 상이 되며, 선과 불선과 둘 다 아님(무기)이다.

9. 此心所遍行, 別境善煩惱,

隨煩惱不定, 皆三受相應.

이것의 심소는 ① 변행심소, ② 별경심소, ③ 선심소, ④ 번뇌심소,

⑤ 수번뇌심소, ⑥ 부정심소이다. 모두 3수(선/악/무기)와 상응한다.

10. 初遍行觸等, 次別境謂欲,

勝解念定慧, 所緣事不同.

처음 ① 변행심소는 촉 등이다. 다음 ② 별경심소는 욕,

승해, 념, 정, 혜이니, 소연 자체(사)가 같지 않다.

11. 善謂信慚愧, 無貪等三根,

勤安不放逸, 行捨及不害.

③ 선심소는 신, 참, 괴, 무탐 등 세 선근과

근, 안, 불방일, 행사 및 불해이다.

12. 煩惱謂貪瞋, 癡慢疑惡見.
隨煩惱謂忿, 恨覆惱嫉慳.
④ 번뇌심소는 탐, 진, 치, 만, 의, 악견이다.
⑤ 수번뇌는 분, 한, 부, 뇌, 질, 간

13. 誑諂與害憍, 無慚及無愧,
掉擧與惛沈, 不信並懈怠.
광, 첨 그리고 해, 교, 무참, 무괴,
도거와 혼침, 불신과 해태.

14. 放逸及失念, 散亂不正知.
不定謂悔眠, 尋伺二各二.
방일 그리고 실념, 산란과 부정지이다.
⑥ 부정심소는 회, 면, 심, 사이니, 둘(회면+심사)에 각각 둘(선+염)이 있다.

15. 依止根本識, 五識隨緣現.
或俱或不俱, 如波濤依水.
근본식(제8식)에 의지하며 5식은 연에 따라 일어나니,
(5식은) 혹 함께하거나 혹 함께하지 않으니, 파도가 물에 의거하는 것과 같다.

16. 意識常現起, 除生無想天,
及無心二定, 睡眠與悶絕.
의식은 항상 현기하지만, 무상천에 태어나거나
무심 2정 그리고 수면이나 민절은 제외이다.

〈유식의 논증〉

17. 是諸識轉變, 分別所分別.
由此彼皆無, 故一切唯識.
이 모든 식이 전변하여 분별(견분)과 분별된 것(상분)이 된다.
이것(식소변)으로 인하고 저것(아와 법)은 모두 없으니, 일체가 오직 식일 뿐이다.

18. 由一切種識, 如是如是變,
以展轉力故, 彼彼分別生.
일체종자식이 이와 같이 이와 같이 전변함으로 말미암아
전전하는 세력 때문에 저러저러한 분별이 생겨난다.

19. 由諸業習氣, 二取習氣俱,
前異熟旣盡, 復生餘異熟.
모든 업습기(업종자)와 2취습기(명언종자)가 함께함으로 말미암아
앞의 이숙식이 이미 다하면 다시 다른 이숙식을 생겨나게 한다.

〈유식3성: 변계소집성, 의타기성, 원성실성〉

20. 由彼彼遍計, 遍計種種物.
此遍計所執, 自性無所有.
저들이 두루 계탁함으로 인해 갖가지 사물을 두루 계탁한다.
이 변계소집은 자성이 있지 않다.

21. 依他起自性, 分別緣所生.
圓成實於彼, 常遠離前性.
의타기의 자성의 분별은 연하여 생겨난다(연기).
원성실은 저것(의타기)에서 항상 앞의 것(변계소집)을 떠난 자성이다.

22. 故此與依他, 非異非不異.
如無常等性, 非不見此彼.
그러므로 이것(원성실)은 의타기와 다르지도 않고 다르지 않지도 않다.
무상 등의 자성처럼 이것(원성실)을 보지 않으면 저것(의타기)을 본 것이 아니다.

〈유식3무성: 상무자성, 생무자성, 승의무자성〉

23. 卽依此三性, 立彼三無性.
故佛密意說, 一切法無性.

곧 이 3성에 의거해서 저 3무성을 세운다.

그러므로 부처가 밀의로서 일체법에는 자성이 없다고 말한다.

24. 初卽相無性, 次無自然性,

後由遠離前, 所執我法性.

처음(변계소집)은 곧 상무성이고, 다음(의타기)은 무자연성이며,

마지막(원성실)은 앞에서 집착된 아아 법을 멀리 떠나는 자성(승의무성)이다.

《II. 유식성》

25. 此諸法勝義, 亦卽是眞如.

常如其性故, 卽唯識實性.

이것(승의무자성)은 모든 법의 승의이고 또한 곧 진여이다.

항상되고 여여한 것이 그 자성이므로 곧 유식의 진실한 자성이다.

《III. 유식위》

〈1. 자량위〉

26. 乃至未起識, 求住唯識性,

於二取隨眠, 猶未能伏滅.

이에 식을 일으켜 유식성에 머무르기를 구하는데 이르기 전까지는

2취의 수면을 아직 능히 조복하고 단멸할 수 없다.

〈2. 가행위〉

27. 現前立少物, 謂是唯識性,

以有所得故, 非實住唯識.

앞에다 작은 사물을 세우고 그것을 유식성이라고 말하면,

얻는 바가 있기 때문에 진실로 유식에 머무는 것이 아니다.

〈3. 통달위: 견도〉

28. 若時於所緣, 智都無所得,
爾時住唯識, 離二取相故.
만약 어느 때 소연에 대해 지혜에 도무지 얻는 바가 없으면,
그때 유식에 머무는 것이니 2취의 상을 떠났기 때문이다.

〈4. 수습위: 수도: 보살10지〉

29. 無得不思議, 是出世間智.
捨二粗重故, 便證得轉依.
얻는 것이 없고 부사의하면, 곧 출세간의 지혜이다.
두 가지 추중(번뇌장과 소지장의 습기)을 버리므로 곧 전의를 증득한다.

〈5. 구경위: 불위〉

30. 此卽無漏界, 不思議善常.
安樂解脫身, 大牟尼名法.
이것(열반과 보리)이 곧 무루의 세계이니, 불가사의하고 선이며 항상되다.
안락이고 해탈신이며 대모니이니, 법(법신)이라고 부른다.

〈인명〉

〈개념〉

〈수(數)〉